U0017597

臺灣史與海洋史

02

臺灣的
山海經驗

陳國棟 ◆ 著

 財團法人曹永和文教基金會 ◆ 策劃

遠流出版公司 ◆ 出版

【臺灣史與海洋史】系列叢書緣起

財團法人曹永和文教基金會

　　財團法人曹永和文教基金會成立於1999年7月。基金會成立的宗旨，主要在與相關學術機關或文教單位合作，提倡並促進臺灣史與海洋史相關之學術研究，並且將研究成果推廣、普及。因此，有關臺灣史或海洋史之學術著作、國際著作的譯述及史料編纂等相關書籍的出版，皆是本基金會的重要業務。

　　曹永和文教基金會成立以來，本於前述宗旨，多次補助出版與臺灣史或海洋史相關的學術著作、史料的編纂或外文學術著作的翻譯。接受補助出版或由基金會出版的書籍，有不少作品已廣為學術界引用。諸如，2000年起多次補助「東臺灣研究會文化藝術基金會」出版《東臺灣叢刊》，2000年補助播種者文化有限公司出版《臺灣重層近代化論文集》，2004年再度補助出版《臺灣重層近代化論文集》之續集《跨界的臺灣史研究──與東亞史的交錯》；2001年補助樂學書局出版《曹永和先生八十壽慶論文集》，2002年起補助出版荷蘭萊登大學與中國廈門大學合作編輯之海外華人檔案資料《公案簿》第一輯、第二輯與第四輯；2003年補助南天書局出版荷蘭萊登大學包樂史教授(Leonard Blussé)主編之《*Around and about Formosa*》，2004年補助南天書局出版韓家寶先生(Pol Heyns)與鄭維中先生之《荷蘭時代臺灣相關史料──告令集、婚姻與洗禮登錄簿》。本會也贊助相關的學會活動、邀請外國著名學者作系列演講，提供研究者交流的場域。諸如，1999年11月與中央研究院合辦「東亞海洋史與臺灣島史座談會」，2000年3月於臺灣大學舉辦日本東京大學東洋文化研究所濱下武志教授演講「談論從海洋與陸地看亞洲」，

2000年10月與中央研究院與行政院文建會合辦「近代早期東亞史與臺灣島史國際學術研討會」。此外，爲了培養臺灣史及海洋史研究的人才，本會與中央研究院臺灣史研究所合辦「臺灣總督府公文類纂研讀班」之推廣活動。

為了使相關學術論述能更爲普及，以便能有更多讀者得以分享臺灣史和海洋史的研究成果。因此，本基金會決定借重遠流出版公司專業的編輯、發行能力，雙方共同合作，出版【臺灣史與海洋史】系列書籍。每年度暫訂出版符合基金會宗旨之著作二至三冊。本系列書籍以新竹師範學院社會科教育系助理教授許佩賢女士之《殖民地臺灣的近代學校》與中央研究院歷史語言研究所研究員陳國棟教授之《臺灣的山海經驗》、《東亞海域一千年》爲首；之後除了國內的學術研究成果之外，也計畫翻譯出版外文學術著作或相關史料。

冀盼【臺灣史與海洋史】系列書籍之出版，得以促使臺灣史與海洋史的研究更加蓬勃發展，並能借重遠流出版公司將此類研究成果推廣普及，豐富大眾的歷史認識。

目錄

第壹輯　總論

第貳輯　臺灣交通

第參輯　淡水

第肆輯　清代臺灣

第伍輯　十七世紀

隨緣：
《臺灣的山海經驗》代序

　　收在這裡的幾篇小文是我個人在過去二十多年間，涉及臺灣歷史的一部分不成熟的習作。現在承曹永和先生的好意，把它們結集出版。

　　我個人的專業並不是臺灣史。然而，因為種種的機緣，往往有必要做點與臺灣歷史相關的研究，寫些這方面的東西。二十多年下來，竟然也累積了超過二十篇的作品。可是因為我的主要研究領域為中國經濟史與東亞海洋史，注意力與時間都耗在那上面，因此能挪出來從事臺灣史研究與寫作的精力其實有限；也基於同樣的緣故，這些作品有時候難免顯得生澀。這要請讀者寬待。

　　不過，正因為從來就不以臺灣史研究作為專業的緣故，因此也就不特別留意臺灣史研究的潮流與風尚，只是去做一些個人覺得有特殊意義的、或是可以酬答少數朋友期待的研究。所以這些作品儘管有不少缺點，但是或者在議題上、或者在論點上、或者在資料的發掘與運用上，多少也就有些許一得之愚。如今整理出版，就正於社會公眾，希望能有點拾遺補闕的微勞，敬請讀者不吝指教。

　　我從舊作中選錄了十八篇文章到這本小書，並且粗略地整理成五個區塊：「總論」、「臺灣交通」、「淡水」、「清代臺灣」與「十七世紀」。「總論」部分涉及個人對臺灣史的意見與通論性的看法，計收三篇文章；「臺灣交通」收了兩篇；「淡水」的部分有三篇；「清代臺灣」收錄了兩篇討論林爽文之役財政問題的小文、一篇關於帆船貿易的作品、兩篇關於「軍工伐木」的文章，加上一篇英文論著，講「土生仔」與地方經濟的關係，總共六篇；「十七世紀」主要講荷據時期的臺灣史，也兼及十七世紀的荷蘭史，共有四篇。由於這些作品都是應長輩、朋友之邀而率爾操觚的作品，有些則是對博物館導覽人員及高中教師演講的稿子，因此有些是原創性的研究，有些則是綜述他人之看法而成，性質不一。作為一個業餘者，生為一個臺灣人，能有機會對臺灣過去的歷史發表一些個人的見解，在個人的生涯上也頗值得紀念，因此我曾經

打算把這個集子取名為《臺灣史隨緣》。以下略為敘述一下寫作的背景，以交待這些因緣。

〈臺灣史與東亞海洋史〉一文是為「曹永和文教基金會」所舉辦的第一次座談會所作的引言稿。曹永和先生長期奉獻於臺灣史的研究，卓然有成。1999年時，他更慷慨地捐出畢生的積蓄，成立基金會來獎掖臺灣史的研究。基金會成立之後，我們在中央研究院中山人文社會科學研究所舉辦了一個小型座談會，由張炎憲先生、吳密察先生和我三個晚輩，就個人的淺見，發表一些對曹先生的學術與基金會宗旨的看法。我是臺灣史的業餘研究者，得以廁身其中，主要的原因是我也作海洋史的研究。因此就準備了〈臺灣史與東亞海洋史〉這篇引言。

兩年之後，在詹素娟小姐和其他幾位曹先生的門生的安排下，我們又在臺大總圖書館辦了一個類似的活動。這一回，我僅針對閱讀曹先生的〈小琉球原住民的消失——重拾失落臺灣歷史之一頁〉時的心得發表一點意見。曹先生早在1995年寫那篇文章時就已經提醒讀者留意人類學家沃爾夫（Eric R. Wolf）的《歐洲與沒有歷史的民族》這本書，但是臺灣的知識界足足等了八年才看到中譯本的問世。我關心的問題是：我們真的能充分瞭解「沒有歷史的民族」的歷史嗎？

〈「在地性歷史」、「自主性歷史」與東南亞研究〉這篇文章脫胎於中央研究院東南亞區域研究計劃主辦的「臺灣的東南亞區域研究年度研討會1999」論文（中央研究院民族研究所，1999年4月16-17日）。主要探討重建東南亞歷史的認知時所面對的「歐洲中心主義」等問題，介紹了「在地性」或「自主性」的歷史撰述觀點。臺灣的歷史撰述也面臨同樣的處境，收錄在此，或許有若干參考價值。

〈臺灣歷史上的貿易與航運〉這篇文章是為「臺灣研究基金會」所主辦的「海洋與台灣學術研討會」（高雄國立科學工藝博物館，2002年9月6-7日）會議而寫的。這篇文章的目的其實只在解釋我所作的「臺灣

貿易與產業發展簡表」。大約在十二、三年前，我有一個機會在一次研討會上與來自廈門大學的楊國楨教授討論問題，他說臺灣唯有和福建結合在一起才有前途，而我不能完全同意。我的看法是早從四百多年前開始，臺灣的經濟發展就受到出口市場的影響；歷史上臺灣經歷過多次的管轄政權的變遷，這些政權又依自己的觀點規範臺灣的貿易對手，然而臺灣的經濟發展卻能一路昂首闊步，不爲貿易對象的轉移而阻滯不前。所以說：臺灣的經濟必須走出去才有希望，但不必畫地自限，鎖定單一的貿易夥伴。後來，我把這些看法化成「臺灣貿易與產業發展簡表」，並且寫了這篇文章來說明。

〈臺灣交通簡史〉大約寫於1993年。當時，黃富三先生受臺灣省文獻會的委託，主編一套名爲《臺灣近代史》的書。其中一冊屬於經濟方面。我和我當時經濟所的同仁彭信坤先生合寫了「基本建設」（infrastructure）當中有關「交通」的部分，彭先生負責第二次世界大戰以後的階段，我則撰寫前此的故事。現在收到這本集子裡的，只有我寫的部分。由於簡單地研究過臺灣交通史，1999-2000年間我也得到國立臺灣歷史博物館籌備處的委託，作一個「臺灣交通史」的展覽展示規劃。在研究期間，稍稍對臺灣交通史有進一步的理解，也完成了一本小書的書稿，希望稍後能夠出版。

有關淡水的幾篇文章是我最早發表的臺灣史作品。〈西班牙及荷蘭時代的淡水〉一文，是這個集子中最早發表的一篇文章。最初發表時分爲上、下篇，刊在《臺灣人文》第三期和第四期（1978年）。當時的背景是：1977年秋天，我進了臺大歷史研究所碩士班就讀，選修了方豪老師的「臺灣史研究」的課，要作期末報告。湊巧我在臺大文學院聯合圖書室的架子上看到了村上直次郎譯註的《抄譯巴達維亞城日誌》，又發現圖書室裡也有一套Blair and Robertson合編的 *The Philippine Islands*，我就想以這兩份材料爲基礎找個題目做。又因爲家在淡水，於是自然而

然就寫了那篇文章。

報告交出去以後，方豪老師告訴我，中村孝志已經把《巴達維亞城日誌》的第三冊整理出版，可以找來看看。他同時也建議我去找曹永和先生商借，相信他一定有。曹先生當時是臺大研究圖書館的館長，我雖然久仰其名，卻未曾見過。我冒昧地直接到他在二樓的辦公室拜訪，發現他是位恂恂儒者。說明來意，順利地借到書，也完成了那篇習作的修改。

那個時候有一家出版商，叫作偉文書局，曾經印過一些明末的珍、善本書，很想多做一點文化事業。於是創立了一個新的季刊雜誌，取名為《臺灣人文》。陳捷先老師協助出版商方面找文章發表。承蒙方、陳兩位老師的推薦，拙稿就在這個新生刊物上登出。然而當時的臺灣社會並不重視臺灣史研究，《臺灣人文》也就沒有什麼訂戶。出版商感受到財務的壓力，很快地就決定停刊。總共《臺灣人文》只出了四期，而第四期並不怎麼在市面流通。歲月如梭，回想年輕時的莽撞，想到臺灣文史界現在對荷、西時期的研究是那麼樣的熱絡，我的舊文章早該拿去覆瓿。把這篇少不更事時的作品收錄進來，主要是作個心路歷程的紀錄。

我在1980年獲得碩士學位，入伍當兵。次年起在中壢仁美的陸軍第一士官學校擔任教官，頗有閒暇可以讀書。承許雪姬學姊介紹予夏鑄九先生，參與他的一項「淡水紅毛城整建計劃」的研究計劃。紅毛城自清末以來一直被用作英國領事館，到1976年才移交給我們的政府。社會輿論希望能加以整修，開放給公眾參觀，於是內政部就委託夏鑄九先生和他所屬的臺灣大學城鄉研究所來負責規劃。我加入他們的隊伍，主要是擔任提供歷史背景的工作。〈淡水紅毛城的歷史〉也就是計劃報告的一小部分。

在撰寫上文時，我同時也起草了另一篇文章〈淡水聚落的歷史發展〉，目的在為〈淡水紅毛城的歷史〉一文提供一個概括式的描述，好

給夏鑄九先生和他的工作夥伴們參考。不過,另外也有兩個原因促使我寫這篇文章。一則是當時我讀了林會承先生的大作《鹿港的街鎮結構與發展》,十分佩服,不免想東施效顰一下。更強烈的動機則是厭倦於當「地陪」。我是淡水人。淡水有山有水,建築物攬合古今中外,風景優美。她不但靠近臺北,而且從二十世紀初年以來還通火車,往來方便。在我進臺大就讀(1973)以後,幾乎每個星期假日都被相識、不相識的朋友約著去帶他們參觀,當起義務的導遊。我因此想,如果能夠寫篇東西,交待一下淡水的歷史及古蹟,可能就不用經常帶人穿梭大街小巷了。因此,這篇文章的寫作不只有一個目的,內容也嫌蕪雜,原先也沒有發表的打算。那知我抄了一份給夏鑄九先生後,夏先生隨即將它交給臺大《建築與城鄉研究學報》刊出。很遺憾的是家母在文章打字的時候中風過世,我沒有心力修改或仔細校對。所以《建築與城鄉研究學報》所刊出的地圖中有兩張就弄錯了該有的位置。這點,在目前的這個集子裡當然是改過來了。

我在1984-1989年間出國進修。回國後發現遠流出版社編了一套「深度旅遊」的導覽手冊,其中一本就是《淡水》。編輯者顯然十分用心,聽說那些手冊相當受到歡迎。我很高興他們也參考了以上幾件拙作。

我在臺大歷史研究所當研究生的階段,還在《臺灣風物》發表過兩篇臺灣史的文章,都是有關林爽文事件的。發表在前的那篇題為〈林爽文、莊大田之役清廷籌措軍費的辦法〉,主要是從財政方面的觀點來看清代臺灣對抗北京政權的可能性。結果並不意外,也就是屬於悲觀的那種。〈臺灣林爽文、莊大田之役軍費的奏銷〉一文,主要在探討清廷如何透過事後的奏銷來控制非常時期的財政支出。這篇文章得以完成,有一部分也得感謝臺大文學院聯合圖書室,他們收藏有一部《欽定戶兵工部軍需則例》,正是這回奏銷所依據的法規所在。

在刊出〈淡水聚落的歷史發展〉一文後，大約有十年左右的時間我都沒有發表有關臺灣史的文章，其實也很少從事那方面的閱讀。這倒不是沒有興趣，而是在旅居美國和英國的五年，以及返國後的另一個五年中，我都在做中國經濟史和東亞海洋史方面的研究，無暇顧及臺灣史。直到1992年，劉翠溶老師邀我參加由她主持的國科會計劃，爲期兩年，研究「臺灣環境史」，才再度與臺灣史結緣。

我們當時的「臺灣環境史」研究，目標是在爲一個叫作「中國環境與生態史」的會議作準備。這個會議由劉翠溶老師和澳洲國立大學的伊懋可（Mark Elvin）教授籌辦，在香港大嶼山舉行。最初約定臺灣的參與者就寫有關臺灣環境史的題目。我選擇以臺灣的森林變遷作爲研究課題。最早完成的成果，曾經以中研院經濟所的「研討論文」的方式非正式發表。以該「研討論文」爲基礎，我用英文寫了一篇綜觀四百年有關臺灣森林、森林政策、經濟活動與環境變遷的文章。後來自己譯回中文，題作〈臺灣的非拓墾性伐林〉，收到會議論文集的中文版《積漸所至》一書裡（1995）。過了三年多英文版才由英國劍橋大學出版社出版（1998）。

我在研究臺灣森林與環境變遷史時，發現清朝統治臺灣期間的森林政策頗值得重視，於是另外寫了一篇文章題爲〈「軍工匠首」與清領時期臺灣的伐木問題（1683-1875）〉，也在1995年發表。這篇文章主要在講直到沈葆楨撫臺時爲止，清廷都只允許「軍工匠首」和他們手下的「小匠」入山伐木，而且以伐取樟木爲主，因此臺灣的森林在清領時期意外地受到良好的保育。

「軍工匠首」所伐取的樟料，主要供應臺灣道台轄下的「軍工廠」（船廠）使用。他們因爲這項工作，也得到樟腦的專賣權。1860年代初臺灣開放通商口岸後，樟腦成爲中外商人競逐的目標，而樟腦問題也就成了十九世紀後期臺灣的歷史大事。以往臺灣的學術界對清末臺灣的樟

腦問題已經有了不少出色的研究，而我協助過的一位Antonio Tavares先生在幾年前也以此為題撰寫論文，獲得普林斯敦大學的博士學位。

我曾經要Antonio Tavares到英國劍橋大學去查閱怡和洋行檔案（Jardine Matheson Archives），因為我自己於1995-1996年間就翻閱過當中的一部分，並且很意外地在「中文資料」的小箱子中找到了三件有關「軍工匠首」的文件。現在就把它們當成附錄一併刊出。

當我在進行「臺灣環境史」的研究期間，我還寫了兩篇有關臺灣史的文章。其一為〈清代中葉臺灣與大陸之間的帆船貿易〉。寫作這篇文章的背景是：我在1991年時發表過〈清代廈門的海上貿易（1727-1833）〉一文，探討廈門與東南亞、臺灣及大陸沿海的帆船貿易。一方面因此而觸及臺灣與大陸之間的船運與貿易，另一方面則是在我閱讀有關臺灣歷史的作品時，發現處理有關個別港埠或商人（特別是郊商）的文章相當地多，獨缺有關臺灣與大陸之間長時間船運與貿易的研究。於是也就寫下這件作品，在《臺灣史研究》第一卷第一期刊出。

收在本集中唯一的一篇英文文章"Chinese Frontiersmen and Taiwanese *Tushengnan* 土生囝 in the Local Economy of Taiwan before 1900"，係應好友新加坡國立大學吳振強教授之邀，出席該校歷史系主辦的"International Workshop on Maritime China & the Overseas Chinese in Transition, 1750-1850"國際學術研討會（1999年11月25-27日）而發表的論文，振強兄曾為我潤飾文稿，頗使拙文增色。為誌此一段情誼，因此維持用英文收入本集。

我自己的主要研究之一為英國東印度公司在十八世紀時的貿易活動，對荷蘭東印度公司以及十七世紀的史事，本來沒有認真地做過研究，只是出於好奇，也瀏覽相關的史料與著作罷了。1998年承曹永和先生推介，開始參與聯合國教科文組織與荷蘭政府共同支持的「邁向合作時代的新紀元」（Toward A New Age of Partnership，TANAP）計劃，培

育亞洲博士生利用荷蘭檔案研究亞洲史，擔任研究指導（supervisors）之一，才比較用心。隨即為了慶祝曹永和先生八十大壽而作，寫了一篇〈十七世紀初期東亞貿易中的中國棉布——Cangan與臺灣〉，算是初試啼聲。一般熟悉十六、七世紀亞洲史的讀者都知道當時歐洲人東來的目的就是取得亞洲的香料，運回歐洲銷售。然而要取得東南亞的香料，就必須拿印度棉布來換，因此印度棉布也深受研究者重視。一般說來，當時行銷亞洲的棉布有細緻與粗厚的兩大類；屬於細緻一類的都產於印度，屬於粗厚的一類通稱為"cangan"，卻不一定為印度產品。十七世紀時有關臺灣的荷蘭文獻經常提到"cangan"，可是以往並無人去探討"cangan"這個字的來源，也沒有人關心這些"cangan"的產地與出口地何在。我寫這篇文章，就是嘗試提供一些合理的答案。

雖然在2000-2001年間，我擔任教育部的「歐洲漢學講座」到荷蘭萊登大學（Leiden University）教書，也趁便學了一點荷蘭文，但是要使用原始文獻，還是力有未逮。但是因為長期研究東亞海洋史，並且也在萊登教授過「近代前期的亞歐互動」（Asian-European Interaction in the Pre-modern Period）課程，所以也批覽了不少二手文獻。2002年時，臺北故宮博物院籌劃主辦一個頗具規模的「福爾摩沙——十七世紀的臺灣、荷蘭與東亞」特展，我出了一點力，也作了幾次演講，最後把稿子改寫成〈轉運與出口：荷據時期的貿易與產業〉、〈就從安平追想起〉與〈十七世紀的荷蘭史地與荷據時期的臺灣〉三篇通俗性文章發表。因為目標設定在一般讀者，內容比較淺顯，但也設法帶入一些新的資訊，例如有關「稜堡」（bastion）這種防禦工事的介紹，過去是很少人討論的。

因為我的文章發表的場合都有些特殊，不易尋找，曹永和先生早在1999年時就希望我把舊稿結集，以方便同好。我個人則一方面難辭好意，一方面卻又覺得沒有那麼大的價值。拖拖拉拉，一直拿不出來。雖

然在萊登時已經編選過一次，也寫好「導言」的初稿，始終沒有交卷。本來以爲可以好好修訂內容，以免誤導讀者。然而我的工作負擔越來越重，一時可能不容許達成這樣的目標。因此只作些微更正，交給遠流出版公司印行。我寫作臺灣史方面的文章，本來就是酬答師友的期待。而我認識曹永和先生的時間，也與我寫作臺灣史文章的時間約略相當。謹誌以上因緣，敬答曹先生雅意。

吳密察

2005/08/16

第 壹 輯

總論

臺灣史與東亞海洋史

前言：臺灣島史與東亞海洋史

　　曹永和文教基金會是爲了提倡臺灣島史與東亞海洋史的研究而設立的。這兩個範圍的研究，是曹先生窮畢生精力，精益求精追求的方向，應該也是臺灣研究的同好努力的方向。

　　我個人雖然忝爲基金會的董事，卻不能說是十分瞭解曹先生的生平與學術。幸好曹銘宗先生寫了一本《自學典範：臺灣史研究先驅曹永和》，[1]幫我們整理了相當好的資料，關心臺灣島史與東亞海洋史這兩個理念的讀者，可以由曹銘宗先生的書入手，然後進一步研讀曹永和先生的大作，自然能夠心領神會。

　　在這裡，我謹簡單地提一下這兩個理念的基本精神，以作後半段文字的發揮基礎。另外，我得先強調一下，本文的實例與論述的目的僅在說明深入理解臺灣歷史的一個方向，並不是說非得只依循這樣的一個思考模式才能掌握臺灣歷史的全貌；只是若不把這樣的理念常置心中，則有許多的歷史眞相難以重新正確地建構，並且也容易以偏概全，失之臆斷。

　　曹永和先生提出「臺灣島史」的概念時，同時也已經把「將臺灣史放在世界史的脈絡中，以建立區域總體史的臺灣新史學」這樣的想法給呈現出來。雖然「臺灣島史」的概念具體以文字的方式提出，要晚到1990年才出現，[2]然而在曹先生治學的過程中，此一理念早已在他的心中激盪、醞釀與加強。

　　「臺灣島史」與「東亞海洋史」的概念，其實是相輔相成的。重點是：臺灣自從進入歷史時代以來，即透過海洋與外界聯繫。過去的臺灣

1　臺北：聯經出版社，1999。

2　曹永和，〈臺灣史研究的另一個途徑──「臺灣島史」概念〉，《臺灣史田野研究通訊》第15期，1990年6月。

史研究偏重政治層面，比較重視統治者、比較重視漢人，也比較重視大陸文化的觀點。其實，我們應該朝各個不同時代全體人民的歷史、不同時代（由臺灣與鄰近地區所構成的）區域的歷史去觀察、研究與詮釋才對。在以臺灣島爲基本空間單位的基礎上，以島上的人群作爲研究的主體，縱觀長時間以來，臺灣透過海洋與外界建立的各種關係，以及臺灣在不同的時間段落裡，在世界潮流、國際情勢中的位置與角色，這樣才能一窺臺灣歷史的眞面目。

換言之，爲了正確地建立起臺灣史的知識，有必要把「臺灣島史」的概念隨時擺在思維之中；而「臺灣島史」的建立與東亞海洋史，乃至世界海洋史則是緊密相關的。曹永和先生雖然提出「東亞海洋史」這樣的字眼，可是大海無絕對的界線──其他世界的海事活動，也有波及臺灣島史的可能。

以下我舉幾個實際的例子來說明海洋史的研究有助於臺灣史的研究；而臺灣史的研究如果能把海洋史的知識和概念擺進來，其內容可以更豐富，更有深度。因爲是舉例的方式，本文無意於全面檢討「臺灣島史」與「東亞海洋史」乃至於一切的海洋史相關的所有課題。我只是把個人的一得之愚拿來野人獻曝，說明把「臺灣島史」與海洋史聯繫在一塊兒思考，對知識的建立有相當大的益處；同時也爲曹永和先生的主張做點添枝加葉的工作，希望有志者能因此而正確地掌握一個方向。

一、臺灣的「發現」與東亞漁業

先從曹先生最早正式發表的一篇文章說起。1953年，曹先生在《臺灣銀行季刊》發表了〈明代臺灣漁業誌略〉一文，提到「有明一代，臺灣地區已是閩南漁戶的漁場，最先在澎湖，後來逐漸擴展到臺灣本島。到了明代末葉，閩南漁戶對臺灣西岸已非常熟悉。」後來，他參考了中

村孝志的〈論臺灣南部的鯔魚漁業〉，再於1955年發表了〈明代臺灣漁業誌略補說〉一文。提到早期來臺捕魚的漢人捕撈的魚種以烏魚為主。「漢人漁戶常在臺灣兼營商業，與土著逐漸往來，進而定居，遂開農業端緒。以此看來，漢人漁戶在臺灣的開發上具有很大的功績。」此外，在1954年發表的〈荷蘭與西班牙佔據時期的臺灣〉一文中，曹先生也指出了明代福建漁業的發展與臺灣島進入歷史舞台的機緣有密切的關係。

漁業與臺灣，一開始就息息相關。可是除了曹先生的作品外，臺灣漁業史的研究到目前為止都不多。這一方面是受到大陸型（continental）文化的思考模式所拘囿有以致之；另一方面則是海洋史的研究不夠、與臺灣史研究的整合也有限所致。

每年陽曆12月到2月之間，也就是所謂的「冬至前後」，是臺灣南部烏魚（mullet）的盛產期。[3] 這樣的事實，大概在明代中葉就被福建一帶的居民發現了。據說在廣東潮州以南的地方不產烏魚；而當時來臺灣的漁船，也以原籍烈嶼、金門、廈門者為多。

關於這個問題，如果我們從海洋史的觀點進一步推演，應該可以思考兩個問題：

第一、福建漁民到臺灣島近海捕魚，目標究竟是一般的漁獲呢？還是僅限於烏魚呢？如果是一般漁獲，則福建人來臺捕魚的動機可能真的是因為當地人口多、糧食不足，也就是一般所說的山多田少，不得不倚海為生。[4] 如果目標只是烏魚，則其動機就相當富於商業性囉！也就是說烏魚或烏魚子的市場需求大，從而促成福建人來臺灣的西南部沿海捕

3　實際上，烏魚是隨著寒流而來的。

4　尹章義力闢「人口壓力」說之不當，認為此說(1)不足以解釋臺灣拓墾事業的蓬勃發展；(2)移民何以選擇東渡臺灣？見〈新莊巡檢之設置及其職權、功能〉，《食貨月刊》，11:8-9（1981年11-12月），第二章。不過，尹說是針對十八世紀初以後的情況說的，不能用來討論十六、十七世紀的漁業發展。早期（十六、十七世紀）來臺之漢人，頗以漁業為重。至十八世紀時，重點則完全移至農業(土地開發)與商業(出口農業產

撈。那麼，進一步想一想，烏魚或烏魚子的市場在那裡呢？「唐墨」（karasumi），也就是烏魚子，早在十五、六世紀戰國時代的日本就已知名。臺灣漁場的烏魚子，可能透過中國東南沿海與日本之間的走私貿易而轉販到日本。為此，我們有必要瞭解這段期間中、日之間的船運與貿易，也有必要研究研究當時日本人的食單（diet）內容。另一方面，中國的市場本身對烏魚或烏魚子是否也有需求呢？如果有，那是一種全新的需求呢？還是原本已有，而只是此時擴大的一種需求呢？無論如何，如果中國市場的需求與臺灣漁場的烏魚生產有關，則我們應該從明代中、後期中國人飲食嗜好的改變進一步探討。

關於明代中葉臺灣西海岸漢人漁業的發達，第二個可以思考的問題如下。那就是：漁民大多來自烈嶼、金門、廈門一帶，也就是泉州與漳州交界的海邊。漳、泉以北的沿海漁業，以黃魚（*Acipenser Mikadoi*）為主要的目標。此一漁業開始得很早。明、清時期，閩南的漁民也經常前往那個海域捕魚。可以說那是個老漁場。就漁獲來說，在明、清時代的變化不大。漳、泉以南，從潮州府開始，都屬於廣東省的海域。廣東人在十六世紀前後，是否在漁業的發展上也有類似閩南的情形——也就是擴大捕魚的地理範圍呢？答案頗為肯定。近幾十年來，由於南海諸島的主權爭議，促使許多學者、政治家上窮碧落下黃泉地去找材料。結果發現：大約從十六世紀開始，廣東的漁民就頻繁地出沒於南中國海四處密佈的島礁之間。[5] 大家都知道南中國海是一個危險海域，一般的商船

品）。以淡水河下游的情形為例，1697年郁永河尚見到漢人來此捕魚，不數年就絕跡了。1718年陳夢林(周鍾瑄)修的《諸羅縣志》卷六〈賦役志・雜稅門——附考〉云：「水餉雜稅之徵，多屬鄭氏竊據時苛政。……罟稅則原出於淡水一港，十年來久無牽罟之人矣。往者賠於通事，甚無謂也。」那也就是說郁永河離開臺灣不久，漢人就不再到淡水河河口來捕魚了。

5 參考廣東省地名委員會編，《南海諸島地名資料彙編》(廣州：廣東省地圖出版社，1987)，pp. 62-67。

都會迴避打從這些島礁中經過。可是十六世紀以來的廣東船卻不斷地冒死前往。所為何為呢？為的自然是漁獲——南中國海是世界有名的鮪魚（tuna）漁場。如果我們再深入想一想，我們或許可以思考：是不是因為廣東人可以把他們的漁場擴大到南中國海，所以不必到臺灣西部海域與閩南人競爭呢？還有，廣東人捕鮪魚、閩南人捕烏魚，是否是因為他們面對不同的市場需求呢？還是刻意的區隔呢？這與兩省人民參與海事貿易活動的程度不同是否有所關聯呢？

如果讀者同意中國沿海漁業的發展與擴張，促使閩南漁民前來臺灣南部海域捕魚確實是「臺灣的發現」歷史因緣之一，中國漁業史不就成為研究臺灣史的學者不可不深思的一個問題了嗎？

二、臺灣的產業發展特色：海洋的阻隔與聯繫

接下來，我們把時間往下挪到清領時期（1683-1894），特別是1862年開放通商口岸之前。這一百八十年間，臺灣因為政治上的隸屬關係，受清朝法律的規範。除了最早的幾年外，不允許臺灣與中國大陸以外的世界直接通航。從海洋史的觀點來看，臺灣在這段期間，透過海洋與外界發生的關係似乎變得很單純，純粹只涉及大陸與臺灣之間的軍事、移民與貿易的範疇。

海洋對不同的陸塊（landmass）有天然的阻隔作用。航海技術的發展，可以局部地打開這種阻隔，而使海洋又產生了聯繫的作用。政治力量的介入，則又限制了海洋的聯繫功能。

海洋的阻隔作用，使得臺灣自然地成為一個單獨的經濟體（economy）。而由於清朝的法令限制，這個單獨的經濟體在1862年以前必須以中國大陸為唯一的直接聯繫對象。這樣的一層關係，對臺灣的產業發展，產生了巨大的影響。

在整個清領時期的前段,從1683年到1862年,面對中國大陸,出口導向大體為臺灣產業發展的基本方向。在考慮到資源、地理與氣候等條件的「比較利益原則」之下,臺灣以發展農業(稻作和甘蔗、大菁、花生等經濟作物的生產)、農產品加工業(砂糖、藍靛、花生油等)最為有利,因此以本地市場為考量的手工業或製造業顯著地不發達,於是,所有民生所需的手工業、製造業產品,以及奢侈品(如綢緞、鴉片之類)都由大陸地區進口。進口購買力的來源,不用說,當然就是出口農產品與農產加工品的所得。

當然,其間部分是因為有制度性的限制所致。如1875年以前,進口鐵到臺灣就完全由政府控制,而清政府也限定全臺灣只能有二十七家鐵店或鐵鋪,這當然影響到生產工具的供給。[6] 不過,當時手工業與製造業的不發達,最根本的原因,還是海洋的阻隔與聯繫造成臺灣自然形成一個單獨的經濟體有以致之。

這段期間,只有某些規模極小或極不利於海上運輸的手工業零星地存在。如碾米業(土礱間)、榨油業(生產花生油的「油車間」)。或許有些人會認為應該還有陶瓷業吧!事實卻是:清末以前陶瓷業並不發達,而其真正開始的時間亦甚晚。[7] 紡織業或其他手工業亦復如此。

6　陳國棟,〈臺灣的非拓墾性伐林〉,收入本書,pp. 281-318。

7　水里著名的「蛇窯」自印的簡介說:「水里蛇窯源自民國十五年,南投製陶師傅林江松鑒於水里之地,為當時木材之集散地,資源豐富且黏土質佳,頗適合製陶,因此舉家遷徙在水里水沙連落根(現址),砌築蛇窯生產陶器至今。」至於蛇窯之前的磚瓦陶瓷業,開始的也晚,且規模不大。《臺灣省通誌》卷四「經濟誌·工業篇」第三冊,p. 248a:「臺灣之磚瓦陶瓷工業,創始於清代嘉慶元年,當時臺中南投即利用附近之黏土開始製造磚瓦,於道光元年設立頭尾中三窯,經過三十年,至咸豐元年間,則已相當發達。日據時期,民國前十一年,日本廳長小柳重道自日本聘入技術人員,專心改良陶瓷器,並拓展銷路,一時『南投燒』名聲頗著。其後民國十二年復組織合作社受官廳輔助,逐漸發展。此外在北投、苗栗等處,亦紛紛創設陶瓷工廠。」至於有名的鶯歌窯,根本都未被提及。臺灣民間美術中,「交趾陶」十分有名。但是臺灣交趾陶的歷史,其實也不到一百年,而其開始也沒有供應市場需要的

　　因此，當我們驚訝於臺灣手工業或製造業起步的遲緩時，並不能只從島內的條件去思考，而有必要把思緒帶到海洋的阻隔性與聯繫性上去咀嚼。那就是說，清領時期的前一百八十年，在臺灣與大陸兩地分工的條件下，臺灣的產業發展走向，傾向於主要出口品（staples）的生產。至於日常生活所需的一般用品或奢侈品，則以船運回頭貨的方式源源不絕地供應臺灣，以致於沒有自行生產的必要。

　　其實，這種「出口導向」或者說「貿易導向」的經濟發展模式，本來就是島嶼經濟的宿命。我們不但可以用這樣的觀點來理解清領時期的前頭一段時間，也可以用來看清領時期的最後三十餘年。從1862到1894的三十三年中，臺灣對列強開放，主要出口品除了糖以外，加入了茶和樟腦。茶樹生長於山坡地，這是大家所熟知的；樟樹的生長環境，則以海拔500至1,000公尺處所產為最佳。[8] 因為這兩種新商品的產地都偏重於丘陵地與低海拔山坡地，因此我們在十九世紀後期看到臺灣地區的土地開發朝向山區發展，也就再自然不過了。追本溯源，我們能不說是島外的條件改變，帶動了臺灣的新產業發展與新的土地開發方向嗎？

　　同樣的道理也適用於其他歷史階段，讀者不妨自行思繹。

訴求。原來是1904年11月6日，南臺灣發生大地震，波及斗六、彰化、鹽水港與嘉義各廳。現在臺南縣佳里鎮的佳里興也在其中。佳里興有兩座大廟，一叫金唐殿，一叫震興宮，都有葉王交趾陶。原來是地震毀了居民的一切，也毀了廟宇。居民從大陸延聘葉王來蓋廟，臺灣才開始有交趾陶。而交趾陶隨「震興宮」而名聞遐邇，真的因地震而興。距今不過九十多年。美濃油紙傘也赫赫有名，但其歷史也只比六十年多些。

8　R. A. Donkin, *Dragon's Brain Perfume: An Historical Geography of Camphor* (Leiden: Brill, 1999), p. 61。

三、臺灣與海洋世界的經驗分享

海洋的聯繫性有時不是有意為之所造成的，它也可能是偶發的。比如說臺灣居民與海洋世界的其他人群之間的關係，可能就是偶發的聯繫所造成的。因為是偶發的、不規則的，探討起來頗困難，不是令人望而卻步，就是無法深入。這正證實了這樣的研究有更多人參與的必要，方能集思廣益，眾志成城。

以下我舉三個很瑣碎的例子聊供參考。希望讀者不要嫌瑣碎，因為其中有不少趣味。

1. "Sipandan"

第一個例子是關於八里十三行的地名起源問題。有關的說法琳瑯滿目。其中有一項是我們的朋友翁佳音先生提出的。他說「十三行」一名是出自原住民番社的社名"Sipandan"。他說"Sipandan"「如果唸快一點，豈不像十三行（Tsap-san-hang 或 Sip-san-hang麼？！）。[9]

我們不想討論這樣的論證是否合理，而想進一步去推測如果原住民用"Sipandan"來稱呼他們的聚落，那麼這個稱呼有什麼意義。可是這個部落早已不復存在，其語言也已失落，要如何去找出其意義呢？有趣的是，如果我們走出臺灣去看一下鄰近東南亞地區的地圖，我們將會在馬來西亞沙巴（Sabah）府境內東南方向看到一個名叫"Pulau Sipadan"的離島。這個地方現在是一個觀光名勝，潛水活動（scuba diving）很有名；在2000年4月間，菲律賓伊斯蘭叛軍從這裡劫走一批國際觀光客到蘇祿群島的和樂（Jolo）更使它名噪一時。"Sipandan"與"Sipadan"十分接近，說不定是同一個字。至於"Sipadan"在馬來文中的意思，應該就是

---

9 《大臺北地圖考釋》，pp. 169-170。

"Sepadan"，是一種棕櫚的名字。早期的人類有用植物名稱作爲地名的習慣，馬來世界尤其如此，因此八里的"Sipandan"也不失有此可能。（臺灣原住民的部分語彙與馬來文相近是眾所周知的事實。）

2. 八芝蘭

"Sipandan"只是一個邊緣的例子。如果還要用地名起源來談，能說明臺灣與海洋世界、海事活動相關的地名還有很多。翁佳音先生提過一個「八芝蘭」的例子。[10]

「八芝蘭」爲臺北士林的古名地，也寫作「八芝林」，甚至寫成「八芝蘭林」。無論如何，它是個譯音，也就是說這個名稱不是源自漢語。不過，它應當也不是臺灣原住民的語言。

有趣的是：「八芝蘭」這個地名，不只臺灣有，印尼也有。漳州人王大海於十八世紀末旅居爪哇，回國後寫了一本《海島逸志》，提到在一處叫作「北膠浪」（Pekalongan）的地方：

> 列屋而居者五、六十家，南、北限以柵，華人息居其中，俗呼為「八芝蘭」（街衢也）。[11]

「八芝蘭」當然是土語，也就是當地語言。在印尼語（*Bahasa Indonesia*）中有"pecinan"一詞，意爲「中國人的聚落」，讀起來就是「八芝蘭」。"Pecinan"這個字是由"cina"（中國）加上前後綴詞"pe...an"（表示「具有……性質的東西或地方」）所構成，因此也就是「有華人的地方」的意思。王大海雖然把「八芝蘭」解爲「街衢」；但從其描述可

---

10 參考翁佳音，〈近代初期北部臺灣的商業交易與原住民〉，收在黃富三、翁佳音主編，《臺灣商業傳統論文集》（臺北：中央研究院臺灣研究所籌備處，1999），p. 65。

11 收在鄭光祖編，《舟車所至》（臺北：正中，1962），p. 799。

以確認這是一個完完全全的華人聚落。顯然當地人也是從華人聚落這個觀點來把它叫作「八芝蘭」的。

印尼語雖然與馬來語有極大的雷同，但在馬來語中並無"pecinan"這樣的用法。馬來西亞的人把華人聚落稱作"kampung cina"（中國村）。因此，只有在印尼境內可以找到"Pecinan"這樣的地名。在東爪哇的地名中就有數處叫作"Pecinan"或相近的叫法。[12] 中國人早在宋、元時期即已活躍於東爪哇。元代時期在新村（Gresik）、泗水（Surabaya）等地已經形成華人聚落。或許那時候就開始有"pecinan"一詞。此外，印尼首都雅加達有一條唐人街，歷史悠久。二十世紀七〇年代初，民俗學者施翠峰前往一遊，發現當地人稱這條街爲「班芝蘭」。當時還用荷據時期的拼法，拼作"Pantjoran"，[13] 現在已經依印尼語標準拼法，寫作"Pancoran"了。其實，"Pancoran"只是個讀音，沒有意義。我們從「班芝蘭」與唐人街來推想，它在最初實在可能就是作"Pecinan"，用來指華人聚居的地方。

那麼是在何時，由誰把"Pecinan"（華人聚落）這樣的語彙與概念帶到臺灣的呢？傳來的時間可能在西班牙時期（1626-1642）或者更早的時候。有可能是西班牙人用來叫當地的華人聚落的，但也有可能是早期來臺灣的漢人自己帶來的吧——他們也可能去過東爪哇，或由同鄉的航海者那裡得知這個用法吧。

「八芝蘭」只是一個地名，可是其背後潛藏著臺灣與海洋世界互動的故事。在追本溯源的同時，我們甚至可以揣測至遲在十七世紀初年，已有相當數量的華人來到臺灣北部！

12　如東爪哇Situbondo市所在地的海岬便叫作Tanjung Pacinan。

13　施翠峰，《南海遊蹤》（臺北：三民，1973），p. 145。

3. 民間瓷器

　　第三個例子是個人的一個親身體會。我在1999年7、8月間去了一趟非洲肯亞，造訪海上的三個小島：Manda、Lamu與Pate。非洲東海岸（通稱Swahili海岸）在十五至十八世紀之間，廣泛使用中國瓷器作為盛具或餐具。這些瓷器大多由福建、廣東一帶出口，轉運到西北印度的固加拉特（Gujerat）或阿拉伯半島的阿曼（Oman）、亞丁（Aden），然後轉售到非洲東岸。這裡的出口品是茄藤樹（mangrove）樹幹和玉米，價值不高，因此換得來的是粗瓷，也就是一般中國平民日用的器皿。[14] 我在當地的海灘撿拾了一些破片，在博物館裡看到了一些全器，回來臺灣後和自己收集的五、六件臺灣舊瓷器相對照，竟然發現它們幾乎是一模一樣的東西。[15]

　　民間日用瓷器，也就是民窯的產品，因為很少有文獻記錄，研究起來大不容易。十九世紀以前臺灣的民間日用瓷器，大致上也從福建、廣東一帶進口。東非Swahili海岸的歷史重建，仰賴利用中國瓷器定年的地方很多，因此研究的成果也相當豐富。[16] 我因此想到，如果我們能讓自

14　由於非洲東岸，先是有阿拉伯商人建立殖民地，十五世紀末年以後又有葡萄牙人佔據一些據點，因此在當地的博物館也收藏有少量精緻的中國瓷器。但是最容易見到的、在遺址或地表出現最多的，還是中國瓷器的破片。

15　2000年7、8月間，我有事到沙巴和沙勞越。在當地的博物館與古董店中也發現了一些數量的同類民間瓷器。明、清時期移民臺灣與東南亞的中國人不都是來自閩、粵地區嗎？不產瓷器的臺灣與島嶼東南亞由福建、廣東進口日用瓷器是再合理不過的了。

16　舉例而言，可參考如下諸書及考古報告：John Sutton, *A Thousand Years of East Africa* (Nairobi: British Institute of East Africa, 1990); *Chinese Porcelain in Fort Jesus* (Mombasa: National Museums of Kenya, 1975); Neville Chittick, *Manda: Excavations at an Island Port on the Kenya Coast* (Nairobi: British Institute in East Africa, 1984); Neville Chittick, *Kilwa: An Islamic Trading City on the East African Coast* (Nairobi: British Institute in East Africa, 1974)。

已熟悉東非海岸所發現的中國民間瓷器的研究，一定能對同一時期臺灣日用瓷器的研究有所助益。

臺灣與東非相去十萬八千里，但是海洋也產生偶發的聯繫性功能。廣泛的海洋史研究，不正就對臺灣史研究有用嗎？

結語：昇起的地平線

以上隨意舉幾個例子來為「臺灣島史」與「東亞海洋史」的互動關係作一說明。我們希望讀者明白：海洋史自有海洋史的領域範圍，它不必然與臺灣史有關係，但有關係的地方其實很多，只是無法一眼望穿而已。透過海洋史的觀察點來看臺灣島史，可以把臺灣的歷史與世界史的脈動綰合在一起探討。畢竟臺灣在海洋的環繞下，與周邊或更遠的地方一直有所聯繫，臺灣島的歷史發展並不只是孤立的內在變遷而已。

曹永和先生特意把「臺灣島史」與「東亞海洋史」齊頭平舉，其實還有一個深刻的意義。主要是「海洋性的」（maritime）作風是敞開胸懷，不斷有新境界的開拓。將臺灣島的歷史擺在東亞海洋史，或者是世界海洋史來省視，乃能避免侷促狹隘的毛病。

一般講「島史」——島嶼內部的歷史——不免使人聯想到「島嶼性格」。英文裡頭的「島嶼性的」（insular）這個字本身即帶有「狹隘的」的意思，屬於「島嶼性的」文化的人放不開胸襟，容易陷入事事以自我為中心的困境。

不過，支配著臺灣居民固有的思考模式還有著其他因素。臺灣的大多數居民為漢人的後裔。漢人來自大陸地區，習慣於陸地性的生活與思考模式；而生活其實也正影響了思考習慣。想一想：雖然我們都生活於海島上，無論住在那裡，一、兩個小時之內，都可以親近到海洋；可是在日常生活中，我們並不常想到四周的大海。我們吃魚不如日本人頻

繁，我們更少像英國人那樣流傳著數之不盡的海洋故事。生活影響了思考。我們在海島上過著大陸型的生活，把來自海上的接觸當作是偶發的事件，「船過水無痕」，不再放在心裡，不但對自己的歷史理解有所偏差，同時也錯過了一種擴大視野的機會。

習慣於大陸型的文化思考模式，宛如置身大城市中，放眼看去，只看到天際線（skyline），那是人類自己努力的成就，不免傾向於站在自己的立場來看世界，同樣也容易陷入以自我為中心，從而忽視其他世界的困境。

然而曹永和先生不是主張「以臺灣島為基本空間單位的基礎上，以島上的人群作為研究的主體」嗎？這與島嶼心態的狹隘性或與大陸型思考的自我中心偏見不是很相近嗎？讀者正可放心，因為曹先生同時強調了「臺灣島史」與「海洋史」的互動關係。

我們先不要因為怕陷入島嶼心態的狹隘性或與大陸型思考的自我中心偏見而放棄以臺灣本身為觀察研究的基點或中心。因為即使從海洋史的觀點入手，臺灣仍然是個很好的出發點，仍然可以當成思考的「中心」，當成認識自己、認識世界的基礎點。

雖然就臺灣的地理位置來說，它處在亞洲大陸的邊緣；可是以海洋的觀點來看，它不正位於東亞世界的十字路口嗎？從美洲經太平洋通往其他亞洲海域，臺灣是必經之途；自鄂霍次克海南下，經黃海、東海前往菲律賓、澳洲、紐西蘭，不也路過臺灣海域嗎？換一個角度來看，臺灣正是自我世界的中心。不由自我中心出發去看世界，而從島外其他的中心去看世界，不但不能理解臺灣歷史的來龍去脈，而且也找不到臺灣在世界政、經發展上的有利地位。

採用海洋型的文化思考，則宛如搭船在海上破浪前進。海上沒有人類的建築物，因此看到的是地平線（horizon），而不是天際線。由於地球是圓的，因此當船隻行進時，原來看不見的、隱藏在先前所見地平線

背後的新地平線就不斷浮現出來。海洋型的思考不但能拓展視野，而且經常有可能帶來新的議題與新的看法，從而提昇我們的見識。

「海洋史」與「臺灣島史」的齊頭平舉，正是解決思考態度與思考方向的一個妥善的考慮。我們雖然說：要由自我為中心出發去認識臺灣的歷史、去掌握自己在世界中的處境；但是僅作這樣的強調，若不是落入「島嶼性」的狹隘心態，就是落入「大陸型」的自以為是。「海洋型」的思考讓我們在觀察、研究、檢證、認識歷史與現實的時候，隨著地平線的昇起，擴大我們的視野、轉換我們的思緒，客觀而持平地認識自己與認識世界。

──原刊於《東亞海洋史與臺灣島史座談會記錄》（臺北：財團法人曹永和文教基金會），pp. 9-25。

從「東亞海洋史」到世界史

　　民國八十四年的時候，曹永和先生發表了一篇文章，講1636年至1645年間，荷蘭人有系統地屠殺、消滅臺灣離島小琉球之原住民的一段歷史。這篇文章的題目叫作〈小琉球原住民的消失——重拾失落臺灣歷史之一頁〉。[1]在這篇文章裡，曹永和摘述他自己的學術理念，說到：

　　筆者也曾提出「臺灣島史」的觀念，重視海島臺灣的地理特性，跟著國際學術的趨勢潮流，擴大視野，吸收新方法，打破舊觀念，架構出結構性（structural）、總體性（total）、全球性（global）的史觀，放在世界史的脈絡中加以探考，以建立區域總體史的臺灣新史學。[2]

　　在一個走向「全球化」（globalization）趨勢的時代裡，曹永和強調了「全球性」與「世界史」，可以說他真的是隨著時代的腳步走，完全不落人後。

　　所謂「世界史」的意義，在於強調同時存在、不同地區的不同人民的活動，都應該被公平的認識，而不是只從高度文明的角度切入，完全或刻意忽視了「沒有歷史的民族」（people without history）之歷史。

　　具體來講，以往的歷史撰述至少有兩種態度應被檢討。其一是「歐洲中心的歷史觀」，其二是「中國中心的歷史觀」或者說「漢人中心的歷史觀」。

　　對「歐洲中心的歷史觀」之批判，其實先從歐洲殖民者自己開始，代表的人物是服務於荷蘭東印度殖民地的官員梵勒（Jacob van Leur），他提出的主張是研究、撰述「在地性歷史」（indigenous history）。隨後美國學者斯邁爾（John Smail）也提出「自主性歷史」（autonomous his-

---

1　原刊於潘英海、詹素娟合編，《平埔研究論文集》（臺北：臺灣史研究所籌備處，1995），pp. 413-444；收入曹永和，《臺灣早期歷史研究續集》（臺北：聯經出版社，2000），pp. 185-237。本文徵引時，依據後者的頁碼。

2　〈小琉球原住民的消失——重拾失落臺灣歷史之一頁〉，pp. 185-186。

tory）的主張，意見相當接近，都主張研究、撰述本地的歷史，應該關照到在地的立場與觀點，綜合地而不是片面地去理解該地的歷史。[3]

「中國中心的歷史」或「漢人中心的歷史」觀點，其實也帶有類似的特徵。儘管中國人的殖民或移民事業，不像歐洲人那樣大張旗鼓，但是中文的撰述在提及周邊族群的歷史時，卻一樣地只從自己的立場去認識它們的對象。最明顯的例子是我們的東南亞歷史研究，到現在都還只關心華人、華僑，對於華人、華僑寄居地區的歷史變遷，只片斷地關心與華人相關的事件，沒有從在地居民整體的、聯貫的歷史延續上著眼。

歐洲人與華人的現代研究者之所以以自我文明為中心來認識不同世界的歷史，有其主觀的因素，也有其客觀上的困難。主觀上當然是指對己身所屬文明的驕傲、對自我利益的關心；客觀上則是：相較於歐洲人與華人的文明，其他世界的民族比較沒有保留歷史文獻的習慣；對其他世界之歷史的研究，仰賴歐洲人或華人的祖先們所留下來的觀察紀錄，而這些觀察紀錄原本就以自我為中心。

針對以上自我中心的歷史研究，曹永和先生舉臺灣史為例，他說：

臺灣史是漢人移入臺灣以後，與平埔族發生接觸往來、互相影響的歷史。我們應該拋棄種族優越的偏見，來研究平埔族的歷史。因為平埔族的歷史是臺灣歷史研究中一個不可缺少的構成部分，重建平埔族的歷史，才能架構出完整的結構性臺灣史。[4]

簡單地說，研究者應該先作心理上、視野上的調整。

主觀意識的調整是一回事，客觀上不能避免的是：對象本身沒有文獻、沒有自我建立的歷史認知，研究者要下手時，要怎樣去利用高度文

3　相關的論點請參考陳國棟，〈「在地性歷史」、「自主性歷史」與東南亞研究〉，收入本書，pp. 43-63。

4　〈小琉球原住民的消失──重拾失落臺灣歷史之一頁〉，p. 187。

明者所留下的偏見、片斷不連續的資料的問題；還有經由此一方式所建立的知識，在怎樣的一個程度上，可以有助於建立一個結構性、總體性與全面性的歷史知識的問題。

曹永和曾簡單地介紹美國人類學者Eric R. Wolf所著的《歐洲與缺少歷史的民族》[5]這本書，認為Wolf的書，對臺灣平埔族的歷史研究頗具參考價值。他說：

> Wolf的主要重點是人類的世界，歷史上應看作一個整體，是複合體的網絡，互相糾纏，牽連互動的多元社會。真正歐洲擴展史是包括缺少歷史的民族，其犧牲和無言的證詞。[6]

在討論Wolf所認知、所主張的「世界史」觀點之前，先得插入幾句話解釋曹永和所提到的「歐洲擴展史」這個概念。[7]「歐洲擴展史」這樣的概念是第二次世界大戰之後，西方的歷史學界用來運用在舊的殖民地史研究的辭彙。目的是在掩飾「殖民地」這樣的字眼，避免刺激新獨立的國家。其實換湯不換藥，同樣是一種高姿態，看不起西方文明以外社會的一種表現。西方的歷史學家認為歐洲以外沒有文明，因此不應在正常的歷史系裡被討論。1960年代時，杜維運先生引用英國大歷史學家蒲立本（E. G. Pulleyblank）的話，說是「中國不能被摒諸人類歷史的主流以外」。因為杜維運發現，歐洲大學歷史系所開的「歐洲擴張」

5　Eric R. Wolf, *Europe and the People without History* (Berkeley: University of California Press, 1983).「缺少歷史的民族」一段文字，個人以為譯作「沒有歷史的民族」更佳。此書於2003年中有譯本出版：艾立克·沃爾夫著、賈士蘅譯，《歐洲與沒有歷史的人》（臺北：麥田出版，2003）。

6　〈小琉球原住民的消失——重拾失落臺灣歷史之一頁〉，p. 188。

7　「歐洲擴展史」也叫作「歐洲擴張史」，也就是英文所說的 "History of European Expansion"。荷蘭萊登大學歷史系底下的"IGEER"，翻成中文就是「歐洲擴張史研究所」，不過因應時代趨勢，其英文的名稱已經改成"Institute for the History of European Expansion and Global Interaction"，加上「全球互動」(Global Interaction)這樣的字眼。

一類的課程,涉及中國的歷史時,並不是為了講述中國的文明,而只是為了炫耀歐洲影響力的偉大。[8] 即使是在今天,西方世界的大學所開設的中國史課程,大多也不在歷史系裡講授,而是在東方學系、東亞系之類的學程(program)裡講授。歷史是文明的過程,對西方人而言,只有歐洲人才有文明。

中國史都很難進到西方人的歷史世界,其他民族的歷史自然是等而下之了。非西方民族的文化研究、歷史研究,對西方人而言,是區域研究的對象、是人類學家研究的對象。這裡面雖然因為涉及語言的問題不得不爾,不過主要還是出於西方人的自大與偏見。

因此,主張要把非西方世界納入歷史研究的人,差不多也都是人類學者或者相關的人。Eric Wolf本人也是一位人類學家。還要一提的是,Wolf也深受馬克斯主義的影響,同情弱小民族,因而要為他們說說話。

所以,《歐洲與沒有歷史的民族》這本書主要是在講生產方式、生產關係這類馬克斯主義的老問題。對馬克斯主義者而言,從歐洲歷史經驗歸納出來的有關生產方式與生產關係的理論是科學的,是普遍有效的,因此也就是世界史的共通精神。而Wolf在闡揚經他修正的馬克斯主義時,不經意提倡的「世界史」的概念,多少也就只是一種先驗的概念。在我看來,他不只沒有跳脫出「以歐洲為中心」的思想牢籠,恐怕還選了一個最可爭論的思考路線。

不過Wolf所主張的世界史概念倒還有一點剩餘價值。我們來談一談這點剩餘價值。

Wolf認為1400年以後,透過歐洲人的海外活動,「沒有歷史的民族」逐漸被(歐洲人)認知。「沒有歷史的民族」沒有自己留下歷史,

---

8 杜維運,〈英國的漢學研究〉,收在其《學術與世變》(臺北:環宇,1971),pp. 144-145。

但是因為他們與「有歷史的民族」遭遇（encounter），因此在對方的歷史記述中留下蛛絲馬跡。Wolf的觀點真正有助於某種「世界史」的重建，老實說不是靠他的理論。對我而言，他的理論有「以歐洲為中心」及「馬克斯主義」的雙重偏頗，沒有多大的價值。但是他主張「沒有歷史的民族」在與「有歷史的民族」的遭遇過程中，在「有歷史的民族」的記錄中留下活動的紀錄。有志於世界史研究與撰述的歷史學從業者，應該從人類學家、考古學者或民族學家、社會學家那邊得到幫助，科學地、客觀地重建「沒有歷史的民族」的歷史。這沒有話說，他是對的。然而如果只能這樣做的話，我們能為「沒有歷史的民族」重建的歷史，只是他們與「有歷史的民族」遭遇的「關聯」（connection）而已。重建出來的「沒有歷史的民族」的歷史只是斷斷續續，沒有一貫性的歷史，不是內在發展、一脈相承的歷史。面對臺灣平埔族的歷史重建時，我們的預期成果是否也是這樣呢？

〈小琉球原住民的消失〉是一篇非常成功的歷史文章，讓我們如同身歷其境地回到事件的當時，觀看了一場又一場的殘酷畫面。就這個歷史個案來說，曹先生所重建的歷史可以說相當完整，可以說已成定論。

可是把這件成功的學術作品放到世界史的架構下思考，放到重建「沒有歷史的民族」的歷史這項工作下思考，我不禁感到無比的挫折。對我來說，事件的主角仍然是荷蘭人，所有具體的記錄都來自荷蘭人，所有的感覺都來自當時的荷蘭人。事情過後，荷蘭人的歷史繼續發展。好像是連續劇，下一齣時，荷蘭人繼續是主角。可是小琉球的原住民卻只是客串演出，演到「金獅島大屠殺」時，他們才迸出來。大屠殺之前，他們有過怎樣的歷史，我們一無所知。大屠殺之後，他們幾乎已完全滅種，永遠不能再當歷史事件的主人，全面而永久地退出了人類歷史的大戲。

從〈小琉球原住民的消失〉這個事件、這篇文章來看，我們真的能

達到一個均衡的世界史的重建，讓每個民族都當歷史事件的主角嗎？我深深感到驚悚與懷疑。

我得說：我承認一個公平、均衡的世界史，一個重視整體性、結構性與全球性的歷史知識的建立，是個努力的目標，是個高貴的夢想。可是我懷疑這眞的只是個夢想。面對這樣一個課題，歷史學家不免束手無策，因爲歷史事件的主人不留下資料，不留下連續性的資料，歷史學家其實什麼話也說不出來。

當沒有素材可用，歷史學家只好轉換角色，去當社會學家，去當人類學家，用想像與推理來寫歷史。這與有一分證據說一分話的歷史研究其實是相矛盾的。歷史學家到此黔驢之技已經窮盡，而純粹的歷史恐怕沒法存在了。

——寫於2001年11月，第一次刊出。

「在地性歷史」、「自主性歷史」與東南亞研究※

前言

　　題目中的「在地性歷史」幾個字指的是英文的"indigenous history"一詞。稍早筆者在中央研究院東南亞區域研究計劃出版的《東南亞區域研究通訊》第二期發表一篇文章時，用的是「自發性」三個字來翻譯"indigenous"這個字。[1] 但是「自發性」這樣的字眼好像有強調自動去做的意思，與真正的意思有相當大的出入。其後筆者也考慮過「本生的」、「自生的」之類的字眼，都不能愜意。

　　"Indigenous"的簡單意義是"native"，也就是「本土」的意思。進一步的解釋，依照*Webester's Ninth New Collegiate Dictionary*的說法是："having originated in and being produced, growing, living, or occurring naturally in a particular region or environment."用中文來說，是指在一個特定的區域或環境中，自自然然地發生的，自自然然地被創造出來、自自然然地成長、存在或者發生著的一種狀態。重點是強調其「自自然然」的特質，並且強調這樣的特質專屬於某一特定的區域或環境。我們如果直接用由「本土」組成的詞彙來翻譯"indigenous"一詞，則"indigenous history"可以譯作「本土的歷史」。可是這樣的中文不免令人想到「地方史」或「國別史」，雖然沒錯，卻不夠貼切。有一位朋友建議使用臺語的「在地」兩個字來詮釋"indigenous"，筆者認為「在地」一詞感覺上比「本土」一詞顯得動態性強些，比較能反應出「成長、存在或者發生著」的狀態，因此就暫時接受，並且用「在地性的歷史」來翻譯"indigenous

---

※　原稿題為〈本生歷史、荷蘭東印度公司檔案與東南亞研究〉，宣讀於中央研究院東南亞區域研究計劃主辦，「臺灣的東南亞區域研究年度研討會1999」，中央研究院民族研究所，1999年4月16-17日。

1　陳國棟，〈關於發展東南亞歷史研究之淺見〉，《東南亞區域研究通訊》，第二期（1997年4月），p. 3。

history"一詞。在以下的討論中，我們即將發現："indigenous history"一詞又有一個相近的用法"autonomous history"，直譯應當作「自主性的歷史」。無論叫作「在地性的歷史」或者是「自主性的歷史」，這兩組用語都與東南亞歷史的研究與寫作有很大的關係，仍然需要仔細的詮釋。這也就是本文的宗旨所在了。

筆者最早接觸到"indigenous history"這組詞是在1987-88年。當時，筆者在倫敦印度辦公室圖書檔案館（India Office Library and Records）[2]做研究，有緣結識印度近世經濟史的名家Sinnappah Arasaratnam教授。[3]他研究十七、八世紀時期印度地區之經濟變遷。當時印度沿岸的港口，大都落入歐洲國家的東印度公司的控制下。因此有關這一時期印度歷史的研究，由於是歐、美學者所開展出來的，關心的重點與研究的方向，不免朝向以港口為中心，並且強調歐洲介入所帶來的影響。Arasaratnam的研究注意到港口以外、歐洲人罕到的內地的自然發展及其與港口地區的互動，認為印度本身十七、八世紀的歷史，不只是港口的歷史，也不只是歐洲人發生作用的歷史。筆者從他那裡第一次聽到"indigenous history"這樣的字眼。也開始想到以往所接觸的有關印度經濟史的作品大都為英、美學者的研究成果，而這些學者不但偏重利用歐洲文獻，偏重考慮印度與外在世界的關係，而且也或多或少採取以西方文明為中心的觀點。

1994年的九月，在東京大學的中國史學者岸本美緒與越南史學者櫻井由躬雄兩位教授的熱忱邀請下，筆者參加了在東京上智大學（Sophia University）舉行的「國際亞洲歷史學家會議」第十三屆會議。十分引

2　當時在Blackfriars路197號，現在已經遷入位於St. Pancras的大英圖書館新館了。

3　Arasaratnam教授是錫蘭人，長期在澳洲University of New England教學，不幸已於1998年秋天去世。他出版過好幾本重要的著作，舉一本為例，如*Maritime India in the Seventeenth Century* (New Delhi: Oxford University Press, 1994)。

起我注意的是，大會於一般的分組討論會外，特別安排了一個全員出席的大型研討會（colloquium），主題是「原生的東南亞歷史學術」（Indigenous Southeast Asian Historiography），由七名東南亞的重要歷史學者發表各國對待此一課題的態度與發展。[4] 大家也注意到了，筆者那時候用的詞是「原生的」三個字。

在參與了那個大型研討會之後，筆者立即想到的是：就歷史寫作而言，印度或東南亞國家與中國十分不同，他們一方面曾經是歐洲列強的殖民地，一方面也缺乏歷史寫作的傳統。在二次世界大戰以前，他們的歷史大都由歐美人士來撰寫，不管從視野、解釋等各方面來說，都未必能吻合他們的國情與關懷。

如果說東南亞各國「在地性」的歷史研究是在二次大戰後，東南亞國家紛紛獨立以來的發展，大致是不錯的。不過，故事也不是這麼單純。事實上，東南亞對「在地性」歷史的重視，稍早已經開始。那是始於未被殖民地化的，當時尚稱暹羅（Siam）的泰國。在本世紀初，泰國的曇隆親王（Prince Damrong）大力提倡，以撰寫在地性歷史作為國家搏成的工具。[5] 可是由於只著眼於鎔鑄國家意識，因此對於中央政權以外的地方歷史經常加以扭曲，並不是完全符合科學精神的研究；另一方面則對政治史的重視高於一切，而對庶民的歷史可以說尚無餘力去關心。[6]

4　陳國棟，〈「國際亞洲歷史學家會議」第十三屆會議〉，《近代中國史研究通訊》，第十八期(1994年9月)，pp. 42-46。

5　如同中國一樣，東南亞人與歐洲人對「國家」有不同的概念。但歐洲人離開後所留下的政治現實，卻使他們不得不遷就當時現有的條件來鎔鑄西式的國家理念。直到目前為止，東南亞人的在地性歷史撰述，都還著重中央，忽略地方，可以說是歷史因素造成的。參見Thongchai Winichakul, *Siam Mapped: A History of the Geo-body of a Nation* (Honolulu: University of Hawaii Press, 1994).

6　Lorraine M. Gesick, *In the Land of Lady White Blood: Southern Thailand and the Meaning of History* (Ithaca: SEAP of Cornell University, 1996).

泰國以外的地方，「在地性」的歷史研究的確在第二次世界大戰結束以後才開始。有趣的是，把這樣的主張明白喊出來的仍是歐美人士，而不是東南亞本地的歷史學家。

一、關於東南亞的「在地性研究」與「自主性研究」

「在地性」研究現在經常掛在東南亞研究學者的嘴上。作爲一名歷史學家，不由得不去追本溯源。結果，我們發現在東南亞的歷史研究上，荷蘭（印尼的殖民母國）作家梵勒（Jacob C. van Leur）[7] 是追求「在地性」歷史研究的先驅。他在1930年代即已提「在地性」形式之研究的主張，可是未受到該有的重視。

梵勒的意見未受到重視不是沒有理由的。一則是他的觀點超越他所處的時代；[8] 一則是他的作品是用荷蘭文寫成的，讀者有限。1940年代末期，由於有一位反對荷蘭殖民制度的魏爾泰姆（Wertheim）教授的熱心，梵勒的作品才得以譯成英文，而使較多的讀者可以看到。魏爾泰姆動手翻譯的那一年是1948年，是印尼獨立運動的關鍵年代，他的動機不無政治的考量；書成出版則是1955年。[9]

梵勒的「在地性」研究的主張，出於他對印尼風俗習慣（adat）的理解。他認爲，歷史上印尼固然先後受到印度教、伊斯蘭教、葡萄牙人及荷蘭人的影響，可是其風俗習慣卻一方面繼續維持著自有的多樣性，另一方面又不難看出其屬於印尼的特色。這樣的特色一點也不因爲外來

7　關於梵勒的生平及其學說的發展與影響，有一本最新的論文集可以參考。見Leonard Blussé and Femme Gaastra eds., *On the Eighteenth Century as a Category of Asian History: Van Leur in Retrospect* (Singapore and Sydney: Ashgate, 1998).

8　他本人是荷屬東印度殖民地的官員，1930年代印尼尚在荷蘭的殖民統治下。

9　J. C. van Leur, *Indonesian Trade and Society: Essays in Social and Economic History* (The Hague: Van Hoeve, 1955).

的文化的波及或外來政權的殖民而煙消雲散。他說：

> 世界性宗教與外國文化形式的光澤，（只不過）是薄薄的、會剝落的一層釉皮；在它的底下，舊有的在地性的形式之整體一直延續不絕。[10]

因此，梵勒攻擊諸如克羅姆（Krom）的「印度化（Indianized）國家」這樣的概念[11] 也就不足爲奇了。所謂「印度化國家」是指早期東南亞的政治與文化是由外來的印度商人的殖民活動所帶進去的。但是梵勒認爲印度商人在印度教內的地位不高，不可能把印度教強加到東南亞社會。他認爲是東南亞本身有此需要，才引進印度教，並且使之融入當地的歷史條件。伊斯蘭教的引進亦復如此。爪哇沿海貴族之所以引進該教，爲的是對抗印度教的滿者伯夷（Majapahit）王朝加諸其上的階層性限制。[12]

即使就古代宗教引進的問題來說，梵勒可以言之成理，但對歐洲人東來以後的改變，他的論點就出現瑕疵了。尤其是荷蘭東印度公司的經濟活動，不正是對印尼產生極大的衝擊嗎！爲了把外來的影響力說得沒有那麼重要，梵勒提出一種說法，說是在現代資本主義出現以前，印尼的傳統貿易未曾因外力而有過重大的改變。他認爲現代資本主義是十八世紀時才在印尼出現（到那時候歐洲人已經在東亞活躍達兩個世紀之久了），而在此以前印尼世界在長距離貿易上有其「歷史的常數」（histori-

---

10　Van Leur, *Indonesian Trade and Society*, p. 95.

11　此一概念最有名的代言人爲戈岱司(George Coedès)。其代表性作品爲1948年出版的《印度支那與印尼的印度化國家》。現在可以找的法文本爲 *Les États Hindouisés d'Indochine et d'Indonésie* (Paris: De Boccard, 1989)，英文本爲Susan Brown Cowing所譯、Walter F. Vella編輯，書名改題爲 *The Indianized States of Southeast Asia* (Honolulu: East-West Center Press, 1968).

12　Anthony Reid, "John Smail, Jacob van Leur, and the Trading World of Southeast Asia," in Laurie Sears ed., *Autonomous Histories, Particular Truths: Essays in Honor of John Smail* (Madison: Center for Southeast Asian Studies, University of Wisconsin, 1993), p. 89.

cal constant），只是此一常數的規模不算大，並且幾乎都由一些小商人在經營。

對他這部分的說法，荷蘭檔案專家盧洛芙森（Meilink-Roelofsz.）女士曾作過強烈的批評，而且很有道理。盧洛芙森的論點有三：一是梵勒忽視了諸如糧食及布疋之類的大宗貿易，以及不同資產狀態的經營者；二是梵勒輕估了荷蘭東印度公司在摧毀既有的當地經濟上的能力，使得十七世紀以後的情況大別於前；三是有關現代資本主義的出現時機問題。[13] 關於第二點，學術界現在有較深入的了解；第三點問題太大，與本文無直接關係，暫時不論。關於第一點，在本文稍後筆者將以印度棉布的交易對盧洛芙森的說法稍作闡示。

儘管盧洛芙森的批評不無道理，而眼前學術界對東南亞的經濟、歷史演變也有了更紮實的發現，梵勒提出重視東南亞「在地性」歷史要素的主張還是不可抹滅的。其實，他所說的「在地性」一詞，早已成爲現今印度、東南亞學者所偏好的用語了。不過，有一派人，特別是一些美國學者卻選用一個意義相近的不同用語——「自主性」（autonomous）。開路先鋒的人物與作品是斯邁爾（John Smail）的〈論現代東南亞自主性歷史（autonomous history）的可能性〉，1961年發表。[14]

斯邁爾在文章一開始就引用了梵勒的一段話，說是荷蘭東印度公司在印尼世界的興起，是透過與土著者的猛烈鬥爭而發生的，可是爲什麼光芒都照耀到土著政權的對手身上，而土著者的歷史卻既晦暗而又朦朧（grey and undifferentiated）？他認爲梵勒指出了一個「歷史過程上自主

---

13 M. A. P. Meilink-Roelofsz, *Asian Trade and European Influence in the Indonesian Archipelago between 1500 and about 1630* (The Hague: Nijhoff, 1962).

14 "On the Possibility of an Autonomous History of Modern Southeast Asia" *Journal of Southeast Asian History*, 2:2 (1961), pp. 72-102. 這篇文章現在已收入Laurie J. Sears ed., *Autonomous Histories, Particular Truths: Essays in Honor of John Smail*, pp. 39-70.

的東南亞世界」（historically autonomous "world of Southeast Asia"）長期受到歷史學家們的忽視。這種忽視的產生是因為在梵勒及比他早的時代的東南亞史都是西方人從殖民史的角度來寫作所致。

殖民史學者所採取的態度，後來的批評者說是「以歐洲為中心」（Europe-centric）。這個名詞在1948年出現，在1955年霍爾（D. G. E. Hall）出版他的東南亞史名著後才開始風行。[15] 霍爾在該書的序文中寫了一段話，斯邁爾說他初度讀到時，比讀梵勒的作品還感動。我們抄譯如下：

在歷史撰述上，把東南亞如其該有的樣子呈現為一個值得留意的地區，而不只是處在與中國、印度，或者西方……接觸時才帶進來，（因為）除非從其自己的視野來看，從其他任何的觀點來看都不能無誤。[16]

在斯邁爾看來，霍爾代表的是第二次世界大戰後出現的「新殖民史」（neo-colonial history）作家，或多或少地擁抱著「以亞洲為中心」的東南亞史的寫作理念。然而，這樣的方式或態度並不是斯邁爾所贊同的，他也不認為是梵勒「在地性」的歷史所追求的目標。那麼，斯邁爾和他所代言的梵勒所主張的「在地性」或「自主性」歷史又是怎麼回事呢？

斯邁爾論點的提出，從仔細檢討「以歐洲為中心」和「以亞洲為中心」這兩個名詞開始。他認為這樣的名詞其實包含有複雜的意義。他的全部論述皆以印尼的歷史為例，但聲稱其論點適用於所有的東南亞史。

首先要看的是，舊的殖民史都是由西方人（主要為歐洲人）所寫作的。是不是因為歐洲人在歐洲長大、在其文化氣氛下養成，與他的同胞們分享歐洲的「思考世界」（thought-world），因此與生俱來就自然而然地「以歐洲為中心」去看待他所研究的課題或對象呢？斯邁爾認為這樣

15　D. G. E. Hall, *A History of Southeast Asia* (New York: St. Martin's Press, 1955).

16　Ibid., p. vii.

的說法不無道理，因爲歐洲人當然會在作品中反映出他們的思考世界，可是這並不等於說歐洲出身的學者就不能轉向去思考「以亞洲爲中心」的問題。

人類的思考世界，如果有多個的話（如果有「以歐洲爲中心」的思考世界，同時當然也會有「以亞洲爲中心」的思考世界，乃至其他的思考世界）眞的會完全各自自主、相互排除嗎？應該不是的。如果在亞洲的文化氣氛下養成的亞洲歷史學家不由自主地反映出「以亞洲爲中心」的思考世界，我們不要忘記大多數的亞洲歷史學家其實是受西方歷史學方法的訓練而產生的，他們的作品，認眞檢討起來，更應該是西方傳統下的歷史學術作品！如果因此說這些受過西方學術訓練的人不能擺脫西方的傳統，那麼西方的歷史學家要擺脫自己文化的傳統也就難上加難了。這一來不就等於說沒有人能寫「以亞洲爲中心」的東南亞史了嗎！

斯邁爾提出：人類的「思考世界」其實可以大到只有一個。他的主張與現下流行的「全球化」（globalization）概念頗爲類似。他說：

> 我相信，對歷史學家而言，就像對自然科學家或對社會科學家而言一樣，我們現在處於一種狀況：必須説只有單一世界文化或思考世界；因此所謂「以歐洲為中心」和「以亞洲為中心」（以及「以印尼為中心」、「以爪哇為中心」……等等）諸詞是不能用來描述自主性的思考世界的歷史景象（historical vision）的。[17]

他接著說「我們所追求的視察點（perspective）的變遷不能看作是轉向一個不同的思考世界，而是發生在單一（普遍）的思考世界內的轉向。」[18] 他指出如果說有不同的思考世界，而這些思考世界各自自主，乃至相互排除，它們在另一層意義上必然有其共通性，這就構成了一個

17　John Smail, "On the Possibility of an Autonomous History," p. 76.
18　Ibid., p. 77.

普遍的思考世界的基礎了。他更進一步闡明：時至今日，世界上的人都在學校受過教育，因此或多或少都會受到歐、美式的知識組織與知識傳遞方式的影響。世界上所有的人都分享著同樣的單一的思考世界，因此亞洲的歷史學者可以「以亞洲為中心」的角度來看歷史問題，西方的歷史學家也沒有理由不能。他在這點上十分贊同瑞興克（G. J. Resink）的主張，認為印尼史的寫作應由國際學術精英共同為之，而非僅限於印尼的優秀學者，因為若寫印尼史非從「以亞洲為中心」的角度切入不可時，不只印尼人能，他國人亦能。

暫時擱下「思考世界」的問題不談，關於「以歐洲為中心」或「以亞洲為中心」這類名詞所可能涉及的意義，還有兩個層面：一是倒向一邊的價值判斷（one-sided value judgment）問題；二是檢視角度（angle of vision）的問題，即從歐、美的角度還是從東南亞的角度切入的問題。斯邁爾以為，在一般的著作中，這兩種意義很難截然劃分，也沒有人這麼做；但是他認為這樣的劃分十分必要。

價值判斷的問題，也就是「道德觀點」（moral viewpoint）的問題，斯邁爾說那是很大、很痛苦的問題。特殊的道德觀點如果只是歷史學家拿來代表個人的立場，問題還小。真正造成問題的是，「有系統的道德偏見」（systematic moral biases）。他承認「有系統的道德偏見」經常存在於歷史寫作中，不易察覺。要造就無偏見的歷史寫作很難，因為與歷史學家的文化背景有極大的衝突。[19]（但是在工作態度與資料選取上，歷史學家要做到不偏不倚就容易多了。）他也只能期待在社會變遷與文化變遷的過程中，歷史的偏見終究能夠消彌於無形。他也認為「有系統的道德偏見」所寫成的歷史作品其實只是嘲諷性的東西、漫畫式的

---

19 這和前面討論的「思考世界」的差異在於前者討論的是知識或一般文化的問題，這裡的重點是道德的問題，是文化價值的問題。

作品，沒有多大的意義。必須設法除去「有系統的道德偏見」，在價值判斷上採取「中立」（neutral），亦即不偏不倚的立場。如能辦到這點，那麼不論是「以歐洲為中心」或是「以亞洲為中心」的歷史寫作都各自有其價值。

關於檢視角度的問題，他說梵勒講得很好，說是原來的殖民史作家，也就是當年的歐洲殖民者是「從帆船的甲板、堡壘的圍牆與商館的長廊，片面地去看亞洲人」。[20]這是第三種「以歐洲為中心」的意義。在以這種態度撰寫的東南亞史中，歐洲人顯得又大又清楚，而東南亞土著就「既晦暗而又朦朧」囉！斯邁爾說，其實這才是「以歐洲為中心」這個名詞的原始涵意。不過，此詞一出，另兩層意義很快就攙雜進來，把它弄得無比複雜。第二次世界大戰以後的新殖民史作家和印尼民族主義的反殖民史作家所揚棄的就是原始意義的「以歐洲為中心」的態度。他們力圖作一百八十度的翻轉，就「自家主人」（host in his house）這樣的角色，讓亞洲人站到舞臺前頭，而讓歐洲人（或印度教徒、或華人）退居幕後。這也就是寫出以東南亞人民為主角的東南亞史，一如霍爾所作的一般。[21]這樣的態度好像很正確了，可是斯邁爾不完全贊同，因此才發揮梵勒的「在地性」歷史的概念，提出「自主性」歷史的主張。

那麼，所謂的東南亞「自主性」歷史的寫作與從亞洲的觀點出發所撰述的歷史有何本質上的差異呢？要說明這點，我們得把斯邁爾心目中四種東南亞（或印尼）歷史的撰寫方式整理一下。

斯邁爾將歐洲人介入亞洲以後的東南亞史的寫作分作四種不同的類

---

20 Van Leur, *Indonesian Trade and Society*, p. 261. 「亞洲人」在梵勒的原文中作"the Indies"。在荷蘭東印度公司時代，這個字指的就是公司特許狀(charter)所賦予的貿易世界及其人民，即南非好望角以東的亞洲及亞洲人。參考F. S. Gaastra, "The Organization of the VOC," 收在R. Raben and H. Spijkerman eds., *The Archives of the Dutch East India Company*, 1602-1795 ('s-Gravenhage: Algemeen Rijksarchief, 1992), p. 11.

21 Smail, op. cit., pp. 76-77.

別：(1)歐洲人的本國史（舊的殖民史）、(2)以歐洲爲中心所撰寫的歐洲與東南亞遭遇的歷史（新的殖民史）、(3)以亞洲爲中心所撰寫的歐洲與東南亞遭遇的歷史（反抗殖民者的歷史）、(4)東南亞各國的本國史（這就是他所主張的自主性歷史）的寫作。他認爲自主性歷史的寫作才能還給亞洲的歷史一個公道。

斯邁爾多處強調，處理東南亞史時，道德意義與視察點意義兩種態度經常是焦不離孟、孟不離焦，極難劃分的。例如，從商館長廊觀察亞洲人的歷史學家不免就想當然爾地把躲在長廊後面的荷蘭人當作是好人。他堅持要把這兩種意義的劃分隨時擺在心上，才能理解所謂的「自主性」歷史。

他以梵勒爲例說明由舊殖民史家的態度轉向「自主性」歷史時，在道德觀點的部分，由「以歐洲爲中心」轉爲中立（不偏不倚）；在視察點的部分，則由「以歐洲爲中心」轉爲「以亞洲爲中心」。（至於在「思考世界」的部分，則由於現代世界的趨同性，我們只好期待它越來越不會影響歷史的理解。）

「新殖民史」史家，前面說過，不是把亞洲人當成是「自家主人」，讓他們站到臺前來，在視察點上「以亞洲爲中心」了嗎？斯邁爾認爲：仔細檢討他們的轉向，他們的真正表現是這樣的：在道德觀點方面，好像要脫離「以歐洲爲中心」而走向中立，實際上實現的不多；而在視察點方面，確實由「以歐洲爲中心」轉出，但不是轉爲「以亞洲爲中心」，而是轉向一種中間立場，平均看來還稍稍傾向於「以歐洲爲中心」。斯邁爾認爲梵勒的道德觀點是平平靜靜、絕絕對對的不偏不倚，但是「新殖民史」學者的道德觀點則是嘔心瀝血、掙扎完成的趨近於中立的東西，是一種「忽爲前傾，忽爲後倒的道德的柔軟體操」；梵勒的視察點是始終一貫的，完完全全地「以亞洲爲中心」，而「新殖民史」作家（如霍爾）則是在「以歐洲爲中心」（如處理荷蘭東印度公司時）

與「以亞洲為中心」（如處理像馬大攬〔Mataram〕這樣的印尼邦國史時）交替互換。[22]

至於反殖民史的作家，雖然也有一些西方人，但是絕大多數仍是印尼的民族主義史家。這些人將其道德觀點由「以歐洲為中心」轉向為「以亞洲為中心」，換言之，也就是換了一種不同的「有系統的道德偏見」；在視察點部分，也許有人會想當然也轉成「以亞洲為中心」囉！出人意表的，他們轉向到一種混合的視察點，而稍稍偏向「以歐洲為中心」。[23] 簡單地說，反殖民史作家的視察點與新殖民史作家的視察點相近相似，乃至相同。

反殖民史作家的道德觀點與視察點看起來格格不入，可能是因為他們寫作的材料都來自荷蘭的二手作品，而其中多帶有「以歐洲為中心」的色彩。深入去想，矛盾也不大。為什麼反殖民地？不就是因為曾有強悍的殖民體制存在過嗎？再者，反殖民史作家的道德觀點的立場實在很強，其實早已掩蓋過其視察點，因而視察點與其基本立場的衝突也就擺到一旁去了。

在斯邁爾看來，舊殖民史是戰後普遍揚棄的，新殖民史與反殖民史是不正確的，因此要發揚「在地性」或「自主性」的歷史寫作。這種東西，首先要擺脫「有系統的道德偏見」，做到價值的中立。重點則擺在如何在視察點方面始終一貫地「以亞洲為中心」？

亞洲史，或者說印尼史中，那些方面是始終不變，可以繼續不斷地被提到臺前來觀察、研究的呢？梵勒主張1800年以前歐洲人與亞洲的政治勢力尚能分庭抗禮。以後則未處理。但瑞興克的研究幫他證明了1910

---

22 Smail, op. cit., pp. 78-79.

23 反殖民史的歷史寫作者對於與殖民者及反抗殖民者之外的活動興趣不大，因此對與之無關的「在地性」問題，即印尼歷史的自自然然發生、存在或成長的部分並不怎麼關心。

年以前，荷蘭對爪哇以外的外島控制不嚴。梵勒也認為在1800年以前，印尼人在長距離貿易上仍然享有其「歷史的常數」，是現代資本主義改變了它。1800年以後的歷史，梵勒不曾觸及。似乎說在1910年或1800年以前，那裡有一個「獨立的印尼世界」（independent Indonesian world），那該是「在地性」即「自主性」歷史的視察對象啦。[24] 可是，不管怎麼說，在1800年後或1910年後，從政治、軍事、經濟的角度來看，印尼史的視察點都不得不轉向以荷蘭（歐洲）為中心，因為後者才是主角啊！

要解決「自主性」歷史不應移轉視察點，必須保持「以亞洲為中心」（在此個案中亦即「以印尼為中心」）這個難題，斯邁爾首先指出從政治及經濟力量（看得見的經濟表現）來定義「自主性」（autonomy）態度太過狹隘。他認為印尼歷史上確實有其自主，即不受外力強制改變的要素。「自主性」的認定，應當從政治、經濟背後的社會結構與文化內涵著眼。那裡才是真正的「獨立的印尼世界」，印尼歷史的「自主性」所在的地方。

斯邁爾的想法是：「獨立的印尼世界」一直未受騷擾（就是在現代資本主義來了以後也不受騷擾），自相延續，而外來的因素就在過程中被吸收了。在此種涵化（acculturation）的過程中，文化的適應或者東、西方的遭遇，都應該被看成是較大的影像的一個偏角，而不應該像在既有的歷史撰述中那樣繼續居於中心的位置。斯邁爾認為可以發展一種歷史寫作，利用普遍有用的方法論，超越不管是西方還是亞洲的歷史學家們的文化制限。[25] 在此之外，就是以東南亞人民為其自身歷史的主

24　Smail, op. cit., p. 88.

25　包樂史指出三十餘年前Smail提出的主張，在某種程度上，也已見實施於印度的「下屬研究(Subaltern Studies)」，或者日本近些年來對「鎖國」一事的反省。見Leonard Blussé, "Towards a New Age of Partnership: The VOC Records and the Study of Early Modern Asia." (p. 12 ff.) （草稿，宣讀於1998年12月9至13日在荷蘭舉行的"TANAP"會議）。

人，以他們自身的歷史課題爲對象去作客觀研究了。

斯邁爾明白地指出他深受梵勒的作品影響。從一般歷史學的觀點而言，他的主張其實並不是絕無僅有，只是他扣緊了東南亞歷史寫作來發言，並且強調社會、文化史研究罷了。他的同時代人，或許不是研究東南亞世界，但對後來東南亞歷史的研究也有所影響的學者中，有一位非洲史學者柯丁（Philip D. Curtin）就頗值得注意。斯邁爾提出「自主性」歷史寫作的1960年代初，柯丁正在創造一種非洲大陸的「自主性歷史」。以往西方的學術界從沒想過非洲人在西方文明介入以前和以後會有自己的歷史；而西方人介入以後的非洲歷史當然環繞著西方文明。一種沒有西方人的非洲史根本沒有存在的可能。柯丁的努力可以說是平地起高樓，無中生有。[26]

究竟從何時起，「自主性歷史」一詞回頭由「在地性歷史」來取代，我目前沒有能力去追溯。不過，要點就是這樣的發展，結果在東南亞歷史學家心目中植下了關心己身所屬國家或區域之歷史的主張，而不是非以歐洲擴張（European Expansion）的角度來看東南亞歷史不可；也不以對抗殖民母國的歷程爲焦點，更不以套上意識型態的研究方式爲目標，老老實實地就事論事去研究。[27]

---

26 後來他更擴大視野，把焦點由對非洲的關懷往各個面向的時空延伸，提出「跨文化貿易」(Cross-Cultural Trade)的主張，主要探討貿易「離散社群」(diasporas)的問題。Curtin的研究成果產生了以下這本書：Philip D. Curtin, *Cross-Cultural Trade in World History* (Cambridge: Cambridge University Press, 1984). 而「離散社群」也成爲東南亞研究的一大主題。有關東南亞的華人離散社群的研究成果很多，不引述。關於印度人離散社群的研究可參考K. S. Sandhu and A. Mani eds., *Indian Communities in Southeast Asia* (Singapore: Institute of Southeast Asian Studies, 1993). 此外，Philip D. Curtin的呼籲在西方世界也有相當好的回應，特別是東非早期的考古與歷史研究，現在已經有相當豐富的成績。參考John Sutton, *A Thousand Years of East Africa* (Nairobi, Kenya: British Institute in East Africa, 1990).

27 在會議中宣讀本文初稿時，主持人兼評論人杜正勝先生指出：臺灣史的研究也可以

二、歷史文獻的問題

從事「在地性」歷史研究，主要是價值判斷應不偏不倚、而看問題（選擇研究課題）必須以研究對象（東南亞世界）為中心，而不是主觀放棄某些特定資料的選擇。這樣說應無疑義。面對東南亞歷史研究時，更不能棄本地人所建立的文獻以外之資料於不顧。因為如果這樣做，可用的資料就很少了。如眾所周知，因為寫作時所用文具材質的緣故，因為氣候因素的緣故，東南亞人自己留下的文獻極少。各種口耳相傳的傳說，大多在十九世紀以後才寫定下來。有些地方，如泰國南部，雖然代代相傳，留下來一些原始文獻，但是都是用來作宗教性用途，用來當成被崇拜的「聖物」，要到二十世紀以後才被拿來當史料研究。[28] 而即使像這樣的歷史文獻，能保存下來的也不多。

使用非本地人所建立的歷史文獻並不妨礙歷史研究的「在地性」或「自主性」，斯邁爾也說過歷史學家在工作態度與資料選取上是比較容易擺脫「有系統的道德偏見」的。而Arasaratnam教授所倚賴以研究印度「在地性」經濟史的材料，不正就是荷蘭和英國兩家東印度公司以及其他殖民者所留下來的史料嗎？從十七世紀一直到二十世紀中葉，荷蘭都

納入「在地性」或「自主性」歷史的思考。這樣的主張是不錯的。但是臺灣雖小、歷史時代雖短，問題卻很複雜。一則臺灣不只也有被歐洲人殖民統治的經驗，它另外還有被亞洲人(日本人)殖民統治的經驗。清代的中國統治，可以不被視為一種殖民統治，但是臺灣卻又不被當成是一般的內地來對待(中央政府對它的開發持消極的態度)。再者，它是一個移民區，可是卻設有流官(與中國內地相仿的常態性官僚機構)。以上這些問題又是以漢人為中心所建立的思考。可是在臺灣發展過程中，「自家的主人」原來是原住民，而不是漢人移民；要到了某一個年代，漢人才喧賓奪主，成為「自家的主人」，而原住民的歷史則「既晦暗又朦朧」。因此，要如何思考臺灣的「在地性」或「自主性」的歷史，需要更縝密的思考。由於這個議題超出目前的主題，在此暫不論略。

28　Lorraine M. Gesick, op. cit.

與東南亞有密切的關係，特別是印尼。荷蘭的檔案保存得非常好，並且正在更進一步改善開放的方式以方便學者研究。這是東南亞歷史研究的一個寶藏。[29]

同樣的，就馬來西亞或者新加坡來說，大英帝國從十八世紀末年開始以它們的土地為殖民地。而在此之前，也早就發生過交往與貿易的關係。在英國東印度公司的檔案中、在殖民地部門的政府檔案中，也富含行政的紀錄、調查研究的報告，這些都可用來重建當地的歷史。[30]

如果說得稍遠些，講到第七世紀至十三世紀間，存在於馬六甲海峽東南一隅的海上大國室利佛逝（三佛齊、Sri Vijaya），在東南亞的歷史上也是不能漠視的。可是除了在當地出土的少數文物外，有關這個帝國的文字記載，不得不說以中文為最豐富。由於這個國家曾經向中國「朝貢」，在官方的記載中，不免充斥著「夷狄華夏」的觀點或者「宗主藩屬」的偏見，但能加以適當處理，仍然可以作好「在地性」或「自主性」歷史的研究。另一組有關室利佛逝的文獻則為南印度的碑銘。這是因為宗教的因素，室利佛逝君主偶爾到南印度施捨佛寺，從而建碑，偶然留下的。室利佛逝原來盛行的是大乘佛教，這些碑銘使用的是梵文或坦米爾（Tamil）文。無論大乘佛教、梵文或坦米爾文都不再是當前東南亞世界習見的東西，但要建立東南亞早期的歷史，南印度碑銘絕對不可忽視。[31]

---

29 有關荷蘭東印度公司檔案的性質、內容與目錄，已有現成的書可以參考，見 R. Raben and H. Spijkerman eds., op. cit.

30 要利用英國所藏有關東南亞地區的歷史檔案，可參考 M. D. Wainwright and Noel Matthews eds., *A Guide to Western Manuscripts and Documents in the British Isles Relating to South and South East Asia* (Oxford: Oxford University Press, 1977).

31 請參考辛島昇著，〈シュリーヴィジャァ王國とチョーラ朝──一一世紀インド・東南アジア關係の一面〉，收在石井米雄、辛島昇、和田久德編著，《東南アジア世界の歷史位相》（東京：東京大學出版會，1992），pp. 5-20。

　　我們瞭解到東南亞地區自己所創造出來、保留下來的歷史文獻，屬於十九世紀以前的，相當有限。可是東南亞不是一個封閉的世界，又曾經被歐洲強權長期占有，因此由外來者所創造或保存的文獻，即使不能就內容表面加以接收，也仍然可以善加利用，去除其偏見，找出客觀可利用的素材。例如荷蘭東印度公司的檔案就涵括相當長的時間和極大的地理範圍，尤其是十七、十八世紀的東南亞，因此是研究該時段東南亞史的一個寶庫。像是包樂史利用該檔案研究出入巴達維亞的中國帆船數目的變化等研究，得到中國材料所不能重建的細緻史實，就很有意義。[32]

　　再舉一個具體的例子。本文稍早提及梵勒在討論東南亞的「歷史的常數」時，忽略了大宗貿易的問題。這裡所謂的大宗貿易之商品，包含有流通於東南亞的印度織品（textiles）一項；在十六、七世紀時，印度織品在東南亞的內部貿易中扮演過極為重要的角色。特別是在使歐洲人得以實現其香辛料貿易（spice trade）一事上，印度棉布正有舉足輕重的地位。這件事，以往的研究不多，未受到該有的認識。所幸有森恩（S. P. Sen）和蓋伊（John Guy）兩人的研究，才把這個缺口補起來。森恩在1962年發表一文，利用荷蘭及英國東印度公司在東南亞及印度各商館的紀錄，說明印度織品的重要性有三：

　　第一、在所有的東南亞市場，存在著一個龐大的、幾乎沒有止境的，對這些商品的需求；第二、它們構成東南亞洲與外在世界之交易的主要交換媒介；第三、它們塑造了歐洲公司之亞洲內部貿易的型態，這些亞洲貿

32　包樂史的相關作品，例如："Chinese Trade to Batavia during the Days of the V. O. C.," *Archipel*, 18 (1979), pp. 195-213；"Batavia, 1619-1740: The Rise and Fall of a Chinese Colonial Town," *Journal of Southeast Asian Studies*, XII:1 (March 1981), pp. 159-178；"Doctor at Sea: Chou Mei-Yeh's Voyage to the West (1710-1711)," in Erika de Poorter ed., *As the Twig is Bent: Essays in Honour of Frits Vos* (Amsterdam: J. C. Gieben, 1990), pp. 7-30.

易，為他們的財富與商業，以及後來在十八世紀時的政治權力，奠定了基礎。前面兩項只對東南亞的歷史有重要性；可是從世界史的觀點來說，最後一項的重要性，從其極長遠的作用來說，不會比近代初期（地理）大發現時的航海活動、或者十八世紀時的產業革命或法國大革命，來得不重要。貧困的印度織工，不自覺地透過奠立英國及荷蘭之殖民帝國一事而型塑了世界史的歷程。[33]

他把印度織品在十七世紀亞洲貿易史的地位提得這麼高，可是似乎沒有及時獲得迴響，直到近幾年才有蓋伊從博物館學及美術史的角度加入探討。[34]

讀者或許不懂荷蘭文，但是荷蘭東印度公司的史料中，《出島荷蘭商館日誌》和《巴達維亞城日誌》早有日譯本，後者更有漢譯本。[35] 由這些翻譯的史料，我們可以確定森恩的發現確實很有道理。[36] 而在十七世紀的亞洲貿易中重新確認印度棉布的角色有什麼意義呢？意義可大了！

促成十五世紀的地理大發現和十六世紀歐洲人前來東亞的動力是香辛料貿易，主要的採買地點在東南亞，而主要的支付手段就是印度棉布。為了取得印度棉布，就必須取得日本的白銀和中國的黃金。而日本的白銀又得用中國的絲綢交換。中國輸出絲綢和黃金，輸入白銀。十六、七世紀東亞貿易世界的主要商品流動中，印度棉布實在是不可或缺的一環。從某個意義來說，正是東南亞香辛料生產者對印度棉布的需求

---

33 S. P. Sen, "The Role of Indian Textiles in Southeast Asian Trade in the Seventeenth Century," *Journal of Southeast Asian History*, 3:2 (September 1962), p. 92.

34 John Guy, *Woven Cargoes: Indian Textiles in the East* (London: Thames and Hudson, 1998).

35 分別由日本的東京大學、中央公論社和臺灣省文獻委員會出版。

36 事實上，十七世紀時印度棉布不只行銷於東南亞，而且也在日本找到很大的市場。銷往日本的主要是一種叫作「更紗」(sarasa)的蠟染細棉布。

把中國及日本牽引到歐洲人與東南亞的貿易結構中；而因為這樣的關係，原本未必打算開發香辛料以外的貿易的歐洲海上強權，得以有機會發現亞洲內部貿易（intra-Asian trade）的重要性與高獲利性，竟然在日後把後者置於前者之上了！這正是森恩的第三項論點所強調的。而要在森恩等人的基礎上深入此一課題，例如探討東南亞人使用印度棉布的情形、小區域內印度棉布的分銷情形、印度棉布對東南亞蠟染織品（batik）技術發展的影響……等等，也就不得不再回到荷蘭檔案、英國檔案乃至中國與日本[37]的文獻去深究了。

三、結語

從以上粗淺的論述，我們大致可以認定梵勒原先追求的「歷史的常數」，也就是「在地性」或「自主性」歷史的研究對象。不過，梵勒所謂的「歷史的常數」主要指十八世紀以前的印尼（或東南亞）的長距離貿易。斯邁爾的意見則顯示1800年以後，受到現代資本主義的衝擊，經濟改變太大，如果釘住梵勒式的「歷史的常數」，則想要維持「以亞洲為中心」的研究態度將有所困難。不過，他卻在社會結構與文化層面找到一個更永恒的「歷史的常數」，足以堅定東南亞自主歷史的研究與寫作方向。

其實，梵勒以長距離貿易為東南亞「歷史的常數」來撰寫「在地性」歷史的企圖，甚至於將它利用來指導1800年後的研究，也有他人堅持。數年前德國學者艾弗士（Evers）就從印尼的「島際貿易」（*nusantara*

---

37 日本人極為喜好「更紗」，十七世紀以後就已開始仿製，而產生了所謂的「長崎更紗」。由於日本人惜物的習性，三、四百年前的商品竟有相當的數量完好地保存下來。相關的圖錄及簡單的歷史可以參考浦野理一，《紅毛渡り江戶更紗》（東京：文化出版局，1977)及吉岡常雄、吉本忍，《世界の更紗》（京都：京都書院，1980)。

trade）入手，強調或許1800年以後的印尼長距離貿易受到極強的外力改變，但在島際貿易中，時至今日，我們仍然可以看到梵勒所追尋的「歷史的常數」。[38]

　　無論如何，東南亞「在地性」或「自主性」的歷史研究，仍將是關心東南亞研究者的熱門課題。而從事這樣的東南亞歷史研究，在文獻上，臺灣本地的學者所面臨的困難程度並不比東南亞地區當地人來得高，甚至於還有相對的優勢（我們較容易掌握中文文獻）。但願我們的東南亞「在地性」或「自主性」歷史研究，能在此一領域中佔有一席之地。

——原刊於中央研究院《東南亞區域研究通訊》，第九期（1999年12月），
　　pp. 25-37。

38　Hans-Dieter Evers, "Traditional Trading Networks of Southeast Asia," *Archipel*, 35 (1988), pp. 89-100。「島際貿易」的問題近來已深受重視。例如在1999年出版的海洋史刊物 *Archipel*，有一期用來向其創始人Denys Lombard致敬，編輯者給這個特刊下的副標題就是「島與島間的地平線」(*L'horizon nousantarien*)。見*Archipel*, 58 (1999).

第 貳 輯

臺灣交通

臺灣歷史上的貿易與航運

前言

在十六世紀以前，專就臺灣本島而言，除了原住民之外，幾乎沒有其他人群往來本島。原住民的經濟基礎為狩獵和簡單的農業，自給自足，並無多餘的產品可以賣給外人。另一方面，天然賦與（natural endowment）有限[1]，也同樣不能吸引外人前來開採利用。在缺乏可資出口的物資的情形下，臺灣的原住民也就不具有購買力，從而不能吸引外來商人前來推銷他們的商品。

其實，臺灣島鄰近的中國大陸地區，早在唐（618-907）、宋（960-1278）時代，海上的船運與貿易就已十分發達，西亞、南亞、東南亞的商人也揚帆前往中國貿易。可是當時往來中國的船舶偏靠中國大陸海岸航行，因此也就極少有機會接觸到臺灣本島。[2]

十六世紀中葉以後，這種情形改變了。改變的原因可以分從四個方面來看：

第一、中國海盜尋求海外的據點。先是中國沿海海盜猖獗，在官方追捕之下，往往入據臺灣，如林道乾、顏思齊等等就是其中最有名的例子。顏思齊在1624年率眾到臺灣，還在「北港」附近開墾種田，所以有人說他是第一個帶動漢人開拓臺灣的「開山之祖」。

第二、中國沿海漁業的發達，臺灣近海成為中國人的漁場。中國傳統漁業最大的漁場是舟山群島一帶，捕捉的魚種是黃魚。十六世紀時，由於漁業的發展，新開闢了兩大漁場。一處是南中國海海域，捕的是鮪魚；另一處是澎湖與南臺灣之間的海域，捕的是烏魚。由於以前沒有冷

1　所謂「有限」，一方面是指天然資源的種類不多，另一方面也指不經加工程序而可直接利用的資源稀少。

2　曹永和，〈荷蘭與西班牙佔據時期的臺灣〉，收入所著《臺灣早期歷史研究》（臺北：聯經，1979），p. 26。

凍處理的技術，捕了烏魚就要趕快上岸曬乾，於是開始在南部海岸搭草寮暫住，與原住民有了較多的接觸，有人也開始學會原住民的語言，便利彼此的溝通。

第三、臺灣被發現有具出口價值的商品。在十六世紀後半，臺灣盛產鹿的事實被來訪的外人發現。由於鹿皮可以用來做刀鞘，為戰國（1467-1568）時代以來日本武士所積極追求，臺灣開始有了可資出口的商品。日本人在這段時間正好開始從事南向的貿易，臺灣鹿皮也是他們所購買的商品。有了東西可以出口，臺灣原住民也就有了購買外來商品的能力。

第四、臺灣成為新發展出來的國際航線的中繼站。日本戰國時代末期，也就是進入十六世紀中葉以後，海上貿易發達，九州大名（諸侯）紛紛派遣船舶出海貿易。隨後在安土──桃山時代（1574-1598），豐臣秀吉開始發出出海貿易的許可證。德川家康取得政權後，經他特許的「御朱印船」幾乎完全以東南亞地區為貿易對象。臺灣正巧處在南下的日本船前往東南亞航道的中樞位置，日本的貿易船經常利用臺灣為中繼站，在此整備、休憩。[3]

3　日本的船舶交易為什麼以東南亞為對象？不以中國為目標？原因很簡單，因為明初以來即已禁止中國人前往日本，而十六世紀中葉以後，它又禁日本船前往中國。本來日本可以透過琉球得到中國及東南亞產品的供應，可是琉球在十六世紀中葉以後，也停止前往東南亞。

一、臺灣歷史上的貿易與產業發展

十六世紀開始到臺灣來的漢人、日本人或琉球人，不拘其爲商人、爲漁人或爲海盜，多少都爲臺灣帶來貿易的機會。不過，當時來到臺灣的日本人和漢人，並不以購買臺灣本島的產品、或者販賣由外地帶來的商品給臺灣原住民爲主要目的（交易原住民所生產的鹿皮及鹿脯爲例外，當時的交易值也不大）。他們只是將臺灣當成是「會船處」（rendezvous），在一定的時間點，大家把船開到臺灣，在事先約定（或依默契自然形成）的地點，交易彼此帶來的商品。這樣的「會船點」貿易，是在中國禁止與日本往來的情形下，選取一個近便的地方，從事（中國的）境外貿易，對臺灣的產業發展，沒有帶來多少影響。當時的漢人或日本人皆未在臺灣定居，而原住民除了以鹿皮、鹿脯交易少量外來物品外，幾乎與此一「會船點」貿易完全無關。這種情形在十七世紀初（1624），荷蘭東印度公司入據臺南一帶開始才發生重大改變。大約在荷人入據臺灣十年以後，臺灣開始發展產業，出口本地的產品。以下先以簡單的圖表說明這以後臺灣的貿易與產業發展之間的連動關係。

臺灣貿易與產業發展簡表 （陳國棟製作）

政權與時代	轉口港地位	貿易對手	出口大宗	產業發展	進口大宗
十六世紀	＊（會船處）	琉球、大陸		硫磺、（鐵）	（零星雜貨）
荷據時期 西據時期 （1624-1662）	＊（絲、瓷、棉布）	日本、大陸、巴達維亞、馬尼拉	糖、鹿皮、硫磺	製糖	米
明鄭時期 （1662-1683）	＊（香料、棉布）	日本、暹羅、廣南（中圻）	糖、鹿皮	製糖、米作	米、造船材料、（武器）
清領時期（A） （1683-1862）		大陸	米、糖、芝麻、花生油、樟腦、靛菁	製糖、米作、經濟作物（碾米、榨油）	絲綢、鐵器、紙張、木材、棉布、鴉片
清領時期（B） （1862-1894）	＊（多種商品）	世界	茶、糖、樟腦、煤	製茶、製糖、熬腦、煤礦、（碾米、榨油、染布）	鴉片、棉織品、毛織品、雜貨
日治時期（A） （1895-1930s）		日本	米、糖、珍稀木材、特產	米作、製糖、伐木、特產手工業	雜貨
日治時期（B） （1930s-1945）		日本	米、糖、加工食品、戰略物資	米作、製糖、食品加工、軍需工業	雜貨、機械、原料
光復後初期 （1945-1949）		大陸	糖	米作、製糖、民生工業	雜貨
工業化初期 （1950-1970）	＊	世界各國（不含中國大陸）	糖、紡織品、加工食品、珍稀木材、輕工業產品	製糖、伐木、進口替代及出口擴張產業	肥料、資本財、耐久財
第一次石油危機以後 1970-1985	＊	世界各國（不含中國大陸）	加工食品、輕工業產品	加工出口業（如成衣業、製鞋業等）	資本財、耐久財、原料
最近期 （1985-2000）	＊	世界各地（含中國大陸）	輕工業及資訊產品	資訊業及服務業	資本財、耐久財、原料、服務業產品

註：＊號代表有轉口港功能。

1. 荷據及明鄭時代的貿易與產業發展

在地理大發現以後，西歐海權國家開始東來。最先到達遠東的葡萄牙人以澳門爲基地（1557年始），展開了利潤豐厚的中、日貿易，從中國進口生絲到日本，從日本出口白銀到中國，並未利用臺灣。但是另一個對日本貿易極感興趣的西北歐國家爲荷蘭。荷蘭人在1596年才到達遠東，先是利用爪哇島的萬丹（Banten）爲據點，隨後更在1619年建立巴達維亞（今印尼雅加達）爲貿易中心。[4]

最初西方國家到遠東來有一個很大的目的，那就是想要取得僅在遠東才有出產的香料。這些香料主要包括了胡椒、丁香和荳蔲。胡椒的產地較廣，從印度到印尼各大島都有。可是丁香與荳蔲就只產在稱作「香料群島」的摩鹿加（Maluku）。以往這些香料都透過迂迴的貿易，最後由阿拉伯人賣到歐洲，售價高昂。當然利潤也很可觀。而歐洲人由於保存食物過多的必要，同時也爲了增加食物的美味，對香料的需求很大。簡言之，葡萄牙人最初東來的目的，就是爲了「追尋基督徒與香料」，尤其是後者。[5]

荷蘭人東來當然也懷抱著蒐羅香料回歐洲販賣的目標。但是要取得香料，就必須透過交易。東南亞香料的生產者對歐洲商品不感興趣，他們最需要的商品是棉布，而棉布最大的生產國是印度。印度也不需要歐洲的產品，棉布的供給者只想得到金、銀，尤其是銀子。當時世界上最大的白銀供給者一是現在的中南美洲、一是日本。前者是西班牙的殖民

4　葡萄牙人自澳門前往日本，只花上一、二十天，不必入泊臺灣。日本人不可至中國，故以泊臺灣。荷蘭人必須利用中繼點臺灣。

5　此爲1498年，航海家達伽瑪(Vasco da Gama)在印度西岸的古里(Calicut)回答到該地貿易的突尼西亞商人的話。引在K. N. Chaudhuri, "Foreign Trade," in Tapan Rauchaudhuri and Irfan Habib eds., *Cambridge Economic History of India*, vol. 1 (Cambridge: Cambridge University Press, 1982), p. 382.

地，而因爲宗教上的對立（西班牙爲天主教、荷蘭爲基督新教）與國際貿易上的激烈競爭，荷蘭人不容易取得中南美洲所產的白銀。他們便把目標放到日本。較早開始的葡萄牙人所經營的澳門——長崎貿易已經證明可以獲取大量的白銀。[6]

十六世紀時，日本由於大量礦藏的發現，並且間接由中國引進較爲進步的鍛冶技術，白銀產量達當時世界年總產量的三成左右，有能力大量出口。另一方面，由於戰國時代後期武家兼併的結果，財富集中於貴族與武士，他們需要消費奢侈品來彰顯他們的身分。最大宗的奢侈品是生絲與絲綢織品，而最主要的生產國是中國。葡萄牙人因爲據有澳門，享受地利之便，早就藉由出口中國絲類產品獲得鉅量的日本白銀。荷蘭人要經營日本貿易，當然要先設法打開與中國的貿易，或是在中國沿海取得貿易據點，但都未成功。他們一則透過萬丹和巴達維亞，經由來此貿易的中國帆船取得運銷歐洲和日本的商品（生絲和瓷器）；再則不斷想辦法在中國或靠近中國的地方取得一個貿易據點。從萬丹或巴達維亞到日本，本來就會路過臺灣。1624年以後他們乾脆就佔據臺灣南部，以之作爲取得中國產品以進行對日貿易的中繼點。

然而當時有數個不同幫的海盜騷擾臺灣海峽及中國沿海，荷蘭人想取得中國的生絲和絲綢織品的目標遂難以達成。1628年，鄭芝龍接受明朝的招安，在往後幾年，陸續擊敗其他海盜群，臺灣海峽一帶海面在1635年以後才定於一尊。同一段時間，1628年，因爲「濱田彌兵衛」事件，荷蘭人與日本人在臺灣發生嚴重衝突。日本江戶幕府暫停荷蘭人在日本貿易的權利。1633年，荷蘭東印度公司與江戶幕府達成協議，讓兩國間的貿易恢復，而江戶幕府則禁止朱印船前往臺灣。

---

6 陳國棟，〈十七世紀初期東亞貿易中的中國棉布——Cangan與臺灣〉，收入本書，pp. 451-478。

在臺海海盜競雄的年代與在荷蘭人被江戶幕府中斷貿易權的年代，熱蘭遮城的荷蘭人既難以取得中國產品，且難以執行與日本的貿易。原本以臺灣為轉口港（entrepot）的荷蘭人，開始考慮在臺灣從事生產事業。見諸文字的論點可用巴達維亞總督布勞爾（H. Brouwer）的構想為代表。1636年時，他說明了開發臺灣產業的可行性：

公司在短期內能使臺灣成為像前葡屬印度而較荷屬錫蘭更好的優秀殖民地──良好的氣候、清潔的空氣、肥沃的土地，位於強國的管轄之外生活著愚蠢的、不信基督教的人民。大量貧窮而勤勞的移民將會從鄰近強大的中國湧入臺灣。這正中我們的下懷。[7]

大約就在1636年，可能在鄭芝龍的協助下，第一批大規模漢人移民來到臺灣，種植水稻和甘蔗。種植甘蔗免稅（水稻則收十一之稅），因此似乎較有發展。1637年即已產糖300,000-400,000斤（3,000-4,000擔）。[8]十餘年後，即1650年左右，年產糖20,000-30,000擔。[9]再過四、五十年（1697，清康熙三十六年），臺灣年產糖200,000-300,000擔，乃至500,000-600,000擔。[10]臺灣糖業的基礎，就是在荷據時代奠下的。

米的生產規模始終不大，基本上是以供應本島消費為主，不以出口為目的。事實上，荷據時代臺灣的米產仍然不足，有從島外進口的必要。

此外，荷蘭人也將北臺灣採取硫磺的權利贌出給漢人經營。他們也

7　包樂史著、庄國土、程紹綱譯，《中荷交往史》(阿姆斯特丹：路口店出版社，1989)，pp. 50-54。

8　同上註，p. 54。

9　同上註，p. 59。

10　此為郁永河的觀察。參考陳國棟，〈清代中葉(約1780-1860)臺灣與大陸之間的帆船貿易──以船舶為中心的數量估計〉，收入本書，pp. 227-280。

試種棉花、薑、藍靛、苧麻、蘿蔔。[11]只是這幾種產業的發展都不順利。

繼荷蘭人之後統治臺灣的明鄭（1662-1683）對貿易的依賴也很強，貿易的對象為日本和東南亞，糖、生絲與鹿皮依舊是主要出口品。糖業的發展因而持續不衰。不過，臺灣的居民也日益增加，土地的開拓和以內需為主的稻作也跟著發展。透過把蔗糖賣到日本換取白銀，再到東南亞購買香料賣給日本人，同時又自泰國及越南進口米到臺灣，就成了明鄭政權的主要糧食供給方式。[12]

2. 清領時代的貿易與產業發展

從1683到1894年，前後212年間，中國清朝領有臺灣。從一開始到1875年為止，清朝對臺灣的統治與利用都是比較消極的。它追求一種原則：不讓臺灣成為海盜與反清勢力的據點。因此，清朝一方面要直接統治臺灣以便利控制，一方面又經常採取禁止或限制移民的政策。清初這種禁止或限制移民的政策時舉時廢，到乾隆五十五年（1790）最後一次開禁後，相沿至沈葆楨蒞臺（1874），基本上是以港埠管理（port control）的方式來限制移民。合法的移民只有在申報後，經由有限的對渡口岸才可入臺。[13]但在生計的壓力下，更多的福建與廣東的人民仍然偷渡來臺，致使臺灣人口在十八世紀初以後快速增加。人口增加造成土地

---

11 苧麻、蘿蔔、薑之引進或試種，參考江樹生，〈荷蘭時代的「安平街」——熱蘭遮市〉，收在鄭水萍編，《安平文化學術討論會論文集》(臺南市：市政府文化局，1995)，p. 33；其他請參考《巴達維亞城日誌》及《熱蘭遮城日誌》等文獻。

12 Kuo-tung Ch'en, "Structure of the East Asian Trade during the Maritime Ban against Koxinga's Successors in Taiwan, 1664-1683," paper presented in "Asian Business and Taiwan: A Historical Perspective," Session III-1-3 of The Ninth Pacific Science Inter-Congress (Academia Sinica, 15-19 November 1998).

13 臺灣史蹟研究會，《臺灣叢談》(臺北：幼獅，1977)，pp. 376-379。

的加速拓墾，有助於稻作與糖業的發展。也就是說，臺灣雖然其他天然賦與不足、自然資源不多，但是土地與勞動力卻相對豐沛，有發展農產及初級食品加工業的優越條件。但是本地的內需有限，農產品和初級食品加工業的維持有賴出口市場以爲宣洩。

由於清朝統治臺灣的態度是消極的，因此不容許臺灣居民與外國從事包括貿易在內的往來。而且，爲了執行禁止移民的政策、稽查海盜，還規定臺灣與大陸的對渡港口。不過，臺灣與大陸的貿易還是得以合法進行。因爲福建稻米供應不足，臺灣米在福建有很大的市場。因此，所產稻米除在本地消費之外，幾乎全都運銷福建及其附近一帶的大陸地區。[14] 其出口量最高的估計，在十九世紀之初爲3,000,000石。保守的估計，在十八世紀後半，每年總在1,000,000石左右。[15] 換言之，清領時期大部分的時間裡，移民的增長、土地的開墾與稻作的展開，在相當程度上是針對出口市場而發。出口市場相當影響臺灣的米作發展。

福建產糖，華中、華北與東北不產糖。福建雖然出口大量的糖到長江以北，但不能充分滿足市場的需求。臺灣的糖業在荷蘭時代已經奠定基礎，明鄭時代繼續發展，當時的市場主要是日本。清領時期，日本所需之糖大都由福建供應，而臺灣因爲不許與外國來往，因此也就由帆船運銷華中、華北與東北。臺灣本地消費砂糖不多，生產大致也是爲了出口。在十八世紀後半，每年的出口量亦約在1,000,000擔左右。[16] 從砂糖的生產來說，這也是受出口影響而發展的產業。

米、糖之外，芝麻、花生油、樟腦、苧麻和靛菁也都是因應出口而發展的產業，其中極少成分是爲了本地市場。

---

14 有些大租戶根本要求小租戶或佃戶直接把租穀運到港口倉庫交納，以方便出口。此在文獻上稱爲「車運到港」。

15 陳國棟，〈清代中葉(約1780-1860)臺灣與大陸之間的帆船貿易——以船舶爲中心的數量估計〉，收入本書，pp. 227-280。

16 同上註。

1862年，依據天津、北京條約，臺灣開放通商口岸。一時之間使得臺灣的貿易對手發生重大的改變。主要出口品也跟著變成以「茶、糖、樟腦」為著名。

臺灣原本有茶樹生長，但無製造。[17] 嘉慶時期（1796-1820），有一名叫柯朝的人從福建移植武彝茶來臺灣，稍事生產，但產量與出口量皆有限。[18] 1865年後英商杜德（John Dodd）到深坑、石碇、木柵、新店一帶推廣茶樹栽培。由於此時臺灣已經可以與外國市場來往，茶葉的利潤很高，茶樹栽培迅速展開。隨後杜德試行將臺灣茶運銷美國，又獲得很大的成功。臺灣茶的生產與出口在清末遂蓬勃地發展。[19] 茶葉的出口暢旺，茶樹很快地就被推廣到北臺灣的其他丘陵地帶。

樟腦過去輸往中國大陸為藥材，佔出口總值的比例極低。十九世紀中葉，歐、美商人對臺灣樟腦產生很大的興趣。從某個角度來說，這也是列強要求開放臺灣港口的主要動機。通商口岸開放以後，臺灣樟腦的生產與出口都急遽增加。不過，臺灣樟腦能增加產量以滿足出口要求，還有一個配合的因素。原先，清廷封禁山林，不准自由伐木、熬製樟腦，所有樟腦產品全由政府專賣。[20] 1860年代以後，因為列強的干涉，政府的專賣受到打擊。隨後在1875年，因為來臺處理牡丹社事件善後事宜的欽差大臣沈葆楨奏准開始「開山撫番」的政策，伐木熬腦的事業也得以擴展。不過，在1885年以前，「番害」嚴重，樟腦的出口因為生產常受干擾而有大幅度的波動。1885年以後，有兩個因素促成樟腦出口的

17 陳哲三，〈「水沙連」及其相關問題之研究〉，《臺灣文獻》，49：2（1998年6月），pp. 36-37。

18 李國祁，《中國現代化的區域研究：閩浙臺地區，1860-1916》（臺北：中央研究院近代史研究所，1982），pp. 51及349-350。

19 東嘉生，〈清代臺灣之貿易與外國資本〉，見周憲文譯，《臺灣經濟史概說》（臺北：帕米爾，1985），p. 188。

20 陳國棟，〈「軍工匠首」與清領時期臺灣的伐木問題〉，收入本書，pp. 319-356。

大幅度增長：其一是劉銘傳來臺籌備建省，在理番政策上較為成功，解決了生產面的問題；其二是西方工業國家開始採用樟腦為製造煙火、賽璐珞（celluloid）、無煙火藥等的原料，價格暴漲，再次刺激了臺灣樟腦的增產與出口。因此，拋開生產環境的問題不說，造成出口旺盛和產出成長的動力完全來自島外需求的改變是顯而易見的。

就實際的數據來說，主要的出口品除了新興的茶葉以外，就是傳統出口品的砂糖。至於樟腦，雖然和此一時期的國際市場的聯繫十分密切，可是樟腦源出於採集而非栽培，發展還是受到較大的限制。大約只佔出口總值的10%。至於前一時期主要出口品之一的米，在1860年代也佔有出口總值10%左右的規模。[21] 出口米佔全島米產量的份量比以往小得很多，而且繼續下降，主要是因為東南亞的米取代臺灣米佔有中國大陸東南沿海的市場。臺灣米因此倒退回以本地消費為目的而生產。

3. 日據時代的貿易與產業發展

臺灣在1895年到1945年期間受日本統治。日據時代臺灣產業發展的方向，絕大部分仍舊是決定於對外貿易，特別是出口市場。在日據時代最初的十年，臺灣的進出口結構及貿易對手仍與清領時期的第二階段（1862-1894）相近。在這十年當中，日本殖民地政府敉平了島內此起彼落的反抗運動、驅逐外資與外商，並且將傳統的製糖業加以現代化，使用蒸氣機，取代原來以動物力（牛）為動力來源。

從1900年代中期到1930年代中期的三十年間，日本人極力從事交通、水利等基礎建設。但在產業方面，除了獎勵製糖事業之外，事實上並沒有全面性或有計畫的發展工、商業的政策。獎勵糖業的目的主要是

---

21 Samuel P. S. Ho, *Economic Development of Taiwan, 1860-1970* (New Haven and London: Yale University Press, 1978), p.14, Table 2.2.

為了替日本節省外匯。[22]

　　日本本土地狹人稠，有進口糧食的必要。臺灣在來米因品種與口味的問題，原本無法開拓日本市場。1914年之前，臺灣就已開始引進日本米試栽，並且進行品種改良，培養出良質的蓬萊米。同時加上水利設施的改善，1925年以後產量遽增，有多餘的稻米可以出口。米遂成為僅次於糖的第二大項出口品。在此情形下，臺灣水稻的生產，又恢復受到出口市場的影響。[23] 茶葉與樟腦在整個日據時代也都還是為出口而生產，但樟腦在總出口值中所佔的份量迅速減少，在1910年代以後就沒有多大的重要性。

　　從以上所作的長期觀察得知，從十六世紀開始到1930年代中期以前，臺灣產業的發展基本上決定於出口市場。即使因為統治臺灣的政權有所更換，影響到貿易對手的改變，但此現象則始終一貫。1930年代中期以後，情況稍有改變。這是因為日本開始有意在某些範圍上將臺灣地區工業化。

　　日據時代臺灣的工業化始於1934年日月潭水力發電廠完工運轉；工業化政策的宣示則始於1936年總督小林躋造就職時的示諭中所揭櫫的「皇民化、工業化、南進基地化」三大目標；進一步的落實則取決於1938年全日本帝國生產力擴張計畫下，臺灣地區的「生產力擴張五箇年計畫」。這個計畫在日本本土稱為「四箇年計畫」，而在臺灣實際上也只執行了四年（1938-1941）。配合臺灣電力事業的發展，在1938到1941年

22　所以，如果將臺灣與日本視為同一個經濟體，發展臺灣糖業是一種「進口替代」型的產業發展；但若將臺灣視為一個個別的經濟體，則發展糖業是一種「出口導向」型的產業發展。若從同一個經濟體內部的產業分工來說，臺灣出口糖、進口日本輕工業製品也完全符合比較利益的原則。

23　馬若孟(Ramon H. Myers)著、陳其南、陳秋坤編譯，《臺灣農村社會經濟發展》(臺北：牧童出版社，1978)，第十二章，〈臺灣的綠色革命：蓬萊米之推廣(1922-1942)，pp. 273-293。

間，臺灣主要發展的工業為耗電的金屬工業和化學工業，亦即因應時局所需的軍需工業。金屬工業的主要原料矽礦和鐵礬土（bauxite）來自進口（滿洲和東南亞），化學工業則取材自本地的資源（如利用糖蜜、蔗渣等），而電力則利用臺灣天然水力資源。整體說來，發展金屬與化學工業未必完全符合比較利益的原則，因為其推動的力量完全受政策的影響，生產的目的有很大的成分是軍事的，而非純經濟的。[24]

日據時代臺灣的工業發展主要是在1938-1941年間進行的；其後則因戰局影響，不能順利持續推行。1941年年底爆發了太平洋戰爭。日軍先盛後衰。1943年下半年以後，臺灣對外貿易因航運受阻而蕭條。以出口為目的的產業受到波及而倒退。然而航運的困難同時也造成進口輕工業產品的缺乏；島內的需求迫使臺灣在1943-44年間，以「次級的進口替代」為原則的輕工業也有少許的發展。[25] 1944年10月起，盟軍對臺灣地區展開密集的轟炸。不但貿易停擺，工業生產亦趨於停頓。

4. 光復以來的貿易與產業發產

1945年年底臺灣光復。1946年，中國政府在經過監理階段後，完成了日資產業的接收。1948年，中國大陸的國共內戰局勢逆轉，不利於國民黨政府。從1946到1948的三年間，臺灣雖然中止與日本的貿易，又無力開拓其他海外市場，卻小規模地恢復了與中國大陸的貿易，出口少量的米、糖，進口少量的輕工業製品。多數的米、糖和本地所產為數不大的輕工業製品則以供應本島市場為目的。至於1938年以來所建立的小規模金屬與化學工業，一方面因為原料來源中斷，他方面因為發電廠遭轟炸損壞尚未完全修復，在1949年前夕已形同虛設。

---

24 參考張宗漢，《光復前臺灣之工業化》(臺北：聯經，1980)。

25 Gustav Ranis, "Industrial Development," in Walter Galenson ed., *Economic Growth and Structural Change in Taiwan* (Ithaca: Cornell University Press, 1981), p. 208.

　　光復以後，熬過1940年代後半及1950年代前半之擾攘，在1950年代後期開始恢復積極的工業發展策略。早期的方向爲「進口替代」，但很快地即以「出口擴張」爲主導的方向。這是大家耳熟能詳的事實。以臺灣的有限資源來說，內需所能創造的經濟成長只是短期的、有限的。長程與永續的經濟發展，必得靠出口來創造。出口創匯，臺灣才有能力購入（進口）各類的民生物資與資本財。

5. 補充說明

　　臺灣因爲天然資源稀少，經濟發展取決於對外貿易。在長久的歷史過程中，產業的發展深受出口市場的影響。這可以說是臺灣經濟最顯著的特色。其次，一方面由於內需市場相對爲小，而出口帶來強大的購買力，因此在相當長的時間裡，出口導向以外的產業並不發達，臺灣居民所需相關產品透過進口來供給。第三，臺灣的居民深深體認到出口市場所帶來的經濟機會，因此常能迅速地調整其生產事業。

(1) 出口導向經濟

　　臺灣的產業發展肇始於荷據時代。其後歷經明鄭及清代，甚至在1930年代中期以前的日據時代，出口導向大體爲臺灣產業發展的基本方向。在考慮到資源、地理與氣候等條件的比較利益原則之下，臺灣以發展農業（稻作和經濟作物的生產）、農產品加工業（砂糖、大青、花生油、茶葉、碾米等）最爲有利，因此除了簡單利用自然資源的手工業（樟腦）和礦業（煤炭，1860年以後）之外，並無發展手工業或工業的必要。[26]

　　在利用勞力與土地的貿易導向的產業發展過程中，有一些技術的革

26　其間還有制度性的限制，如1875年以前，進口鐵到臺灣是完全由政府控制，鐵原料的供給不足。參考陳國棟，〈臺灣的非拓墾性伐林（約1600-1976）〉，收入本書，pp. 281-318。

新，例如：荷據時代耕牛的引進、清代的水利發展與日據時代稻米的品種改良、蒸氣機取代牛隻作為榨蔗成糖的動力……等等，但長期來說其技術進步是十分緩慢的。一直到1934年日月潭水力發電開始提供工業能源以前，貿易所帶動的經濟發展偏重於勞力與土地（本地資源）的利用。日月潭水力被運用到工業發展以後，也引進了國外的原料，但如前所述，這是例外。

在光復以前貿易所帶動的產業發展，基本上也是以農產品和農產加工品為主。光復以後的產業發展，雖然說初期仍以廉價勞力為主、配合進口原料，以先滿足內需，然後恢復以出口為主要考量的經濟發展模式，但是此時又加入了一項前所未有的重要因素，那就是技術。

1960年代以後臺灣的經濟發展根本上還是屬於出口導向的模式，可以說不脫臺灣經濟發展之特色。只是和前此三百多年不一樣，進口原料、引進技術已經讓臺灣脫離了被自然條件所支配的國際分工。

(2) 產業調整的快速

歷史上的臺灣多次因為政權轉移或者政策改變而造成出口市場在短時間內發生變化。臺灣的生產者經常能對這樣的變化採取立即的反應。在此，我們舉茶葉取代大青的事件作個例子來說明。

大青即荷據時代試種失敗的藍靛作物。荷蘭人雖然經營失敗，入清以後卻在臺灣南部開始發展，並且運銷中國大陸。康熙五十年（1711）時，臺灣府知府周元文就說「臺灣一縣，地土高燥，僅堪種蔗、種菁[27]。」[28] 顯然當時已有生產。大約一百年後，1807年的《續修臺灣縣志》更以大青（澱菁）為當地之主要出口貨。

> 貨：糖為最，油次之。糖出於蔗，油出於落花生，其渣粕且厚值。商

---

27 「菁」即大青，用以製造藍靛。
28 周元文，《重修臺灣府志》(臺北：臺灣銀行經濟研究室，1960)，pp. 323-324。

船賈販，以是二者為重利。澱菁盛產而佳，薯榔肥大如芋魁，故皂布甲於天下。[29]

　　大青雖然盛產於臺灣南部，但在十八世紀以前的北臺灣無則栽植。到了十八、九世紀之交，大青才被移植到臺灣北部的深坑、石碇、木柵、新店一帶丘陵地，發展迅速。所產之染料幾乎全部運銷華中、華北。每年產量最多時不下於140,000-150,000萬擔（約9,000-10,000公噸）。大青的生產在北臺灣低處丘陵並沒有維持太久。在1860年代，也就是淡水開放為「通商口岸」後不久，茶葉迅速成為炙手可熱的出口品，於是農人紛紛改種茶樹。根據英國領事的觀察，由於發展茶葉栽植的關係，許多原本保留為大青的種植地，在很短的期間內都被代以茶樹。[30] 從大青倏起倏滅的歷史來看，臺灣農人對出口市場反應的迅速可以說到了一個令人嘖嘖稱奇的地步。[31]

(3) 內需性質產業的不發達

　　日據時代，日本殖民政府除了推廣地方性小小規模的特產業（如大甲藺草帽）以外，在1930年代以前，臺灣的工業、手工業都不發達。所有民生所需的手工業、工業產品，以及奢侈品（如綢緞、鴉片之類）大

29　謝金鑾，《續修臺灣縣志》(臺北：臺灣銀行經濟研究室，1962)，p. 52。

30　*British Parliamentary Papers*, (Belfast: Irish University Press, 1972), vol. 10, p. 135; 1872 年4月30日。

31　《清季申報臺灣紀事輯錄》(臺北：臺灣銀行經濟研究室，1964)，pp. 8-9記載：「淡水地方，向多種植靛樹，參天黛色，一望如染，顧居人之藝此者，其利雖溥，然較之栽植龍園、崔舌者，誠未若也。茲者該境人心慕業茶之利，而又審厥風土甚宜於茶，乃改植茶樹；凡高隴平壤，多藝此焉。今該境生理漸廣於前，實由此巨罪之所致也。」也說明了改種大青的原因是遷就市場的獲利。在實地的訪述中，我們也發現：木柵貓空觀光茶園的「邀月寒舍」的張姓家族早期的產業過渡亦依循此一途徑。張家為泉州安溪人。早期來臺種植大青，後來才改植茶樹，發展出山鐵觀音茶。參考廖守義、吳智慶，《臺北市珍貴老樹》(臺北：臺北市政府民政局，1997)，p. 37。

都由島外進口。進口購買力的來源當然就是出口農產品、農產加工品的所得。因此，除了特殊性的例外（如染布業）外，只有某些規模極小或極不利於海上運輸的手工業零星地存在，如碾米業（土礱間）。

由於內需市場小，由於外銷創造了進口所需的購買力可以用來購買手工業和工業產品，臺灣要到相對很晚的時間才開始發展自己的手工業。一般民生所需的手工業產品中，紡織品與陶瓷器皿可能最具代表性。紡織品的問題容後再提。陶瓷業從真正開始發展到今天，也不過一百年左右。例如，水里著名的「蛇窯」自印的簡介就說：

水里蛇窯源自民國十五年，南投製陶師傅林江松鑑於水里之地，為當時木材之集散地，資源豐富且陶土質佳，頗適合製陶，因此舉家遷徙在水里水沙連落根（現址），砌築蛇窯生產陶器至今。

至於一般的磚瓦陶瓷業，開始得也晚，而且規模不大。《臺灣省通誌》云：

臺灣之磚瓦陶瓷工業，創始於清代嘉慶元年，當時臺中南投即利用附近之黏土開始製造磚瓦，於道光元年設立頭尾中三窯，經過三十年，至咸豐元年間，則已相當發達。日據時期，民國前十一年，日本廳長小柳重道自日本聘入技術人員，專心改良陶瓷器，並拓展銷路，一時「南投燒」名聲頗著。其後民國十二年復組織合作社受官廳輔助，逐漸發展。此外在北投、苗栗等處，亦紛紛創設陶瓷工廠。[32]

雖然追溯到嘉慶元年（1796）為嚆矢，但有規模的生產顯然已在日據時代了（民國前十一年為西元1900年）。

---

32 《臺灣省通誌》卷四「經濟誌・工業篇」第三冊，p. 248a。

(4) 一個例外：十九世紀中葉的一次「進口替代」與「出口擴張」

最近幾年，臺灣地區有些鄉鎮在發展觀光產業的動機下，設法以該地曾有的歷史產業為號召。染布業為其中一個熱門的話題。為了援引歷史作佐證，有些地方，如臺北縣三峽鎮，還把染布業的歷史追溯到嘉慶（1796-1820）年間。嘉慶年間臺灣已有染布業是可能的。因為南部臺灣在同一時間也有染布業。前引1807年的《續修臺灣縣志》不是說「皀布[33]甲於天下」嗎，這當然意味著十九世紀初臺灣所染的棉布已有一定的知名度。

可是臺灣居民在十九世紀中葉以前，主要還是消費由上海一帶進口的成布（完全染整好的棉布）。上海所在的長江三角洲地區為中國最有名的棉布盛產區。由臺灣出航的帆船運載砂糖和藍靛到當地出售後，可以利用艙位裝運棉布回頭。大約1820年代以後，臺灣染布業才普及開來。三峽、大溪之外，清水、後龍、宜蘭、臺南和美濃等地，都陸續出現染坊。當時臺灣自福建進口胚布，染好後再回銷大陸沿海各地。開放通商口岸以後，轉為自廈門或香港進口英國本色西洋布（grey shirtings），在臺灣染整，部分供應內需，其餘則銷往大陸。[34]

一般在討論臺灣的貿易與產業發展時，通常都會強調1950年代後期由紡織業所帶動的「進口替代」與「出口擴張」式的經濟發展模式，認為是件了不起的成就。就民生工業產品而言，前面提到過的Ranis曾經指出第二次世界大戰末期，臺灣在對外交通被封鎖的情況下，進行過臺灣第一次「次級的進口替代」生產。顯然十九世紀期間，臺灣在染布及整布（將布碾光）的工序上早已發生過「進口替代」的事實，進而反銷

33　黑色的棉布，由藍靛與薯榔染色而成。

34　參考蔡承豪，〈從染料到染坊──十七至十九世紀臺灣的藍靛業〉（國立暨南國際大學歷史學系碩士論文，2002），pp. 192-201。

大陸，實現「出口擴張」的這個現象並沒有被觀察到。不過，臺灣染布業之所以能夠發展，還是因為臺灣自己生產大青。

二、臺灣歷史上的航運

臺灣既為「出口導向」的經濟體，航運便成為整個經濟命脈之所繫。事實上，在中國人的傳統中，長程航運從來就不是一項獨立的產業，它從屬於貿易商的貿易而存在，而非一種純粹以提供運載服務為目的的產業。航運的發展，使用船舶的噸位數，全都看貿易規模而定。就臺灣來說，要到日據時代，船運與貿易才逐漸脫勾，有了獨立的航運業。在這個單元中，我們簡單回顧一下關係到航運的幾個要素，即（一）航運政策與航路、（二）船舶、（三）港口與港埠。限於篇幅，其他有關航運的問題暫時略過。

1. 航運政策與航路

臺灣之有常態性的對外交通，大概也只能從十六世紀算起。當時，以臺灣為起迄點的航路，另一邊的端點分別在中國（以福建為主）與日本（以九州為主）。利用這兩條航路的中國人與日本人，來到南臺灣或北臺灣，從事「會船點貿易」。當時偶有海盜往來臺灣，或許也將航路擴展到其他港口，但非常態。

進入荷據時期，荷蘭禁止中國船前往馬尼拉，因此臺灣與馬尼拉之間不可能有直接的航運。荷據時期，往來臺灣的船舶，除了造訪福建港口之外，幾乎就與荷蘭東印度公司的航運網絡重疊，往來的地方差不多就是荷蘭東印度公司在亞洲的商站，包括日本（長崎）、東京（在越南北圻，今河內）、巴達維亞（今印尼首都雅加達）、印度東南的科羅曼德爾海岸（the Coromandel Coast）、印度西北的固加拉特（Gujerat）地

區、波斯、阿拉伯，延伸至歐洲的港口。

明鄭時期，往來臺灣的船舶造訪的港口包括廈門灣一帶（廈門、安海、銅山）、日本（長崎）、廣南（在今越南中圻；主要港口為會安，在今峴港附近）、暹羅（今泰國；當時首都為大城，即Ayutthaya，由湄南河上溯而至）、馬尼拉。

入清初期，臺灣出發的船隻除了可以前往中國大陸口岸之外，也可以前往外國。郁永河就提到當時（1697）臺糖銷往日本的事情。

曹永和先生更進一步指出：

鄭氏降清後，由台灣航往長崎的船隻暫時中斷。至1687年始有2艘入港，其後則年有2-3艘或4-5艘的船隻至日本，但1703年增至12艘，1704年則為14艘。由此可知，到了十八世紀台灣船前往長崎增加了，這顯然是隨著台灣農業的發展，台灣砂糖增產，對日的輸出也隨之增加。根據《華夷變態》等日本資料，其記載雖是台灣船，事實上其起帆地都是大陸口岸，主要是漳泉、廈門等地採辦輸往日本，自1690年代以後則多由寧波等地來台採購，並登錄為台灣船。其後因日本的貿易限制，不再有給台灣船的配額，但是，台灣的砂糖從台灣向寧波等地輸出、從寧波等地向華中、華北販賣之外，也向長崎輸出。此一情況顯示清聖祖解除海禁的政策，導致了在中日貿易上福建海商地位的衰落，而江浙海商因得地利之便而興起。同時由於清朝開放海禁，致使台灣終於失去了在國際貿易上的有利地位。[35]

日本正德五年（1715）限定中國帆船造訪日本長崎港的船數為三十艘時，配額中尚有「臺灣船」兩艘。[36] 但如曹永和先生所言，這只是名

35 曹永和，〈東亞貿易圈與臺灣〉「臺灣商業傳統國際學術研討會」（中央研究院，1996年12月14-15日）論文，未刊。

36 大庭脩，〈平戶松浦史料博物館藏「唐船之圖」について——江戶時代に來航した中國商船の資料——〉，《關西大學東西學術研究所紀要》五(1972)，p. 18。

目上如此。實際上,大約從十八世紀初開始,從臺灣出發的船舶不但不能前往外國,而且也不應直接前往廈門以外的港口。因為差不多就在康熙六十年(1721)朱一貴之亂前後,清廷開始嚴格執行所謂「對渡口岸」的政策,指定臺南鹿耳門(安平港)對渡福建的廈門。所有自臺灣離境的船舶,原則上應該先到廈門報到,然後才能續航前往其他的地方。

隨著臺灣的土地開發由南而北,繼而向東北方的宜蘭地區推展,這些新闢之地的產品同樣也以銷往大陸為目標。不過,臺灣島內交通不便,產品由產地輾轉運至臺南出口既曠時廢日,也造成成本的增加。於是有在產地附近開放港口的必要。在1862年以前,清廷先後加開了幾個對渡港口,即:鹿港(1783)對渡泉州蚶江及廈門;淡水(八里坌、滬尾,1788)對渡福州五虎門;海豐港(1826)——其目的在取代鹿港,因此對渡港口與鹿港相同);烏石港(1826),與泉州的小港口——祥芝、獺窟、永寧、深滬——對渡。[37]

在此同時,打從雍正三年(1725)開始,實施了所謂的「臺運」制度,也就是規定前來臺灣的商船裝運一定數量的「兵米」、「眷穀」回大陸,以供在福建的兵丁及其眷屬使用。其他對渡口岸在開港後,也陸續適用這樣一項規定。由於這些米穀的交運地點都在福建,當然也就應該直接運到對渡之口。

可是臺灣出口商品的市場並不是都在福建一地。例如藍靛的出口地主要為長江下游的棉布生產區,以供染布之用;又如糖的市場主要在長江以北,包括天津及東北各地,因為長江以南主要為福建糖的行銷地,臺灣糖必須避開競爭。若要商船於離臺之後,先往福建,再往北行,則必然會損及商機。因此,文獻上經常看到臺灣船於離境之後,立刻直航華北或東北。這些船若於銷貨完畢再回福建交遞「兵米」、「眷穀」,除

---

37 陳國棟,〈清代中葉臺灣與大陸之間的帆船貿易〉,收入本書,pp. 227-280。

了喪失部分裝載量外，也可能因為航程及在其他港口停留的時間較長而導致米穀變質。因此，清廷也就允許在繳納罰金的前提下，商船可以逕往目的地港口。結果，指定對渡港口的作法根本沒有辦法確切執行。而臺灣出發的船舶也就直航中國大陸沿海的各處口岸。[38]

清代後期，往來臺灣的船舶基本上係以廈門和香港為聯繫點。香港更加重要，凌駕於廈門之上。晚清臺灣的三大出口品——茶、糖、樟腦——大多經過香港轉運到歐、美市場。

日本據臺之初，中式帆船繼續往來兩岸。但是日本為了拓展臺灣的貿易，很快地就介入航運的發展，開拓了許多輪船航路。日據時代的輪船航路可區別為兩類：一類稱為「自由航路」，即船公司自行開發經營的航線、另一類稱為「命令航路」，也就是「指定航線」。初期以「指定航線」為主，由日本的船公司在政府補助之下，經營臺灣沿岸及臺灣與境外港口之間的定期航班。最早的一條「指定航線」於1896年開航，由大阪輪船公司每月航行日本本土與臺灣三次。其後陸續發展。在太平洋戰爭爆發前夕（1941）時，往來本島的定期航線計有47條，擔任航運的船舶有144艘。其中「自由航線」有25條，擔任航運的船舶有91艘（以本島為起迄點的航線有14條、39艘；路過的航線11條、52艘）、「命令航線」22條，使用船舶40艘。1941年以前，這些船舶離開臺灣之後，前往的第一個港口通常就在日本、中國大陸或海南島；延駛的去處則以東南亞為主，當然也可以到更遠的地方。[39]

---

38 參考高銘鈴，〈試論清代中期閩臺間商船活動與臺運——以乾隆嘉慶年間為主——〉（草稿）。

39 臺灣總督府編印，《昭和二十年臺灣統治概要》（臺北：臺灣總督府，1945），第四章〈海運〉。該書的資料最晚者截至該年八月三十一日。

2. 船舶

十六世紀往來臺灣的有中國及日本的帆船；荷據時代則中國及東亞的中式帆船、荷蘭人的歐式帆船都在港口出出入入。明鄭時代雖然偶爾可見歐式船舶，不過絕大部分的貿易都由中式船舶為之。入清以後，原未禁止臺灣船運從事國際貿易，但在康熙末年政策轉了個彎，從此自臺灣出航的帆船都得先回大陸報到。清朝治下，臺灣於1860年代初開放通商口岸與國際人士貿易。不過西洋勢力早在數十年前就活躍於臺灣海域，甚至前來臺灣從事非法貿易。1850年代以後，造訪臺灣的船舶除了既有的中式帆船外，又加上了中西混合的「銅底夾板船」與歐式帆船。同一時間，輪船登場，也來到臺灣。進入日據時代，擔任臺灣聯外貿易運輸角色的主要交通工具就是輪船與中式帆船。但自1920年代後，中式帆船終於競爭不過輪船，淡出歷史的舞臺，成為輪船獨霸的局面。

一般的歐式帆船種類繁多，在此不能詳細介紹。只能就通常較不為人熟知的幾個方面稍加簡單的說明。

首先要說的是，中文文獻中把歐洲帆船概稱為「夷船」或「夾板船」。「夾板船」的「夾板」也寫作「甲板」或類似的字樣，但請不要與船體上方鋪面的「甲板」（deck）搞混。「夾板」或「甲板」不能從字面去理解，因為他是自馬來文借來的字眼"kapal"。

"Kapal"這個字在馬來文中的定義是"perahu besar"，也就是「大型船」的意思。十六世紀後，歐洲帆船開始在東南亞游弋時，當地人為了與習見的中國式帆船（馬來人稱之為"jong"，即英文的"junk"）作一區分，於是賦予"kapal"一名。往來東南亞的華人把"kapal"這個叫法帶回中國，中國人就以譯音的方式，稱呼歐洲人的"ship"為「夾板船」或「甲板船」。從明末到清代，這個用法都延續下來。不過，對於這些歐洲人的船舶也還有另一個比較模糊的叫法是「夷船」。

其次，荷據時代所使用的歐式帆船，應該區分成以下三種：一是"pinas"，[40] 爲大型遠洋商船，也就是通稱的「東印度船」（East Indiaman）；一是"fluijt"（笛形船），原本用於荷蘭本土與波羅的海的中型商船。荷蘭人東來時也將它們帶至亞洲海域，用作中程（如臺灣與巴達維亞之間、臺灣與日本長崎之間）貿易載貨之用；第三種是"jacht"（快艇），較小型、船身較淺的船舶。在荷蘭本土以載運乘客爲主，在臺灣則用作聯絡船，但也用來搬運物資，如由嘉義魍港（布袋）搬運石灰到臺北淡水之類。

第三點，要提到的是「銅底夾板船」。這種船也叫作「廣艇」，英文叫作"lorcha"。型制不大，爲中、西混合式的帆船。一般而言，船體爲中式帆船，但其裝備（rigging）則爲西式；水手一般爲華人，但船長通常爲歐洲人。歷史上最有名的一艘「廣艇」爲導致英法聯軍的「亞羅號」（the *Arrow*）；出現過在臺灣的則有臺灣道台徐宗幹離任返回大陸時所選搭的「銅底夾板船」。這種船造訪臺灣港口的情形並不普遍，時間也很短（1850年代左右）。[41]

第四、大約在道光末期，也就是接近1850年時，歐洲及美國的商人由於要快速從中國運回茶葉，因此發展出來一種淺底、細長型的帆船，稱爲「飛剪船」（clipper）。流行了一、二十年的時間。但是在1860年代中期以前，臺灣尚未出口茶葉。等到開始出口後，也都先運到廈門或香港再行轉口，因此飛剪船可能不到臺灣來。

第五、1862年開放淡水、安平爲通商口岸之後，傳統的中式帆船業還維持了相當長一段時間的繁榮，並且因爲通商口岸帶來的商機，甚至

40　這個字與英文的"pinnace"雖然出自同一語源，但指的並不是同一類型的船舶。"Pinnace"爲附屬於母船的中、小型船隻，但"pinas"卻是載重數百噸的獨立商船。

41　參考Harold D. Langley, "Gideon Nye and the Formosa Annexation Scheme," *Pacific Historical Review*, 34 (1965), p. 400；徐宗幹，《斯未信齋文編》（臺北：臺灣銀行經濟研究室，1960），p. 5。

一度還盛於清代前期。然而來自外國的海運業亦已開始向傳統的帆船業挑戰。這種新興的船舶種類就是輪船（steamship），當時的中國人稱之為「火輪船」。

輪船的問世是在十九世紀上半葉，剛開始時使用煤炭為燃料，因為經常得補充燃煤，續航力不強，只用於中、短程運輸。大約在1870年代開始，才大規模取代傳統帆船，從事各類型的航運。輪船初造時為「明輪」（paddlewheels），即輪子在船身外；稍後將輪子隱藏在船身內，成為「暗輪」推進器（screw propeller）。

初期的輪船使用蒸汽引擎（steam engine），其後被蒸汽渦輪（steam turbine）取代；到了二十世紀初年，柴油引擎（diesel engine）又取代了蒸汽渦輪作為發動機。柴油引擎出現後，輪船也由以煤炭為燃料轉為以柴油為燃料了。

至於臺灣歷史上船舶的總載運量，日據之前，相關的研究不是很多。我個人估計，十八世紀末時，出口商品總重量至少在1,900,000石（約133,000公噸）至2,250,000石（約157,500公噸）之間。[42]

日據時代的情形，以昭和十五年（1940）為例，當年進入主要貿易港泊碇的輪船就有4,850隻；承載量19,009,183噸。[43]

3. 港口與港埠

臺灣歷史上的港口，大多位於西部海岸。港口的使用係利用其天然條件，極少經過人工整治。大自然的作用經常使得既有的港口淤塞，不便於船舶停靠，因此同一個地名的港埠，其港口位置經常不得不在附近的地方移動，以遷就天然條件。

42　陳國棟，〈清代中葉臺灣與大陸之間的帆船貿易〉，收入本書，pp. 227-280。
43　《昭和二十年臺灣統治概要》，第四章〈海運〉。

其實，即使是被選定的港口，因爲未經整治，進出其實並不方便。大船經常要在外海拋錨處（roads）泊船，再用小船或竹筏將貨物及人員接駁進港或上陸。在十八世紀末淡水（八里坌、滬尾）開設爲與大陸福州的對渡口岸之前，幾乎獨佔境外船運兩百多年的臺南安平港的情況更差。大陸方面的來船停泊外海，由竹筏接駁人貨進港時，還不能直接靠岸，因此還要利用牛車駛入海中做另一回的駁運。1697年來臺灣採買硫磺的郁永河對此曾有精采的描述。

即使到了十九世紀末年，這種港埠設施簡陋的情況也未曾改善。舉個例子來說吧。光緒十七年（辛卯）十月二十日（1891年11月21日）池志徵來臺灣，搭乘的輪船爲「斯美」號，從上海出發，兩天後的十月二十二日到達雞籠港外。輪船泊碇時，他看到「小划數十，望輪爭飛」，因爲輪船不能靠岸，依靠小划駁運。這種港埠設施不足的情況和清代前期相仿。[44]

在日據時代以前，臺灣合法的境外貿易港口主要有五個。其中兩個就是前面提到的安平（含高雄）、淡水（含基隆），這兩處地方對外國來船開放；此外還有彰化一帶的鹿港與海豐港，還有宜蘭一帶的烏石港。後面這三個港口只容許中國帆船出入。

日據時代港口的情形，簡單用日本投降之際編輯出版的《昭和二十年統計概要》作一介紹。該文獻提到：基隆、高雄、淡水、安平四個港口，在割讓給日本以前，原本已開放爲通商口岸；割讓後維持原狀。在這四個港口之外，日本殖民政府也以「特別開港制度」的方式，准許蘇澳、（新竹）舊港、後龍、梧棲、鹿港、布袋、東石、馬公、東港這九個港口讓中國式船舶出入，以便與對岸維持一種特別的關係，並且兼作

---

44 池志徵，《全臺遊記》，收在諸家，《臺灣遊記》（臺北：臺灣銀行經濟研究室，1960），pp. 3-4。

島內沿岸船運的港口。「特別開港」當中最重要的六個——鹿港、舊港、梧棲、東石和馬公和後龍——在日據初期,就全臺灣(含澎湖)的進出口總值而言,尚佔有八分之一左右的份量。可是,隨著時間的下移,一方面因為陸上交通的改進,對沿岸船運的需求急速下降;另一方面,由於日本政府刻意把臺灣的對外貿易導引向日本,因此這幾個「特別開港」也緊跟著式微。此六港在1930年代遂逐步走入歷史。[45] 到了昭和十八年(1943)十一月,最後一個「特別開港」的後龍也被廢止,臺灣與境外聯繫的港口就剩下基隆、淡水、高雄、安平四處。[46]

臺灣的四個主要港口在日據時代的相對重要性也與時推移,互有消長。徐茂炫、黃登興根據《臺灣省五十一年來統計提要》對日據時代臺灣各港口相關進出數字的分析,指出:

> 日人據臺初年,基隆、高雄、安平和淡水四港的輸出/入合計,分別占有84.55%和87.90%。此後各年,四港合計的輸出/入比重雖均呈增加趨勢,但其中基隆和高雄兩港是呈現逐年上昇的趨勢,反之安平和淡水則是呈現逐年急遽下滑的走勢。……
>
> 就輸出/入記錄來看,僅淡水一港在二十世紀以前的吞吐量即足以匹敵於安平、基隆和高雄三港之合,占有全臺約一半左右的吞吐量,為當時臺灣的第一大港。孰料不過數年,淡水與基隆間竟互易其位。例如1902年時,淡水所吞吐的貿易值占有38.03%,而基隆則為30.42%。翌年,淡水所吞吐的貿易值降為33.22%,而基隆則昇為36.40%……。1904年,基隆吞吐值再昇為37.01%,而淡水吞吐值卻繼降至30.31%。……基隆遂在日人開始有效統治全臺的前夕,正式取代淡水成為臺灣第一大港,開啟了其橫亙整

45　徐茂炫、黃登興,〈日據時期臺灣各港口貿易結構〉,東吳大學主辦「2000東吳經濟學術研討」,臺北東吳大學城區部,2000年3月4日。

46　《昭和二十年臺灣統治概要》,第三章〈港灣〉,第一節「概況」。

個日據時期的霸主地位。至於與此同時的安平和高雄兩港，前者已成強弩之末、後者猶尚在萌芽階段，因此都談不上爭雄可能。[47]

雖然高雄一時尚不能與基隆並駕齊驅，不過，基隆與高雄卻分別扮演不太相似的角色。徐茂炫與黃登興進一步把進口值與出口值分開來觀察，結果發現：

基隆在整個日據時期都是輸入比重高於輸出比重的港口；反之，高雄則是輸出比重遠甚於輸入比重的港口。基隆自第一次世界大戰前的1912年開始，即占有全臺超過一半以上的輸入比重，最盛時更幾達三分之二左右，反觀其輸出則僅在1925-27三年間超過一半，此後又略降，各年平均維持在四成餘左右。相形之下，高雄事實上在1908年即以接近全臺一半的48.62%輸出比重，遠超前於基隆的33.73%，成為全臺最大輸出港。此後各年，高雄所占的輸出比重都一直在全臺一半以上，但因輸入比重遠不如基隆，故整個吞吐量仍遜於基隆。……[48]

基隆偏重於進口而高雄偏重於出口的現象，簡單地說是因為臺灣的生產事業較集中於南部，而政治與商業中心在北部，因此進口商品先送到基隆再往其他地方行銷。

三、結語

臺灣雖然其他天然賦與不足、自然資源不多，但是土地與勞動力卻相對豐沛，因此一直到1934年日月潭水力發電開始提供工業能源以前，臺灣的經濟發展大體上偏重於勞力與土地（本地資源）的利用。十九世

---

47 徐茂炫、黃登興，前引文，pp. 4-5。
48 同上，p. 5。

紀引進胚布在臺染色,再行內、外銷可以說是引進境外資源的先聲;而日月潭水力被運用到工業發展以後,更進一步引進境外的原料(鐵礬土),以發展臺灣的產業。不過,大規模利用境外原料的情形還是要等到光復以後才發達。

在利用勞力與土地的貿易導向的產業發展過程中,有一些技術的革新,例如:荷據時代耕牛的引進、清代的水利發展與日據時代稻米的品種改良、蒸氣機取代牛隻作為榨蔗成糖的動力……等等,但長期來說其技術進步是十分緩慢的。在光復以前貿易所帶動的產業發展,基本上也是以農產品和農產加工品為主。

臺灣的工業化,真正的發展,要等到光復後才展開。雖然進口原物料以及生產技術與竅訣(technology and know-how)越來扮演越重要的角色,可是出口貿易帶動經濟成長與繁榮的特色卻始終如一。貿易為「(經濟)成長的發動機」這樣的模式,在臺灣經驗上展露無疑。

貿易造成十六世紀的航海家與商人「發現臺灣」,貿易也造成臺灣的經濟成長。不容置疑地,將臺灣產品帶出境外、將臺灣所需的物資帶回臺灣,靠的就是船運。

就現代的眼光來看,臺灣聯絡境外的船舶運輸,在日據時代以前規模其實很小,可是很能滿足當時的需要。臺灣的港口設施,在日據時代以前,顯然也缺乏建設,相當不方便,可是當時人似乎也可以將就。甚至於航運政策,一時也不利於航道的開發。不過,少數的航線也可以將臺灣產品推向島外的廣闊市場。

拋開光復以後臺灣船運的經營和港埠服務的發展不談,至少在十七、八、九世紀,以及二十世紀前半的三百多年間,船舶的所有人與船運的經營者,經常非屬島內的居民——家在廈門、泉州的大陸居民(清代)、歐美船東及日本船公司(清末及日據時代)。在二十世紀後期長榮海運興起以前,似乎船舶運輸只是從屬於貿易的一項輔助事業,而非單

獨的一項產業。同樣的道理，港埠也僅是作為商品的出入口，並未朝「轉口港」方向積極發展。前者在長榮海運成功發展後已有長足進步，後者在光復以來也有所發展，目前高雄港也已成為全球前幾名的貨櫃港。

在既有的條件下，民國八十四年（1995）行政院經濟建設委員會提出「發展臺灣成為亞太營運中心計畫」，其中的一項是以高雄港為主，以臺中港及基隆港為輔，發展臺灣成為「海運轉運中心」。其定位為：

發展海運轉運中心係將臺灣發展成為東亞地區貨櫃轉口及相關附加價值活動之集中點，其目的在暢通臺灣與東亞地區貨物運輸，增強臺灣作為亞太地區商業中心的功能，並發揮支援製造中心發展的作用。[49]

發展臺灣成為東亞海運轉運中心的工作，到目前為止，因為種種的因素，進行得並不算順利，但是個值得努力的目標。不過，這樣的發展趨勢如果成功，雖然能適切地利用臺灣優越的地理位置，但其結果也必定使臺灣的貿易主導船運的傳統發生重大改變。就某個方面來說，船運勢將與貿易部分脫鉤，真正成為一項重要的獨立產業。

──原刊於邱文彥主編，《航運貿易新趨勢》（「海洋與臺灣──過去現在未來」之一。臺北：胡氏圖書，2003），pp. 1-29，原「參考文獻」刪除。

---

49 行政院經濟建設委員會，〈發展臺灣成為亞太營運中心計畫〉計畫書(1995年1月5日)，p. 22。

臺灣交通簡史

一、傳統的交通方式

　　光緒十七年（1892），臺灣巡撫邵友濂奏調胡傳（胡鐵花，胡適的父親）前來臺灣以備差委。胡傳於十八年二月到臺。三月，被派委為「全臺營務處總巡委員」。為此，他遍歷臺灣各處營汛，而在他的《臺灣日記》、《臺灣稟啓》兩書中留下寶貴的旅行資料。

　　從這兩部紀錄中，我們看到當時從滬尾（淡水）到臺北、從臺南到旂後（高雄）有小輪船行駛。滬尾、臺南、基隆、澎湖、福州各港之間有大輪船「飛捷輪」通行。此外，他也記載了一艘名為「斯美輪」的大輪船往來於上海與臺北之間。胡傳曾利用火車往返臺北與基隆，也曾自中壢搭火車返回臺北。小輪船、大輪船和火車都是當時臺灣方興未艾的現代交通工具，胡傳毫不猶豫地加以利用，以方便他的旅行。但是胡傳的任務既為巡查營伍，他就必須深入港口及大城市以外的內地。這時候，他就沒有選擇的餘地，只好利用傳統的旅行方式了。

　　胡傳曾由旂後經東港、枋寮、楓港、車城至恆春；又由枋寮經太麻里、知本到臺東，由臺東經新開園（池上）、璞石閣（玉里）、吳全城到花蓮。從枋寮北歸時，他經過了潮州、阿猴（屏東）、鳳山、阿公店（岡山）到安平（臺南），由安平經茅店（新營）到嘉義，由嘉義經打貓（民雄）、大莆林（大林）、斗南到斗六。由斗六再經集集、水里、日月潭到埔里。過埔里前往東勢，再由東勢南方十里（五、六公里）處渡過大甲溪而到葫蘆墩（豐原），南下臺灣縣（臺中）及彰化。隨後，復經苗栗、大湖至大嵙崁（大溪）、三角湧（三峽）一帶。稍後，他又取道汐止、瑞芳、雙溪、頭城而到達宜蘭及蘇澳。因此，除掉蘇澳至花蓮一段因為高山阻隔，無法通行外，胡傳幾乎完成了一次環島旅行，同時也深入了內地。

　　整個巡查營伍的旅程，胡傳大都乘坐轎子，行李則僱用挑夫擔負跟

圖一　胡傳查閱營伍圖（台灣本島部分）

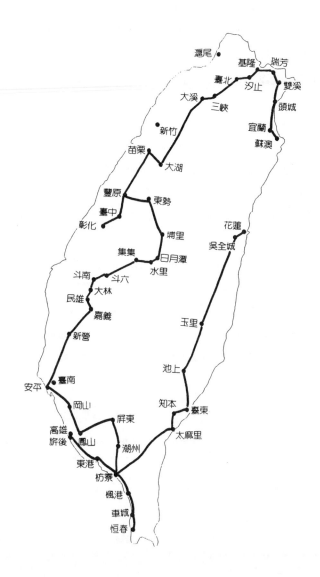

滬尾

基隆　瑞芳

臺北　汐止　雙溪

大溪　三峽　頭城

新竹　宜蘭

苗栗　蘇澳

大湖

豐原　東勢

臺中　花蓮

彰化　埔里　吳全城

集集　日月潭

斗南　斗六　水里

民雄　大林

嘉義　玉里

新營

池上

安平　臺南

岡山　知本

高雄　屏東　臺東

旂後　鳳山　潮州　太麻里

東港

枋寮

楓港

車城

恒春

隨。通常，他僱用的轎夫及挑夫都在五、六名左右，每名每日的工資約為白銀四錢。他本人的薪水每月有七十二兩，亦即每天二兩四錢，剛好與僱夫的費用相當。顯然僱夫的費用是由公家支付的。僱用轎夫、挑夫的費用如此高昂，自非一般人民所能負擔；不過，在一農業社會，一般人民所需旅行的距離應該不遠；除非是特別的需要，可能也用不上轎子。

胡傳所涉足的地方，現在幾乎都有鐵路經過。換言之，在清末時這些路線已是臺灣島內最主要的交通孔道。然而在十九世紀末，除了新竹經臺北到基隆的一段有鐵路可資利用外，其他各地的道路狀況都很原始，步行（或坐轎）仍為臺灣最基本的交通方式。[1]

臺地多河川，且多湍流，越河而過有賴橋樑。小橋易造，大橋則限於技術、財力，並不多見。最出名的大橋為聯絡嘉義與臺南、橫跨急水溪的「鐵線橋」。鐵線橋初修於雍正年間（1723-1735），其後一再維修、重建。因為它是臺灣南、北路必經的要道，因此附近的茅港尾（即前述之茅店）一時蔚為大鎮。[2] 步行遇到沒有橋樑的地方（這種情形經常發生），水淺時自然可以涉渡，水深時則必須依賴小舟或竹筏。[3] 沿海的各「海口」[4] 之間可以藉由帆船往來。但遇到港口淤淺或港外起「湧」（大浪）時，竹筏往往也成為接駁所不可或缺的交通工具。[5]

1　以上參考胡傳，《臺灣紀錄兩種》(臺北：臺灣省文獻委員會，「臺灣叢書」第3種，1951)。

2　黃清淵，〈茅港尾紀略〉，《南瀛文獻》，1：3-4 (1953)，pp. 53-56；2：2 (1954)，pp. 36-38。並請參考《臺灣南部碑文集成》(臺北：臺灣銀行經濟研究室，「臺灣文獻叢刊」第218種，1967)所錄有關鐵線橋之各碑文。

3　《臺灣府輿圖纂要》(臺北：臺灣銀行經濟研究室，「臺灣文獻叢刊」第181種，1963)。

4　同上註，p. 275。

5　許雪姬，〈竹筏在臺灣交通史上的貢獻〉，《臺灣風物》，33：3 (1983)，pp. 1-9。相關案例可參考《淡新檔案選錄行政編初集》(臺北：臺灣銀行經濟研究室，「臺灣文獻叢刊」第295種，1971)，p. 343。

　　步行之外，在道路條件許可的情形下，民間也使用一種特殊的板輪牛車作為代步的及搬運農作物的交通工具。有關此種板輪車的記載以《彰化縣志》最詳，我們且摘述如下：

　　地平曠便於行車。輪高五尺許，軌轍畫一。一牛約運五、六百觔。編竹為車籠，以盛五穀之屬。誅茅採薪，去其籠，捆束以載。行遠可乘三、四人。重則另橫一木於右，繫靷加軌，多一牛之曳之，若馬之兩驂而缺其左矣。（按：今有一車而駕三牛者，更多則再駕一牛於轅前，名曰「頭抽」。其左曰「左邊」，右曰「右邊」。）婦女乘則置竹亭於上，或用布帷。凡引重致遠皆用車。漢莊、番社，無不家製車而戶畜牛者。冬、春皆夜行。田潦盡涸，四野康莊，夜靜風生，蹄輕行疾。轆轆之聲，遠近相聞，有臨淄、即墨之風焉。夏、秋多淫雨，水深泥淤，非晝不可行。[6]

　　這種牛拉的板輪車用整塊木板製成車輪，且無軸與輻的分別，係中國內地所無，而為臺灣所特有。它很可能在荷據時代由南洋傳入本島，而在臺灣使用過相當長的時間，直到1970年代汽車大量普及才從鄉間消失。在民間，它有許多名稱，例如叫作「牛車」、「大車」、「笨車」及「柴頭車」等等。最有趣的是它也被喚作「馬車」，而製造或修理這種車輛的店鋪也稱為「馬車店」。其實，臺灣很少有馬，也不用為交通工具。[7]

　　至於清代臺灣與大陸之間的交通則全靠大帆船。清朝政府為了管理上的便利，實行所謂「對渡口岸」的政策，在領臺之初（十七世紀末），

6　《彰化縣志》(原刊於1836年左右；臺北：臺灣銀行經濟研究室，「臺灣研究叢刊」第48種，1957)，p. 292，卷九〈風俗志〉，「雜俗」條。

7　陳漢光，〈臺灣板輪牛車之今昔〉，《臺灣文獻》，11：4 (1960)，pp. 14-32。有關板輪車之描述請參考朱仕玠，《小琉球漫誌》(臺北：臺灣銀行經濟研究室，「臺灣文獻叢刊」第3種，1957)；或朱景英，《海東札記》(臺北：臺灣銀行經濟研究室，「臺灣文獻叢刊」第19種，1958)。

圖二　清代臺灣與福建的對渡港口

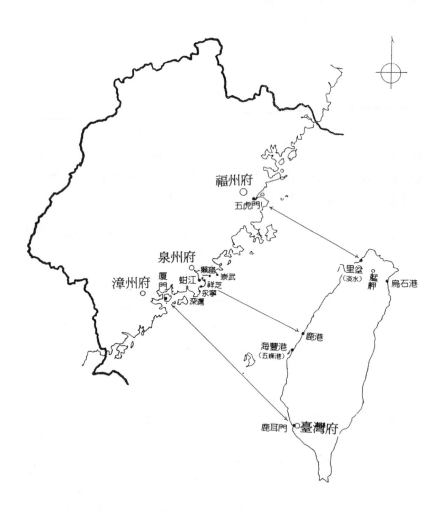

福州府
五虎門

泉州府
漳州府　　　獺窟
廈門　蚶江　崇武
祥芝
永寧
深滬

八里坌
（淡水）
艋舺
烏石港

鹿港

海豐港
（五條港）

鹿耳門　臺灣府

原先只准許自臺南鹿耳門對渡福建廈門港。十八世紀末又開放彰化鹿港對渡福建蚶江、淡水八里坌對渡福建福州。[8]到了道光年間，更再開放了彰化五條港（一稱海豐港，今麥寮一帶）及宜蘭烏石港（頭城）兩個港口。[9]在1862年臺灣開放通商口岸之前，合法的港口最多時只有這五個。但從其他港、澳與大陸沿海相互偷渡的情形則時有所聞。而臺灣船航往大陸之後，也不只前往福建，經常也轉赴浙江、江蘇、山東、河北、錦州、蓋州（後兩港在今遼寧省）等地。往來船隻多時一年在一千艘以上。船隻載重量平均在2,000石（約一百四十噸）左右。大型帆船可大至6,000-7,000石以上。小帆船如稱之為「一封書」的船舶則只有兩、三百石的載運能力。船隻的所有人大多是漳州、泉州一帶的富人。航行的目的以載送臺灣土產（以糖、米為大宗）至大陸各地販賣為主。[10]

二、清季與日據時期的新式交通建設

前一小節已提及胡傳利用輪船、火車等現代交通工具的事實。這些新式交通建設，開始於1862年依天津條約開放淡水及臺南為通商口岸之後。尤其是在1884年，劉銘傳在臺灣籌備建省的期間，更如火如荼地展開。交通建設為劉銘傳所致力經營的現代化事業中極重要的一環。雖然事屬開創，經驗不足，成就難免受到限制，但他所開創的事業，在日據時代得以賡續發展，因此也應受到該有的重視。

8　陳國棟，〈清代前期(1644-1842)海洋貿易的形成〉，收入《東亞海域一千年》(臺北：遠流出版社，2005)，pp. 257-286。

9　周凱，《廈門志》(臺北：臺灣銀行經濟研究室，「臺灣文獻叢刊」第95種，1961)，pp. 169-170。

10　曾汪洋，《臺灣交通史》(臺北：臺灣銀行經濟研究室，「臺灣研究叢刊」第37種，1955)，pp. 1-2；陳國棟，〈清代中葉廈門的海上貿易 (1727-1833)〉，收入《東亞海域一千年》(臺北：遠流出版社，2005)，pp. 467-507。

日據時代，日本經濟策略是以「工業日本、農業臺灣」為指導原則，目的在將臺灣建設為替日本本土提供糧食及原料的「農業尾閭」（agricultural appendage）。在這樣的前題下，日本殖民政府致力於將臺灣的農業資本主義制度化。為此，廣泛地從事「基礎建設」（infrastructure），而交通建設亦為此中極具重要性的一個部門。其結果，將臺灣全島與澎湖聯結為聲氣相通的統一的經濟系。[11] 因此日據時代交通建設的成就亦不容忽視。

以下即依公路、鐵路、港埠、海運、航空、郵政與電信七個單元，略述清領臺灣末期以及整個日據時代臺灣現代交通建設之大要。

1. 公路

臺灣初期的公路建設，可以追溯到清同治十三年（1874）。當時欽差大臣沈葆楨為了「開山撫番」，發動帶兵官員修築三條道路。北路由宜蘭蘇澳至臺東奇萊（今花蓮市），全長200華里。中路由雲林林圮埔（今南投竹山）至臺東璞石閣（今花蓮玉里），全長265華里。南路由高雄鳳山經赤山（屏東內埔）至臺東卑南，全長214華里。另一線則由射寮至卑南，全長亦214華里。後面一線在光緒元年（1875）更向南北延伸，而成為聯絡花蓮至恆春的臺東縱貫公路。綜觀此次道路的開拓，著眼於軍事目的，力求迅速完工，因而施工品質不高，而橋樑更是因陋就簡。只能說是開拓公路的先聲而已。[12]

進入日據時代以後，早期的交通條件的改善，也以軍事目的為首要的考量。為求實用，並不以公路交通為優先，反倒是先側重在「輕便軌道」（台車路）的興建，其後則改築、擴張鐵路，公路的發展要等待相

11　Samuel P. S. Ho, *Economic Development of Taiwan, 1860-1970* (New Haven and London: Yale University Press, 1978), pp. 91-102.

12　張奮前，〈臺灣之公路交通〉，《臺灣文獻》，19：1 (1968)，p. 115。

當長一段時間後才開始。

1920年代初，真正的道路建設開始時，亦以先沿用舊有道路為原則。而建設的重點則以臺灣南部為重心，再逐漸推廣至中部，而後及於北部，這是針對當時全島經濟及政治區位的重要性而做的決策。隨後，在軍事行動告一段落，而日本殖民統治漸告確立之後，公路建設的重點則以發展經濟為重點。總計日據時期修造的公路，主要有下列數條：

（1）縱貫公路：

由基隆經臺北、新竹、臺中、臺南以迄高雄、屏東，總長425公里。於大正十四年（1925）完工，為開發西部經濟重心的主要動脈。

（2）蘇花公路：

聯絡蘇澳及花蓮。全長120公里。完成於大正十三年（1924）。昭和七年（1932）改建為汽車道路完工。

（3）新店礁溪公路：

全長63公里。於昭和十一年（1936）起改建為汽車道路。為環島公路之一環。

（4）南迴公路：

自高雄經楓港至臺東。昭和十四年（1939）完工。亦為環島公路之一環。

（5）屏東臺東公路：

即南部橫貫公路。昭和二年（1927）動工修建。昭和十八年（1943）改建為汽車道路完工。但因經過地段地質不佳，品質及維修也不好，至光復時（1945）已無法通行。

（6）新高公路：

即中部橫貫公路。以聯絡臺中東勢及花蓮港沿線為目標，於昭和十六年（1941）開始動工。但至中日戰爭結束時，只完成一小部分。

除以上主要道路之外，還有一些由地方政府維修的公路。全部總里

數至日本投降爲止,長達一萬七千餘公里,平均每平方公里有公路0.475公里。依民國三十四年時的行政區劃,臺灣光復時,各縣所擁有的道路情況列於【表一】。

表一　臺灣各種公路總里程,民國三十四年　　　　單位:公里

縣　　名	省　　道	縣　　道	鄉　　道	總　　數
臺　北　縣	214.57	429.61	2,084.22	2,728.40
新　竹　縣	126.88	508.14	2,395.09	3,030.11
臺　中　縣	210.07	330.25	2,286.99	2,827.31
臺　南　縣	118.94	510.86	4,662.78	5,292.58
高　雄　縣	140.23	484.67	1,449.14	2,074.04
臺　東　縣	147.21	134.18	254.42	535.81
花　蓮　縣	176.10	105.30	400.88	682.28
總　　數	1,134.00	1,503.01	13,533.52	17,170.53

資料來源:《臺灣省通誌》,卷四《經濟志交通篇》,第一冊,p. 23b。

至於公路運輸,則可分爲公營客運及民營客、貨運兩大類。公營客運始於昭和八年(1933)。至昭和十七年(1942)時總營業里程長達641.5公里。行車里程4,990,657公里。當年總載客人數幾達一百萬人次。民營運輸則始於大正元年(1912),而以昭和十八年(1943)爲最高峰。當年營業里程爲4,272.5公里,客運行車旅程21,431,432公里,載客40,128,468人次;貨運行車里程30,335,106公里,載貨3,325,188公噸。[13]

2. 鐵路

臺灣之鐵路建設,倡議於丁日昌撫閩之時,而眞正著手進行,則由劉銘傳所開創。於光緒十七年(1891)完成臺北——基隆段,十九年

13　張奮前,前引文,pp. 117-118;王開節,〈臺灣之交通〉,收在《臺灣之交通》(臺北:臺灣銀行經濟研究室,「臺灣研究叢刊」第65種,1958),p. 7。《臺灣省通誌》卷四《經濟志·交通篇》,第一冊,pp. 22a-31a。此外,更詳細的資料可參考陳俊編著,《臺灣道路發展史》(臺北:交通部運輸研究所,1987),pp. 215-352。

（1893）完成臺北——新竹段。兩段相加，總長106.7公里。光緒十九年後，修路的計劃因籌款困難而中止。[14]

日據之初，為了達到迅速聯絡全島南北交通起見，發展出一種非常特殊的交通方式，那就是使用臺灣民間稱為「台車」的「輕便軌道」。日據十年之後，大約在1905年左右開始，日本人才開始真正動手整理臺灣舊有的鐵路運輸系統，並且加以擴張。當時也正當全球鐵路事業方興未艾之際。鐵路運輸量大而便捷，而有助於沿線經濟資源的開發，日本殖民政府因而大力從事鐵路建設。總計日據時代完成的主要路線有：

（1）縱貫線：

於明治三十一年（1898）開工，經十年完成。計基隆至高雄長405公里，其中自基隆到新竹的一段部分因襲自劉銘傳時代的鐵路，部分則因技術及腹地條件的考量而完全加以改建。

（2）淡水線：

明治三十四年（1901）修竣通車，長21.1公里。1916年，由中途站北投至新北投間，建築支線1.3公里。全線計長22.4公里。

（3）屏東線（原名潮州線）：

自高雄入屏東而經東港，長凡62.9公里。其中高雄九曲堂間係明治四十年（1907）興築，同年完成。九曲堂屏東間係明治四十四年（1911）開工，大正三年（1914）完成。屏東潮州間係大正九年（1920）完成；大正十二年（1923）延至溪州，再計劃延至枋寮及中途站之林邊以達東港，至昭和十六年（1941）始告完成；後來林邊至枋寮的一段因戰事關係而拆除。

---

14 王開節，〈臺灣之交通〉，p. 2；秦啓文，〈臺灣之鐵路建設〉，收在《臺灣之交通》，p. 70；陳世慶，〈劉銘傳在臺灣：交通建設〉，《文獻專刊》，4：1-2 (1953)，pp. 73-88；江慶林譯，《臺灣鐵路史》上卷(臺中：臺灣省文獻委員會，1990)，pp. 1-58；《臺灣省通誌》卷四《經濟志‧交通篇》，第二冊，pp. 94a-96a；《中國鐵路創建百年史》(臺北：臺灣鐵路管理局，1981)，pp. 33-38。

（4）海岸線：

自第一次世界大戰之後，本島經濟日見繁榮，為增加運輸力量，並解除中部鐵路因坡度過高所受的阻力起見，從而計劃興築海岸線。大正八年（1919）興工，由縱貫線之竹南站起分岐至大肚站，長為82公里，十年（1921）竣工；再延長至彰化，十一年（1922）完成。

（5）宜蘭線：

自大正五年（1916）起分由兩端開工，長98公里，於昭和十年（1935）完成。

（6）臺東線：

自花蓮港至臺東凡173公里，係分數期建築。花蓮至玉里86公里餘，於大正三年（1914）開工，六年（1917）完工。玉里至關山43公里於大正十年（1921）興築，昭和元年（1926）完成；臺東至關山一段係收買臺東製糖株式會社之私營鐵路，予以改建。後花蓮港至東花蓮港一段線路，於昭和十四年（1939）九月完成，鐵路與港灣乃取得密切之聯繫。

（7）縱貫雙軌工程：

基隆臺北間之28公里雙軌工程於大正八年（1919）完成，臺北至竹南間97公里餘及臺南至高雄間40公里之雙軌於昭和二至六年（1927-31）間完成。

（8）集集線：

此線為臺灣中部之交通要道，自二水至外車埕，計長29公里有餘，原為臺灣電力株式會社所經營，於昭和二年（1927）價購，改稱集集線。

（9）平溪線：

由宜蘭之三貂嶺至菁桐坑長凡12公里有餘，原為臺陽礦業株式會社所敷設，於昭和四年（1929）價購，改稱平溪線。

臺灣私營鐵路（包括民營及經濟事業自建鐵路），在日據時期，肇始於製糖會社。建築之初本為運輸蔗糖之用，其後因為營業發達，遂在商業繁盛地區兼營客、貨運。由於私營鐵路有利可圖，築路事業也就跟著擴張。公、私營鐵路之間的關係，大抵以公營鐵路為主線，私營鐵路則向東西兩側伸展而進入農村，構成一縱橫相錯的交通網。其中製糖會社展築之路線最多、區間最長。其次為林業，鹽業、礦業亦隨之而起。至於純為運輸營業而建設之鐵路，則有臺北鐵道株式會社所屬之萬華至新店一線及臺灣交通株式會社經營之豐原至土牛（臺中石岡）一線。昭和十七年（1942）最盛時期，私營鐵路總長計3,010公里，超過公營鐵路總里程數的二倍多。同一年，公營鐵路客運人數為1,407,296,647人，而私營鐵路客運人數為9,768,626人；公營鐵路貨運為8,676,336噸，私營鐵路為6,843,329噸；二者相較，私營鐵路在貨運上所佔比例較客運為重要。這一種趨勢與公路運輸的情形，十分相似。[15]

3. 港埠

清代前期，在「對渡口岸」的政策下，臺灣本島合法的聯外港口有鹿耳門（臺南）、鹿港、滬尾（淡水）、烏石港及五條港五個港口。1862年，依據先前所訂的天津條約，臺灣向列強開放了安平（臺南）、淡水兩個通商口岸，也只是沿用既有的港埠，並未有現代化之建設。其後至日據時代之前，則有修建基隆、高雄兩港之措施。

基隆港之建港計劃，始於光緒十五年（1889）劉銘傳奏派板橋富紳林維源總辦基隆築港事宜。但因政府有關人員與外國工程師意見不合，進行不順利，在日據前夕，只完成基隆火車站附近一帶碼頭而已。

---

15 王開節，〈臺灣之交通〉，pp. 5-6；《臺灣省通誌》卷四《經濟志·交通篇》，第二冊，pp. 96a-97a。

高雄港在當時稱為打狗。光緒四年（1878），開始計劃於港口水道南岸築防波堤。九年（1883），德國人於旗山建立燈塔。十年（1884），中法戰爭發生，清廷為防守計，曾於港內沉船以閉塞港道，並建築砲台。

總之，基隆、高雄兩港之現代化建設，在清領臺灣末期十分有限。但因其天然條件優越，於日據時代終於成為臺灣之主要港埠。

基隆、高雄兩港，在日據時期均各有數次之建設計劃。基隆港共有五次：（1）明治三十二年（1899）之四年計劃，（2）明治三十九年（1906）之六年計劃，（3）大正元年（1912）之八年計劃，（4）大正九年（1920）之七年計劃，（5）昭和四年（1929）之四年計劃。自大正元年之八年計劃實施起，可容萬噸級船舶進出。昭和四年以後，可容兩萬噸級船舶出入。

高雄港亦曾實施三次建設計劃：（1）明治三十七年（1904）之四年計劃，（2）明治四十一年（1908）之五年計劃，（3）大正元年（1912）之十年計劃。上項十年計劃實施後，可容萬噸級船舶出入；但因第一次大戰及經費支絀之故，延展期限；後為配合日本本國的南進政策，將高雄港改向軍港發展。迄二次大戰前，積極推進此項計劃；至昭和十二年（1937），高雄港可容3,000-10,000噸級船隻26艘停泊。此外，安平、淡水、花蓮、蘇澳、新港、海口、新高（即臺中梧棲港）各港亦均有相當之建設。[16]

4. 海運

1862年開放淡水、安平為通商口岸之後，傳統的帆船業還維持了相

16　王開節，〈臺灣之交通〉，pp. 8-9；宋希尚，〈臺灣之港灣〉，收在《臺灣之交通》，pp. 44-69。

當長一段時間的繁榮，並且因為通商口岸帶來的商機，甚至一度還盛於清代前期。然而來自外國的海運業亦已開始向傳統的中式帆船業挑戰。首先，從1850年代起，已有中國商人與外國人合造的「銅底夾板船」加入海峽兩岸的航運業。這種稱之為「廣艇」或「粵艇」的帆船，在航行的安全性上遠較中國舊式帆船為可靠。因此在1848-1854年間擔任臺灣道的徐宗幹在赴臺履任時雖然搭乘傳統帆船，可是在離任時卻選擇了「銅底夾板船」。[17] 但是更大的挑戰則來自西洋各國當時正蓬勃發展的輪船業。

十八世紀末年時，已經有人從事利用蒸汽動力來推動船舶的實驗。1807年富爾敦（Robert Fulton）所造的「科勒門號」（the *Clermont*）以32小時的時間，完成從紐約市到阿班尼（Albany）之間240公里的航程。有一艘叫作「莎瓦納號」（the *Savannah*）的全索具帆船，在裝上引擎與明輪（paddlewheels）之後，在1819年成為歷史上第一艘以蒸汽為動力而橫渡大西洋的船舶。1838年時，有兩艘英國船完全只靠蒸汽動力而完成首次的大西洋橫渡之舉。到1850年代晚期，螺旋槳推進器（screw propeller）已開始取代明輪，而輪船也開始取代帆船。到十九世紀末年時，大西洋兩岸間已經有定期的大型郵輪營運。

輪船取代帆船的同時，船殼也由木造改成鋼板打造。這使得船隻可以越造越大。初期的輪船使用蒸汽引擎（steam engine），其後被蒸汽渦輪（steam turbine）取代；到了二十世紀初年，柴油引擎（diesel engine）又取代了蒸汽渦輪作為發動機。柴油引擎出現後，輪船也由以煤炭為燃料轉為以柴油為燃料了。

臺灣從1870年代以後開始有輪船造訪。英國船公司在1871年確定臺

17 參考徐宗幹，〈上春嚴制軍書(四)〉、〈浮海前記〉、〈渡海後記〉，《斯未信齋文編》（臺北：臺灣銀行經濟研究室，「臺灣文獻叢刊」第87種，1960），pp. 5-6、125-128、152-153。

灣航路，往來淡水、廈門、汕頭及香港。緊接著，中國輪船招商局又於1877年開始經營臺灣與內地及日本航線。等到1881年岑毓英巡視臺灣以後，更商由船政主管撥輪定期往來臺閩間，並且開拓了環島航線。其後，劉銘傳擔任臺灣巡撫，於1885年購郵輪三艘，命名為「飛捷」、「威利」、「萬年清」，行駛於中國各港口與臺灣之間，業務稱盛。1886年，又購汽輪兩艘，命名為「駕時」、「斯美」，往來於上海、香港、新嘉坡、西貢、呂宋之間。因此，在日據時代以前臺灣的航運事業也得以有初步的發展。而以英商太古輪船公司為首的外國輪船也經常往來臺灣，載運茶、糖、樟腦等大宗出口品前往日本、美國，有助於這些臺灣特產的蓬勃興盛。早期，在1876年，外國船舶前來淡水港者總計有111艘，其中僅有44艘為輪船。到了1890年，帆船數目大為減少，而輪船則增加到126艘，計達177,500餘噸。此後臺灣的海運業則成了輪船的擅場，帆船退至微不足道的地位。

至於日據時代，臺灣的海運事業，根本上幾乎完全為日本航業整體中之一環，並無單獨自主之航業可言。在據有臺灣之後，日本政府所採取的政策，第一步在打倒英商在臺灣海峽航線所佔之優勢，第二步在與英商競爭其在中國南部各省沿海各口岸的航線，第三步擴充至華北各地及南洋、歐美各地航線。

日本政府得以遂行以上的計劃，歸功於明治維新以來，尤其是甲午、日俄兩戰爭以後該國海運事業的長足發展。甲午戰爭以前，日本所擁有的船舶僅有16萬英噸。戰後（1897年）增至36萬噸。日俄戰爭前（1903年）為65萬英噸，戰後（1905年）增至93萬英噸。第一次世界大戰前（1913年）為150萬英噸，戰後（1920年）擴張至300萬英噸。這樣的擴張與日本造船業的發達有關。1913年時，日本造成下水的船舶總噸數為65,000英噸，1919年時激增為612,000英噸。日本船舶自製率提高也成了臺灣輪船獨領風騷的契機。而船舶總噸位的擴增，大大有利於日本

發展並且獨佔臺灣的航運業。[18] 1920年以後,臺灣的對外聯繫,幾乎完全爲輪船所壟斷。

1897年,日本開放本島沿岸定期航線;同時,臺日間開闢航線,經營亦日漸開展。1899年,又由大阪商船會社開闢臺港線,爲與英商太古洋行競爭之平行線,其後陸續開闢福州香港線、福州興化線、廈門內灣線。1905年起,航行華南沿岸小型輪船延長至上海、並及於廣東。自1896年起迄1911年止,十五年中,臺灣與大陸南部各地航路,幾爲大阪商船會社所獨佔;且深入中國內地,與英輪競爭。

日俄戰爭(1904)之後,日本開闢日本與中國東北及韓國間之定期航線,並充實南洋航線船舶。第一次戰後爲日本航業黃金時代。至珍珠港事變前夕(1941),日本擁有商船632萬餘總噸。由於臺灣在當時已納入日本整體之中,其航業亦不能單獨成立系統。因此日本船舶雖逐年加多,但在臺灣本島登記的船舶增加速度則甚爲緩慢:計1898年在臺灣登記的船舶爲52艘、1,617噸,但迄1942年,四十餘年之間,僅增至350艘、27,000餘噸。[19]

5. 航空

飛機發明於1903年,臺灣初次獲見飛機爲日人野島銀藏之飛行表演,其確實年代不可考,但當在1917年之前。

大正六年(1917)八月,日人爲鎮壓臺灣人民反抗,曾派陸軍飛行隊來臺投彈。至大正八年(1919)並在總督府內設航空班,時常派機至

---

18 有關此一時期日本航運業,尤其是日本郵船株式會社的發展,請參考William Wray, *Mitsubishi and the N. Y. K., 1870-1914: Business Strategy in the Japanese Shipping Industry* (Cambridge: Harvard University Press, 1984)。

19 王開節,〈臺灣之交通〉,pp. 7-8;章期億,〈臺灣之水運事業〉,收在《臺灣之交通》,pp. 32-34。

山地上空，作恐怖性之飛行。

昭和五年（1930）五月，總督府方於交通局遞信部內設航空調查課，主持航空發展。綜計日據時代航空事業的發展，可分航線及機場建設兩方面來敘述。

在航線方面，計開闢有：（1）日本臺灣航線、（2）環島航線與（3）國際航線。分別說明如下：

（1）日本臺灣航線：

昭和六年（1931）十月，即在「九一八」事變之後，日本航空株式會社試航日本臺灣線，並附載郵件。至昭和十年（1935）十月正式開航，每週一班，次年一月，增加至每週三班。當時所用為道格拉斯廠DC2型飛機。至昭和十三年（1938）四月，又改為每日一班。當時之航線自福岡出發經琉球來臺，全程共1,610公里，飛行約需六小時。昭和十二年（1937）飛行906次；運量為郵件55,996公斤、旅客3,874人、貨物21,854公斤。十三年（1938）增加甚多，計飛行1,271次；載運郵件113,345公斤、旅客8,706人、貨物61,448公斤。十四年（1939）飛行1,263次；載運郵件162,699公斤、旅客7,570人、貨物74,028公斤。此線通航至1943年9月為止，其後完全改作軍用。

（2）環島航線：

昭和十一年（1936）八月，以臺北為基點開闢東西二航線。

東線（臺北——宜蘭——花蓮）每週二次。

西線（臺北——臺中——高雄）每週三次。昭和十二年（1937）六月，改為臺北——臺中——臺南，仍為每週三次。

此外另開為臺南——馬公航線，每週飛行三次。

至昭和十三年（1938），東西兩線合併為環島線，自臺北經臺中、臺南、屏東、臺東、花蓮、宜蘭而回臺北，每日相向對飛一次，全程各760公里，以中型客機飛行，約需時5小時20分。至臺南馬公間則數日一

飛，全程90公里，需時40分。

環島線的實際營運情形摘要如下：

年　　份	飛 行 次 數	客 運 （人）	貨 運 （公斤）	郵 運 （公斤）
1937	724	3,345	240	686
1938	2,373	6,450	2,172	2,975
1939	3,395	6,676	4,177	5,636

臺南馬公線實際營運情形摘要如下：

年　　份	飛 行 次 數	客 運 （人）	貨 運 （公斤）	郵 運 （公斤）
1937	154	不詳	不詳	218
1938	151	104	82	270
1939	231	514	30	345

（3）國際航線：

基本上為聯絡東南亞主要城市。計有：

臺北──廣州線：昭和十四年（1939）十月開航，每日一班，至十六年（1941）十二月十二日停航。

東京──臺北──曼谷線：昭和十五年（1940）六月開航，每週一班，至次年九月二十日停飛。

臺北──曼谷臨時線：昭和十六年（1941）四月開航，每週一班，同年九月二十日停航。

橫濱──淡水──曼谷線：昭和十六年（1941）四月開航，每半月一班，十二月十二日停航。

在機場建設方面：

臺北機場：昭和七年（1932）興建，十一年（1936）再加擴充，至十三年（1938）完成。

宜蘭機場：昭和十一年（1936）六月開工，八月完成。十三年（1938）又予擴充。

臺中機場：昭和十一年（1936）三月興建，次年（1937年）一月完成。

臺南機場：昭和十一年（1936）十二月興工，次年五月完成。十九年（1944）又在臺南新建大機場一處。

臺東機場：昭和十二年（1937）八月建造，次年五月完工。

淡水水上機場：昭和十五年（1940）興建，為臺灣惟一之民用水上機場。

另有軍用機場11處，計有基隆、新竹、嘉義、岡山、高雄、屏東、馬公等陸地機場及鹿港、高雄、馬公、花蓮等水上機場。[20]

6. 郵政

臺灣郵政，最早為鄭成功時之舖遞。明制十里為一舖，每三刻行一舖，晝夜須行300里。清代沿用明制。但只為公文寄遞，如民間私信，或由長足或由民信局傳遞。至於臺灣與大陸之間，私人函件的遞送則託付往來於兩地之間的帆船。由於帆船業與「郊商」有很大的關係，而郊商因商務上的需要，更是私人信件的主要收發人。清領末期，民信局有所謂「批郊」的組織，並且也改託火輪船寄遞。[21] 郊商與大陸的聯絡較勤，手續也較簡便，因此消息傳遞也較官方來得快。清代臺灣官員經常仰賴郊商所收到的信件以瞭解大陸方面的最新動態。[22]

臺灣公、私郵政的現代化始於劉銘傳撫臺時，他於光緒十四年

20　莊漢開，〈臺灣之民用航空〉，收在《臺灣之交通》，pp. 128-129。

21　方豪：〈光緒甲午等年仗輪局細信稿所見之臺灣行郊〉，收在《方豪六十至六十四自選特定稿》（臺北：著者自刊，1974），pp. 335-365。「仗輪局」當為「伙輪局」之誤寫或誤讀。「伙輪局」即「火輪局」，即經營輪船運輸業之機構。

22　有關臺灣官員自行郊獲得內地訊息的文獻不在少數。如姚瑩1841年的例子，見其〈廈門有警臺餉不敷狀〉，《中復堂選集》（臺北：臺灣銀行經濟研究室，「臺灣文獻叢刊」第83種，1960），pp. 97-99；又如丁曰健1864年的例子，見其〈復臺府陳芍亭、臺防廳葉峭嚴書〉、〈復鹿港廳興宜泉書〉，〈覆臺鎮曾輯五書〉諸文，收在《治臺必告錄》（臺北：臺灣銀行經濟研究室，「臺灣文獻叢刊」第17種，1958），pp. 574-577。

（1888）置郵政局於臺北，各地皆設分局，並發行郵票。郵票凡二種：一為官用，不收費；一為民用，按站計費。每站凡100里，臺南至臺北凡13站，每函須260文，郵路以外之地別加其費。其至大陸及外國者，則由輪船代遞。又有郵船兩艘，曰「南通」、曰「飛捷」，按期往來於滬閩及臺灣各港。其時中國大陸郵政尚在外籍總稅務司主持試辦期中，而臺灣已能自行主持創辦，其時期不可謂不早。光緒十五年（1889），頒定臺灣郵政章程，歸巡撫管理。當時每年入款達一萬兩。

日本佔據臺灣之初，在軍政時期，郵政係由野戰郵便局處理。明治三十四年（1901），臺灣總督府通信課改為通信局；大正十三年（1924），又與鐵道部合併改稱交通局。迄光復時止，郵政歸交通局管理。在日據最盛時期，郵政局共有260餘處。郵件運輸，初期多用人力；以後因交通之發展，大部分改用機械工具。最盛時期，計有汽車郵路985公里，鐵路郵路1,321公里，水路2,404浬。當時臺北郵件當日可送達本島南端之恆春。郵件寄發數量，以昭和十四年（1939）為最高，凡一億一千餘萬件。郵政儲金及簡易壽險，二者均普遍而深入。壽險多借重政治力量而推展；其所吸收資金，大部分通過放款方式輔助社會建設事業。因有儲金與壽險之鉅額盈餘，郵政利潤頗為寬裕，僅次於其時之專賣事業。[23]

7. 電信

同治十三年（1874），日本因琉球漁民為臺灣「番民」所殺，侵奪尋釁，清廷命總理福建船政大臣沈葆楨至臺灣辦理海防。當時鑑於臺灣孤懸海外，深感電信建設之必要，擬設水陸報線，聘丹麥工程師設計，

23　王開節，〈臺灣之交通〉，pp. 11-12；劉承漢，〈臺灣之郵政〉，收在《臺灣之交通》，pp. 134-136。

水線由安平至澎湖，轉至廈門，費用約三萬餘兩；陸線由廈門至福州及安平至臺南府城，全程約500里，費用約十五萬餘兩。奏辦之際，沈即調任兩江。後丁日昌撫閩（時臺灣隸屬閩省），於光緒三年（1877）奏准由臺南至鳳山旂後先行開辦電線；約兩月告成，計凡二線：一自臺南達安平，一自臺南達旂後，長95里（約54.7公里）。是線之架設，較之大陸之津滬線爲時更早。

劉銘傳撫臺時期，適在中法戰役之後，劉氏深感交通與國防關係之密切，而電信尤屬重要，乃廣詢水陸電線裝置之法；有外商瑞生洋行建議：造鋼殼四鐵葉船一艘，船身長320呎、闊20呎，由外洋裝線料運至中國，平時可以載貨運兵，如遇電線損壞，可資以行海修理。劉氏以爲一舉數善，但欲分期付款，獨怡和洋行應允，遂於光緒十二年（1886）簽定合同。翌年八月間，工程器材由飛捷號輪船裝運到臺，同月二十一日自福州川石山起工，翌日達淡水；旋由澎湖放線，抵達臺南之安平口。陸線則同年三月間開始架設，先敷設由基隆、淡水河至臺北之報線；十一月間，由臺南取道嘉義、彰化、新竹而達臺北。光緒十四年（1888）二月初一日全部接通，計水陸報線長約1,400餘里，總共用銀二十八萬餘兩。計在甲午以前，臺灣電信事業陸線已由高雄達基隆，另由臺北可通淡水。海底電纜有二：一爲由臺北至川石山達福州，一爲由臺南至澎湖。

臺灣電信事業，在日據時期於明治二十九年（1896）有通信部之設置，是爲日人在臺經營電信事業之始。大正十三年（1924），交通局下設有遞信部，以後組織未有變更。至於電報線路，大致分爲四種線路：（1）本島線：自明治二十九年（1896）施行民政時期起，本島西部電報逐漸架設完成，通信方便；東部則自大正八年（1919）以後方始暢通。（2）本島與大陸線：仍以劉銘傳氏臺北至福州川石山線爲其基礎。（3）海外線：臺港線在昭和五年（1930）完成；臺灣馬尼拉線在昭和七年

（1932）完成。（4）臺日線：臺日線最爲發達，計有臺北至那霸及長崎之海底線與臺北對東京、大阪、鹿兒島間之無線電路。

電話事業，自明治三十三年（1900）開放民用。當時裝設用戶431戶，全爲日人。至昭和元年（1926），已增至11,400餘戶；昭和十八年（1943），增至25,000餘戶。綜觀其發展方向，首重市內電話及海底電纜兩部分。長途電話方面，除明線外，其載波機及地下電纜之架設，十之八九係二次大戰期內由國際電氣株式會社所建設者。尤以昭和十三年（1938）縱貫全島之長途電纜與六路載波之興建，使臺灣電信有加速之進展。但因戰事破壞十之七八，而海底電纜全被切斷。[24]

三、結語

臺灣地區交通事業，在傳統時期可謂因陋就簡。先民只能就天然條件及簡單的交通工具來解決行的問題。現代化交通建設始於1860年代初期開放與外國通商之時，而要等到劉銘傳撫臺才陸續有有計劃的建設可言。日據時代，爲了開發本島的經濟資源、發展本島的農業經濟，並且方便日本政府的殖民統治，才在交通事業的發展上有了長足的進步。

——原刊於臺灣省文獻委員會編印，《臺灣近代史‧經濟篇》（1995），修訂收入陳國棟，《國立臺灣歷史博物館籌備處委託「臺灣的交通」展覽展示細部規劃期末報告》（2000），pp. 67-103。此據後者，但僅收錄清代及日據時代的部分。

---

24 王開節，〈臺灣之交通〉，pp. 10-11；陳樹人，〈臺灣之電信〉，收在《臺灣之交通》，p. 154。

第參輯

淡水

西班牙及荷蘭時代的淡水

　　淡水位於臺灣的西北角，明代以來即與雞籠並稱，屢屢出現於中、外的文獻中。雖然雞籠、淡水也曾經是臺灣島的代稱，北部臺灣的開發卻遲於嘉南平原一帶。這是因爲明末以來，荷蘭人與鄭成功祖孫一直都把政治的重心放在南部；同時南部的平原開闊，也較適合農業移民的緣故。

　　淡水地區的開發差不多恰好在明、清之交的時候開始，從1644年左右，漢人開始定居與牛耕。淡水港的發達則更早，西班牙人時期（1626-1642）貿易就已相當繁盛了。

　　西班牙人、荷蘭人的侵入淡水，正好是所謂舊帝國主義的時代，武力、傳教與通商是分不開的。因此我們檢討這段時期的歷史，也就要先考慮這些。筆者討論該時期的淡水，因爲探討其開發的關係，也將處理一下人口、產業與交通諸問題。

一、「紅毛城」的歷史

1. 西班牙時代

　　明崇禎二年（1629）西班牙提督嘉烈紐（D. Antonio Carenio）的遠征隊駛入淡水港，名之曰「卡西多」（Casidor），更於其地築城曰「聖多明我」（San Domingo）[1]，這是淡水築城之始，也就是今日所謂的「紅毛城」的前身。由於這個城在荷蘭時代重新修過，後來的中文文獻中，都以爲是荷蘭人所築。這點方豪老師考訂已詳[2]，今不贅言，但將西班牙、荷蘭時期修築城砦的經過在後文敘述一下，以見其沿革。同

1　這段文字節抄自盛清沂，〈「乙未」以上臺北史事叢考〉，《臺北縣文獻叢輯》，第一輯，p. 43。

2　參考方豪，《臺灣早期史綱》（臺北：臺灣學生書局，1994），pp. 209-210。

時，因為這個城代表著西班牙人、荷蘭人的統治勢力[3]，因此把有關的戰爭，也一併加以討論。

關於西班牙人築城的記載，《巴達維亞城日誌》，1636年4月21日寫道：

西班牙人為了防禦臺灣島北方的雞籠及淡水，十年來建了四個城堡與一個市區，這是用石塊與石灰建築的。這就是Sanctissimo Trinidado, St. Antonio, St. Milan, St. Augustijn，還有雞籠的市區St. Salvador以及淡水的St. Domingo。城堡的外壁高度為20呎及25呎兩種，共有守備兵士300人防守。[4]

聖多明我城代表著西班牙人的統治勢力，因此也是土著的原住民反抗的對象。《巴達維亞城日誌》，1636年11月26日寫道：

淡水的土著因不堪西班牙人向已婚者一年課征二隻雞與三甘當（gan-tang）米的稅，半夜襲擊當地的西班牙城，殺了三十個西班牙人。殘餘的西班牙人逃向雞籠。而這些土著則與西班牙人到處作戰。[5]

關於西班牙人與土著的衝突，《巴達維亞城日誌》在1644年12月2日條下有較詳細的記載：

西班牙在雞籠的十八年間，與淡水土著交戰。其原因為淡水土著曾招待他們，而隱藏在雜草中加以突襲（按、即凡拉被誘殺事，在1627-1628年間。參考「傳教」一節）。又曾在四年前（按、1641）將西班牙人慘殺，其餘十二人至十五人乘舢板船逃走。後來，西班牙人為復仇起見，又率一百

---

3 村上直次郎譯註，《抄譯バタビヤ城日誌》，中卷(東京，1937)，p. 352，所謂「威服臺灣北部。」
4 同上註，上卷(東京，1937)，p. 318。
5 同上註，上卷(東京，1937)，pp. 336-337。甘當(gantang)為馬來語，為一種量米的容器。

人重來，捕獲淡水的土著十四名，殺了數人，而將其餘的鎖繫起來，加以奴役。這些土著為了報仇的關係，偽裝講和，並且有數人接受傳教士的洗禮。在距今十至十二年前（按、1635-1637），一天晚間雞鳴的時候，襲擊城中的西班牙人，而焚其城（原註：這城是用「沙卡其」Saccatij修建的），殺七十人（原註：其中有傳教士二人），其他人逃亡了。後來賴傳教士等人的努力，土人又歸順了。6

1635-1637年這件事件當然就是前引1636年為了反抗徵稅而發生的事件。至於1641年的事件，日譯本作「四年前」，自日譯本迻譯而成的中文本亦相沿作「四年前」。唯若作四年前（即1641）則與下文之文意、語氣皆不合，疑誤。依文中的意思，這件事應發生在1628-1635年之間。但是因為淡水的土人首度接受基督教是在愛斯基委（Jacinto Esquivel）駐淡水時，根據「十七世紀西班牙駐臺宣教師名單」7，愛斯基委在臺是1631-1633年間。那麼，這個事件應發生在1631年或以前。1631年距凡拉被殺（1627？）約為四年。因此，筆者以為「四年前」應是「四年後」之訛。如果這是對的，括弧中筆者所加的"1641"就該改成"1631"了。至於這是《巴達維亞城日誌》原來就誤記了，還是村上直次郎誤譯了，因為筆者不懂荷蘭文，也就無從查考了。

至於聖多明我城的建材，1636年的引文說是「石塊與石灰」，1645年的引文則以為是「沙卡其」。8

西班牙時期的聖多明我城的修築，我們所知就只有這些了。至於他們與土著的關係，請再參考「傳教」一節。

6　同上註，上卷(東京，1937)，pp. 340-341。

7　中村孝志著、賴永祥譯，〈十七世紀西班牙人在臺灣的佈教〉，收在賴永祥，《臺灣史研究(初集)》，pp. 145-146。

8　所謂的「沙卡其(saccatij)」，應即是現代馬來文中的"sakat"一字，指寄生植物或羊齒(蕨)類植物。

2. 荷蘭時代

　　早在1623年福建巡撫就曾勸荷蘭人離開澎湖，前往北緯二十七度的淡水，並且願意提供水路嚮導人員。[9] 但荷蘭人卻要等到西班牙人佔有北部臺灣以後，才對淡水發生興趣。[10] 到了1641年，乃有淡水土著向荷蘭人獻地之事。是年12月13日的《巴達維亞城日誌》寫道：

> 我方艦隊（自出征雞籠）回航的途中，與淡水的住民結好，與其他的臺灣島土著一起置之於保護之下。……十月裡，淡水的住民來大員（安平），將他們的村子以及附屬地獻予荷蘭政府。[11]

　　這是淡水地區的人民和荷蘭發生統屬關係的開始。不久，荷蘭人再度進攻北部臺灣，「不戰而下淡水城」。[12] 但是文獻記載中卻顯示著淡水亦有戰爭。關於這點，前臺北帝國大學總長幣原坦曾有很精彩的考證。[13] 筆者因為國人尚未就此問題加以論列，也就不揣譾陋，將它迻譯在本節後面作為附錄，以供大家參考。

　　西班牙人建的聖多明我城在1636年被焚後，是否重新興修，因為資料不足，無法討論。不過，荷蘭人「不戰而取得」的淡水城是殘破不堪的，[14] 因此荷蘭時代又有興修淡水堡壘之舉。

　　有關荷蘭人在淡水築城的情形，主要記載在《巴達維亞城日誌》，

9　村上直次郎譯註，《抄譯バタビヤ城日誌》，上卷(東京，1937)，「序說」，p. 23。

10　有關這方面的討論，請參考曹永和，〈荷蘭與西班牙佔據時期的臺灣〉，見《臺灣文化論叢(一)》(臺北：1954)。

11　村上直次郎譯註，《抄譯バタビヤ城日誌》，中卷(東京，1937)，p. 173。

12　盛清沂，〈「乙未」以上臺北史事叢考〉，《臺北縣文獻叢輯》，第一輯，p. 44。

13　幣原坦，《南方文化の建設へ》(東京：富山房，1938)，第七章第一節〈淡水戰ガ基隆戰ガ〉，pp. 130-134。

14　村上直次郎譯註，《抄譯バタビヤ城日誌》，中卷(東京，1937)，p. 147有淡水城傾圮的記載。

1644年12月2日條下：

去年（1643）因故尚未著手築造淡水堡壘。現在開始召集當地附近歸順的酋長，諭令他們盡義務並納貢。此外，為了進行其他種種的事情起見，榜（Boon）上尉也在四月初以亞哈特船[15]「布列士肯斯號」滿載石灰及其他必需品，帶同中國籍的泥瓦匠以及必需的工人前往淡水。該上尉於抵達之後，即選定現在城中，叫作「狄緬」（Van Diemen）的稜堡所在地之山丘南側一角及西側，有頗險峻之二斷面而適合側面防禦工事且能瞭望的場所，立刻興工建築。於5月7日奠下第一顆石塊以後，工程順利進行。後因戎克船[16]「約克山號」所載的一千五百包石灰遺失了，「布列士肯斯號」以外的幾艘戎克船載不到石灰而開空船回來，還有其他的事故，以致工程的進行被耽擱得很厲害。根據該地最近的報告，至今始築高八呎，才要著手建造第一個穹窿。但石窟若努力趕工則可望加速進行。[17]

不過，淡水地區由於淡水社（塞納社）一向強悍，[18] 此時塞納（此處拼作Cenaer）酋長又時常反抗，也勸他人反抗，又阻止他人納貢，將荷蘭公司的逃亡奴隸留著自己使用。榜上尉乃率軍自陸路抵達淡水，駐安東尼寨（Fort Anthonij）[19]，酋長仍不來表示順服。其後為其部下所賣，帶去榜上尉處請求處罰。[20] 結果這個酋長被放逐到臺灣以外的地方。[21]

15　亞哈特船也就是快艇(yacht)。

16　即中國式帆船(junk)。

17　村上直次郎譯註，《抄譯バタビヤ城日誌》，中卷(東京，1937)，pp. 338-339。

18　參考Rev. Wm. Campbell, F. R. G. S., *Formosa under the Dutch: Described from Contemporary Records with Explanatory Notes* (Taipei: Ch'eng-wen, 1967), pp. 204-206.

19　這個安東尼寨應即為西班牙時代之聖多明我城，或為荷蘭人在其舊址附近所建的城堡。

20　村上直次郎譯註，《抄譯バタビヤ城日誌》，中卷(東京，1937)，pp. 350-351。

21　同上註，p. 414。荷蘭人對不利其統治者，除加以殺害以外，都是放逐出臺灣。參考同書，p. 444。

同日的《巴達維亞城日誌》又寫道:

淡水的部隊已增加了八十人。這是因為當地建築堡壘,需要更多兵士的緣故。不過,城工完竣之後,就要把他們調走了。[22]

這一條紀錄有一點點問題。淡水的軍隊此時總共只有八十人,[23] 而不是增加了八十人。即使如此,也比基隆的守軍五十人[24]來得多了。

荷蘭人在淡水築城的另一條紀錄,是1645年12月1日的《巴達維亞城日誌》。日誌中寫道:

不管多麼拼命地努力,因為大雨的關係,淡水城仍然未完工。[25]

這個城何時完工,《巴達維亞城日誌》不復記載,想必不會遲於1646年年底吧。這個城在荷蘭人棄守的時候可能也被破壞了。因為1661年12月21日的《巴達維亞城日誌》有這樣的記載:

長官不知道努流烏士離開雞籠前往日本,雞籠、淡水的守備兵也一起調回大員(安平)了。由於所能做的事只是破壞城砦,事務員……也往同一個地方(安平)去了。[26]

這一條資料也可以看出荷蘭人在臺灣的重心畢竟是在大員(安平)而不是北部的雞籠或淡水。甘為霖(Campbell),《荷蘭人統治下的臺灣》有一條類似的文獻,說到國姓爺將要攻打臺灣時,

---

22 同上註,中卷(東京,1937),pp. 351-352。

23 同上註,中卷(東京,1937),p. 399。

24 同上註。

25 同上註,中卷(東京,1937),p. 443。

26 村上直次郎譯註、中村孝志校註,《バタヴィア城日誌》,卷三(東京:平凡社,1970),p. 319。

由於城（熱蘭遮城）中的駐軍日益減少，現在乃有一個計畫，藉著自位於臺灣島北端的淡水和雞籠堡砦的駐軍與貨品移轉到臺灣（安平）來加強目前形勢的力量。[27]

這當然可以說明荷蘭人在國姓爺來攻時，竟有割淡水與基隆與之議和的打算了。[28]

《巴達維亞城日誌》，1661年12月21日又記載道：

當努流烏士離開基隆時，殘留於淡水的八十八名荷蘭人中，僅僅三十五人還活著，並且都罹患疾病。他們處在我們的敵人的當地居民襲擊的威脅之下。（我們）用「德‧芬可號」小艇（將他們）救了出來，放火燒了堡壘。因為除了兵士以外，短艇不可能再載些別的東西，也就把大砲給爆破掉了。[29]

那麼，我們可以說到了1661年年底，荷蘭人的軍隊已從淡水完全撤出了。不過，要注意的是：荷蘭人的撤退是因為兵力不夠，深怕當地居民攻擊的緣故，並不是鄭成功的軍隊直接攻擊的結果。還有，淡水的「紅毛城」經過破壞與焚燒，已是殘破不堪。今日的「紅毛城」是日後重加修葺，才得以保存下來的。[30] 城中的古砲也不是「紅毛」遺物，而只是嘉慶年間的東西而已。[31]

---

27 村上直次郎譯註，《抄譯バタビヤ城日誌》，中卷(東京，1937)，p. 444。

28 同上註，中卷(東京，1937)，p. 483云：「范‧伊北任(Van Yperen)先生堅持：只要我們確實具備了良好的據點與人員，在任何情況之下，我們絕不放棄我們的諸城砦。然而，我們應該將赤崁地區、淡水與基隆交予國姓爺；為了這個目的而要求一個短期的休戰，兩邊的義務就是保持『現狀』。」可供參考。

29 村上直次郎譯註、中村孝志校註，《バタヴィア城日誌》，卷三(東京：平凡社，1970)，p. 320。

30 明鄭修葺淡水「紅毛城」係在永曆三十六年(1682)，見盛清沂，〈「乙未」以上臺北史事叢考〉，《臺北縣文獻叢輯》，第一輯，p. 47。此下一直到清代皆曾重修。

最後，筆者想討論一下，永曆十五年十二月十三日（1662年2月1日）鄭成功於普羅文遮城（Provintia，赤崁城）接受荷蘭臺灣長官揆一（Coyet）投降之後，荷蘭人在淡水一帶滯留的情形。

雖然鄭成功寬懷大量地允許荷蘭人攜帶著他們的財產離開臺灣，仍有一些荷蘭人被拘禁而不得離去；更有一些荷蘭女子，被漢人納為妻妾，甚且受到漢人悍婦的奴役。[32] 一件荷蘭文獻記載道：1664年時，

> 他（國姓爺的兒子——鄭經）提議釋放他們（按、被拘禁的荷蘭人），並允許我們在臺灣自由從事貿易，並得在位於臺灣北部，靠近雞籠的淡水，或者就在雞籠本地，建立聚落。[33]

然而荷蘭人並不以准許居留為滿足。因為正如我們已曾說過的，荷蘭人與明鄭的政治中心都不在臺灣北部，他們都不夠重視雞籠與淡水，甚至把這兩個地方當作流放犯人的所在。[34] 鄭成功的收復臺灣，政令只及於南部，遂重新引起荷蘭人的覬覦。1664年8月27日，荷蘭艦隊又開入雞籠港，重新佔領這個地方，並且重新修築舊有的城牆堡砦，安置了二百四十人的兵力，裝備了二十四尊大砲，對外維持著相當的貿易關係，還安排了一名傳教士執掌禮拜事宜。[35] 雖然他們未再佔領淡水，不過仍與淡水的居民維持往來關係。1664年12月21日，《巴達維亞城日誌》提到：「……淡水與三貂角的村人們約好了帶來製造砲車的木板。」[36]

---

31 現存「紅毛城」門口古砲之一，鎸有「嘉慶十八年奉憲鑄造臺灣北路淡水營大砲一位，重八百筋」字樣。

32 *Formosa under the Dutch*, p. 85.

33 同上註。

34 參考中村孝志，〈臺灣に於け蘭人る農業獎勵と發達〉，《社會經濟史學》，7：3，p. 34。

35 村上直次郎譯註、中村孝志校註，《バタヴィア城日誌》，卷三（東京：平凡社，1970），pp. 342-344。

可見得荷蘭人與淡水仍有聯絡。到了1668年年底之前，荷蘭人再從基隆撤走，[37] 荷蘭人與淡水的關係也就結束了。

附錄：淡水之戰和基隆之戰

　　臺灣的荷蘭人可真是多事之秋──和日本人的瓜葛尚未了斷，又和西班牙人展開了戰爭。這也是基於與日本人的貿易競爭的緣故。荷蘭人為了與西班牙人競爭，乃在大員（今日之安平）登陸（1624年），建築熱蘭遮城，作為日本與荷蘭貿易之間的跳板，壓抑了西班牙人作為根據地的呂宋，打算自己稱霸於東洋海上。這使得同樣角逐霸業的西班牙人感到不安而無法忍受，遂積極的講求對策。1626年，也就是荷蘭人佔領臺灣後兩年，西班牙人繞過臺灣東岸，到達了基隆島（今日之社寮島），而建築了聖薩爾瓦多城。二年後又進入淡水，建立了聖多明我城。這正是濱田彌兵衛事件發生的那年。目睹這件事情，荷蘭人只有咬牙切齒，終於在1642年攻下西班牙人的據點，將南北臺灣統統收入掌中。這個戰爭是在基隆發生的，這點向來沒有疑問。可是西方人的記錄卻往往當作是在淡水進行的戰爭。這倒十分令人感到訝異。

　　這兩個衝突的論點在同一本書中都出現的就是甘為霖氏的《荷蘭人統治下的臺灣》（1903年出版）。不過，這畢竟是既根據荷蘭人的記錄，又根據西班牙人的記錄翻譯而成的緣故啊！那就是說該書第一篇〈臺灣通紀〉中，論「荷蘭貿易史」的一章（p. 62），根據荷蘭人的記載，寫道這次的戰爭是在基隆打的。不顧這些敘述，在附錄的一開頭，敘述「1642年被逐出臺灣的西班牙人」的地方（p. 495），因為純

36　同上註，卷三(東京：平凡社，1970)，p. 344。

37　盛清沂，〈「乙未」以上臺北史事叢考〉，《臺北縣文獻叢輯》，第一輯，pp. 45-47。

係翻譯西班牙人的資料的關係，他便以為這個戰爭是在淡水打的。

Blair與Robertson兩氏合編的 *The Philippine Islands*（1906）第三十五冊，〈西班牙人失去臺灣〉（pp. 129-157）中譯述了這個戰爭的目擊者，要不然也是西班牙軍隊中顯要角色的安琪利（Fray Juan de los Angeles）神父的紀錄時，不管原著明明不載淡水戰爭之事，大概是他們過分自信而先入為主的緣故，在該文後面，又添加進去來自Ferrando與Fonseca合編的 *Historia de los PP. Dominicos en las Islas Filipinas*（Madrid, 1870）的文字以為自註，說到：「若據安琪利神父所言，淡水也被荷蘭人從西班牙人手中取走」，這或者是沿襲Ferrando氏等人的謬誤或未可知，不過亦未免要負厚誣安琪利神父的責任吧！實際上安琪利神父的記錄不承認發生在基隆的戰爭是不行的。若非西班牙人當中從一開始就有人誤以為這個戰爭是在淡水打的，戰後又過了一百四十六年發生在西班牙人的誤解，是自什麼時候開始、又以什麼為根據呢？目前是不可能全然清楚的。不過，戰爭的次年（1643年），一位活躍於西班牙軍隊中的傳教士基洛斯（Theodoro Quiros de la Mandre de Dios）神父贈予地方首長的書信（臺北帝大南洋史學研究室所藏，載於赫西・馬利亞・阿爾法勒斯所著的《臺灣》[38]）中，在記載淡水城廢撤之後，寫道：「搗毀了本城主要的堡壘聖米蘭（St. Milan）」，就這樣提及了1642年戰爭的記事。如果仔細地檢查這條資料，「本城」不是淡水城，而是指基隆城。由於懶得稍加留意，不加分辨，而被誤認為是淡水城的事情。

由於這樣難以分辨的緣故，對於有關臺灣的地理認識不足的人們來說，大概把基隆與淡水混同為一地點了吧！因此，那位曾經擔任西班牙軍隊傳教士的安琪利的紀錄，到後來甚至也被誤解為是發生在淡水的戰

---

38 譯者按：這個文件現在有中譯。見王一剛，〈荷軍攻略基隆史料〉，《臺北文獻》，直字第二十九期(1974年9月)，pp. 81-84。

事了。西班牙人一方面有關臺灣地理的知識不夠，一方面則是「敗軍之將，不可言兵」的緣故。然而，後世基隆城早成廢墟，而淡水城砦雖然在西班牙時代曾被搗壞，在荷蘭時代又依從前的樣子很壯觀地重建了。那個城砦意外地殘留到後世，現在它的遺跡也依舊留在小山丘上。因而執著為淡水的錯誤觀點，在人們的心中也就驅之不去了。

二、今日淡水轄區內的居民

西班牙人、荷蘭人到來之前，現在淡水地方已有土著的原住民居住。他們的祖先從臺灣東方遙遠的海島，經過紅頭嶼（蘭嶼）、火燒島（綠島）到達臺灣東海岸的中南部，其中的一支則北上定居噶瑪蘭（宜蘭）以北的臺灣北部，淡水的土著也就是當中的一部分。[39]

根據廖漢臣的〈臺北縣的開發〉[40] 以及盛清沂的〈臺北縣疆域沿革志〉[41] 對於荷蘭時代臺北縣原住民聚落的研究，來檢查中村孝志利用荷蘭文獻作成的幾個「戶口表」，[42] 我們可以得到當時居住在現在淡水鎮轄區之內的聚落（番社）名稱——可能的話，還有他們酋長的名字——以及當時各社的人口數目。

39　村上直次郎譯註、中村孝志校註，《バタヴィア城日誌》，卷三(東京：平凡社，1970)，p. 329，註一。

40　《臺北縣文獻叢輯》，第一輯(1953年9月)，pp. 27-32。

41　《臺北縣文獻叢輯》，第二輯(1956年4月)，pp. 37-81。

42　中村孝志，〈蘭人時代の蕃社戶口表〉、〈蘭人時代の蕃社戶口表(二)〉、〈蘭人時代の蕃社表〉三篇，具發表於《南方土俗》雜誌(四卷一期、三期、四期)，見羅子匡編，「影印五十種期刊」，第十五種，《南方土俗》，第四冊。此外，中村孝志還有一篇〈1647年の臺灣蕃社戶口表〉，發表在《日本文化》，第三十一期(昭和二十六年)，因為未能借得，也就無法利用了。

其中最有名的是淡水社（即塞納社，荷文作Chinaer, Chinar, Senaer, Jenar, Cenar，當即是同一個部落），[43] 大約在今日的水源里一帶。1645（或1646）年時，它的酋長是田耐翁（Tenaijan），有三十七戶、五個寡婦，共有人口131人。1650年時，有四十戶，160口。1655年時，有二十二戶，81口。

其次是北投社（荷文作Kippataw）。荷蘭時代它只是一社，居住在今日的淡水、北投之間。到了康熙年間以前，它分成了內北頭（即內北投）、外北頭（即外北投）兩社。[44] 內北頭社在今日臺北市之北投區，外北投社在今日淡水鎮內之北投里，俗名「北投仔」的地方。如果我們也把它考慮爲淡水轄區內的一個聚落的話，1650年，它有三十八戶，150口；1655年，它有二十二戶，83口。

郁永河在《稗海紀遊》中提及一個「雞洲山社」。「雞洲山社」一般人都同意是奎柔山社。如果這是不錯的話，當在今日淡水鎮的忠山里和義山里（此處現仍有二小地名，曰「頂奎柔山」及「下奎柔山」）。那麼，會不會是戶口表中的Kirragenan呢？這個聚落在1650年時有十二戶，40口。

郁永河還提及一個「大洞山社」。「大洞山社」依盛清沂的意見當即是大屯山社，在今日之屯山里（俗名大屯仔）。我懷疑它即是戶口表中的Toetona。這個聚落在1655年時有二十三戶，77口。

此外，戶口表中還有幾個聚落在淡水附近。但不知它們的中文名稱，也無法猜測它們可能的更詳細的位置。此處也就從略了。

43　參考中村孝志著、賴永祥譯，〈十七世紀西班牙人在臺灣的佈教〉，收在賴永祥，《臺灣史研究(初集)》。

44　此處所謂的內北頭、外北頭，以及以下的雞洲山和大洞山，具見郁永河，《稗海記遊》。見方豪校訂，《合校足本稗海記遊》(臺北：臺灣省文獻委員會，1950)，第十五葉，下葉。

　　現在，我們該討論一下，何以淡水社和北投社在1650年與1655年間，人口驟減了一半？因爲當時北部的番社雖然與荷蘭人處在交戰的狀態下，據淡水長官范·依北任（Thomas van Iperen；按、應即是註28所提到的Van Yperen）的記載，這兩個聚落與荷蘭公司倒是處於和平的狀況中。[45] 因此戰亂不足以解釋人口驟減的現象。我們姑且說荷蘭人的調查未必十分可靠吧！

　　最後，當時番社的興滅和遷徙也要考慮。說不定這是荷蘭人的調查結果缺乏一致性（consistency）的原因。郁永河記載了當時淡水社社長張大的話，說到因爲地震的緣故，麻少翁等三社便整個遠徙了；[46] 中村孝志也說當時部落有「絕滅」的。[47] 這都使我們在討論當時的今日淡水鎮轄區內番社人口時，感到困難重重。

　　總之，我們籠統估計一下，當時土著的人口至多不會超過500人，但至少也不會少過200人。他們大都居住在現在的淡水郊區或鄉下，山坡地或溪谷。令人詫異的是竟沒有人住在今日淡水市區之內的！那麼，淡水市區這塊濱河平地和丘陵地上住些什麼人呢？毫無疑問的，在西班牙人時代是西班牙人，在荷蘭時代是荷蘭人。1634年時，淡水街區有西班牙人200人。[48] 荷蘭時代人口不詳，但當時駐軍最多時，曾高達80人。[49] 此外，西

45　中村孝志，〈蘭人時代の蕃社戶口表〉、〈蘭人時代の蕃社戶口表(二)〉、〈蘭人時代の蕃社表〉，p. 189。

46　方豪校訂，《合校足本裨海記遊》（臺北：臺灣省文獻委員會，1950），第十五葉，上葉。

47　中村孝志，〈蘭人時代の蕃社戶口表〉、〈蘭人時代の蕃社戶口表(二)〉、〈蘭人時代の蕃社表〉，p. 196。

48　此見姜道章，〈臺灣淡水之歷史與貿易〉，收在《臺灣經濟史十集》（臺北：臺灣銀行經濟研究室，1966），p. 156。盛清沂以爲是三千人，見〈「乙未」以上臺北史事叢考〉，《臺北縣文獻叢輯》，第一輯，p. 43。以當時的情況而言，似乎不可能。

49　村上直次郎譯註，《抄譯バタビヤ城日誌》，中卷（東京，1937），p. 399。如果依村上直次郎譯註、中村孝志校註，《バタヴィア城日誌》，卷三（東京：平凡社，1970），p. 320，1661年12月21日的記載，則荷蘭人在淡水的數目至少有八十八人。

班牙、荷蘭時期在淡水活動的還有黑人、日本人，更不用說漢人了。

1631年11月20日《巴達維亞城日誌》寫道：

有六個幾乎全裸的黑人從淡水逃來（安平）。長官聽取了充分的雞籠、淡水的狀況以後，將他們與五名公司的黑人，一起由「晉江」號（Tingan）船搭載，再度獲得西班牙人的許可而開去（雞籠、淡水）。[50]

1644年2月25日《巴達維亞城日誌》又有這樣的記載：

在臺灣，我國人經由淡水出征索特密瓦（Sotmior），受到土人的襲擊，遺棄了七十人而撤退。其中二十一人為荷蘭人，餘為中國人、臺灣人（土著）及黑人。這是由於缺乏良好的嚮導所致。[51]

可見得淡水是有黑人活動的。至於日本人則大多數是來此經商的，可參考姜道章，〈臺灣淡水之歷史與貿易〉一文。[52]漢人到淡水一帶活動，開始得甚早，原為經商或打漁，其後則定居墾植，我們將在「產業與交通」的一節再加以討論。

三、外國人的傳教事業

1. 西班牙時代

這一部分主要是用中村孝志的一篇文章〈十七世紀西班牙人在臺灣的佈教〉[53]寫成的。凡是引自該文的資料及觀點，皆不另加註。

---

50 村上直次郎譯註，《抄譯バタビヤ城日誌》，上卷(東京，1937)，p. 116。

51 同上註，中卷(東京，1937)，p. 273。

52 此見姜道章，〈臺灣淡水之歷史與貿易〉，，特別是p. 155。並請參考盛清沂，〈「乙未」以上臺北史事叢考〉，pp. 42-43。

53 發表在《日本文化》，第三十期。該雜誌未能尋獲。此處係依賴永祥譯文，原載《臺北縣文獻叢輯》，第二輯，其後收入賴永祥，《臺灣史研究(初集)》，pp. 112-146。

　　西班牙人向淡水地區進行傳教工作，大約是在1627年以後。當時在淡水地區，居民夾河分爲兩派，各有領袖，互爭勢力。當時淡水一邊有一領袖向西班牙求援。於是雞籠城守將法爾代斯（Antonio Carreno de Valdes）派凡拉（Antonio de Vera）帶領二十個兵士前往淡水。但因淡水河兩岸部落秘密言和，凡拉及七名兵士被誘殺，其餘則逃還。法爾代斯旋派步兵一百人來攻淡水，獲勝而還。這些事情大約發生在1627、1628年之間。

　　當1626年西班牙人攻奪臺灣北部時，一位道明會（the Dominicans）的傳教士馬地內士（Bartolome Martinez）也隨遠征軍來到臺灣北部。他志切於向中國傳教，而淡水離大陸甚近，也是他企望傳教的地方。同時，由於法爾代斯鑑於過去的事例，亦打算將淡水完全置於西班牙勢力之下。於是，他遣軍攻佔淡水，建立城砦。馬地內士隨軍而來，打算展開傳教。不過，他並未如願。1629年8月，他就溺水而死了。

　　繼馬地內士之後來淡水傳教的是愛斯基委（Jacinto Esquivel）。當時，位於今日水源里的塞納村落（Senar，即淡水社），頗不友善，是西班牙人統治淡水地區的難題。愛斯基委決心教化他們，而獲得成功。於是西班牙人在此建立一座教堂，獻給「玫瑰聖母」（Neustra Senora del Rosario）。這時有伐愛士神父（Francisco Vaez de Santo Domingo）與輔理修士西美內士（Andres Ximenez）前來幫助他做傳教的工作。舉行過奉獻典禮[54]以後，愛斯基委回到淡水街區的聖多明我城，其他兩位神父則留在塞納社繼續傳教的工作。

　　愛斯基委在淡水過著苦行僧一般的生活，並且努力學習當地語言。他編過一本《淡水語辭彙》（*Vocabulario de la lengua de los Indios*

54　有關這次奉獻典禮的經過，西班牙文獻有很詳細的記載。見王詩琅譯，〈西班牙佔據北臺史料〉，《臺北文獻》，直字第十三、十四期合刊(1970年12月)，pp. 7-8。

Tanchui en la Isla Hermosa），並且翻譯了一本《淡水語教理書》（*Doctrina critiana en la lengua de los Indios Tanchui en la Isla Hermosa*）。藉著愛斯基委等人的努力，淡水地區的傳教工作總算相當成功。雖然他本人在1633年於赴日的船上被殺，淡水的教堂則在同年被西班牙人行政當局認可，而成為當時被認可的四座教堂之一。

伐愛士神父除了在塞納社傳教之外，也促成了塞納社與北投社之間的和平，因此他傳教於兩地。但因塞納社土著不滿意他赴別的村子傳教，便在1633年1月27日將他狙殺了。

接著來到淡水的傳教士是基洛斯（Theodoro Quiros de la Mandre de Dios），時間是1633年。他先任淡水教堂司牧，隨後轉任金包里（Quimauri）教堂。不過，他在1642年以前，仍經常往來於淡水河流域。

慕洛（Luis Muro）於1635年受命到臺灣，居住在淡水教堂，以淡水河流域為他的傳教區域。他對伐愛士神父被殺一事耿耿於懷，立志要以基督教來開化塞納土著。他先向淡水守將要求不追究兇手，然後致力於傳福音。可是第二年的三月，他還是因為勸募糧食的事叫塞納社人給殺死了。

和淡水之傳教事業有關的，尚有加爾啟亞（Lucos Garcia），1632-1636年之間在淡水、基隆、三貂角一帶傳教。另外，阿內多（Lorenzo Arnedo）和日本籍的傳教士菲律伯（Felipe de Esprititu Santo），他們服務於淡水修道院。

西班牙人佔領臺灣的初期，傳教士來臺的很多。1635年以後，才因經費困難，來的人漸漸少了。[55] 他們在淡水地區的傳教工作也只有十年左右。不過，他們的成就還是相當可觀的。我們從一直到荷蘭時代，仍

55　但據村上直次郎譯註，《抄譯バタビヤ城日誌》，上卷(東京，1937)，p. 351，1637年1月3日條云：「雞籠及淡水的貿易雖然不振，對於傳教工作卻依然黽勉從事。」可見得西班牙人在淡水的傳教工作仍然進行著。

有許多土著能看西班牙文的事實，便可見其梗概。甘為霖的《荷蘭人統治下的臺灣》，有一段文字說到：

> 北部地區的許多土著能夠閱讀西班牙文，並且在宗教或其他項目上能使用R. C. 傳教書（R. C. missionary books）。[56]

再者，荷蘭人探金時，往往需要通曉西班牙語的人才，並且以西班牙貨幣做為饋贈土著的禮物。[57] 由此看來，西班牙人在北部臺灣的時間雖短，影響也算不小。這可就得歸功於傳教士的貢獻了。

2. 荷蘭時代

雖然西班牙人的傳教相當成功，但未能徹底改變土著的習性。他們之間衝突時起，便是一個例子。這給荷蘭人一個印象，那就是說淡水一隅為蠻荒未闢、民性殘忍的地方。甘為霖的書中就有這樣的記載：

> 這個國度的那個部分（雞籠、淡水）極少有人居住，人民十分野蠻。[58]
> 這個國度的那個部分（淡水、雞籠）是十分野蠻而少有人居住的。[59]

正是這樣的印象使得荷蘭巴達維亞當局一直不肯派傳教士來淡水。荷蘭文獻中提及自1644年起，臺灣地方的官員就一再希望巴達維亞派傳教士到淡水或雞籠來；[60] 甚至到了1648年前後，淡水的人民不只一次的要求為三、四個父親為荷蘭人或其他派別的基督教徒的小孩施洗。而地

---

56 *Formosa under the Dutch*, p. 231.

57 參考中村孝志著、賴永祥譯，〈十七世紀荷人勘查臺灣金礦紀實〉，收在賴永祥，《臺灣史研究(初集)》，pp. 72-73。

58 *Formosa under the Dutch*, p. 204.

59 同上註，p. 206.

60 同上註，pp. 204, 206 and 207.

方官員與教士商量的結果，卻是無法辦到。[61]

　　一直要到1655年，馬西烏士（Marcus Masius）才奉派到淡水與雞籠，這是大員第一次任命傳教士前往淡水及雞籠兩地。[62] 據野田兵沼郎，《臺灣史料》所載，荷人只在淡水設置一名傳教士以從事宣撫土民的工作。[63] 那麼，馬西烏士大概就是這一位唯一的傳教士了。[64]

四、產業與交通

1. 交通

　　臺灣北部由淡水到基隆之通路，在西班牙人佔據時代，已開闢兩路：一係迂迴北方海岸而成，一係溯淡水河而上，經過臺北之盆地。後面一路效用較大。蓋漢人與原住民交易，多利用這條水路。[65]

　　荷蘭時代，當榜上尉帶兵往淡水（1644）以平服土著時，荷蘭公司給予訓令，要他「達成目的之後，應開闢自淡水到大員（安平）的道路。」並且也已經開始測量和繪圖。[66] 這條道路後來應該是開成了。所

61　同上註，p. 231.

62　中村孝志著、賴永祥譯，〈荷人對臺灣原住民的教化——以1659年中南部視察報告為中心而述〉，收在賴永祥，《臺灣史研究(初集)》，pp. 87-88。

63　原見明治三十三年三月出版，《臺灣守備混成第一旅團司令部報告書：臺灣史料》，p. 34。此處係轉引自廖漢臣，〈臺北縣的開發〉，《臺北縣文獻叢輯》，第一輯，p. 27。

64　這一點或許有商量的餘地。因為村上直次郎譯註，《抄譯バタビヤ城日誌》，中卷(東京，1937)，p. 428-429，1645年3月11日記載著淡水、雞籠、噶瑪蘭地方派有疾病慰問師。還有同書，p. 444，1645年12月1日亦載「從大員(安平)到淡水及雞籠的地方，藉著牧師范·布雷因(Simon van Breen)的努力，已十分安全了。」不過這都不是指常川駐在淡水、基隆的傳教士。

65　《臺灣省通志稿》，《經濟志·交通篇》，p. 25。

66　村上直次郎譯註，《抄譯バタビヤ城日誌》，中卷(東京，1937)，pp. 346-347，並參考p. 428。

以康熙年間郁永河從南臺灣到淡水時，便經由陸路而行。[67]

至於淡水對外的交通，還有海路，因爲淡水本身就是一個港口。不過，淡水港水不深，其實不是優良之泊船場所，[68]吃水稍深的亞哈特船進出極不便利，所以進出本港的船大概是以戎克船爲主。至於淡水河中則多通行舢板。[69]

2. 產業

淡水，作爲一個港口，它主要的貿易內容是硫磺。淡水附近主要產硫磺的地方是北投。此外，金包里（金山）也有硫磺礦的出產，這居淡水港出口貿易的大宗。以下我們就先討論硫磺的貿易情形。

《巴達維亞城日誌》，1640年12月6日寫道：

商人北哥（Peco）及甘貝（Campe）派往淡水的戎克船三艘在10月回來了，裝載了粗製硫磺十萬斤。當中二萬斤是成塊透明的，其他的則形成粉末，理當精製成塊的。他們每天從事這種工作，不過，由於缺乏精製工作所必需的茹特油（roet）[70]，每天等待著向中國訂購的貨品。⋯⋯北哥因爲在淡水的經費關係，陳述無法以每百斤三個里爾（reaal）[的價錢]做下去。長官將考慮滿足他的要求。上述的硫磺將大量地運往需要它們的東京（越南北部）和柬埔寨。[71]

同書1641年1月29日又寫道：

67　方豪校訂，《合校足本裨海記遊》(臺北：臺灣省文獻委員會，1950)。

68　參考中村孝志著、賴永祥譯，〈十七世紀荷人勘查臺灣金礦記實〉。見賴永祥，《臺灣史研究(初集)》，p. 48所引李旦(Andrea Dittis)的話。

69　村上直次郎譯註，《抄譯バタビヤ城日誌》，中卷(東京，1937)，p. 352。

70　荷蘭文的"roet"原指油煙或煤煙。

71　村上直次郎譯註，《抄譯バタビヤ城日誌》，中卷(東京，1937)，pp. 24-25。

往者中國商人承買精製硫磺三萬二千四百七十五斤，送往印度海岸之後，他們又繼續從事精製，到現在只不過得到一萬七千斤而已。其中一萬斤，首席商務員哈爾欽克承認攜往東京了。……又兩千斤送往柬埔寨，剩下的應當送往日本的五千斤理應一起送去。商人北哥等人陳述每百斤才三個半理耳是難以維持（硫磺）事業的。因為在該地精製，每百斤要用八兩茹特油的緣故。

戎克船三艘自雞籠、淡水攜來粗製硫磺十二、三萬斤，若加以精製，只不過得到五萬斤而已，剩下的都是土壤。但理應送一次到大員（安平）。72

同書，1641年4月21日載：

荷蘭當局勸告中國商人北哥繼續淡水方面的硫磺貿易。該人預定在四月中派遣大、小戎克船二艘前往淡水，並向荷蘭當局要求一些貨物及數門輕炮以及八至十二名荷蘭人，以防備西班牙人的攻擊。73

同（1641）年12月3日載：

荷蘭當局應中國商人北哥、山沙加（Sansaca）、楊守高（Jan Soctecau）三人的要求，為在臺灣島的淡水從事硫磺貿易，使荷蘭人及中國人搭乘他們擁有的大員戎克船，而以公司的戎克船「淡水號」74護送。75

以上是西班牙時代的硫磺貿易狀況。我們雖然沒有找到西班牙人直

72　同上註，中卷(東京，1937)，pp. 112-113。

73　同上註，《抄譯バタビヤ城日誌》，中卷(東京，1937)，p. 142。

74　這艘船是1640年時爲遠征基隆及淡水而購置的兩艘「戎克」之一，故命名爲「淡水號」；另一艘當然就是「雞籠號」囉。參考村上直次郎譯註，《抄譯バタビヤ城日誌》，中卷(東京，1937)，p. 19。

75　村上直次郎譯註，《抄譯バタビヤ城日誌》，中卷(東京，1937)，pp. 161-162。

接從事硫磺貿易的資料，但從上引文獻中可以看出中國人在西班牙佔領臺灣北部的時候，似乎是荷蘭人與西班牙人之間的中間商人。不過，從北哥等人要求武裝保護一點來看，他們似乎又沒有獲得西班牙人的事先認可。十七世紀時，中國人從事北部臺灣的貿易，經常具有走私貿易的性質，我們還要在後文中提到。

到了荷蘭時代，中國也正進入朝代更迭的時局。安平、日本、柬埔寨以外，硫磺貿易也以中國本土為市場了。《巴達維亞城日誌》，1644年4月4日寫道：

中國官員一名前來申請發還攻略雞籠的時候，為我方捕獲的戎克船二艘，他的部下又因有四千壺中國麥酒未申報而被處罰金三百里耳。我方為了爭取他們的友誼，雖然拒絕了他的請願，但允許他輸出硫磺十萬斤，並且豁免其稅金。

由於一官大人（鄭芝龍）表明因為戰爭的緣故，他的國家有所需要，因此又同意（向他）輸出十萬斤（硫磺）。[76]

同年（1644年）12月2日載：

淡水已經生產不少硫磺了。因為中國戰爭的緣故，向那裡大量輸出。本年初有大、小「戎克」船三十艘為了載運硫磺而開來淡水。[77]

1645年3月11日的記錄又云：

Lampcan[78] 的大官亦以各自吃水七百擔的「戎克」兩艘，從中國直航雞

76　同上註，中卷(東京，1937)，p. 289。

77　同上註，中卷(東京，1937)，p. 352。

78　村上直次郎疑為浪白澳。浪白澳即浪白滘，而Lampcan音更近後者。浪白滘是十六、

籠及淡水，從事硫磺貿易。[79]

稍後的硫磺貿易情況，《巴達維亞城日誌》就沒有記載了。我們最後兩條有關的資料要到了1661年，這一年的日誌寫道：

淡水的商業由於需要從同一個地方取得當地的硫磺，請不要承包出去。（3月22日）[80]

佛洛依特船「約克號」從臺灣（安平）抵此。同船載著淡水承包商繳納的硫磺殘額一萬一千八百二十六斤、大員報廢的青銅砲三門以及鐵砲四門。（4月17日）[81]

從這兩條記載我們可以看出硫磺一直是淡水貿易上最重要的商品。當時硫磺採集的方式大概是採取承包的方式。

由於西班牙、荷蘭時期硫磺的開採和貿易已十分發達，因此何斌勸說鄭成功攻打臺灣，就以「臺灣沃野千里，雞籠、淡水有硝磺」為說辭。十七世紀末當福州需要硫磺時，郁永河也就馬上前來臺灣淡水採製。[82]

硫磺之外，淡水也有其他產品，比如說鹿皮。《巴達維亞城日誌》，

七世紀廣東的一個重要港口，葡萄牙人來此貿易。見梁嘉彬，〈明史佛郎機傳考證〉，《國立中山大學文史學研究所月刊》，第二卷，第三、四期合刊（民國二十三年一月），pp. 100-101, 104, 111，尤其是112-118各頁的詳細討論。並參考方豪，〈十六世紀浙江國際貿易港Liampo考〉，收在《方豪六十自定稿》上冊（臺北：著者自刊，1969），pp. 100-103。

79 村上直次郎譯註，《抄譯バタピヤ城日誌》，中卷（東京，1937），p. 419。

80 村上直次郎譯註、中村孝志校註，《バタヴィア城日誌》，卷三（東京：平凡社，1970），p. 197。

81 同上註，卷三（東京：平凡社，1970），p. 202。

82 參考幣原坦，《南方文化の建設へ》（東京：富山房，1938），pp. 317-318，第十四章第六節，〈硫磺に關する當初の知識〉。

1644年12月2日提到淡水附近二十四村落的長老在榜上尉抵達後，來到淡水城，約言願意納貢歸順，並日日帶來獸皮，這些獸皮將送來本地。[83]

伊能嘉矩，《臺灣蕃政志》云：

淡水港口附近塞納番地出產茄藤（Mangrove，即紅樹），中國人採買之。其皮，每百斤以四兩代價輸向中國本土。日本人中亦有來此與土著貿易者。本年（按、崇禎五年，西元1632年，日本寬永九年）率領三隻帆船入淡水港之日本人，滿載鹿皮而歸。據云運至本國，其利益較絲綢為鉅。[84]

可見得鹿皮不只是淡水的土產，而且也是貿易的大宗；此外，茄藤樹皮也是一項有利的出口品。

其次，《巴達維亞城日誌》，1644年12月2日又有這樣的記錄：

淡水有多量的米及硫磺，又有許多樹木。噶瑪蘭地方亦有剩餘的米及若干鹿皮。金包里及三貂角的土著為了獲得他們所需的米，而來到這兩個地方，用中國人帶來交換的鐵鍋、勘乾布（cangan）以及其他質地粗劣的布交換米。[85]

淡水的米可能是中國人帶來的，也可能是中國移民或淪於荷蘭人掌握的中國人所生產的，但也有可能是當地土著所生產的。[86]中村孝志云：

1642年荷蘭人將據有北部臺灣的西班牙人逐走，而佔有整個臺灣。

---

83 村上直次郎譯註，《抄譯バタビヤ城日誌》，中卷(東京，1937)，pp. 339-340。

84 轉引自盛清沂主編，《臺灣省開闢資料彙編》(臺中：臺灣省文獻委員會，1971)，pp. 539-450。

85 村上直次郎譯註，《抄譯バタビヤ城日誌》，中卷(東京，1937)，p. 343。

86 請參考村上直次郎譯註，《抄譯バタビヤ城日誌》，上卷(東京，1937)，pp. 336-337 (1636年11月26日)條。西班牙人向土著課稅有「米」一項。

1644年左右以後，漸漸增加來到的這些中國人被允許在北部臺灣的雞籠、淡水居住、貿易，並從事農業，以便供給守備兵士新鮮的食物、牛肉、豬肉以及其他必需品。[87]

（荷蘭當局）將介在土著與荷蘭人之間不順服的中國人加以討伐，送到北部，作為流放囚犯，利用他們開拓土地。[88]

1644年12月2日《巴達維亞城日誌》記載：

現已有工人數名移住（淡水），今後將見中國人逐漸增加。[89]

這麼一來，可知中國人在淡水開墾是不會早於1644年的。那麼，前述金包里及三貂角土著所交換的米應該是土著所生產或中國船載來的才是吧。1648年11月2日，荷蘭東印度公司大員評議會議長致巴達維亞總督的報告說：

我們也獲悉中國人已經開始耕種該國度的那個部分（淡水）。對於這一件辛苦的工作，他們看來是十分熱忱的。這只要看看他們已引進數頭牛來幫助耕耘土地，顯然是他們全心全意地作這件事情的最佳跡象。[90]

淡水的開發一開始就使用牛耕了。

最後，淡水的交易項目中還有粗鐵一類的。前面已經提及了鐵鍋，《巴達維亞城日誌》，1643年12月2日又寫道：

臺灣島的淡水港開來一艘載運走私粗鐵的戎克船，於是加以攻擊。

87　中村孝志，〈臺灣に於け蘭人る農業獎勵と發達〉，《社會經濟史學》，7：3，p. 34。並參考村上直次郎譯註，《抄譯バタビヤ城日誌》，上卷(東京，1937)，pp. 345-346。

88　中村孝志，〈臺灣に於け蘭人る農業獎勵と發達〉，《社會經濟史學》，7：3，p. 34。

89　村上直次郎譯註，《抄譯バタビヤ城日誌》，上卷(東京，1937)，p. 346。

90　*Formosa under the Dutch*, p. 231.

〔我們將〕該戎克船連同其貨品一併沒收，而將中國人鎖繫為奴隸。[91]

　　漁業也是淡水的產業。《大員商館日誌》，1638年3月6日條云：

「戎克」船一艘，船員十五名，開向淡水，從事捕魚，並收集鹿皮。[92]

便是漁業的記載。

　　至於討論很多的金礦，[93]因為和淡水貿易的關係不大，權且從略。

　　附誌：本文寫作期間，承方杰人老師惠借《臺灣史綱》手稿、曹永和先生惠借《バタヴィア城日誌3》，並蒙兩位先生多方指點，謹此誌謝。

——本文原分上下篇，刊載於《臺灣人文》，第三期（1978年4月），pp. 27-37、第四期（1978年7月），pp. 25-33。

91　村上直次郎譯註，《抄譯バタビヤ城日誌》，上卷(東京，1937)，p. 284。

92　轉引自盛清沂主編，《臺灣省開闢資料彙編》(臺中：臺灣省文獻委員會，1971)，p. 309，並參看同書，pp. 144-145。

93　有關這方面的探討，請參考中村孝志著、賴永祥譯，〈十七世紀荷人勘查臺灣金礦記實〉，見賴永祥，《臺灣史研究(初集)》。

淡水紅毛城的歷史

一、西班牙、荷蘭時代（1626-1668）

明天啓六年（1626），西班牙人自菲律賓移師臺灣，入侵基隆，建立聖救主（St. Salvador）城砦。後三年（明崇禎元年，1628年），提督嘉烈紐（D. Antonio Carennio）的遠征隊又進入淡水河河口。西班牙人將淡水河稱之爲「金馬森」（Kimazon），而將關渡附近的淡水河河口稱爲「干西豆」（Casidor）。他們更在近海的淡水河河口建築一城砦，名之爲「聖道明」（San Domingo），[1] 時當明崇禎二年（1629）。這件事一向被認爲是淡水紅毛城最原始的紀錄。不過，依西班牙人的記載，在他們築城之前，原基址上早已有漢人或番人建築的防禦工事。西班牙人入據淡水地區後，才將其中一個工事改建爲聖道明城砦。換言之，淡水砲臺埔上的防禦工事，早在1629年以前便已存在了。可惜的是有關它的詳情，缺乏進一步的記載。

1629年所建築的聖道明城砦，使用的材料爲粘土、蘆葦、竹子和木材。這座簡單的城砦，即爲西班牙人控制淡水河河口附近各原住民番社部落的核心。由於西班牙人向當地的土著征收重稅，引起土著的反抗。1636年（明崇禎九年），土著起事，趁半夜攻擊聖道明城砦，殺了三十個（或作七十個）西班牙人。在此次攻擊行動中，西班牙人第一次修造的聖道明城砦被平埔族原住民徹底地焚燬了。

重建的工作不久之後就開始了。1637年，西班牙在淡水的守將耶爾南迪斯（Francisco Hernandez）開始著手進行。這次建築，或許鑑於竹

---

[1] 道明(Domingo, Dominic)爲西班牙人，生於1170年，卒於1221年，爲天主教道明會(Dominican Order)的創始人。因爲他後爲教宗封爲聖人，因此稱爲聖道明(San Domingo, Saint Dominic)。西班牙人入據菲律賓以來，道明會在那裡的勢力相當大。因此，由菲律賓來的西班牙人就以「聖道明」來爲淡水的城砦命名。關於十六世紀時道明會在菲律賓活動的情形，可參考陳荊和，《十六世紀之菲律賓華僑》(香港：新亞研究所，1963)，pp. 70-76。

木、粘土的防禦能力較差，於是改用石塊與石灰爲材料。事實上，當時西班牙人在臺灣北部的其他各處城砦也都以石灰、石塊爲建材。城砦的外壁高度分爲20呎及25呎兩種。聖道明城砦的城壁可能高20呎，則約合6公尺左右。[2]

1642年（明崇禎十五年），早已佔有臺灣南部的荷蘭人將他們的勢力往北拓展，把西班牙人逐出臺灣。雖然說荷蘭人「不戰而下淡水之城」，可是事實上荷蘭人所接收的聖道明城卻殘破不堪。於是荷蘭人也動手重修聖道明城。

這次重建的工作開始於1644年（明崇禎十七年，清順治元年）。建築材料仍有石塊與石灰，但比以前多了磚瓦一項。所用的石灰至少有一千五百包，而且還可能是這個數字的好幾倍。

當荷蘭人開始建築聖道明城砦時，當地已有一個「稜堡」（bastion），想是西班牙人殘存的東西。荷蘭人用當時荷蘭聯合東印度公司（*Verenigde Oostindische Compagnie*, the VOC）總督狄緬（Antonio van Diemen）的名字爲此稜堡命名，就把它叫作「狄緬」（Diemen）。荷蘭人新建的部分位於「狄緬」稜堡同一山丘（即砲臺埔）南側及西側。新建的建築物有那些？文獻不詳。只知有穹窿，而且還不止一個。這一批工程何時完成，文獻上也無記載，但可能不會遲於1646年（順治三年）年底。

清順治十八年（明永曆十五年）年底（1662年年初），荷蘭人向鄭成功投降。在此之前，荷蘭人已自動撤離淡水。在他們撤離之前，明鄭的軍隊並沒有直接攻打淡水。可是當時荷蘭人正與土著的馬賽人

2　荷蘭人的呎有好幾種。在東方航海時常用的爲萊茵蘭(Rheinland)制，一呎等於0.314公尺。不過，有時候也使用阿姆斯特丹(Amsterdam)制，則一呎等於0.2831公尺。二十呎依萊茵制爲6.28公尺，依阿姆斯特丹制爲5.662公尺。參見村上直次郎譯註、中村孝志校註，《バタヴィア城日誌》，卷一(東京：平凡社，1970)，p. 23，註6。

（Basayers）交惡。馬賽人攻擊了淡水的城砦及住宅區，破壞了其中的一部分。荷蘭人撤離時，又對聖道明城做了進一步的破壞。因此，交到明鄭手上的紅毛城亦不完整。

本節之資料來源爲拙著〈西班牙及荷蘭時代的淡水〉，[3] 部分內容已修正如上。詳細的考證，可以參考該文。關於西班牙人到來之前，淡水河河口防禦工事的記載，係間接得自禮密臣（James W. Davidson）所著的《臺灣之過去與現在》（*The Island of Formosa: Past and Present*）。[4] 其他有關的資料則以《巴達維亞城日誌》[5] 爲主。現在將有關聖道明城砦的幾條資料彙抄於下，以供參考：

1. 西班牙人且於1628年佔領了淡水，築造一城，將之命名為「聖道明」。此城係用土與竹木築造。1636年，受到土著的夜襲而焚燬。於是，在翌年由城守耶爾南迪斯用石料築成比以前還堅固的城。（第一冊，p. 102，註5）

2. 荷蘭人獲悉菲律賓諸島長官撤廢淡水城砦的事情：土著由於害怕他們（按、指西班牙人）的關係，而欲將它（按、指聖道明城）除去。它是用葦草與木料搭成的城砦。由於土著們將乾草與木料所造成的城砦燒燬，城守耶爾南迪斯（1637年的淡水城守）言：「如果不能造出一座石城來，那將是我們的恥辱。」（第二冊，p. 382）

3. 在距今十至十二年前（1635-1637年），一夜雞鳴的時候，（土著）襲擊該城中的西班牙人，而焚其城砦。（原註：該城大概是用「沙卡泰 Saccatij」修造的）（第二冊，p. 281）

3　《臺灣人文》，第三期(1978年4月)，收入本書，pp. 125-150。

4　蔡啓恒譯。臺北：臺灣銀行經濟研究室，「臺灣研究叢刊」，第107種。

5　本文所用版本爲村上直次郎譯註、中村孝志校註，《バタヴィア城日誌》。分別爲「東洋文庫」，第170、205、271號。東京：平凡社，1972、1975、1978。

　　按、中村孝志云：「沙卡泰」即印度尼西亞語"Saket"，為一種附生植物。依此，西班牙人第一次修的聖道明城也使用藤蔓一類的草本植物為建材，這顯然是就地取材的。

　　筆者按、現代馬來文中的"sakat"一字，指的就是寄生植物或羊齒（蕨類）植物。

　　4. 開始築造去年（1643年）因故尚未著手的淡水堡壘，並召集當地附近歸順各村的首長，諭令他們盡義務及納貢。此外，為了進行其他種種的事情起見，邦（Boon）上尉也在四月初以單桅快船（*jacht or yacht*）「布雷斯肯斯號」（the *Breskens*）滿載石灰及其他必需品，帶同中國籍的磚瓦師傅與必需的工人前往淡水。該上尉於抵達之後，即選定現在城中叫作「狄緬」的稜堡所在地之山丘角落南、西兩側，那裡有頗為險峻的兩個斷面，適合側面防禦工事，且為一便於瞭望之場所，於是立刻興工建築。（1644年）5月7日奠下第一顆石塊以後，工程順利進行。後來因帆船（junk）[6]「約克山號」（the *Iocqsan*）所載的一千五百包石灰遺失了，而「布雷斯肯斯號」以外的幾艘船都載不到石灰而開空船回來，再加上其他事故，以致於工程的進行被耽擱得很厲害。根據該地最近的報告，至今只築高八呎，才要著手建造第一個穹窿。但石窟若努力趕工，則可望大有進展。（第二冊，p. 280）

　　5. 淡水的部隊已增加八十人，這是因為當地建築堡壘，需要更多兵士的緣故。不過，城工完竣之後，就要把他們調走了。（第二冊，p. 287）

　　6.（1645年12月1日）不管多麼拼命努力，可惜因為大雨的關係，淡水城仍然未完工。（第二冊，p. 353）

　　7.（1661年12月21日）雞籠、淡水的守備兵一併撤返大員。由於所能

6　"Junk"以往都譯作「戎克船」。其實"junk"就是「船」的譯音，意即「帆船」。參考 David Steinberg et al., *In Search of Southeast Asia: A Modern History* (New York: Praeger, 1971), p. 52.

做的事只有破壞城砦而已。……（第三冊，p. 319）

8. 當略尼烏斯（Nicolaes Loenius，按、原任駐雞籠商務員，後棄職逃往日本）離開雞籠時，殘留於淡水的八十八名荷蘭人中，僅有三十五人還活著，而且還罹患疾病。他們處在我們的敵人——當地土著——襲擊的威脅下。（我們）用「德·芬可號」（De Vink）小艇（將他們）救了出來，放火燒了堡壘。於是除了兵士以外，短艇不可能再載些別的東西，於是就把大砲爆破掉。（第三冊，p. 320）

二、明鄭時代（1661-1683）

明鄭於1661-1662年接收整個臺灣。但對北方的雞籠、淡水一點也不重視。因此之故，荷蘭人仍然往來於雞籠、淡水兩地，至1668年才完全放棄在此居留。整個明鄭時期，臺灣北部都任其荒蕪。到了永曆三十七年（清康熙二十二年，1683年）三月，才命何祐「城淡水」。事實上，何祐僅能就荷蘭人留下來的聖道明城殘基略加修葺而已。因為同年八月鄭克塽降清，何祐的工作必然中止。如是短短幾個月中，不可能修造得多完善。所以十四年後（康熙三十六年，1697年）郁永河來到淡水時所見到的淡水城便荒蕪不堪。現在也將幾條有關的資料抄錄如下：

1. 永曆十五年（1661），延平郡王克臺灣。……當是時統治僅在承天（臺南），而雞籠、淡水尚荒蕪。三十七年（1683年）聞清軍有伐臺之舉。三月，命左武衛何祐城淡水、增戍兵。[7]

2. 淡水炮城，在淡水八里坌山北角下，紅毛時建，鄭氏葺之，尋復圮。[8]

7　連橫，《臺灣通史》（臺北：臺灣銀行經濟研究室，「臺灣文獻叢刊」，第128種），卷十六，〈城池〉。

3. 淡水城，在上淡水港口，屬奇獨龜崙（按、即凱達格蘭）社，今已壞。9

4. 砲城在滬尾街，荷蘭時建。山頂建築，週以雉堞。偽鄭時重修，後圮。10

5. 康熙二十二年癸亥（1683年）……是時，（姚）啓聖與巡撫吳興祚謀襲雞籠、淡水。……（鄭）克塽亟命何祐葺淡水城，據雞籠以守。……秋八月，克塽納款，祐亦降。11

三、清朝領有時期──咸豐十年以前（1683-1860）

康熙二十二年（1683）以後，清廷領有臺灣。早先的一段時間，淡水城依舊任其荒圮。雍正二年（1724），淡水同知王汧曾經加以重修，並且增加了東、西兩個大門，南、北兩個小門。重修的詳情不得而知，因爲有關的記載太過於簡單。12 雍正二年以後，一直到咸豐十年（1860），百餘年間皆不見有修葺的記載。

王汧重修淡水城後，是否曾加利用，文獻闕如。唯嘉慶年間以後，清軍駐紮之營盤確實不在紅毛城中。同治（1862-1874）初年的資料曾云：

1. 八里坌山下，紅毛時設有砲城。雍正二年重修：東、西二大門，

<hr>

8　余文儀，《續修臺灣府志》（臺北：臺灣銀行經濟研究室，「臺灣文獻叢刊」，第121種），卷之二，〈規制城池〉。

9　高拱乾，《臺灣府志》（臺北：臺灣銀行經濟研究室，「臺灣文獻叢刊」，第65種），p. 28。按：高志爲最早的臺灣府志，修成於康熙三十五年(1696)。

10　《淡水廳志》（臺北：臺灣銀行經濟研究室，「臺灣文獻叢刊」，第46種），卷三，〈建置志‧城池〉條。

11　周鍾瑄，《諸羅縣志》（臺北：臺灣銀行經濟研究室，「臺灣文獻叢刊」，第141種），卷一，〈封域志‧建置〉條。

12　除了《淡水廳志》外，就只有下引《臺灣府輿圖纂要》的簡單記載而已。

南、北二小門；今昔殊形。嘉慶（1796-1820）年間，外口門北岸東建一臺。13

2. 滬尾海口⋯⋯前有紅毛人建造砲臺一座，在口門內北岸；因今昔殊形，已不合用。自嘉慶年間，在外口門北岸建設新砲臺。又有滬尾水師守備專轄，足資防禦。14

可見得至遲到嘉慶年間，由於形勢的變遷，紅毛城已不具有防禦上的功能，因而在其附近另建砲臺。這新砲臺才是駐軍營盤所在地。道光二十七年（1847）的一件檔案提到：

現街庄人眾紛紛，皆言營□（盤？）係在砲臺，離崎仔頂一里之外。15

崎仔頂即目前清水街北段一帶，離紅毛城及新砲臺（在紅毛城下）大約五百多公尺（一華里）以上。

從駐軍方面來說，淡水營初設於康熙五十七年（1718），主官編階為守備（正五品）。雍正十年（1732），陞守備為都司（正四品）。唯此守備、都司在嘉慶十三年（1808）以前，皆駐在淡水河南岸的八里坌，未曾駐在淡水。嘉慶十三年，福建興化協標左營守備移駐滬尾，改為艋舺營滬尾水師守備，淡水才有稍見規模的駐軍。16 新砲臺可能就在此時興建的。

目前淡水紅毛城中所存大砲，砲身上鑄有「嘉慶十八年奉憲鑄造臺灣北路淡水營大砲一位，重八百筋」諸字。這支大砲理應屬滬尾水師守備所有，原來安置在紅毛城下之砲臺，其後才移入紅毛城。因為該砲的

---

13 《臺灣府輿圖纂要》(臺北：臺灣銀行經濟研究室，「臺灣文獻叢刊」，第181種)，p. 50。

14 同上註，p. 282。

15 《淡新檔案選錄行政編初集》(臺北：臺灣銀行經濟研究室，「臺灣文獻叢刊」，第295種)，p. 23。

16 《淡水廳志》，卷八，〈官制〉。

存在，往往使人誤以爲嘉慶年間紅毛城內曾有清軍水師駐守，其實是不正確的。

紅毛城因爲無人利用，因此其荒廢可想而知。道光二十年（1840），臺灣道姚瑩在〈臺灣十七口設防狀〉中云：「（淡水河）口內北岸六、七里許，有已廢紅毛樓尚存。」[17]因爲無人利用，所以廢棄多時了。

四、清朝領有時期——咸豐十年以後（1860-1895）

咸豐元年（1851），洋船開始在滬尾、雞籠，透過「保商」與華人貿易。[18]咸豐十年（1860），淡水開放與各條約國貿易。這是因爲中法天津條約中，准許開放淡水港，各條約國援用「最惠國條款」，利益均霑，於是淡水成爲通商口岸。不過，當時開港的地點原擬爲八里坌，後來才改到滬尾。

臺灣地區開放與外國通商後，英國派郇和（Robert Swinhoe）以副領事（Vice Consul）銜來臺灣。他一度以淡水爲領事港，其後將領事館搬至臺灣府（臺南），再遷至打狗（高雄），這期間淡水只設辦事處。

光緒四年（1878），英國改於淡水設正領事（Consul），而於打狗設副領事。由於在光緒二十一年（1895）臺灣割讓以前，除了德國於光緒十六年（1890）起派領事，荷蘭亦派有領事外，其他國家都無領事駐臺，有關的業務均由英國領事代理。[19]因此，1895年以前的英國領事館（British Consulate）可以說是外國事務總匯的所在。

---

17 同上註，卷十五上。

18 同上註，卷十四。「保商」是清朝管理洋船貿易的一種特殊手段。其詳細的辦法請參考梁嘉彬，《廣東十三行考》（臺中：東海大學，1960），pp. 106、107、204。但當時臺灣尚未開港，這應屬非法，只是地方官默許吧。

19 《臺灣省通誌》〈政事志·外事篇〉，第二章，p. 62。

雖然要到1878年，英國領事才在淡水辦公；不過，早在1867年（清同治六年）英國即已與清廷訂立「紅毛城永久租約」，以紅毛城爲辦事處的所在了。從這個時候開始，英國人將紅毛城徹底裝扮起來，與來自四面八方的各國人士見面。[20]

1974年，英文《漢聲雜誌》（*ECHO*）的姚孟嘉等人，曾在紅毛城的洋樓左側道路旁發現一塊石碑，其上刻有「D. & C., 1866，寶順行」字樣及模糊的「地界」諸字。這塊石碑當然是屬於寶順洋行（Dodd and Co.）原有的東西。姚孟嘉等人據此揣測1890年以前紅毛城爲寶順洋行所佔有。[21] 他們的猜測並不正確。因爲1867年起，紅毛城已由英國官方來使用，寶順洋行至多可能只是在1866年短暫地利用過紅毛城而已，因爲寶順洋行也不過剛在1866年才正式成立呀！[22] 再者，這塊石碑原來可能位於圍牆之外，作爲標定地界之用。就像是嘉慶十八年的大砲一樣，說不定也是後來才移入紅毛城內的。

在英國人的保養下，紅毛城（英國人稱之爲「舊荷蘭砦」，the old Dutch fort）維持得相當好。據《臺灣省通誌》云：

改造爲英國領事館時，屋上添設雉堞。另建露臺，亦設雉堞，然猶力圖保存古城之風趣。又在厚六尺五寸之外壁，塗擦煤脂，全部呈彩紅色。據言壁體悉存舊狀，未嘗改造。[23]

---

20 Owen Rutter, *Through Formosa: An Account of Japan's Island Colony* (London: T. Fisher Unwin Ltd., 1923), p. 209.

21 *ECHO*, March 1974, p. 34.

22 東嘉生，〈清朝治下的貿易と外國資本〉，《臺北帝國大學文政學部政學科研究年報》，第三輯(1936年)，pp. 353-354。《臺灣省通誌》，〈政治志·外事篇〉，第一冊，p. 615載寶順洋行成立於同治八年(1869年)，這是不正確的。

23 《臺灣省通誌》，〈學藝志·藝術篇〉，第六章，「建築」，p. 169b。

雉堞為1867年後添加上去的，其時間必不晚過1871年。[24] 同時，也是在1867-1871年間，紅毛城主樓的牆壁才塗成紅色。至於在此之前，紅毛城主樓的顏色為何？雖然沒有資料說明，可是依其建材以石灰、石塊為主來推測，當在白色與灰色之間。

除了主樓（舊荷蘭堡）外，紅毛城內作為領事住宅的洋樓，正面牆上鑲有兩塊刻了"1891"字樣的紅磚。臺灣建築史專家李乾朗先生便曾因此而指稱該洋樓建於1891年。[25] 不過，在另一處，李先生卻以為洋樓之建築風格與長老會牧師吳威廉（William Gauld）的其他作品十分相似，因此又推斷該洋樓當為吳威廉所設計，年代較1906年落成之女傳教士宿舍、1909年落成之男傳教士宿舍為晚。[26]「為晚」恐怕是「為早」之誤。不過，據《臺灣省通誌》所載，吳威廉在臺的時間為1892-1923年，[27] 似乎又不可能在來臺前一年（1891）就已設計了領事住宅洋樓。

不過，不管如何，在1896年以前該洋樓就已經存在了。這一年出版的、馬偕博士（George Leslie Mackay, D.D.）的《臺灣遙寄》（*From Far Formosa*）中已提到這個建議：

此處山高達200呎，頗為險峻。山頂有一高大紅色的過去荷蘭人所設之炮臺，外觀已舊，且顯得莊嚴。現為英國領事館，屋上飄搖著英國旗。其下方有一整齊的庭園，這是英國領事的美麗的住居。[28]

---

24 《淡水廳志》修於同治十年(1871年)。該書描述紅毛城主樓(砲城)已云「週以雉堞」，則添設雉堞的事，當在本年之前。參考註10。

25 李乾朗，《臺灣近代建築》(臺北：雄獅，1980)，pp. 9、182。

26 同上註，p. 46。

27 《臺灣省通誌》，〈政治志・外事篇〉，第二章，p. 100a。

28 林耀南譯，《臺灣遙寄》(臺北：臺灣省文獻委員會，1959)，p. 221。

五、日據時代以後（1895- ）

1895年，清廷割讓臺灣予日本。1909年，英國向日本政府重新提出「紅毛城永代租借」的要求。1912年獲得日本政府的同意。此後英國繼續使用舊荷蘭堡及洋樓至太平洋戰爭爆發（1942）爲止。二次大戰結束後，1946年英國人重返紅毛城，至民國六十一年（1972）。

關於日據時代英國人利用紅毛城的情形，有一點點記錄，現在抄譯於下：

1.（舊荷蘭堡）建築以一種非常好的保存狀況保持下來。人們依舊可以看到地牢，以及犯人們再熟悉不過的、作孤獨的保健運動的高牆庭院。而從巨塔頂端——在那裡，現在昇起的聯合王國國旗已取代了荷蘭東印度公司的旗幟了——週遭鄉野的壯麗景觀，歷歷在目。

2. 英國領事的住宅，在同一座山丘上，靠近領事館。這是一幢紅磚房屋。因爲時間的關係而顯得古色古香。有舖瓷磚的地板，而樓的上下兩層都有迴廊。[29]

29　以上均見Owen Rutter, op. cit., p. 209.

附錄：兩首詠紅毛城的詩

　　同治十年修的《淡水廳志》將「戍臺夕照」列爲「淡北八景」之一，也就是北臺灣八大風景之一。在淡水欣賞落日是很美的。大半條眞理街都是欣賞夕陽餘暉的好所在。不過，由於紅毛城最近海邊，居高臨下，可以一覽無餘；而古意盎然的洋樓與花團錦簇的庭院，更使人有「夕陽無限好」的感慨。《淡水廳志》中就收有清代文人林逢源的「戍臺夕照」七律一首，現在抄錄如下：

高高矗立水雲邊，
有客登臨夕照天。
書字一行斜去雁，
布帆六幅認歸船。
戰爭遺跡留孤壘，
錯落新村下晚煙。
山海於今烽火靖，
白頭重話荷戈年。

　　陰雨天裡登臨，也別有一番風味。《諸羅縣志》的編纂者周鍾瑄也有一首七律，描寫這種情懷：

搴裳直路千峰上，
萬里蒼茫一色同。
遠目但餘天貼水，
近聞惟覺浪號風。
巨鰲有首低擎地，
瘴雨無根直幔空。

寂寞斗牛誰再犯？

好將消息問嚴公。[30]

（拙稿交付打字後，拜讀黃富三先生大文〈清代臺灣外商之研究──美利士洋行〉，有云：1860年怡和洋行船長Thomas Sullivan曾向公司報告有家廈門洋行欲購用舊荷蘭堡，也就是紅毛城，作爲貨棧。這項資料係出自英國劍橋大學所藏怡和洋行檔案Jardine Matheson & Co.'s Archives。由此可見紅毛城在淡水成爲通商口岸之初，便已引起注意了。參考《臺灣風物》，三十二卷四期，p. 132。1982年12月出版──著者又及。）

──原刊於國立臺灣大學土木工程學研究所都市計劃室，《淡水紅毛城古蹟區保存計畫》(1983)，pp. 9-18；收入本書時，刪去轉載自《臺灣時報》由北原政吉所寫的一首日文詩。

30　臺灣總督府官房文書課，《臺灣寫眞帖》(1908)，p. 18。

淡水聚落的歷史發展

淡水地區的開發，始於十七世紀，但要到了1640年代以後才真正有外來的漢人在此定居。其後，她受到好幾個政權的統治。在清朝統治時期末尾，她因為成為通商口岸而開始繁榮，而由一個漁港與國內商港變成一個國際貿易的終點港。到了1895年，臺灣淪陷於日人之手後，由於基隆港條件優異，遂取淡水而代之，淡水因而停止擴張。淡水的市街發展因為上述的背景而區分成兩個階段。一是1860年以前所形成的東半部舊市區，一是這一年以後所形成的新市區。

由於文獻的缺乏，搜羅匪易，因而在撰寫本文之時，儘量添入有關的資料，以便重建歷史事實。希望這樣能有助於後來的研究者，作進一步深入的探討。

前言

有一個傳說，說大屯山與觀音山同是神祇，兩位情誼不錯，卻爭強好勝的神祇。他們所有的東西都要比一比，看誰輸贏。一日，大屯與觀音比高，觀音矮了大半截。負氣之下，一時想不開，便欲「蹈東海而死」。大屯情急，伸手去拉：左手便成今日的關渡，右手便成今日的淡水。兩手已接近觀音的衣裾——這衣裾便是今日的八里——卻礙於一水之隔。大屯一再地呼喚、一再地乞求，而觀音卻不肯回頭，只是不再往深處走去。於是心憂如焚的大屯，只好將伸長的手往前抓，一直、一直、直到今天。

這個故事裡的大屯與觀音是沒有性別的。我曾把這個故事告訴一位好友，他說：若大屯是男、觀音是女，故事豈不更浪漫、更淒美？說得雖然不錯，只是這樣想，比高的情節更難成立了。那有女人與男人比高，而以輸了為恥呢？且不要深究吧！否則不如去找地質學家，他可能就要告訴你：今日的關渡與八里獅子頭昔日原本相連在一起，後來淡水河將它溶

蝕，切穿地塊而造成關渡門才分開的。這一來也就失去美感了。

雖說大屯的手搆不著觀音的衣裾，可是兩者在近三百年來卻是藕斷絲連。那穿絲的梭，便是勤勉的先人所乘坐的舢板與帆船。

隨著關渡大橋的接近完工，大屯的手就要拉住觀音的衣裾了！神祇辦不到的，竟然由巧奪天工的人類來辦到了！然而人類能改變一切，人類也不能改變一切——神話必定要變爲空虛，趕不上時代的畢竟要成爲過去。淡水、八里、關渡這三個定點都曾經作爲淡水河河口的港埠，各領數十年或上百年的風騷，而今都沒落了。當聖本篤女修院晚禱的鐘聲清脆地響起，她們的子民可曾向夕陽問過：沒落的是否就註定要沒落？

尤其是淡水。西班牙人來了，去了。荷蘭人來了，去了。明鄭（鄭成功和他的後裔）、清朝和日本人都曾統治過淡水。1862年開港通商，更來過地球各角落的人。這一些人或多或少對淡水之面貌的形成都有過影響。由於地形，也由於科技的限制，最近幾年以前，淡水的房屋雖有新蓋或重建，可是街道巷弄大抵都還維持著最初形成的面目。現在，最早的重建街、清水街已在拆除，新的街道也慢慢出現了。在此時刻，對它的歷史作一番回顧，除了可以「發思古之幽情，擴懷舊之蓄念」外，或許也可以藉此了解在多變的政治、經濟、社會背景下，一個聚落的變遷。

淡水聚落的歷史發展

一、淡水：滬尾、八里坌、關渡

現在的淡水是指臺灣西北角，臺北縣境，介於淡水河、關渡山、臺灣海峽和三芝鄉之間的一個鎮區。狹義地說，則指介於竿蓁林與沙崙之間的沿河（淡水河）聚落。

可是歷史上「淡水」這個地名曾經有過很大的變遷。它曾被用來指

半線（彰化）以北的整個北臺灣，也曾指竹塹（新竹），也曾指今日淡水對岸的八里坌。爲了確定本文使用之資料的正確指謂，對於淡水地名的變遷，不得不作一個簡單的交代。

「淡水」一名，無疑是往來北臺灣的漢人取的。據《明史》〈雞籠傳〉云：「（臺灣西北角）中多大溪，流入海，水澹，故其外名淡水洋。」則至遲在明末時，「淡水」一名已在使用。其時正值西班牙人、荷蘭人拓展東方的商務，於是淡水（西文Tanchui或Tanchuy；荷文Tangsuwij）一名也爲之援用了。一幅在1597年（明神宗萬曆二十五年）進呈給西班牙國王的古地圖上，已繪出淡水港（Pº Tanchuy）的地點，可爲明證。

「淡水」一名一方面指淡水河，一方面也指河口港，但更常被用來指整個淡水河流域。而當它與「雞籠」合稱「雞籠、淡水」時，則泛指臺灣北部。

由於西班牙人曾在淡水築有「聖道明城」（San Domingo），而其後荷蘭人也曾加以重修。該建築的後身目前仍聳立於淡水海關附近的山丘上，所以西班牙、荷蘭文獻中提到淡水時，我們可以很容易地區分出眞正的指謂是淡水河、河口的村落，抑或是淡水河流域。

其後臺灣入於明鄭掌握。康熙二十二年（1683）復入於清人之手。淡水河河口聚落名之爲「淡水」的事實一直不變。所以說「（永曆）三十七年（1683），聞清軍有伐臺之舉。三月，命左武衛何祐城淡水。」[1] 又說：「余與顧君暨僕役平頭共乘海舶，由淡水港入，前往兩山夾崎處，日『甘答門』。」[2] 可確定今日淡水河口沿河聚落，自昔便以淡水爲名。

淡水港由於地理位置的關係，十七世紀上半期已有漢人、日本人、荷蘭人、西班牙人在此貿易，但是人來人往，顯然沒有什麼人定居下

1　連橫，《臺灣通史》(臺北：臺灣銀行經濟研究室，「臺灣文獻叢刊」第128種)，卷十六，〈城池〉。

2　方豪校訂，《合校足本裨海紀遊》(臺北：臺灣省文獻委員會，1950)，p. 15a。

來。今日的淡水一隅，在開發上其實來得相當遲。當康熙（1662-1722）末年以前，住民一直是以平埔族原住民為主，其中最重要的「塞納社」（Chinaer, Chinar, Senaer, Jenar, 或Cenar），位於淡水庄子內（庄子內與Chinaer的讀音頗近）。庄子內即相當於淡水目前的沿河聚落。這個「庄子內」在乾隆二十八年（1763）余文儀的《續修臺灣府志》中稱之為「滬尾庄」。大概到了這個時候，「滬尾」一名也使用得相當普遍了。這個名字很確定地是指淡水河河口北岸的聚落。

「滬尾」一名是閩南方言的譯音，讀若"Hou-bei"。在中、外文獻中，都有許多不同的寫法。除了「滬尾」外，如作「戶尾」[3]、「滬美」[4]及「戶美」[5]，但以「滬尾」為官方正式的寫法。故《福建通志》（同治十年刊）、《淡水廳志》以及清代以來的官文書皆作「滬尾」。其他寫法只能算是簡寫。

西文中則稱之為"Hou-Ouei"[6]、"Hoowei"[7]、"Hobe"、"Houbei"、"Hoobei"[8]等。皆為閩南語或國語的對音。

「滬尾」的意思如何？有幾個不同的說法：（1）一說「滬」與「捕」同音，捕尾就是捕魚。早期漢人看到平埔族在淡水河河岸捕魚，遂將河口村落稱之為「滬尾」。[9]但「滬」與「捕」在閩南音中，聲母一為"h"，一為"b"，仍然有出入。較可能的情形是：閩南方言中稱「撈魚」

3　淡水福佑宮，〈望高塔碑記〉。

4　池志徵，〈全臺遊記〉，收在《臺灣遊記》（臺北：臺灣銀行經濟研究室，「臺灣文獻叢刊」，第89種），pp. 5-6。

5　筆者家譜。吾家原姓吳，因過繼奉祀公陳春風故，改姓陳。

6　C. Imbault-Huart, *L'Ile Formose, Histoire et Description* (1885), *passim*.

7　*British Parliamentary Papers: China* (以下簡稱為*BPP*; Belfast: Irish University Press, 1971), vol. 8, 1867, p. 57.

8　*BPP, passim;* George L. Mackay, *From Far Formosa* (1896), *passim*.

9　李利國，〈我在淡水河兩岸作歷史的狩獵〉，收入高信疆編，《時報報導文學獎》（臺北：時報文化公司，1980)，p. 377。

之「撈」為"ho"，「滬尾」之「滬」亦讀若"ho"，兩者之間只有腔調的差異，而聲母與韻母則完全相同。所以「滬尾」為「捕魚」的說法亦不無道理。《陸龜蒙集》云：「列竹於海澨以捕魚者曰：滬」，可為旁證。（2）淡水故老云，「滬」就是「雨」的意思。北臺灣一帶以基隆下雨最多，故基隆稱為「滬頭」，猶言雨水之源；基隆、淡水齊名，故以淡水為「滬尾」，猶言雨下至淡水而止。這個說法也頗有道理。因為閩南方言稱下雨為「落滬」，「滬」正是「雨」的意思。（3）吳勝雄君認為「滬尾」是平埔族語"Hoba"的轉音，其原意為何？不詳。吳君並提出：「滬者，係用碎石圍築於海坪，水滿則魚藏於其中，水退則捕之。滬尾就是滬下之意。」[10] 這個說法亦有依據。今日從淡水起沿北海岸而上，海邊仍有類似石牆的「石滬」，確為漁家用來捕魚者，只是係用石塊築成，而非碎石。

總之，「滬尾」的意思不外是與「下雨」或「捕魚」兩者有關，而這也正是它的地理位置所帶給它的獨具特質。

「滬尾」在清末（光緒十一年建省前後）已擴大到包括今日之北新莊、三芝鄉及淡水鎮在內的區域。[11]「芝蘭三堡」為其行政區分上的名稱。【圖一】而「芝蘭三堡」之簡稱「三芝」後來卻落在離行政中心二十公里外的三芝鄉，行政中心所在的滬尾仍然叫作滬尾。因此，狹義的滬尾即指今日淡水的街區；廣義的滬尾則指昔日的芝蘭三堡。

雖然聖道明城建於淡水河北岸的滬尾，可是入清以來，「淡水港」的泊碇處卻一直是淡水河南岸的八里坌。所以八里坌也常被稱為「淡水」。如《淡水廳志》云：「康熙五十七年（1718），設淡水營守備。雍正十年改陞（為）淡水營都司，舊駐八里坌。」[12] 所以姚瑩甚至說：

10　吳勝雄，《北門鎖鑰：淡水》（淡水：著者自刊本，1978），p. 19。

11　馬偕原著、林耀南譯，《臺灣遙寄》（臺中：臺灣省文獻委員會，1959），p. 222。

圖一　清末的「芝蘭三堡」轄區圖

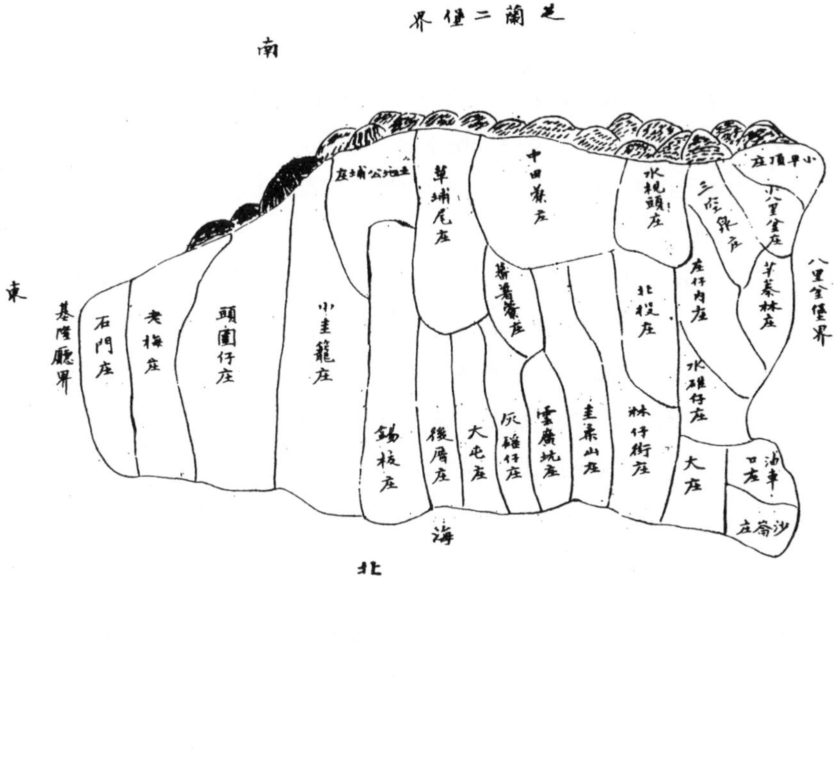

資料來源：《淡新鳳三縣簡明總括圖冊》（臺北：臺灣銀行經濟研究室，「臺灣文獻叢刊」第197種，1964）p. 22。

「滬尾,即八里坌口。」[13] 其實,姚瑩想說的該當是「淡水港,即八里坌口。」淡水港在入清以後,要到乾隆五十三年(1788)平定林爽文以後,經過一番討論,才在乾隆五十七年(1792)築港,開放與福建之蚶江、五虎門對渡。而此時開放的港口即八里坌,非滬尾。[14]

淡水港在開放後不久,當嘉慶皇帝在位時(1796-1820),據說由於淡水河水流的變化,八里坌的泊碇處日漸淤淺,不適於作為港埠,於是滬尾就開始取而代之了。[15] 這個移轉過程中,最重要的事件是嘉慶十三年(1808),福建水師興化協標左營守備移駐淡水(滬尾),改為艋舺營滬尾水師守備。[16] 真正以滬尾為淡水了。姚瑩在一篇寫於道光二十年(1840)的文章中提到:「昔時港南水深,商船依八里坌出入停泊。近時淤淺,口內近山有沙一線,商船不便,皆依北岸之滬尾出入停泊。」[17]

在八里坌與滬尾更迭的過程中,長久以來關渡也曾經是淡水河河口的泊碇所與移民的登岸處。李利國云:「八里坌沒落後,關渡代而興起。」[18] 頗易使人誤解,以為關渡要到嘉慶年間以後才成為船舶的停泊處,其實不然。當乾隆五十七年正式以八里坌對渡蚶江以前,已常有船隻往來大陸東南沿海,那時關渡的地位就頗重要了。

十七世紀初,西班牙人初到淡水時,將淡水港名之為「干西豆」(Casidor)。「干西豆」轉成「干豆」或「干答」,即關渡。[19] 西班牙人

---

12 《淡水廳志》(臺北:臺灣銀行經濟研究室,「臺灣研究叢刊」,第46種),卷八,〈職官表〉。雍正十年《續修臺灣府志》作雍正九年(1731)。

13 《淡水廳志》,卷十五上,〈文徵〉。

14 臺北外雙溪故宮博物院藏,「宮中檔奏摺」,乾隆朝,第059213號,覺羅伍拉納等,〈奏陳酌議淡水八里坌對渡五虎門設口章程事〉奏摺。

15 《專賣臺北支局總覽》(臺北:臺灣總督府專賣局臺北支局,1936),p. 256。

16 《淡水廳志》,卷八,〈職官表〉。

17 同上註,卷十五上,〈文徵〉。

18 李利國,前引文,p. 354。

所以注意到關渡，無非是大屯、觀音兩山在此隔河相會，地扼臺北盆地的出口所致。據姜道章之研究，當時（康熙五十五年，1716年前後），移居淡水一帶之漢人可能以關渡爲中心，商船也停泊在關渡門以東的臺北盆地內，而不是在河口。[20] 筆者祖先吳京公於乾隆辛丑年（四十五年，1780）來臺，即住於芝蘭二堡之關渡莊，其後徙入滬尾。[21] 綜上所言，關渡有很長一段時間即爲淡水港的泊碇所。她的地位，可能也在滬尾興起後見奪了。

二、淡水市街的發展（附論淡水腹地的開發）

1. 1860年以前

當西班牙人爲荷蘭人逐走，當荷蘭人爲明鄭的軍隊逐走，臺灣北部地區再度荒廢。其情形就像謝金鑾所說的：「當康熙時……由半線以北至雞籠，七、八百里，悉荒棄之。」到了康熙末年，陳賴章開墾大佳臘、賴科在關渡建廟，臺灣北部才開始墾殖。[22]

滬尾雖居河口位置，但在乾隆、嘉慶之交以前，八里坌和關渡才是泊碇所，已如前述。因此滬尾及其腹地的開發不可能太早，更可能遠在淡水河流域其他聚落開發之後。

當乾隆二十九年（1764），余文儀修《臺灣府志》時，關渡（干豆）及滬尾皆爲「庄」（村落），而在今日淡水鎮街範圍內除了滬尾庄外，尚有竿蓁林庄及八里坌庄（按、此爲「小八里坌庄」，在淡水河北岸）。而

---

19 方豪，〈臺北關渡之地名學的研究〉，收入《方豪六十自定稿》(臺北：著者自刊本，1969)，p. 756。

20 姜道章，〈臺灣淡水之歷史與貿易〉，收入《臺灣經濟史十集》(臺北：臺灣銀行經濟研究室，「臺灣研究叢刊」第90種)，p. 160；〈淡水之今昔〉，《臺灣文獻》，12:3，p. 117。二文雷同，以下只引前篇。

21 筆者家譜。

22 馬以工，〈磺溪溯往〉，收入《尋找老臺灣》(臺北：時報文化公司，1979)，p. 157。

八里坌則為「街」（市鎮）。

淡水已有數個庄，可見得鄉野的開墾已經開始，但其人口密度必然甚為稀薄，而經濟形態則為自給自足式，所以滬尾的街市仍未形成。姜道章的研究認為「淡水街最古老的兩個廟宇：永吉里的上帝公廟及民安里的福佑宮皆建於雍正十年（1732），清文里的土地公宮建於乾隆十九年（1754）。據此推測，在乾隆初年，淡水在民安、永吉及清文里附近，可能已形成村市。」[23] 現今的福佑宮係嘉慶元年所建，文中所提雍正十年所建的福佑宮規模必不大。所以他的推測若正確，當時的村市仍只是數日一集的定期市，交易量可能不大。

其後由於淡水河河水的變化，滬尾開始興隆。至遲在嘉慶元年（1796）時，滬尾的泊碇所功能就已相當發達了。因為這一年，滬尾蓋了一座舊式的燈塔（望高塔）。

根據目前仍嵌在淡水福佑宮（媽祖廟）的〈望高塔碑記〉，這座舊式燈塔是嘉慶元年由「泉廈郊出海、戶尾街董事」共同設立的。設立的目的，當然是為了導航的需要，為了淡水河河床高下不一，且有沙洲，容易造成船隻擱淺，故有此必要。至於建塔立碑的「出海」與「董事」是怎樣的人物呢？

《淡水廳志》，〈風俗考〉云：

> 至於郊戶之從事貿易，或僕船，或自置船。赴福州、江、浙者曰「北郊」；赴泉州者曰「泉郊」；赴廈門者曰「廈郊」……。船中有名「出海」者，司帳及收攬貨物；復有「押載」，所以監視「出海」也。

據此，當知「出海」乃「郊商」所經營的船頭行的職員，負責管帳、管貨物，隨船出海。其地位不但在「郊商」之下，而且也不及「押載」受

23　姜道章，〈臺灣淡水之歷史與貿易〉，p. 161。

到「郊商」的親信。

〈望高塔碑記〉碑尾署名者皆曰「某某觀」。「觀」即「官」之代用字，爲避免官府之禁忌而權改的。明、清時期，閩、廣的海商及船戶皆呼爲「某某官」。[24] 故知署名者皆爲「出海」。若以清代臺灣郊商捐助公益事業而立碑記盛的一般情形而言，署名皆以郊商之行號（如云「蘇萬利」、「金永順」之類）爲多。[25] 此處既然全部用「某某觀」的名義來立碑，可見得郊商大戶皆未參與此事。建設燈塔的工作所以只由「出海」來承擔，是因爲郊商都設行於艋舺（萬華），並未親身到滬尾工作，所以未參加滬尾的地方公益。至於「出海」因常年在船上，燈塔對他們的生命是很大的保障，也就樂於出資了。

〈望高塔碑記〉署名之「出海」有二十五人，以一船一人來計算，嘉慶元年在淡水泊碇的船隻數目當在三十隻左右，而泉郊與廈郊（當時最大的兩個郊商團體）都已包含在內了。從這裡也可以看出滬尾街初形成時的氣息。

「街」意指「人家稠密之街市，住民以工賈爲主」。「莊（庄）」指園舍「散處各地，住民大率以耕稼、伐木、捕魚爲業之地」。[26] 滬尾在乾隆中葉稱「莊」，而大約三十年後則已稱「街」，可謂拜淡水河水位變化之賜。只是此時滬尾之人口實在說不上「稠密」，而居民當漸漸以與船頭行業務有關的人群爲主。

〈望高塔碑記〉也提及了滬尾街的「董事」。「董事」爲清代臺灣鄉職的一種，乃爲輔佐總理（亦是鄉職之一，爲地方自治團體之首席）、

地保或街庄正而設，地位甚低，罕有單獨地行爲，亦很少由官府單獨委派任事。[27] 既然滬尾的碑記由「董事」出面，那也就意味著滬尾的人口尚少，事務尚簡，只是一個小「街」而已！

不過，港口機能畢竟有助於滬尾的發展。嘉慶年間，當滬尾取代八里坌的過程中，她的兩條最古老的商業街也正在形成。李乾朗做了以下的推論：

> 至嘉慶元年（1796）福佑宮重建時，從廟左側已有一條斜坡街道形成（即今重建街）。……至嘉慶末年又向北延長至「牛灶口」（即重建街北段）。另外分支一條街向東南山坡下來，稱為「米市仔」（即今清水街）。
>
> 道光年間米市仔之南段繼續發展，而「牛灶口」則繼續向北延伸至「城仔口」。
>
> 至咸豐初年，沿河大街之岸邊開始淤淺，也有不少民房建立起來，這條街俗稱「下街」，也就隨著五口通商而繁榮起來，船頭行多設於此。
>
> 咸豐八年（1858）建龍山寺後，米市仔街延長至「後街」及「布埔頭」；另外大街東端分出一條「暗街」。【圖二】[28]

「暗街」今稱「公明街」，「布埔頭」爲現在清水街最東的一段。「埔頭」的意思爲「零售店街」，「布埔頭」即「布街」，經營布匹之零售門市的地方。[29] 由此可以見到清水街的專業功能：中段米市、東段布市，分別滿足了當地居民的兩大民生需要。

當時滬尾之人口，據道光二十年（1840）姚瑩著的〈臺灣十七口設防狀〉云：

---

27 同上註，pp. 226-227；戴炎輝，〈鄉治組織及其運用〉，同上書，pp. 21-37。

28 李乾朗，《臺灣建築史》(臺北：北屋，1979)，p. 133。

29 《臺灣省通誌稿》，卷四，《經濟志‧商業篇》，第二章，〈市集交易〉，第二節。

圖二　1860年左右淡水聚落的發展（街道）

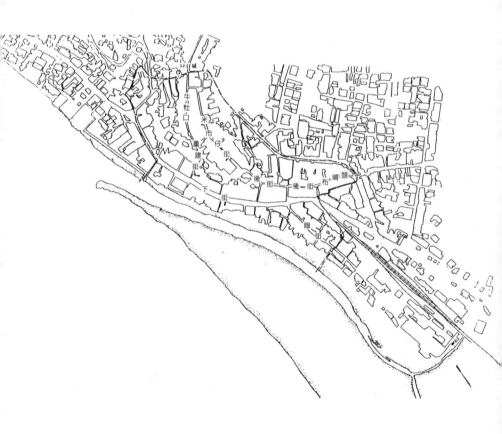

循（淡水河）北岸東行二里許，居民街約二、三百家，即滬尾街也。[30]

以「五口之家」度之，則滬尾街在鴉片戰爭前後的人口大約在一千兩百人左右。在天津條約（1860年）後的幾年，滬尾的規模也沒有太大的變化。所以1867年的英國領事報告書云：

一般以「淡水」之名而見知的港口，正確點該叫作滬尾，僅僅是靠近一條同名小河河口的一個漁村；除了作為外國船隻及本地船隻的泊碇所外，別無商業上的重要性。這些船都太大了而無法沿河上溯至一個叫作「艋舺」的大城。[31]

以上所述天津條約以前滬尾鎮街的發展，從廟宇的興修亦可以找出一些線索。大抵而言，在咸豐八年（1858）以前，滬尾鎮街幾座主要的廟宇皆已興修完成。現在分述如下：

（1）福佑宮：嘉慶元年（1796）重修。福佑宮附近原稱「公館口」。所謂的「公館」與原住民番社頗有關係。依戴炎輝的研究，其來由及功能是這樣的：「番社設有公廨，這是社公所，俗稱為公館或社寮。平時通事、土目在此辦公，有事則眾番集議於此，日夜派人守候。」[32]「自乾隆中葉以來，大社自建一公館，小社三、四社合建一公館」。[33] 滬尾曾有淡水社、外北投社、奎柔山社等番社，[34] 福佑宮附近的位置可能即為公館的所在。

由公館的設置可以推斷福佑宮一隅為滬尾聚落的第一個核心點。再從船頭行的「出海」集中於附近的情形來看，其附近最早形成市集當無

---

30 《淡水廳志》，卷十五上。

31 *BPP*, no. 8, 1867, p. 57.

32 戴炎輝，〈番社組織及其運用〉，收入《清代臺灣之鄉治》，p. 353。

33 同上註，p. 354。

34 陳國棟，〈西班牙及荷蘭時代的淡水〉，收入本書，pp. 125-150。

可疑。

（2）龍山寺：以龍山寺來供奉的觀音佛祖是泉州府晉江、惠安、南安三邑人移民的守護神。[35]《淡水廳志》載「淡水龍山寺」建於乾隆三年。此處之「淡水」當指「淡水廳」，所建之龍山寺，在艋舺。滬尾之龍山寺建於咸豐八年。所以滬尾龍山寺咸豐八年「石牌」（按、「牌」當係「碑」之訛。民間廟宇住持往往因碑石字跡磨滅，尋工補刻，卻又因知識不夠，妄加揣測，而致魯魚亥豕。）云：

> 竊思我三邑人等住淡水以來，前在艋舺街創建龍山寺。……今我滬尾三邑眾等意欲就滬尾街再建廟寺，崇祀佛祖。

明顯地說明了艋舺、滬尾龍山寺建築的先後了。滬尾龍山寺建築的經過，同一石碑續云：

> 凡捐題廟資，眾均樂從，祇缺廟地壹所，別無所措。幸有業主洪光海、洪光城兄弟，踴躍倡首，敬獻廟地壹所，共成其事。……又念廟地年應納課……，眾議每年此廟凡有做戲，戲棚應歸業主搭棚位，每棚大戲貼出工銀壹員、戲仔八角，應歸獻地業主收入。其前後左右每日生理買賣，架子位等項、執公秤工錢，一切歸洪業主世世管掌，收稅納課。……

碑文中之「洪光海」在另一處作「洪江海」。「光」、「江」二字在閩南方言中發音相近，唯「光」字疑誤。[36]「生理」即「生意」，買賣、營業的意思。「架子位」即攤位。至於所謂的「公秤」，吳勝雄云：「所有買賣，重量以他的秤為標準。」[37]因為昔時衡器沒有一個官驗的標準，故民間交易常約定以某一人（通常為誠實可靠者）的秤為標

---

35 林衡道，《臺灣夜談》(臺北：眾文，1980)，p. 160。

36 吳勝雄，《北門鎖鑰：淡水》，p. 152。

37 同上註，p. 37。

準。從事公秤之服務可以收取一筆服務費（執公秤錢）。使用廟邊廣場的攤位，應付租金。這兩筆錢皆歸業主所有。

由此可知龍山寺在咸豐八年興建後，在廟緣空地上出租攤位，由洪家人擔任公秤。龍山寺一帶的「市」應在此時才形成，同時清水街東段（後街）也才跟著出現。不過，龍山寺的「市」是由攤位構成的，而不是由店面（埔頭）構成的。雖然可能每天營業，可是並未固定下來。

日據時代，洪家後代洪萬得尚在龍山寺廣場上擔任公秤，並收取攤位租金。[38] 筆者小學時居龍山寺附近，每月尚見洪家子弟持簿書收取攤位租金。唯「公秤」的辦法可能在光復以前就因度量衡的標準化而淘汰了。

（3）文昌祠：清水街208號原為「振文社」，「振文社」原即文昌祠。由文昌祠而變成振文社，大抵與日本人的統治策略有關。[39]

文昌祠重修於道光二十七年（1847）八月十九日，至同年十一月十日「蓋瓦垂成」。「淡新檔案」中有一個文件便提及了這次修建的事。[40] 根據振文社的碑石，文昌祠初建於嘉慶九年（1804）。文昌祠所在地俗名「崎仔頂」，位於清水街中段北端，即「牛灶口」與「城仔口」之間、靠近「牛灶口」的部分。此時重建街正好向北延伸至「牛灶口」而分出清水街。

文昌祠供奉文昌帝君。文昌帝君為司文學科名的神，民間讀書人祀之，與文物有關之工、商業亦祀之。[41] 在前述「淡新檔案」文件中，提到了該稟僉的具僉人除了文昌祠的董事（管理委員）外，尚有貢生林春

---

38 同上註，p. 39。

39 參考林圯埔的例子。見莊英章，《林圯埔》（臺北：中央研究院民族研究所，1977），p. 156。

40 《淡新檔案選錄行政編初集》（臺北：臺灣銀行經濟研究室，「臺灣文獻叢刊」第295種），p. 23。

41 郭立誠，《行神研究》（臺北：歷史博物館，1967），p. 64。

和等四人、廩生林炳旂等三人、生員蘇衮榮等四人、監生李維嚴等兩人，以及童生若干人。據此，淡水的讀書人在道光末年已不算少。讀書人的數目越多，越表示一個地方經濟的繁榮，[42] 依此我們可以推斷當時滬尾街已相當興隆，文風亦盛。到了咸豐年間，捐贈龍山寺廟地的洪江海還曾遠赴北京參加科舉，高中進士。[43]

（4）鄞山寺：鄞山寺供奉定光古佛，爲汀州人的會館。由於「定光」發音與閩南音「鄧公」相同，故鄞山寺訛稱爲「鄧公寺」，附近之街里訛爲「鄧公路」與「鄧公里」。

鄞山寺位於「庄仔內」東緣靠近竿蓁林的地方。馬以工云：

淡水的汀州會館（現鄞山寺），即爲汀州人在道光三年（1823）籌款所建。會館是社會組織的一種，在雜姓聚落中替代宗族祠堂的地位，也使剛抵臺灣的同鄉有暫時安頓、棲息之所。由於移居臺灣的閩南人（漳、泉兩府）爲數甚多，多的是宗祠、寺廟、朋友家可以安頓，只有非閩南語系者，才廣建會館。[44]

淡水的居民以泉州三邑（晉江、惠安、南安）人爲多，漳州人已經甚少了，其他地方的移民後裔更不用說了。滬尾街人口在鴉片戰爭前後有一千兩百人左右，汀州人可能只有一、二十個。所以如馬以工所述，鄞山寺主要提供汀州同鄉旅館的功能，而非居住淡水之汀州人的聚會所。

鄞山寺有一碑石云：

42 參考Evelyn S. Rawski 在其*Agricultural Change and the Peasant Economy of South China* (Cambridge: Harvard University Press, 1972)一書中對福建所做的個案研究。

43 吳勝雄，《北門鎖鑰：淡水》，p. 152。

44 馬以工，〈夜話淡江頭〉，收入《尋找老臺灣》，p. 29。

公議：鄞山寺如遇祭祀演戲，不許閒人聚黨糾眾以及在寺旁賭博，致生事端。倘敢故違，各有攸歸，與寺中無涉。此佈。

光緒拾九年五月吉日　臺北汀眾公啓

明白指出了鄞山寺是臺灣北部一帶的汀州人共同享有的。因爲滬尾的汀州人少，鄞山寺又以旅館的功能爲主，所以位居滬尾街聚落邊緣之外。

（5）興建宮：興建宮規模不大，位於清水街中段北端崎仔頂附近，與「米市」近在咫尺，或許爲米商所奉祀。咸豐四年（1854）建。

（6）蕭府王爺廟：祀瘟神，爲挑挽工人所奉祀。[45] 一說爲船夫所奉祀。[46]

蕭府王爺廟位於清水街中段南端，目前清水祖師廟廣場的右邊。後來建祖師廟時，將神像遷入祖師廟中。由於清水街中段（米市）發展甚早，因此蕭府王爺廟可能在嘉慶、道光年間即已存在。

（7）金福宮：位居三民街上，咸豐四年建。三民街爲大街（下街）、重建街、清水街間的聯絡道路。金福宮附近五方雜處，綠燈戶甚多，所以三民街俗名「蚵螃街」，昔時甚爲繁榮。[47]

以上所列七座廟寺爲淡水鎮街最重要的廟宇。從年代上來說，都在咸豐八年以前，嘉慶、道光、咸豐各朝皆有，而以咸豐年間的修建最盛。

從聚落位置上來說，鄞山寺位於聚落邊緣外，除了前述理由外，可能是爲了與艋舺、大稻埕、大龍峒方面聯絡方便的緣故。其他六廟位於聚落中，而當中的四座（興建宮、文昌祠、蕭府王爺廟及龍山寺）全位於清水街中段。福佑宮獨在大街，而且歷史最悠久，則是因爲它與漁

45　吳勝雄，《北門鎖鑰：淡水》，p. 142。

46　李乾朗，《臺灣建築史》，p. 133。

47　吳勝雄，《北門鎖鑰：淡水》，pp. 140-141。

民、船戶的媽祖信仰息息相關。至於金福宮則略為偏聚落西緣，則為地近碼頭，且為風化區的緣故。

再從奉祀團體（祭祀圈）上來說，汀州會館的祭祀者大多不住在滬尾，其性質屬地緣性廟宇。福佑宮、龍山寺由全滬尾街的民眾來供奉，是所謂的「閤港廟」。興建宮、文昌宮、蕭府王爺廟、金福宮由某行業的人供奉，是所謂業緣性的廟宇。滬尾街上沒有血緣性廟宇（祠堂）。最靠近她的祠堂——李氏宗祠——在距離聚落邊緣差不多三公里外的忠寮。【以上參考圖三】

總之，在天津條約前夕，滬尾鎮街的發展已經完成其雛形了。重建街、清水街和大街三條主要街道，福佑宮、龍山寺幾座主要廟宇，以及米市、布埔頭和大街的船頭行將整個聚落串成一氣了！明日她就要成為不平等條約下的一個通商口岸了！

2. 1860年以後

滬尾的開港乃是基於中英、中法天津條約第六款的協議。不過，依條約之內容與清朝官方的解釋，通商的口岸其實指的是八里坌，即所謂「滬尾即八里坌一澳，地近大洋，貿易所集，堪令開市通商。」[48]（引文中「滬尾」兩字應易以「淡水」較為合理。）其後英國駐淡水的代理領事要求將條約中的「淡水」一口包括淡水河河岸各地，遂使艋舺、大稻埕與滬尾都納入通商地區中。清朝於同治元年六月二十二日（1862年7月18日）在滬尾設置海關。另一方面，英國以郇和（Robert Swinhoe）為副領事，於咸豐十一年（1861）年底至滬尾，設領事辦事處於駐泊在滬尾的怡和洋行（Jardine Matheson & Co.）船隻「冒險號」（the Adventure）上，並發表了以下的通告：

---

48 《臺灣省通誌》，卷三，《政事志・外事篇》，第一冊，p. 49b。

圖三　1860年左右淡水聚落的發展（寺廟）

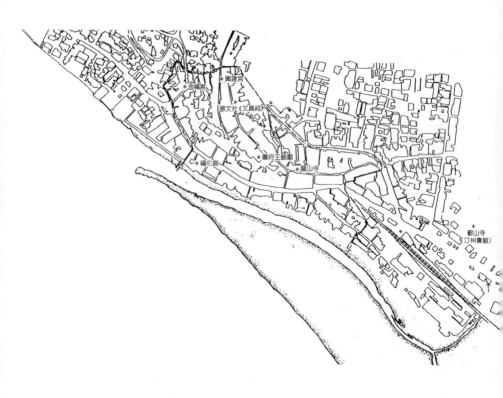

因淡水港較臺灣島所有其他諸港具有更大之便益，本官員已將其辦公處所自臺灣府（台南）遷移至該處，是以今後視淡水為臺灣境內開放對英貿易之領事港口。[49]

雖然不久以後（同治三年，1864年）為了與臺灣的官員交涉的便利，重設領事館於臺灣府，以淡水為辦事處。但無論如何，通商一事對滬尾的發展已開始發揮其效力了。

通商一開始，外國洋行的船隻即來到滬尾。最初的幾個年頭裡，也有洋行在淡水設立。現在先表列於表一。

表一 淡水洋行初設表

洋行名稱	國籍	創設時間	行址	主要負責人	主要業務	備考
怡和洋行 Jardine Matheson & Co.	英	咸豐十年（1860）	打狗 淡水 大稻埕	馬哲遜（Dodd Matheson，夥主）、莫利遜（Alexander Morrison，代理人，駐臺南，監督臺南、淡水業務。）、培士多（C. H. Best）、吳雷（M. Woodley）	樟腦 茶葉 糖 保險代理	初設於打狗。同治元年（1862）設代理人駐淡水後設於大稻埕。
甸德洋行 Dent & Co.	英	咸豐十年（1860）	打狗	希爾巴（P. D. de Silva，代理人）、寶順（John Dodd，代理人）	樟腦 糖	初設於打狗。同治元年（1862）置代理人駐淡水，同治五年（1866）停業。
寶順洋行 Dodd & Co.	英	同治八年（1869）	淡水 大稻埕	寶順（John Dodd）	茶	
美利士洋行 Millisch & Co.	德	同治四年（1865）	淡水	美利士（James Millisch）	樟腦、鴉片 海運、拓殖	
費爾·哈士迪斯洋行 Field Hastis & Co.	英	同治四年（1865）	淡水 雞籠	費爾·哈士迪斯（Field Hastis）	樟腦 煤	
公泰洋行 Buttler & Co.	德		大稻埕 淡水	布德拉（Count A. Buttler）、奧利（R. H. Ohly）	樟腦	

資料來源：《臺灣省通誌》，卷三，第一冊，pp. 60a-61b。

---

49 同上註。

洋行設立，洋商接踵而來，所謂「滬尾開口，外商漸至。」[50] 洋商在淡水落腳之後，英國人挾其帝國主義者的慣常作風，在淡水建立了「租界」（Concession）。英國領事報告書云：

> 租界：一塊靠近河口的合適地段，去年由中國當局出租（給我們）充當商業用途。關於這塊地面的磋商，肇始於1872年。由於加諸其上的價值（價格）十分高昂，結果未能如願。而我（現在）樂於說，我以合理的價格取得這塊地的努力最後還是成功了。[51]

這塊「租界」即大街西段，從三民街口到紅毛城的一段，通稱為「新店」。[52]

由於中外貿易的開展，大船也開始出現在淡水河河口了。丁紹儀，《東瀛識略》（同治十二年，1873年撰），卷五，〈海防〉云：

> 又如旗後、鹿仔港、滬尾各口，初皆祇通小舟，近歲峨峨巨艘，檣森如薺矣。

所以淡水（滬尾）與高雄（旗後）并稱為「南旗北滬」的大港。

在貿易的催化下，淡水的市街更發展，更熱鬧了。在光緒二十一年（1895）臺灣割讓於日本前夕，馬偕博士（George Leslie Mackay, D. D.）對滬尾作了以下的描述：

> 淡水是一個繁華的城市。和其他城市一樣，城裡有一市場，圍集著漁夫、農夫、園丁、小販，大聲的叫賣各人的貨品。米店、鴉片窟、廟宇、藥店等連在一起，老闆們嚷著請路人進來光顧；木匠、鐵匠、理髮匠、轎

---

50 連橫，《臺灣通史》，卷二十七，〈農業志〉。
51 *BPP*, no. 11, 1874-1879, p. 74. 英國副領事Herbert J. Allen的報告。
52 李乾朗，《臺灣建築史》，p. 52。

夫等往來於街道。城裡充滿著黑燻燻的煙，相當污穢。這兒是以商港馳名，且為外國人可以握有私產的通商港。這是淡水所以成為重要地方的主因。53

馬偕也介紹了他的醫院及附近的建築：

> 大街道上有馬偕醫院。從衛生觀點來說，此建築的位置最佳，因為溪流經過屋旁，所以污物及棄物都可以沖掉。許多病人遠道而來，受診各種疾病。緊連著醫院，有禮拜堂及宣教士的宿舍。附近便是汽船公司的幾家小商店。54

馬偕的醫院位於三民街與大街交點附近的馬偕街上。引文中的教堂即淡水長老會教堂，重修於1891年，為淡水最美麗的建築之一。汽船公司即德忌利士洋行（Douglas Lapraik & Co.）。

大街西段（新店）背後的山丘俗稱為「埔頂」，這是傳教士們的居留地，現在我們稱之為真理街。馬偕對它也作了以下的描述：

> 中國海關的白色建築物……（所在之地）山高達二百呎，頗為險峻。山頂有一高大紅色的、過去荷蘭人所設之炮臺，外觀已舊，古意盎然。現為英國領事館，屋上飄搖著英國國旗。其下方有一整齊的庭園，這是英國領事的美麗的住居。山的那邊有牛津書院及女子學校，被樹林包圍著，是兩個漂亮的建築物，從遠處海上即可隱約看見，這是中國海港上難得見到的。……附近還有兩個建築物，便是傳道士的住宅，幾乎被樹木遮蓋著，都是平房，屋頂用普通的屋瓦鋪的，牆是白色的。再過去還有兩幢平房：一幢在後邊的較小，是海關工作人員的宿舍；另一幢

---

53 《臺灣遙寄》，p. 222。

54 同上註。

是中國海關外籍人員的宿舍。從這裡到峽谷是附近住民的墓地，中間有一條小溪流入河中。淡水街市就從那裡開始，一直延續到河邊及山的後邊。55

馬偕博士的描述是從紅毛城出發，向東，沿著真理街一路敘述過來的。文中提到的「中國海關外籍人員的宿舍」，即是稅務司（Inspectorate of Customs）公署。舊有「總稅務司公署界石」在真理街15號及建設街4號，今仍偃臥於真理街旁荒草中。

由以上簡單的描述，可以發現當時滬尾的市街功能主要在供應生活物資，並且也有一些簡單的手工業（handicrafts）。要言之，她是一個消費性、服務性的市街聚落。

同一時期滬尾人口，依馬偕博士的敘述是這樣的：

淡水人口有六千一百四十八人，計一千零十三戶。在中國，計算人口時，將郊區小村之人口一併計入。故若以此法計算，該城尚管轄四個村落，轄有小坪頂，人口七十三人；新庄仔（按、今北新莊），人口一千一百十二人；小八里坌（按、今竹圍八勢里），人口一千五百八十人；小基隆仔（按、今小基隆，即三芝鄉），人口一千三百二十人。如是則整個淡水區人口，依中國式算法，即達一萬零二百三十三人。56

因為新庄仔及小基隆仔目前不在淡水鎮轄區內，除去不計，滬尾連同其郊區的總人口數為七千八百零一人。以滬尾街區之六千一百餘人與道光二十年（1840）的一千二百人來比，五十多年間，人口增加為五倍。這樣快速的增長，多少是因為開港通商的關係。所以清末編成的《臺灣府輿圖纂要》上說：「滬尾行舖眾多，民居稠密，又與艋舺各郊行聲氣相

55　同上註，pp. 221-222。

56　同上註，p. 222。

通。」[57]

3. 淡水郊區的開發

　　為了對滬尾市街的發展作深入些的了解，這裡先略論一下她的腹地
——淡水郊區——的開發。

　　關於淡水鄉間的開發，所知無多。十七世紀初年，當西班牙人、荷
蘭人統治這塊地方時，今日淡水鎮轄區內有土著的部落：淡水社、外北
頭社、雞洲山社和大洞山社，共有人口在200人至500人之間，散居在淡
水鄉下。[58] 他們當然是這個地方最早的開墾者。在1640年左右開始有漢
人移住當地。[59] 但其後明鄭時期淡水只是鄭氏流放罪人的地方，入清以
後也還是一片荒蕪，大概仍只是由原住民居住墾殖。

　　淡水鄉間的開發，大概在乾隆年間進行得較廣泛。筆者家祖先陳春
風公於乾隆三十三年（1768）於興化店（今興仁里）置田產一份，係購
自平埔族原住民，有地契一份，今抄錄於下：

　　立杜賣盡根絕契人潘嘎嘩自創水田、山埔一所，坐落土名街柔山社
後：東至王有皆觀田為界、西至土地公口小坑為界、南至小井為界、北至
坑溝直透湖為界，四至界址明白。其水承接盧家上份水，通流灌溉，年配
納租谷四斗，六成——二斗四升正——。今因乏銀別創，願將此田業、山
埔出賣。先盡問房親等人，不欲承受；外托中允就向與陳春風、王四治全
出首承買。當時全中議定極直時價銀三十四大元正。即日全中見交嘎嘩親
收足訖。其水田、山埔、菜園等項，即隨全中踏明，盡行交付銀主前去掌
管耕作，永為己業。從此一賣干休，寸土不留，日後子孫不得言找言贖。

57　臺灣銀行經濟研究室，「臺灣文獻叢刊」第181種，p. 282。
58　陳國棟，〈西班牙及荷蘭時代的淡水〉，收入本書，pp. 125-150。
59　同上註。

保此業係嘎嗶自創己業，與別房親戚無干，亦無重張典掛他人，並交加來歷不明為礙。如有不明等情，嘎嗶一力出首抵當，不干買主之事。此係仁義交關，二比甘愿，各無反悔。恐無憑，今欲有憑，合立杜賣盡根契字一紙，付執為炤。

　　即日全中見交嘎嗶親收過盡根字內佛銀參拾四大員正完足，再炤。

代筆　林士落（字）

在場　那里氏（字）

斗目（字）

老番婆（字）

知見　老番巴嘮（字）

為中人　林江（字）

立杜賣盡根契字人　潘嘎嗶（字）

　　乾隆參拾參年拾壹月　日

　　關於此契有數事要說：（1）這塊地購自原住民。舊所有人潘嘎嗶應當即是街柔山社（雞洲山社、奎柔山社）的人。可見得它算是漢人的初墾地；（2）附近已有王有皆觀（觀同官，「先生」之意）、盧家等農戶，又有土地公（祠），可見得聚落形態已慢慢成形；（3）地價用佛銀（西班牙銀幣）乃是臺灣地方特有的現象；[60]（4）這塊地所在的地方，當時稱為「雲廣坑」，其後稱為「興化店」。因為除吾家來自福建興化府外，附近幾家據說也是。一個地方名之曰「店」，表示已經發展出初級中地的性質了。

　　還有一項記載提及淡水北投仔庄的開發。這也就是前面提到過位居淡水聚落外三公里忠寮地方的李家：

60　陳國棟，〈林爽文、莊大田之役清廷籌措軍費的辦法〉，收入本書，pp. 201-213。

當初李氏自渡臺始，鼎成公在乾隆十六年春，偕妻林氏與長子臣春、次子臣連，由福建省泉州府同安縣馬巷分府十一都小崎保李厝鄉渡臺，移居臺灣府淡水廳芝蘭三堡滬尾北投仔庄，耕農興家……。61

北投仔庄即先前之外北投社（外北頭社），則李家也是初墾。從以上二事來看，淡水鄉間的開發確實發生在乾隆年間，由漢人村落逐漸取代以往的番社。

淡水鄉下的開發，自然形成滬尾街市的腹地。在這個基礎上，滬尾的街市開始形成、發展。滬尾的聯外道路以重建街為最重要。重建街在城仔口又分成往興化店方向與往北投仔庄方向的兩條路線，正說明了鄉間的開發與滬尾的發展是息息相關的。大體上說，淡水的市街結構與功能在日據前夕已經完成了。

4. 日據時代的發展

光緒二十一年（1895）六月九日，淡水入於日人之手。後年（1897年，光緒二十三年，日本明治三十年），日人劃定淡水港口外僑雜居區域的界限。依當年四月二十一日臺灣總督府告示第二十二號的規定，淡水雜居區域為：

由鼻仔頭之小丘右旁起，畫直線至布埔頭東端，再畫直線經過元吉街北端，由外國人墓地出，會於英國領事館左邊溪流，至同溪流進海之區劃內。62

這一塊地區即相當於昔日滬尾市街的全部。整個日據時代大約就維持著這樣一個規模，變化不大。【參考圖四】

---

61 吳勝雄，《北門鎖鑰：淡水》，pp. 148-149。
62 《臺灣總督府府報》，明治三十年，第64號。

圖四　日據初期之淡水市街

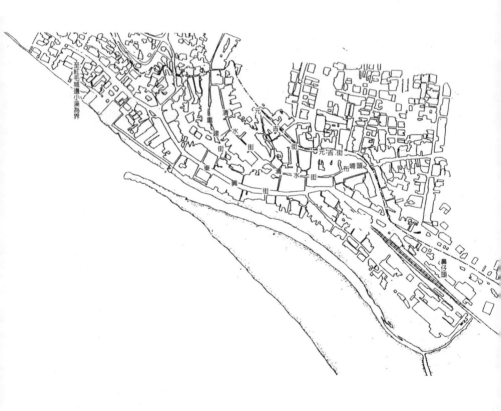

日據時代淡水地方之大事爲：

光緒二十一年（1895）六月九日設淡水事務所，七月十九日裁撤，改設淡水支廳，以淡水爲廳治，隸臺北縣。同年設淡水電信局。

光緒二十二年（1896）設淡水郵局。改築臺北——淡水之間原有的道路爲公路。

光緒二十三年（1897）五月二十七日，改淡水支廳爲滬尾辦務署，仍隸臺北縣。開放以淡水爲起點的沿海、國際定期航運。

光緒二十五年（1899）三月三十一日，開始供應自來水。

光緒二十六年（1900）以搬運縱貫線鋪設材料爲目的，築淡水——臺北鐵路，八月二十五日通車。計長23.6公里。

光緒二十七年（1901），改滬尾辦務署爲滬尾支廳。同年，基隆海關管轄之區域移歸淡水海關。

光緒二十八年（1902），設滬尾公學校（即今淡水國小）。

民國元年（1912），改滬尾街爲淡水街。

民國三年（1914），淡水長老教會開辦中學（純德女中，即今淡江中學）。

民國八年（1919），淡水高爾夫球場建築完成。

民國九年（1920），臺灣地方行政區改制。淡水設淡水街，屬淡水郡，郡治在淡水。

民國十一年（1922），開闢淡水海水浴場。

民國十七年（1928），建淡水會堂（今已傾圮。據說燬於二次大戰時盟軍之轟炸，僅存一片牆面）及淡水街魚市場。

民國二十年（1931），建淡水獸疫血清製造所。

民國二十六年（1937），舖北投至淡水段公路柏油路面。

民國二十七年（1938），修築淡水經北新莊至埔頭（小基隆）的公路，長16.96公里。[63]

從上列年表可以看出淡水在日據時代添加的一項功能：行政中心，政治性聚落的功能。新添的機關衙門，像淡水郡役所（郡政府）、淡水郵便局（郵局）、遞信部技術官駐在所、稅關淡水支署、港務部淡水支部、獸疫血清製造所、淡水無線受信所（電信局）、淡水街役場（鎮公所）、淡水公會堂、臺北地方法院淡水出張所等，均座落在淡水西市區，並且絕大部分都羅列在大街西段。這是因為靠近港口位置，為貿易、通商之輻輳點的關係。除了公家機關以外，大街也新添了一些金融事業及服務性公司行號，以因應貿易之需要，如表二。

表二　日據淡水金融及服務性公司行號

名稱	創立年代	資本額	營業內容
株式會社臺灣銀行淡水支店	1899	15,000,000圓	一般銀行業
振成興產株式會社	1924	2,000,000圓	汽車運輸業
合資會社南國公司淡水出張所	1906	30,000圓	中國工人介紹所
有限責任淡水信用組合	1918	74,600圓	信用合作社
有限責任淡水副業利用販賣組合	1921	37,420圓	

資料來源：《專賣臺北支局總覽》，p. 258。

另外，日據以前原已設立的洋行在日據時代初年仍然繼續營業的也有三家，都是英國商人經營的：（1）德記洋行（Tate & Co.），設在大街西段，現今淡水農田水利會所在地。從事茶葉、硫磺的出口；（2）德記利時洋行（德忌利士洋行，Douglas Lapraik & Co.），淡水人稱之為「烏樓仔」，位於距德記洋行不遠的地方。這是一家規模很大的輪船公司，清季臺灣近海的航業全操縱在它手上。日據時代初期，日人大費周章，才由大阪商船株式會社將它擊敗，取而代之；（3）迺生產洋行，經營煤油的進口，其行址在淡水火車站之東。[64]

63　姜道章，〈臺灣淡水之歷史與貿易〉，pp. 170-171。
64　柯設偕所言。見〈臺北縣淡水鎮鄉土史座談會記錄〉，收在《臺灣勝蹟採訪冊》第三輯(臺中：臺灣省文獻委員會，1978)，p. 401。

　　至於國人經營的大行號，亦有三家：黃東茂、施合發、老義發。黃東茂是英商買辦，施合發、老義發都是做木材生意的。[65] 其中以施合發規模最大。該行係1911年由一名叫作施坤山的人所獨資經營的「施合發商行」，在大正十五年（民國十五年，1926年）以後才改組爲股份有限公司（株式會社），資本額600,000圓，專門從事福州木材、日本木材及本島檜木的製造工業。[66]

　　除了製木業以及鄉間的製茶業、碾米業外，淡水街上的鐵工、鍛冶、石灰、油坊、製鞋（皮鞋、草鞋）、木器、麵類、銀樓、製蓆、竹器等手工業都爲家庭手工業，規模很小，差不多只是供應當地及其腹地的需要而已。[67]

　　日據初年崛起於臺灣北部的金紙店業，也分潤了淡水。不過，淡水金紙的業務範圍遠不及艋舺之大。[68]

　　要言之，除了製材業，因爲木料必須仰賴水運，而淡水適爲港口，福州、日本的木材在此卸貨，因此就在淡水做初步的加工再行銷售，較便於運輸，並且也較節省運費，所以能有施合發的規模。而其他產業規模均甚小，則是因爲地近艋舺、大稻埕兩大商業中心，不能與之競爭，因而無法提昇其中地地位的等級。

　　日據時代淡水鄉間的開發，還是與農業深相結合的。1933年，全郡（含淡水街、八里庄、三芝庄及石門庄）共有已墾水田六千六百四十七甲餘、旱田五千零五十一甲餘，共計一萬一千六百九十八甲餘；其中五千七百四十七甲多的田地還是一年二穫的。淡水著名的梯田在這段期間完全開墾出來了。這些水、旱田大多植稻，而其中二千五百一十五甲多

65　李奎璧言，見同上。

66　《專賣臺北支局總覽》，p. 262。

67　同上註。

68　參考吳逸生，〈艋舺古行號概述〉，《臺北文物》，9:1，p. 11。

則與甘藷輪種。

　　稻與甘藷之外，茶葉的推廣極有助於丘陵、山坡地的利用。1824年（清道光四年），有一位名叫黃太的人從漳州移民到淡水竿蓁林，他攜來了茶種，於是淡水鄉間便開始栽茶。[69] 這比1864年（清同治三年）杜德（John Dodd）推廣植茶要早過四十年。經過多年的推廣，到了1933年，全淡水郡的茶園面積共達2,898甲，共產茶916,759斤，時價121,540圓以上。

　　1933年，淡水郡全郡人口9,324戶，51,657人，而從事稻、茶生產的戶數有4,449戶，人口32,961人，分別佔總戶數、總人口的47%和63%。而其他戶口則大部分住在淡水街上。淡水街（即今日淡水鎮之範圍）之人口，在1926年時為21,000人；[70] 八年後（1934年）有戶4,935戶，男口13,503人，女口12,824人，共26,327人。[71]

結論

　　綜上所述，淡水聚落的發展可約略分成三個階段，三個部分：

　　第一階段（約1790-1860），從乾隆末年開始，以福佑宮為起點，逐漸形成重建街與清水街中、北段，為依山坡方向發展的線型聚落。這個聚落與淡水河丁字相交而不與淡水河平行。所以如此，主要是既照顧到港口位置，又便於與北方的腹地奎柔山、興化店及更遠的金包里（金山）聯絡。這些北方聚落也在同一時間開發，淡水恰成為其中地。

　　第二階段（1860-1895），這段期間由於成為「通商口岸（treaty

69　《專賣臺北支局總覽》，pp. 260-261。

70　陳紹馨，〈臺灣的家庭、世系及聚落的形態〉，收入其《臺灣的人口變遷與社會變遷》（臺北：聯經出版公司，1979），p. 468。

71　《專賣臺北支局總覽》，p. 253。

ports)」之一，對淡水河的依賴更深，於是發展出沿河的「重複的線型聚落」。清水街向東展出後街、布埔頭，大街沿河岸形成，向東再分出暗街。清水街東段與大街東段大致平行。這個發展應該是受到艋舺、大稻埕兩地興起的影響。當時，這兩個地方是臺灣北部產物的集散中心。換言之，也就是受到較高等級的中地影響。

第三階段（1895-1945）。在第二階段開始發展的重建街以西的地區在此時由疏落轉為密集：大街更向西發展，半山坡上出現與大街平行的真理街。這一部分地方是外國商人、傳教士、海關人員的住宅與公用事業、機關衙門的所在。日本總督府對外僑居住區的限制中，只有這部分較不擁擠，故而這部分也較有機會發展。

──原刊於國立臺灣大學《建築與城鄉研究學報》第二卷第一期（1983年6月），pp. 5-20。原附書目及舊照片五張不收入本書。

第 肆 輯

清代臺灣

林爽文、莊大田之役
清廷籌措軍費的辦法
——清代一個非常時期
財政措施的個例

前言

康熙二十二年（1683）七月，鄭克塽奉上「招討大將軍」的金印，投降了清朝，開始了臺灣的清朝統治時期（1683-1894）。由於臺灣移住民的民性剛強，而清朝的統治卻常常不能上軌道，因此，民變的事情經常發生。[1] 統計二百一十二年間，較大的變亂就有四十四起（當中有幾次是原住民的變亂），[2] 這還不包括嘉慶年間海盜蔡牽進攻臺灣的事件！真是所謂的「三年一小反，五年一大反」了！由於臺灣孤懸海外，亂事易於擴大，難於平定，[3] 因此即使只是小丑跳樑、潢池弄兵，也叫北京的大皇帝十分震驚，勞師動眾，非得立刻平定，不能安心。

乾隆五十一、二年（1786-1787）間的林爽文、莊大田事件是這些大小民變中最大的一件：不但歷時達一年數個月之久，並且波及了全島各縣、各廳。清廷用兵數萬人，支餉過千萬兩，才加以平定。乾隆皇帝因此躊躇滿志得不得了，把它列為「十全武功」之一。[4]

本文的目的在將這次驚天動地的大事件中，清朝政府籌措軍糈糧餉的情形做一個分析，以作為鴉片戰爭之前，清朝政府在非常時期如何靈活運用其財政制度的一個個例；同時，也藉以瞭解財政方面的優勢，對清廷得以克敵制勝，到底提供了多少貢獻。

1　有關這些民變的研究，可以參考張菼，《清代臺灣民變史研究》(臺北：臺灣銀行經濟研究室，「臺灣研究叢刊」第104種)以及伊能嘉矩，《臺灣文化誌》(東京：刀江書院，1965)，pp. 751-787。

2　其詳細清單見臺灣史蹟研究會彙編，《臺灣叢談》(臺北：幼獅文化事業公司，1977)，pp. 383-386。

3　徐宗幹，〈請籌議積儲〉，見氏著，《斯未信齋文編》(臺北：臺灣銀行經濟研究室，「臺灣文獻叢刊」第87種)，p. 70。

4　清高宗，〈十全記〉。引自蕭一山，《清代通史》(臺北：商務印書館，1972)，第二冊，pp. 145-146。

一、乾隆年間中央與各省及各省間的財政關係

清初的財政大權完全操在中央政府的戶部。凡是開支動帑均需事先取得戶部允許，而一般經常存留的公費也必須按時奏銷。[5]

當時，各省按照其財政情形，分為僅敷、不足和有餘三種。凡是僅敷的省分，所有的地丁錢糧均留存本省開支；不足的省分則由戶部指派鄰近省分給予財政援助，稱為「協餉」；至於有餘的省分，除了本省的開支、協濟鄰省之外，還得將多餘出來的錢糧解到首都，充作中央政府的辦公費用和皇室的開銷，稱為「解餉」，也稱為「京餉」。平常開支之外，各省隨時皆留有一筆預備費用，封貯於藩庫（布政使司庫），以備急需，稱為「留貯」，動用留貯的錢糧是要事先徵求戶部同意的。[6]

總之，戶部「制天下之經費，量入以定存留起運之數」，[7] 有充分的支配權。因此，各省的收入均可視為國家的收入，各省的支出均可視為國家的支出。原則上，中央政府既然可以靈活地調度各省的經費，這對於應付非常性的事件——比如說災荒、軍役之類——來說，應當是十分有能力的。

這個制度至少在雍正三年（1725）左右已經完成了，[8] 並且表面上一直繼續實行到清末。雖然在後期並不能名實相符，乾隆年間還算是頗有效率的。

---

5 蕭一山，《清代通史》，第二冊，p. 441。

6 參考彭雨新，〈清末中央與各省財政關係〉。收在李定一等編，《中國近代史論叢》，第二輯第五冊（臺北：正中書局，1963），pp. 3-46。特別是pp. 3-6。

7 光緒《大清會典》，卷十九。

8 參考彭雨新，前引文，p. 40，註2。這個制度中很重要的一項就是「各省春秋撥冊」的造辦，即在雍正三年開始的。

二、林爽文、莊大田之役的各項開支

對於這次戰役最基本的支出項目，我們可以查考《軍需則例》。[9]不過，軍事行動中，士氣是很重要的。爲了鼓舞士氣，特別的賞給當然很需要。所以，戰事開始不久，就賞給柴大紀、蔡攀龍「巴圖魯」的名號，並且每人賞銀一百兩；[10]後來封柴大紀爲一等義勇伯，並且賞給其家屬銀一萬兩。[11]這是賞給官員的。除了對一般的官員有所賞給外，丁憂的官和非本任的官，原來不支給養廉銀的，[12]此時也特別照原銜支與，[13]以爭取他們的效命。至於兵丁更不可以不隨時加以獎賞以提高士氣，如乾隆五十二年十一月初十日就賞給守城、打仗兵丁各兩個月的錢糧。[14]

9　《欽定平定臺灣紀略》(以下省稱《紀略》；臺北：臺灣銀行經濟研究室「臺灣文獻叢刊」第102種)，p. 239。我們從李侍堯的奏報中可以看到他要求臺灣府屬各級官員用兵之時，一切的開銷都必須查照(戸、兵、工)部所頒佈的《軍需則例》。這裡所謂的《軍需則例》當指《欽定戸兵工部軍需則例》。這個則例在乾隆五十年編輯完成，正好是林爽文之役的前夕。除了這個則例外，《欽定戸部則例》(同治三年奏上；臺北：成文，1968)中亦有關「兵餉」之規定(卷七九——八二)、《欽定工部則例》(臺北：成文，1966)中亦有關「軍需」之規定(卷二五——二七)。這些資料都顯示出糧餉、火藥、兵器是最基本、最大宗的開支。

10　《明清史料》(臺北：中央研究院歷史語言研究所)，戊編，第三本，p. 250b。

11　同上註，pp. 258a 及270a。

12　參考佐伯富著、鄭樑生譯，《清代雍正朝的養廉銀研究》(臺北：商務印書館，1976)，pp. 124-125及其他各頁。

13　如福建興化協副將格繃額在臺灣帶兵，報丁母憂，經常青等奏留本任，便仍照原銜支給全份養廉。見《明清史料》，戊編，第三本，p. 273b。還有常青以湖廣總督原銜在臺灣督辦軍務，乾隆皇帝亦諭令其養廉銀由福建省藩庫支給。見《紀略》，p. 374。

14　《明清史料》，戊編，第三本，p. 259a。此外，其他賞給兵丁的記載，如乾隆五十二年五月初二日上諭提到的賞給調赴臺灣作戰的四川、湖南、貴州各省兵丁，每人銀二兩；後來又賞給廣東來的軍隊。見《明清史料》，戊編，第四本，p. 301a，並參考同書，p. 312b。

　　在戰爭期間，為了拉攏民心，因此蠲免賦稅也很重要。一旦賦稅蠲免了，政府的收入就減少了。因此，地方政府必須從別的地方取得一筆款項來彌補這一項漏巵。

　　戰爭之初，先是免除臺灣各地鄉勇、義民之務農、經商者的賦稅。[15] 後來更免除了乾隆五十二年全臺灣府的地丁錢糧。[16] 接著又預先蠲免了乾隆五十三年全府的賦稅。[17] 這幾次蠲免的目的無非在使「全部民人咸知感激，倍加奮勉急公」。[18] 而實際上「逆匪滋事之初，經過地方，百姓田廬牲畜被其蹂躪、劫掠及避賊遷徙流離」[19]，也沒有繳納錢糧的能力。附帶要說明的是福建其他各屬在這次軍事行動中，負擔了很大的勞役，而且漳、泉兩地又值荒歉之年，因此也不得不蠲免部分的錢糧。[20]

　　此刻人民不但沒有繳納賦稅的能力，而且由於戰爭製造了許多難民，又形成了政府的一個新包袱。如果不賑濟他們，他們很可能鋌而走險，或者根本就投入敵人的陣營，所謂「非去而從賊，即窮極攘奪，皆足以償事。」[21] 是乾隆皇帝最擔心的。因此，官方首先在鹿仔港（鹿港）賑濟，[22] 後來又在臺灣府城賑濟。[23] 這兩地的賑濟原來是以蕃薯乾和米混合煮賑的，[24] 後來也本、折兼賑。[25] 由於戰時臺灣缺米，米價高達每

15　《紀略》，p. 156。

16　同上註，p. 172，乾隆五十二年二月初七日上諭。

17　同上註，p. 566，乾隆五十二年九月初六日上諭。

18　同上註，p. 566。

19　同上註，p. 172。

20　《明清史料》，戊編，第三本，p. 262a。

21　《紀略》，p. 270，乾隆五十二年四月二十日上諭。

22　這是因為林爽文起事於彰化，彰化地區除了鹿仔港外都已失守，因此各村莊男女老幼咸來避匪，計有十餘萬人之多。這次賑濟是署臺灣府知府楊紹裘建議，乾隆皇帝傳諭開始實施的。見《紀略》，pp. 268及271。

23　到了乾隆五十二年七月間，臺灣府城也結集了不少的難民。於是臺灣同知吳元祺票李侍堯開始賑濟。見《紀略》，p. 396。

24　這是李侍堯提議的。見《紀略》，p. 282。

石三千二、三百文，[26] 因此折賑時每石米給銀三兩。[27] 這個折價比正常時期高出甚多。

　　再來我們必須提及的是義民和鄉勇的經費問題。「義民」是由民間自發性地組成，為清朝統治時期用來戡定臺地叛亂的基本武力之一。[28]「鄉勇」則是義民出貲僱來保護鄉里財產的民間武力。[29] 因此，鄉勇的費用一向都由義民供給，而義民本身則自備口糧。[30] 只是時日一久，義民也不堪負荷。於是署臺灣府知府楊紹裘請求政府依出征兵丁例，每名每日給米八合三勺、鹽菜錢十文，另外再加給三十文。[31] 在泉州負責統籌調度糧餉的李侍堯原擬不允，但乾隆皇帝命令軍機大臣傳諭給他，要他以「速行勦賊，不誤軍行為念，何必慮及賠累。」[32] 因此，後來鄉勇、義民都支給口糧。同樣地，他們遇到陣亡、受傷時，仍然也需要撫卹、賞給。[33]

---

25 《紀略》，p. 320。「本」即「本色」，指薯乾、白米等實物；「折」即「折色」，指銀子或銅錢。這次賑濟的全部花費，據《明清史料》，戊編，第四本，p. 375b云：「鹿仔港、郡城等處收養難民共四十七萬九千四百一名口，自五十二年四月先後收養起，截至是年十一月先後歸莊止，共支給薯乾四十八萬七千七百九十斤、米一十九萬八千八百□十四石三斗四升零。折給薯乾銀二十八萬五千八百九十七兩五錢七分零。」

26 同上註，p. 389。福建地方的米價還高達每石四兩。見《明清史料》，戊編，第二本，pp. 183b及184a。

27 《明清史料》，戊編，第三本，p. 286a。

28 張菼，前引書中偶爾亦論及此。較有系統的研究當參考伊能嘉矩，前引書，pp. 893-903。不過伊能說義民即是一種特殊的鄉勇，這和本文所參考的史料略有出入。請參考下註之引文。

29 《紀略》，p. 268。李侍堯奏言：「查鄉勇本義民所僱，固屬急公向義，實亦自衛身家。」

30 同上註，署臺灣府知府楊紹裘等詳稱：「鄉勇口糧，向係義民公捐。」

31 同上註，p. 268。參考《明清史料》，戊編，第四本，p. 375a。

32 同上註，p. 271。

33 同上註，p. 325。乾隆五十二年五月二十四日上諭云：「鄉勇、義民……其陣亡、受傷者，前經降旨照兵丁之例加倍卹賞。」參考《明清史料》，戊編，第四本，p. 375b。

除了以上的開支外，糧餉本身的來源散在各地，運輸的路程太遠，因此腳價、夫價也是一筆很大的開銷。比如說：從四川運米到臺灣，必須先順長江運到上海，再由上海海路運到泉州，交給李侍堯，再由他來支配。這麼長的一段路程，運輸費自然十分可觀。[34] 這一類的費用大抵由經過的各省共同負擔。[35]

還有一項也可能造成清廷額外開銷的，那就是由於臺灣通行的貨幣不是內地的銀兩，而是外洋的鑄幣。因此，清廷必須在閩、粵沿海先行兌換洋錢，然後交給在臺灣的官兵使用。周憲文先生曾經提及臺灣經濟史中最缺乏的是貨幣史的材料。[36] 適巧因為調撥軍餉的問題，而在《欽定平定臺灣紀略》中留下一些有關臺灣地區使用貨幣之情形的記載，使我們知道臺灣納入清朝的版圖雖然已經有一百多年，此處通行的貨幣卻仍是外國銀元。乾隆五十二年六月十九日，李侍堯奏言：

> 接臺灣道、府稟稱：臺地風俗慣用外洋銀錢。向來自內地解到餉銀，俱就行戶易換應用。[37]

由於戰爭期間需要繁多，[38] 而外國商船新帶到廣州的洋錢並未增加，因此外國銀幣的市價高漲。但戰情緊急，「不便論成色多寡」。[39]因此清廷在兌換銀錢上勢必要吃點匯率上的虧了。

---

34 《紀略》及《明清史料》中有很多有關水腳運費的資料，此處不具引。

35 乾隆五十二年五月二十八日，李侍堯奏，引諭旨云：「所有腳價各歸本省報銷。」見《紀略》，p. 334。

36 周憲文，《清代臺灣經濟史》(臺北：臺灣銀行經濟研究室，1957)，pp. 110-111。

37 《紀略》，p. 358。

38 同上註，pp. 358-359。

39 同上註，p. 421。

三、乾隆皇帝君臣對非常時期財政的基本態度

縱使「三年一小反、五年一大反」，但像林爽文、莊大田之役這麼大的叛變在臺灣歷史上還是絕無僅有的。這對於力欲造成一種「太平盛世」之印象的乾隆皇帝[40]來說，其不能忍受是可想而知的。因此，他十分急於把這場亂事鎮壓下來。

軍旅之事，制先機者爲勝。財政上的後勤補給能否源源不絕地供應，則關係到能否掌握先機。乾隆皇帝君臣皆有這個認識。比如說，乾隆五十二年四月二十九日的上諭中便提及：

> 現在兵數陸續增加，鄉勇、義民人數亦眾，皆須按日支給口食；現在又有投順者二千餘人以及無食難民，待哺情殷，均不可不量給養贍，自應寬裕接濟。[41]

大臣的例子，以李侍堯爲代表，也有相同的意見。比如他說：「臣查事關軍糈至要，總以迅速爲主。」[42] 其他負責的官員們也都不敢不把這件事情當作「要需」來處理。[43]

基本上所有當事臣工都能儘速辦理這些事情。而政府也特別允許動用留存款項、或請求他省協餉，可以一面行動，一面報告戶部。不必如平時一般，非得先徵求戶部同意才可動用，或由戶部指撥。[44]

---

40 參考Chang Chun-shu (張春樹), "Emperorship in Eighteenth-Century China," 《香港中文大學中國文化研究所學報》，7:2, pp. 551-569。

41 《紀略》，p. 284。同年四月二十日的上諭也提到：「總宜寬裕籌備，接濟軍需，最爲緊要。」見《紀略》，p. 270。

42 《紀略》，p. 386。乾隆五十二年四月二十四日，他也曾奏過：「臣思與其臨事辦撥，或致遲誤，不如豫籌儲備，以資接濟。」見《紀略》，p. 274。

43 散見各臣工奏摺、稟啓。可參考《紀略》，pp. 406、411-412。

44 所謂「不拘何項，一面飛咨撥解，一面隨報具奏。」見《紀略》，p. 271。

　　但是清朝的財政制度是要求所有開支要在事後「報銷」的。爲了怕報銷時戶部刁難，不能全部被核准，從而造成當事者的賠累，因此，即使是李侍堯，在事變之初，也不敢放手去支用經費。乾隆皇帝很明白他心裡的困境，因此命令軍機大臣傳諭給他：

　　即使報銷時，格於部例有不應准銷者，朕亦不肯令李侍堯事竣接任之員，稍有遺累。……朕臨時自有斟酌，或酌量加恩，均未可定。此總係事竣之後辦理之事，非此時之急務，該督何所用其瞻顧？[45]

　　對於福建鄰近各省的地方官能夠不等戶部指撥或閩省咨請，即自動準備米石運往泉州備用的，乾隆皇帝也大加獎賞。如湖廣總督舒常等人「能不分畛域，先事預籌，殊屬急公」，因此「交部議敘」。其他地方官員當然也「不敢稍分畛域，致有譔誤」了。[46]

　　對於臺灣府屬官員請領經費，乾隆皇帝的指示是：

　　此時惟當照彼所請，如數給與；若過於靳惜，則承辦之地方官有所藉口，而難民口食無資，勢必去而從賊，豈非藉寇兵而資賊勢耶？[47]

萬一臺灣道、府有混水摸魚，冒（用）濫（支）的情形，他指示且等事竣之後再加以追究。[48] 不過爲了防患於未然，他也交代李侍堯「撙節辦理。不可恃鄰省協助，無虞缺乏，致有糜費。」[49]

　　鄰省協濟米糧過多，有造成該省米價上漲的疑慮。爲了避免因米價上漲而影響地方上的安定，乾隆皇帝也希望「一得此地（臺灣）捷音，

45　《紀略》，p. 271。參考《明清史料》，戊編，第四本，p. 375a。

46　同上註，p. 412，乾隆五十二年七月十三日上諭內閣。又參考p. 395，李侍堯、閔鶚元的奏摺。

47　同上註，p. 322，乾隆五十二年五月二十日上諭。

48　同上註，p. 321及他處。

49　同上註，p. 317，乾隆五十二年五月十七日上諭。

即停止採買。」[50]

四、從何處籌措這些款項？

這次戰役發生在臺灣，因此臺灣府屬的各倉庫應是經費的第一個來源。不過鳳山、諸羅、彰化三縣和淡水廳早已殘破，庫藏全空，而府庫所貯錢糧在乾隆五十二年四月初三日以前早已用罄。[51] 本地既無庫藏可用，各省及其屬郡的「協餉」便成了應付一切開銷的來源。當時「協餉」也真的源源不絕地送到泉州：有時以銀兩的方式，有時以米石（因為軍情甚急，所有協餉的米都在運送出去以前事先碾好）的方式，有時則以銀兩先在各地採買米石，再行解送。[52]

除了動用了四川、湖廣、浙江、江蘇、江西、廣東及福建本省的留貯外，一些其他平常存有現金或米穀的機構也提供了供給餉糧的功能。這包括了潮州的鹽課、廣濟橋的關稅、粵海關的關稅[53]、江寧備賑銀[54]、各處常平倉、社倉的穀子[55]……等等。

籌措軍費的辦法還有一項，就是要商人捐輸報效。這種事例，創始於雍正年間，而這一次軍役也用到了。[56] 乾隆五十三年正月，鹽商江廣

---

50 同上註，p. 322，乾隆五十二年五月二十三日上諭。

51 同上註，pp. 239-240, 268。

52 如《紀略》，p. 412，上諭內閣，命戶部於鄰省指撥銀一百萬兩。又如p. 289，由浙省七屬撥穀二十萬石，碾米十萬石等事。

53 《紀略》，pp. 271, 291-292。粵海關共撥解關稅銀四十萬兩給福建省。見臺北外雙溪故宮博物院藏，宮中檔奏摺，乾隆朝第50972號等件。

54 《明清史料》，戊編，第三本，p. 280b。

55 《紀略》，p. 400。

56 《清史稿》，卷129，〈食貨志·四〉「鹽法」項下云：「遇軍需，各省報效之例，肇於雍正元年，大戶商捐銀十萬兩。嗣乾隆中金川兩次用兵，西域蕩平，伊犁屯田，平定臺匪，後藏用兵。及嘉慶初，川楚之亂，(兩)淮、(兩)浙、(長)蘆、(山)東各商所捐，自數十萬、百萬至八百萬，通計不下三千萬。」

達、程儉德等以大兵進勦臺灣，公捐銀二百萬兩，以備賞需。[57] 所謂「公捐」其實就是攤派，[58] 這是鹽商的一種不成文的義務。這一類的捐輸是較大宗的。此外，如乾隆五十二年正月署淡水營都司守備易連招募義民七千餘人，由鋪戶捐備口糧器械，也是一種商捐。[59]

商捐之外也有官捐。當時的地方官多少也得捐出點俸餉來資助軍費，以示急公。乾隆五十二年四月初三日，上諭云：

地方遇有此等（兵匪）事件，該處官員即使各出己貲設法防護，亦所當然。[60]

因此，楊紹裘請求加給鄉勇鹽菜錢每名每日三十文，由「臺灣文武官員勻捐補款」。[61]

最後，我們必須提到的是這一次軍事行動籌款，並沒有像乾隆三十九年平定大小金川時，開「川運軍糧事例」那樣，實行捐納，作為一種便捷而有效的籌款方式。[62] 那是因為中央政府府庫充盈，因此可以將地方上的解餉截留改撥作為軍費，而且還有其他籌款方式的緣故。當然乾隆皇帝也不願多開捐例以取得賣官鬻爵的惡名。這一點，我們可以從林爽文之役前，李世傑以河工之事，請再開捐例時，上諭駁斥的各項理由來瞭解。[63]

---

57 張茂炯等編，《清鹽法志》（民國九年鹽務署鉛印本），卷153。其他與此役有關的報效，請參考《明清史料》，戊編，第三本，pp. 260a-264b。

58 徐泓，《清代兩淮鹽場的研究》（臺北：嘉新水泥公司文化基金會，1969），p. 110。

59 《紀略》，p. 119。除此之外，當時廣州的行商亦有所捐輸。見梁嘉彬，《廣東十三行考》（臺中：東海大學，1960），p. 318。

60 同上註，p. 242。

61 同上註，p. 268。

62 許大齡，《清代捐納制度》（臺北：文海，1977），p. 43。

63 《大清高宗淳(乾隆)皇帝實錄》（臺北：華文，1964），卷1261，pp. 6a-11b。

五、本次戰役的全部經費

蕭一山先生云：

> 臺灣用兵，本省先用九十三萬，鄰省撥五百四十萬，又續撥二百萬。又撥各省米一百十萬，並本省米三十萬石，加以運腳，約共銀米一千萬。[64]

蕭一山的這項資料顯然是抄自趙翼的《簷曝雜記》。[65] 在李侍堯前來泉州的時候，道經常州，聘趙翼為幕友。前後一年多的時間，趙翼都參與李侍堯的幕府。[66] 這個記載自然相當正確。而據《明清史料》所收兵部的一個題本所載，全部列入奏銷的經費有：

> 閩省軍需動撥廣東、江蘇、浙江、江西等省并本省司庫，共銀八百九十萬七千九百一十二兩零，制錢二十萬九千七百八十串；又動撥四川、江蘇、浙江、江西、湖廣各省並本省各屬倉谷碾解米石共一百三萬九千三百九十九石零。……又各縣碾解臺灣米六百石及臺灣府、縣碾動倉谷米一萬三千七百石，又將買米五千六百六十五石零，又收搜獲賊谷碾米三千一百三十四石零，又收廣東右翼等營兵帶斛米一千二百四十九十零，又收內地撥解薯乾六十三萬四千四百一十八斤。[67]

比趙翼的估計略多一些。軍費的支出是這麼的大，於是趙翼不禁感歎道：「若論經歲軍貲費，千兩黃金一兩骨。」[68]

---

64 蕭一山，前引書，p. 233。

65 《筆記小說大觀》(臺北：新興書局影印本)，七編，第四冊，p. 2452，〈軍需各數〉條云：「(乾隆)五十二年臺灣用兵，本省先用九十三萬，鄰省撥五百四十萬，又續撥二百萬，又撥各省米一百十萬，並本省米三十萬石，加以運腳，約共銀米一千萬。」蕭文與此完全相同。

66 趙翼，《皇朝武功紀盛》(臺北：文海，「近代中國史料叢刊」第133種)，p. 159。

67 《明清史料》，戊編，第四本，p. 379。

六、結語

　　從以上的分析，我們可以看出，在非常時期，清廷有許多籌措經費的辦法。當中央政權穩固，政令通達時，它的財政十分靈活，因此可以應付重大的變故。

　　像這一次的戰役，清廷花費在千萬以上，林爽文等的花費想亦不少。可是清廷有靈活的後勤補給，而林爽文、莊大田卻只能在本地籌糧。隨著時間的延長，本地資源的耗竭，戰勢對後者愈來愈不利。所以雙方的勝負可以說是早就決定了。

　　因此，自財政的觀點來看，清朝統治時期的臺灣是不可能有成功的叛亂的。然而二百一十二年間，豎旗揭竿，此仆彼起，知其不可而為之者，可不是「螳臂擋車」嗎？

——原刊於《臺灣風物》，第31卷第1期（1981年3月），pp. 5-16。

68　趙翼，〈軍中擒獲逆首林爽文檻送過泉紀事〉，見《甌北詩鈔》(臺北：商務印書館，「國學基本叢書」本)，p. 156。詩中之「骨」當指林爽文；「千兩黃金一兩骨」謂代價之高也。

臺灣林爽文、莊大田之役軍費的奏銷

前言

　　乾隆五十一、二年間林爽文、莊大田起兵反清的事件，是清朝統治時期（1683-1895）臺灣地區最大的民變。爲了敉平這場變亂，清廷花費了上千萬兩的銀子，動員了好幾省的軍隊才達到目的。

　　在此統治權威與反抗勢力的鬥爭過程中，財政能力扮演了很關鍵性的角色。清廷由於財政制度運用上的靈活，因此能在相當的時間內克敵致勝。筆者曾有一文，即討論交戰期間，清廷籌措軍費的情形。[1]

　　不過，非常時期的財政運作固然需要適度的靈活性，但是非常時期一旦成爲過去，如何將當時暫時放鬆的普遍原則再加以強調，便成爲集權的中央政府的一個重要課題。就林、莊之役而言，也就是一切的軍費支出如何透過事後的奏銷而使中央政府的戶部在名義上和實際上都能夠達到「制天下之經費」[2]的權威性，而不使非常時期的財政破壞了正常財政制度之運作的普遍有效性。

　　本文的目的即在將這個牽涉到四川、湖廣、浙江、江蘇、江西、廣東、福建各省的軍費奏銷問題作一個分析，以便對清朝非常時期的財政作進一步的認識，同時也可以了解在怎樣的一個前題下，清廷允許非常時期的財政具有一定的靈活性。

一、清代的奏銷制度

　　清朝的制度，地丁錢糧是奏銷當中最重要的項目。此外，鹽課、茶

1　陳國棟，〈臺灣林爽文、莊大田之役清廷籌措軍費的辦法——清代一個非常時期財政措施的個例〉，收入本書，pp. 201-213。

2　嘉慶《大清會典》，卷12，p. 1a。

稅、關課、蘆課、漕糧、白糧、倉儲米穀、土司進貢物料、折色本色物料、雜稅、當稅、契稅、牙稅、牛驢稅、贓罰銀、折贖銀、文武官師空缺、扣罰俸銀、隨時追取到來的學租、支給賸餘解送給戶部的經費……諸如此類，每年都要定期向中央政府報告收支的情況。而且不只正項是如此；就是耗羨，由於在雍正年間已經辦理歸公了，因此也要奏銷。只有布政使司的公庫（稱作藩庫或司庫）之公項銀兩，不必奏銷。[3]

奏銷時應先做成奏銷冊。奏銷冊之基本格式，康熙十一年（1672）題准爲：

> 奏銷冊：直省布政使司總數；府、州、縣細數。皆載：舊管、新收、開除、實在（實存？）四柱，以憑稽覈。[4]

每年的奏銷冊依地理的遠近，直隸、山東、山西、河南、陝西、甘肅在次年四月；奉天、安徽、浙江、江西、湖北、湖南、江南之蘇州藩司在五月；福建、四川、廣東、廣西、雲南、貴州、江南之江寧藩司在六月；都必須在限期以前送達戶部。[5]除非事先奏准，是不許延宕的。

對於奏銷冊中請銷的款項、數目，戶部有不同意的地方，可以指駁，然後交還各省督撫轉飭布政使覈辦，給予四個月的期限。等到一切都通過了，戶部才用題本上奏，結束該案。這叫作「題結」。[6]

以上是一般平常時期奏銷的模式。但是在非常時期，即用兵之際，地方大吏往往便有不按規定辦理奏銷的情形。如康熙十七年（1678），三藩之亂尚未平定時，二月庚戌，上諭戶部：

3　佐伯富，〈清代における奏銷制度〉，《中國史研究》，第二(京都：東洋史研究會，1971)，pp. 439-442。

4　嘉慶《大清會典事例》，卷149，p. 2a。

5　《欽定戶部則例》(臺北：成文出版社據同治四年校刊本影印，1968)，第二冊，p. 709。

6　佐伯富，前引文，pp. 457-459。

　　近見各路奏銷：或製備物料，並不先行題明，藉口軍機緊急，濫請銷算；或不行察核，重複支給，又不為扣抵；或朦混重領，希圖利己，致滋糜費。[7]

便是一例。

　　再者，怎麼樣的事情才可以算是軍需，可以依軍需的情況奏銷，一向也沒有規定。因為「軍需支應款項繁冗……向來因非常用之項，是以不入度支則例」[8]的緣故。

　　以往軍需之奏銷，差不多都是援引更早准銷的案子為「成例」或「成案」，依例請求准銷。「成例」或「成案」屬於一種習慣法性質，在經過一番整理歸納後，就成為正式的行政關係法規，取名為「則例」或「事例」。這種由「成例」、「成案」到「則例」、「事例」的過程，在清代相當普遍。[9]

　　乾隆四十一年（1776），大小金川的戰事結束了，四川省遂開始進行奏銷的工作。同時乾隆四十年山東王倫作亂之事，[10] 地方官依軍需之例辦理。乾隆皇帝以為「其事止係內地捕賊，乃妄照軍需之例辦理，實屬錯誤！」[11] 很不高興。於是，為了釐定一個準則，就在四十一年四月

7　《大清聖祖仁(康熙)皇帝實錄》（臺北：華文書局，1964），pp. 963b-964a。

8　《欽定户兵工部軍需則例》（乾隆五十年編成。出版資料不詳。臺大文學院聯合圖書室藏，木刻本），卷首，p. 3a。

9　仁井田陞著、林茂松編譯，《中國法制史新論》（臺北：環宇，1976），pp. 8-9。對於本文即將討論的這個例子也是如此。因為在軍需則例編纂之時，已經有「平定西陲條款」、「進勦西川舊例」、「雲南軍需奏銷」幾個成案和正在進行奏銷的四川一案；成案彼此亦有衝突之處，所謂「各省例案不一，未免仍有參差不齊之處。」因此整理一個更具普遍性的則例是很需要的。參考同前註，卷首，pp. 6b-7a。

10　《大清高宗淳(乾隆)皇帝實錄》（臺北：華文，1964），乾隆四十年各卷。並參考《欽定勦平臨清逆匪紀略》（臺北：文海，「近代中國史料叢刊」，續編）。這件事情發生不久即有外國人的記載，見《珍異書簡集》（*Lettres Edifiantes et Curieuses*, Paris, 1783），卷36，pp. 418-428。

六日下令編纂軍需則例。

在此令下編成的這個則例稱爲《欽定戶兵工部軍需則例》，即《欽定戶部軍需則例》六十五條、《欽定兵部軍需則例》四十條及《欽定工部軍需則例》十五條，共一百二十條。於乾隆五十年（1785）二月初九日奏上，同日奉旨：「知道了！」開始實施。而第一樁應用到這個則例的，就是臺灣之役的奏銷工作。

《戶部軍需則例》第六十五條爲「辦理報銷章程」，爲一般軍事奏銷方案之根據。今將原文全引於後：

辦理軍需奏銷，先將口內、口外安設臺站地名、里數及大營處所，何日改移？臺站何日裁併？何地爲總匯？何地爲旁通繞徑？逐一繪圖造冊送部，以備奏銷時核對。報銷之始，先將原撥銀兩數目，作爲初案「新收」，次列「開除」若干，「實存」若干。以初案之「實存」作爲次案之「舊管」，其支用數目逐案層進滾算，分門別類，挨次題銷。至支用米石，應隨本案儘收儘除，毋庸開列「舊管」、「實存」，以免牽混。如各案中有長支、借支並部駮、核減、追賠等項，各照本案催追完項，聲明收還原款字樣，毋庸另行造撥。統俟完竣之日，於彙總收支銀糧冊內分晰「准銷」、「刪減」、「追賠」及「收歸銀糧」各數，並尾案之存剩銀數，造報查核。[12]

該條末尾夾行小註有「仍照舊例」四字，則以前之成例已是如此辦理。

二、臺灣之役報銷的情形

乾隆五十三年（1788）二月初五日（戊戌）拏獲莊大田，臺灣之役

---

11 《大清高宗淳(乾隆)皇帝實錄》，p. 14826。

12 《欽定戶兵工部軍需則例》，卷9，pp. 10ab。

遂告結束。[13] 同月甲寅（二十一日）閩浙總督李侍堯即上奏：

> 臺灣用過軍需銀米，為數繁多。經手各員並未將照何例支銷之處，分晰造報。且地隔重洋，文檄更形遲滯，撫臣徐嗣曾現抵鹿仔港，應令督同臬司李永祺就近覈辦。其內地供支一切糧餉及夫船運腳等項，臣亦嚴飭總局、道、府等上緊查報。[14]

開始整理戰爭期間支銷的濫帳了。

《戶部軍需則例》第五十八條「本省辦理軍需公局……」條云：「辦理軍需，設立公局。」[15] 則一軍事行動的開始，便有軍需局的成立。林爽文之役肇起，清廷立刻派李侍堯駐紮在泉州，負責軍需籌措派撥之事，也就是總理軍需局的事務。[16] 五十三年二月二十一日，在他上奏開辦報銷工作後，得旨：「自應如此，汝仍應總理其事也。」[17] 則仍由他領導軍需局從事報銷的事務。直到這一年十一月李侍堯去世後，才由繼任的閩浙總督福康安、伍拉納繼續這個工作。

關於這次報銷，李侍堯前奏中已大略說明要分成臺灣和（福建）內地兩組來進行。（臺灣當時是福建省所轄九個府之一）在這個原則下，「臺灣軍需報銷總局」與「福建內地軍需報銷總局」分別肩起處理兩地報銷工作的任務。[18]

---

13 《明清史料》（臺北：中央研究院歷史語言研究所），戊編，第三本，pp. 277b-288a，福康安、海蘭察、鄂輝之奏摺。

14 《清高宗實錄》，p. 19150b。

15 《欽定戶兵工部軍需則例》，卷9，p. 7a。

16 《欽定平定臺灣紀略》（臺北：臺灣銀行經濟研究室，「臺灣文獻叢刊」第102種），pp. 205-208。李侍堯以現任閩浙總督，奉命駐紮泉州，於乾隆五十二年二月十七日抵達。

17 《清高宗實錄》，p. 19150b。

18 《明清史料》，戊編，第四本，p. 379a：「閩省辦理軍需，動用銀米等項，先經該督咨報，分設內地、臺灣總局。」同書，p. 379b：「該省所設內地、臺灣報銷各局，該督既於本(乾隆五十五)年五月初四日裁撤。」依前後文義，所指的皆是報銷局。至於

首先區分兩局報銷的錢糧：

閩省軍需，動撥廣東、江蘇、浙江、江西等省並本省司庫共銀八百九十七萬七千九百一十二兩、制錢二十萬九千七百八十串，又動撥四川、江蘇、浙江、江西、湖廣各省並本省各屬倉谷，碾解米石，共一百三萬九千三百九十九石零。內撥運臺灣軍需銀四百二十三萬七千四百三十一兩、制錢九萬串、米四十三萬五千五百六十七石；又各縣碾解臺灣米六百石以及臺灣府、縣碾動倉谷一萬三千七百石；又採買米五千六百六十五石零；又收搜獲賊谷碾米三千一百三十四石零。又收廣東右翼等營兵帶斛米一千二百四十九石零；又收內地撥解薯乾六十三萬四千四百一十八斤。均歸入臺局軍需案內造報。

計內地實收軍需銀四百七十四萬四百八十二兩零、制錢一十一萬九千九百八十串、米六十萬三千八百三十二石零，歸入內地軍需案內造報。[19]

根據前引「報銷章程」，「分門別類，挨次題銷」的原則，這些錢糧應該分案題銷。至於分案的標準，乾隆五十三年正月二十七日戶部的咨文已有規定，即：

其開除項下，如供支官兵鹽菜口糧並運夫工價口糧，係同時銀米兼支者，將銀、糧俱作為一案造銷；如只係供應口糧或只供應銀兩，非銀米兼支者，仍分案題報。其餘軍火夫馬、採買運送等項悉皆仿此。總隨事之先後，挨順月日，編列案次，逐一造銷。[20]

報銷局是否即是沿承軍需局而來，又軍需局是否原來就分臺灣、內地兩局？則沒有足夠的直接材料可供說明。

19　同上註，pp. 379ab。

20　同上註，戊編，第四本，p. 358a。並參考pp. 329b, 364b, 368b, 376a等各頁。引用文字有一、二字出入，內容則無異。

於是「計內地報銷三十四案……臺局報銷二十八案。」[21]

這六十二案報銷的題本和這次報銷有關的一些往來公文（移會），一部分保存於《明清史料》戊編第四、第五本中。當中最後一個文件是乾隆六十年（1795）閩浙總督覺羅伍拉納的題本。該題本是福建內地報銷第二十一、二十九兩案，經戶部三次駁還後，伍拉納與福建巡撫浦霖會銜上奏的一個說明性的題本。[22] 同時，文獻上也沒有發現「報銷章程」所規定於報銷完竣之時所必須編列的「彙總收支銀冊」的資料。因此，可以說在乾隆六十年三月二十二日（伍拉納、浦霖上奏的日期）以前，報銷的工作尚未全部通過。到此為止，這次軍需報銷的工作已經整整拖上七年以上的時光了。

「分案題銷」可以說是報銷工作的第一個原則。在福建、臺灣的六十二案之外，還有一些其他題銷的案子。其中之一是屬於各省題銷的。由於各省的藩庫分別代表一個獨立的財政單位，「分省題銷」可以說是這次軍需報銷工作的第二個原則。

因為各省支出的款項中，在戶部指撥和鄰省請求下，以「協餉」的名義送到泉州的銀錢和米穀，自然在每年例行的錢糧奏銷案上一併題報。除此之外，各省還有兩種支出，是要以「軍需」的名義報銷的。其一是運送這些米穀錢糧所需的運輸費——即所謂的「腳價」。[23] 在戰爭期間，皇帝已經指示：「所有腳價各歸本省報銷。」[24] 因此，在奏銷工作的文件上可以看到各省分別有奏銷「腳價」的案子。[25]

軍隊出發和凱旋時在各省過境，其間的開銷由各省負責的，也由各

---

21 同上註，p. 379b。

22 《明清史料》，戊編，第五本，pp. 457b-458a。

23 《明清史料》，戊編，第四本、p. 341b。嚴格地說這包括了「水陸運腳及委員日費、斗級工食、製造倉斛等項」，見同頁。

24 《欽定平定臺灣紀略》，p. 334。

25 如四川的情形，見《明清史料》，戊編，第四本，pp. 341b-344a。

省報銷，這在《明清史料》中也有不少例子。[26] 凱旋的軍隊，皇帝下令加以犒賞；押解人犯的士兵也有犒賞。這也由支用款項的省分報銷。如乾隆五十三年三月的上諭說：

> 此次臺灣勦捕逆匪，派調各省兵丁前往協勦，均屬奮勉出力。現在逆首就擒，臺灣全部平定。……其湖南、貴州、廣西及四川屯練兵丁俱應酌加恩賞。如該四省兵丁現在已經撤回，著李侍堯於該兵丁內渡時，每名各賞給銀貳兩。如此旨到時，兵已離閩境，各歸原省，即著李侍堯咨會各省督撫按名賞給。[27]

當時廣西省的三千兵丁，有九百多名已經在廈門領過賞金，其他的則回到廣西之後才領賞。因此這二千多人的賞銀自然就歸廣西省報銷了。[28] 其他各省的情形，也和廣西差不多。

在福建、臺灣「分案題銷」之外，其他收在《明清史料》而與這次軍需報銷相關的文件，屬於「專案報銷」的性質。專案奏銷中，最有意思的是「恩給臺灣義民、難民錢糧」的奏銷。這是戰爭期間徵集地方武力與救濟戰時難民，經乾隆皇帝特准開銷，不在「軍需則例」所規定的範圍之內的，特別另立一案，請求皇帝的認可。所以題本上說：「前項支撥（義民、難民）銀米薯乾，原係特恩准給，自應于軍需銷案內劃出另辦，恭候欽定。」[29]

奏銷的案子不一定能全部通過。被駁回的案子，地方官除據理力爭之外，有的時候沒辦法了，就由「通省州縣以上各官養廉內分年攤捐歸

---

26 如湖北的情形。同上註，pp. 390ab。
27 見《明清史料》，戊編，第五本，p. 404a。
28 同上註，pp. 404ab。
29 見《明清史料》，戊編，第四本，pp. 375b。
30 同上註，p. 392a。並參考第四本，p. 407a。

款。」[30] 總計這次報銷，未能通過的數目，高達一百八十萬兩左右，花了將近三十年的時間才從福建省地方官的養廉銀中扣抵！汪志伊，〈敬陳吏治三事疏〉云：

> 臺灣林爽文軍需報銷銀兩，除經部臣按例准銷外，其因軍興緊急，地方官變通辦理，實經支給有據，而例不准銷；及續經部臣駁刪者，共銀一百七十九萬四千六百二十餘兩。……統歸於通省司、道、府、廳、州、縣養廉內，分年攤扣歸款。……照原攤每年額設養廉勻和銀三萬三千四百餘兩之數核算。約至嘉慶五十二年方能扣楚。[31]

從以上的分析，大概可以說軍需的奏銷與一般的奏銷並沒有什麼兩樣。如果有的話，就是時間拖得很長。但即使如此，中央政府也沒有什麼意見，也可以說是默許了。

作為非常時期的財政措施，清廷的政策是十分有彈性的。平常動用本省存留的錢糧或者請求他省協濟款項，都要事先報告戶部，等候戶部裁決指撥，才可動用。而戰爭期間卻可以「不拘何項，一面飛咨撥解，一面隨報具奏。」[32] 在後勤補給上顯得十分靈活。可是這一來戶部的權力似乎打了折扣，對地方財政的絕對控制似乎有了問題。但是透過一板一眼的奏銷制度，戶部可以充分掌握每一項支出的去向，則這種權力下移的現象又給校正過來。戶部依然是「制田下錢糧」的衙門。盛清的財政措施也顯得既靈活又不散漫。

三、臺灣之役的報銷與「軍需則例」

負責籌辦軍需的李侍堯在戰事之初就曾要求臺灣府屬各級官員於用

---

31 賀長齡，《皇朝經世文編》，卷16，p. 5b。
32 《欽定平定臺灣紀略》，p. 271。

兵之際，一切支銷款項均須查照部頒「軍需則例」，也就是《欽定戶兵工部軍需則例》。[33] 在《明清史料》中所見的報銷文件，也一再地引用「軍需則例」的條文。可以說「軍需則例」在這次報銷工作上，的確發揮了作爲行政關係依據之法規的功能。

不過，這個「軍需則例」是根據西北、西南幾次戰役的奏銷成案編纂的，[34]自然未必全部適合臺灣的情況。因此官員們於報銷時，也常和戶部作書面的爭辯。[35]結果戶部有時同意了官員在某些方面因臺灣的情形特殊而有特別的開支，有時雖經當事者據理力爭，戶部還是加以拒絕。

「軍需則例」於林、莊之役首次運用後，在乾隆五十三年就有了一個修正案，增加了一條三款。這個修正案在七月二十九日奏上，八月一日奉旨：「依議」實施。稱爲「續增軍需則例條款」，附於《欽定戶兵工部軍需則例》之後。

這個修正案是因爲派往臺灣協勦林爽文的杭州仁（乍）浦駐防滿兵，於回防途中，在福建建寧地方，有數名士兵私自搭船，違反規定而引起的。因此這一條三款便是對士兵所可使用的交通工具進一步加以規定的條文。[36]

筆者未曾發現乾隆五十三年之後，是否有新的「軍需則例」的編纂，因此不能進一步討論臺灣之役的報銷工作，是否使軍需則例的條文有所修訂，這是相當可惜的。

不過，清朝的國勢在乾隆皇帝締造「十全武功」，躊躇滿志的同時，已開始急轉直下了。《明清史料》所收這次報銷工作中，戶部的題

33　同上註，p. 239。

34　參考註9。

35　這樣的例子很多，例見《明清史料》，戊編，第四本，p. 391b。

36　《欽定戶兵工部軍需則例》，〈續纂〉，pp. 1-6。

本全部是由和珅領銜上奏的,因為他是現任的戶部尚書。其實,在此以前,他的影響力早就及於戶部了。和珅的貪贓枉法,對於清朝國勢的轉移,自有不少的影響。[37]

隨著時代的演進,綱紀的廢弛,清朝的奏銷制度也日漸崩壞。[38] 嘉慶(1796-1820)、道光(1821-1850)以下更是多事之秋。也許修訂「軍需則例」在報銷制度不能正常運作的情況下,已經沒有什麼意義了。因為「軍需則例」畢竟不如《大清會典》或《會典事例》那樣,包羅既廣,適用的範圍也大,因此到光緒(1875-1908)年間還有修訂的必要吧。

四、結語

由於有奏銷制度作為一個前題,因此清廷能在非常時期給予當事官員相當大的調撥軍需、糧餉的權力。這使得清朝原本相當固定的財政具有適時的靈活性。而事後的奏銷——不管實際上辦到的程度如何——也確實使清朝的財政得以維持著一個正常的軌道。

——原刊於《臺灣風物》,第31卷第2期(1981年6月),pp. 55-65。

---

37 關於和珅與乾隆末葉的政治關係,尤其是他對戶部的影響力,參考David S. Nivison, "Ho-sheng and His Accusers: Ideology and Political Behavior in the Eighteenth Century," in David S. Nivison and Arthur F. Wright eds., *Confucianism in Action* (Stanford: Stanford University Press, 1959), pp. 209-243.

38 佐伯富,前引文,p. 463。

清代中葉（約1780-1860）臺灣與大陸之間的帆船貿易：以船舶為中心的數量估計

前言

清康熙二十三年，即西元1684年，在臺灣內屬之後清廷開放中國沿海的海上貿易，同時也准許中國帆船往來臺灣從事商業、漁業活動。在清領之前，臺灣與日本及東南亞之間原有海路貿易的存在，清領之後，這樣的貿易也維持了一段期間，但從某一不易確定的年代開始，本島與中國以外地區的商業活動就不復存續，只有兩岸之間的帆船貿易與本島的環島貿易依舊有所發展而已。

臺灣與大陸之間的貿易，從臺灣的立場而言，純為「出口導向」，亦即因應大陸市場的需求，出口臺灣本地的農產品與農產加工品到大陸。臺灣商民原籍幾乎全在大陸，出口所得或者匯回原籍，或者以金銀、奢侈品及臺地不產的民生日用品的形式進口到臺灣。要言之，進口的情形全由出口的規模來決定。

在臺灣所能使用的港口方面，乾隆四十九年（1784）以前，鹿耳門港是唯一的合法口岸。乾隆四十九年加開彰化鹿港、五十三年加開淡水八里坌港。道光六年（1826）又正式開放彰化海豐港及宜蘭烏石港。凡由臺灣出口的船隻都必須先在這幾個合法港口掛號、查驗後才能離港。

清代的政策，為了稽查船隻出入的便利，要求船隻往來大陸必須以特定的大陸港口為「對渡口岸」。1860年臺灣開放與列強通商之前，臺灣的五個合法口岸中，大致上以鹿耳門←→廈門；鹿港、海豐港←→廈門、蚶江；八里坌（滬尾）←→五虎門；烏石港←→五虎門、泉州對渡為原則。【參考圖一】往來海峽兩岸的帆船在到達臺灣或大陸時，必須先在指定的對渡口岸掛號，經過相關文、武官員查驗後才可以繼續前往其他港口。當然，船隻欲從大陸來臺也必須先行在各合法口岸掛驗才可成行。

本文的目的在研究清代中葉（約1780-1860）臺灣與大陸之間帆船貿易興衰演變的情形。關於同一段時期臺灣的進出口貿易，學術界以往

圖一　清代臺灣與大陸對渡港口示意圖

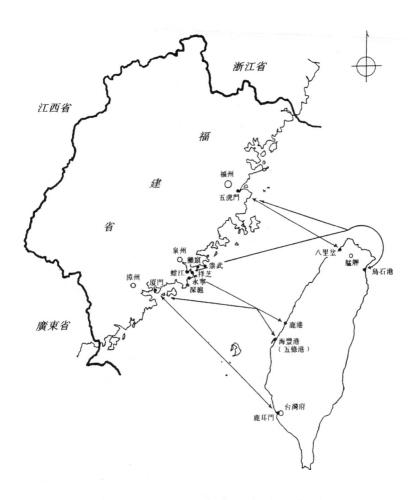

已有可觀的成績。不過這些研究成果大都偏重在單一港口或單一商品，要不然就是以商人（郊行）為中心。此外，這些作品在數據檢證上的努力雖然不是沒有，總還留有可堪深入的空間。本文的目的與方法略有不同：一方面想對清代中葉臺灣的貿易作一整體地觀察，另一方面則要設法建立一些可用的數據，配合文字資料，加強問題的理解。

一般而言，討論貿易趨勢的變遷最具體的辦法是從商品結構、商品價值等方面入手。換言之，若有可靠的數據可用，經過統計學的處理，要掌握這樣的趨勢並不困難。然而就清代中葉這段期間而言，有關商品的產量或出口量都沒有直接的、有效的統計數字可用。史料中散見的數字頂多也只是時人的觀察與推斷，而非經由科學的方法取得。幸而當時臺灣主要出口商品種類不多、變化也不大。我們設法將這少數的數字加以比對，並參考經濟體系中其他相關的條件，還是能對商品總出口量的最低可能數字做一估計。這是我們在本文第一小節所做的嘗試。

相對於出口商品的價值與數量，清代中葉有關往來臺灣與大陸之間船舶數目的資料顯然較為豐富。這類資料的品質其實也沒有更好，但因為來源更廣泛、記載較多，因此要交互檢證也就顯得容易些。因此本文的重點就在利用船舶與承載能力的估計，設法推算不同年代臺灣商品總出口量的下限；再根據這些推估數據的變化來描繪出整個貿易的動向。筆者深切明白：一切經由推斷而取得的數據都容許有再被置疑的空間，透過這種方式取得的數字並不一定是當時的歷史真象（唯其真象已無法還原），因此也不致於大膽主張下文所推定的數字絕對反映實際的狀況。但這也並不表示一切的努力都是白費心機。筆者試圖檢驗各種不同來源的數字，在不違反歷史事實與邏輯原理的情形下，估算出各時期可能的最低數字。以這樣經由相同標準所取得的數字來考察臺灣對大陸貿易的盛衰雖非盡善盡美，但在無可如何的情形下，也算是薛西佛斯的努力吧。

藉諸船舶承載量最低數字的估計所建立的一般趨勢，實際上仍可透

過時人的觀察或評論而進一步核對。如果數字所展現的趨勢與當時的觀察者所認定的趨勢相吻合，我們對整個趨勢的掌握也就更加有信心。除此之外，貿易趨勢變化的背後當然有影響它的因素在作用。我們在描繪出貿易變化的走向後，也嘗試對這些因素加以分析；希望這一類的分析也有助於我們對貿易趨勢變化的瞭解。

在以上的構想下，在第二小節，也就是本文的主要部分中，我們就分別探討鹿耳門、鹿港、八里坌、海豐港與烏石港的船舶數量與載運能力的情況。在結論的一節（第三小節），再綜合以上的分析，對1860年以前臺灣全島與大陸之間帆船貿易盛衰的演變整理出一些粗淺的估計數字，以供參考。

一、清代中葉臺灣的主要出口品

清代臺灣的出口貨主要爲米穀、蔗糖及花生油，其次則爲苧麻和靛菁。例如1847-1848年在臺灣擔任臺灣道臺全卜年幕友的丁紹儀，於其所撰的《東瀛識略》一書中即云：

臺灣物產，以米、油、糖為大宗，苧麻、靛青次之。[1]

卒於咸豐四年（1854）年的李元春在所著的《臺灣志略》中也說：

穀：言全臺，則內地賴之。⋯⋯

貨：糖為最，油次之。糖出於蔗；油出於落花生，其渣粕且厚值。商船買販，以是二者為重利。澱菁盛產而佳、薯榔肥大如芋魁，故皂布甲於天下。⋯⋯[2]

1　丁紹儀，《東瀛識略》，臺灣文獻叢刊(以下簡稱「臺文」。臺北：臺灣銀行經濟研究室)，第2種(1957)，p. 62。

2　李元春，《臺灣志略》，臺文18 (1958)，p. 36。

其中米爲全臺出口貨，糖產於中、南部，油產於中、北部，靛菁則爲平地邊緣的特產。

清代中葉臺灣米的出口量極大。除了雍正三年以後有所謂的「臺運」之兵米、眷穀每年近十萬石之外，商人運往內地銷售的，一年可達百萬石之譜。乾隆六年（1741）巡臺御史張湄等云：

> 臺灣……素稱產米之區。……〔每年出口〕有兵米、眷米及撥運福、興、泉、漳平糶之穀，以及商舡定例所帶之米，通計不下八、九十萬。3

張湄等人所稱出口之米，每歲「通計不下八、九十萬」，王世慶先生在〈清代臺灣的米產與外銷〉4 一文中以爲太過高估。因爲他認爲「當時臺地報墾稻田米穀產量約僅一百餘萬石，除供數十萬之民食外，尚需支給全臺兵粟約九萬石。」因此推定五十萬石左右才是較適當的數字。（p. 20）「五十萬石」的推斷其實很難確認。因爲張湄的估計是指1740年代（十八世紀上半葉）的現象；1740年代臺灣稻米產量究竟如何，王世慶並未推算。但他認爲乾隆末年（即1790年左右）全郡已報墾的稻田總數在兩萬一千甲以上，每甲產量以六十石估計，「常年米穀產量當在一百二十萬六千石以上，而豐年則可接近二百萬石之譜。」（p. 17）王先生是否以十八世紀末較低的可能產量假定爲十八世紀上半的情形呢，他的文章並未說明。若依他所引《重修臺灣府志》資料，1735年全臺稻田報墾總數爲14,804甲，（p. 16）每甲產量仍以六十石計，產量當爲888,240石，不到他所聲稱的「一百餘萬石」。如果連產量都只有

---

3 《明清史料》，戊編第九本，p. 812a，〈戶部副奏：戶部爲議覆書山等條奏臺灣採買穀石一摺〉；或余文儀，《續修臺灣府志》，臺文121（1962），卷20，p. 723，書山、張湄，〈請採買米穀按豐歉酌價疏〉。關於「臺運」的大略情形可參考周凱，《廈門志》，臺文95（1961），pp. 185-192。以及姚瑩，〈籌議商運臺穀〉，《東槎紀略》，臺文7（1957），pp. 22-30；後文亦收在丁曰健，《治臺必告錄》，臺文17（1959），pp. 168-175。

4 《臺灣文獻》，9：1（1958年3月）。

八、九十萬石，張湄等要說出口量也達到同樣水準當然是高估了。話說回來，王先生所指稱的稻田總面積並不包括「未經報墾陞科之稻田、屯田、隘田及番田等」項目，（p. 17）因此即使單位面積產量不變，他對臺灣米穀產量的一般估計顯然也有偏低的傾向。再者，他對1790年代報墾陞科的稻田總數的計算，只是將1735年的數目加上淡水廳新增的陞科田數，（p. 17）忽略了其他各地的新墾田地的變化，使得他的數字更形偏低。因此，王世慶所主張的「五十萬石」未必可以代替張湄等人「八、九十萬石」的看法，畢竟後者是對自身所處時代所作的直接觀察。

1740年代的臺灣究竟年產多少米穀、出口究竟是五十萬石抑或八、九十萬石，雖然不易確認，十八世紀末、十九世紀初，臺灣每年出口米穀的數量不下百萬石則不容否認。1820年代初期，姚瑩云：

> 臺本產穀之區，福、泉、漳三府民仰食之，商民販運，歲常百萬。江、浙、天津亦至焉。[5]

道光十三年（1833）就任鹿港同知的陳盛韶更曾提出一個極高的數字。他認為道光五年（1825）以前，豐年時期，米穀的出口量可能高達兩百萬石。他說：

> 臺灣沿海多種番薯、花生、甘蔗、豆麥。近山沃衍宜稻，一年耕有五年之食。內地福、興、漳、泉四府山多田少，必藉臺米接濟。吳、越、粵東米貴，海舶亦聞風販賣。臺、鳳兩縣由鹿耳門口出，嘉義縣由五條港口出，彰化縣由鹿仔港口出，淡水由八里坌口出，皆屬正口。小船附載不少，如噶瑪蘭有蘇澳、竹塹有大安、彰化有鰲溪是也。豐年，臺灣大率販

5　姚瑩，〈太子太保兵部尚書都察院右都御史雲貴總督諡文恪武陵趙公行狀〉，《中復堂選集》，臺文83 (1960)，p. 169。

運二百餘萬石。[6]

　　陳盛韶將由合法與非法的港口出入的船舶所運載的米穀都估計在內，而認爲在豐年時出口量達到兩百萬石以上。在本文中，我們對往來船舶的估計一方面採取較保守的推算，一方面也只限於由對渡口岸裝載的商船，因此我們與姚瑩的觀察相互比較後，還是採用「一百萬石」這個較小的數字作爲推算的基礎。事實上，這個數字與王業鍵等人對十八世紀福建內地自臺灣所輸入的米糧數量之估計十分接近。[7]

　　糖的產量在郁永河履臺的年代（康熙三十六，1697年），年產約二、三十萬擔。《稗海紀遊》云：

　　臺人植蔗爲糖，歲產二、三十萬；商舶購之，以貿日本、呂宋諸國。[8]

　　而在二、三十年後，即黃叔璥爲巡臺御史時（1722-1723），年產量即已達到一百萬擔之譜。《臺海使槎錄》云：

　　三縣每歲所出蔗糖約六十餘萬簍，每簍一百七、八十觔。[9]

　　這個數字以六十五萬簍、每簍 175斤計，共爲113,750,000斤，或1,137,500擔。

　　1720年代臺灣的開發伊始未久，蔗糖的年產量即有一百萬擔左右，可以推想在十八世紀後半，亦即乾隆（1736-1795）末年，臺灣傳統經

6　陳盛韶，《問俗錄》（北京：書目文獻出版社，1983），卷六，〈鹿港廳〉，「義倉」條，p. 121。

7　Cf. Yeh-chien Wang, "Food Supply in Eighteenth-Century Fukien," *Late Imperial China*, 7:2 (December 1986), pp. 90-91.

8　郁永河，《稗海紀遊》（臺北：臺灣文獻委員會，1950），p. 19a。方豪校本稱另有一版本說是五、六十萬。

9　黃叔璥，《臺海使槎錄》，臺文4 (1957)，卷一，〈赤嵌筆談〉，「賦餉(糴運)」條，p. 21。

濟在一個高峰的時候，蔗糖的產量應該不會小於這個數字。由於臺灣的糖大部分銷往大陸，在這樣的生產力之下，我們假定臺灣一年向大陸輸出一百萬石（或一百二十萬擔）[10]，應當是很合理的事情。

除了米、糖兩項居最重要地位的主要出口貨（staple exports）以外，關於花生油、苧麻、靛青等較次要的出口貨，一時未能找到全島性的估計數字。不過，從以上簡單的推算，我們應可同意，在1825年以前，或者更早的十八世紀末期，由臺灣出口的帆船，每年單向的總載運量一定大於兩百萬石基本上是不成問題的。

二、船舶承載量的估計與貿易興衰之變化

1. 鹿耳門港

本文所指的「鹿耳門港」泛指以臺灣府城（今臺南市）為商埠的口岸。在臺灣內屬到道光初年，名為「鹿耳門」的港口確實為大陸來臺船隻的泊碇處所，但在道光三年（1823）一場大風雨後，由於沙地浮覆，鹿耳門在一夕之間喪失了港口功能，船隻改泊四草湖。不過，商人活動的地點仍為府城。為了方便起見，在本文中，提到鹿耳門時，有時也用

---

10 「擔」是重量單位；「石」基本上是容量單位，但也可用為重量單位。當「石」被用作為容量單位時，兩者之間的換算端視所度量的對象為何而定。當「石」被用作為重量單位時，1石＝120斤；1擔＝100斤，兩者之間的換算好像不成問題。但實際上，全漢昇等學者已指出，在1726與1937年間，作為重量單位的「石」與「擔」有日趨混淆的現象。一石與一擔常都被當成相當於一百斤(60公斤)。相關的討論請參考 Han-sheng Chuan and Richard A. Kraus, *Mid-Ch'ing Rice Markets and Trade: An Essay in Price History* (Cambridge: Harvard University Press, 1975), pp. 79-98. 明、清時期，帆船的大小一般皆以「石」為單位，偶爾卻也寫成「擔」。所以在計算船隻的載重能力時，究竟應算作100斤或120斤頗為困擾。為方便起見，本文遇到「石」時，仍作120斤，遇到「擔」時，仍作100斤。特此聲明。

來指稱四草湖，不另說明。[11]

(1) 船舶數量的估計

臺灣對大陸輸出旺盛之時，米、糖兩項的出口加起來就已經超過兩百萬石。

以乾隆末年航行兩岸的船隻普遍較後來爲大的情形，以每船運送三千石商品來估算，當需七百個船次；若以稍低的兩千石估算，則需一千個船次。這是在船舶的一半載運量全爲米穀的情形下推估的。事實上，清廷爲了怕商人「接濟盜匪」，始終限制個別船隻所能出口的米石總數。乾隆五十三年（1788），經福康安奏准增加後，每船的最高額亦只不過爲四百石。[12] 後來經過調整，仍然限制「大船不得逾六百石，小船不得逾三百石，每月由口員呈報，遵循至今。」[13] 平均也在四百石左右。依此限額，要將一百萬石米出口則需兩千五百個船次。在此之前，合法出口的限額更低，需要的船隻可能更多。雍正年間（1723-1735）藍鼎元就曾估計每年出入臺灣的商船有「數千」之多，[14] 這或許正反映了當時的情形。不過，透過賄賂的潤滑，乾隆末年以後，實際上各船所能出口的數字當不只四百石，因此也就用不到兩千多個船次。無論如何，七百到一千個船次則是免不了的。而且，這七百到一千個船次還是在未考慮花生油、苧麻、靛青以及其他出口商品所需的載運量的情形下所作的推估，因此十八世紀末，往來臺灣的合法商船若非載運能力都大於二、三千石，則其船次必多於七百到一千之數。

---

11 有關臺南市附近港口的變遷，請參考范勝雄，〈三百年來臺南港口之變遷〉，《臺灣文獻》，29：1（1978）。

12 船隻自臺灣出口食米，最初限定在六十石，後來疊有增加。有關其演變，以及非法多載的情形，可參考王世慶，〈臺灣的米產與外銷〉，pp. 18-21。

13 姚瑩，〈覆曾方伯商運臺米書〉，《中復堂選集》，p. 136。

14 藍鼎元，〈與吳觀察論治臺灣事宜書〉，《鹿洲文集》，收在丁日健，《治臺必告錄》，p. 57。

　　在本文中，我們基本上以每年來船的數目爲考量，因此在計算上著重在「船次」的數目。由於個別的船隻一年可能往返臺灣與大陸之間不只一次，因此所需船舶數目可能要少些。（籠統地說，當爲數百艘。）

　　在乾隆四十九年（1784）以前，臺灣對渡大陸的合法口岸只有鹿耳門一處。而廈門對渡鹿耳門的商船在1778年時約爲數百艘。乾隆四十三年（1778）澎湖西嶼的一件碑刻就提及了：

因念鹿耳門口歲集商船，不下數百計。……15

　　1778年左右正是清代中葉廈門帆船業最盛之時，亦即來鹿耳門之船最多之時。但以上的資料卻說只有數百隻商船。由於這是當時直接的觀察，理論上正確性應不成問題。

　　不過，完成於五十餘年後的《廈門志》卻說廈門商船對渡臺灣鹿耳門向來有千餘號。這「千餘號」究竟是指一千多個船次呢，還是指雍正時代的現象呢？《廈門志》並未明言。我們可以肯定的是作者周凱的目的是用這個數字來和他當時（1830年代）的狀況作強烈的對比，以顯示道光初年廈門帆船業的沒落，因而採用了「千餘號」這個數字。《廈門志》在另一處則提到廈門商船、洋船的總數，在嘉慶元年（1796）時，統共只有一千餘號。商船中又包括了直航大陸沿岸（而不行經臺灣）的「販艚船」與對渡臺灣的「橫洋船」（包括「透北船」）。因此嘉慶元年時，「橫洋船」的數目恐怕也只有幾百隻。16 若依姚瑩所述，嘉慶初年渡臺商船每年只有三、四百艘（船次）。他在寫於1840年的〈臺廠戰船情形狀〉一文中提到：「昔年廈門商船渡臺，年有三、四百號，近止數十號而已！」17

---

15 《臺灣南部碑文集成》，臺文218 (1966)，pp. 117-118，〈澎湖西嶼浮圖記〉。

16 陳國棟，〈清代中葉廈門的海上貿易(1727-1833)〉，收入《東亞海域一千年》(臺北：遠流出版社，2005)，pp. 467-507。

　　到了嘉慶末年，這個數目更減少到只剩下一百五十艘左右。1850年前後，徐宗幹在〈會鎮請設太平船裝載兵骸並運送馬匹議〉一文中討論了商船配運戰馬的問題。他說：

　　臺灣各營每年例應派員赴口外買馬一次。雖買補缺額多寡不等，連同多帶餘馬約計總有一百餘匹至二百匹為止。向係到廈後勻交商船，每船配馬二匹。從前商郊富庶，帆檣雲集，自春及秋，即可配竣。迫後船隻稀少……加以各商避差取巧，多改商為漁，配渡更少。以三年之船，尚不敷配一年之馬。……18

　　馬以一百五十匹計，每船兩馬，共需船七十五艘。「從前」自春及秋即可配載完畢，故可推斷一年約有一百五十艘帆船渡臺。「從前」究竟指何時，徐宗幹並未明言，但相關資料則顯示當為嘉慶末或道光初。

　　到了道光中葉，渡臺船隻更顯著減少。周凱，《廈門志》云：「至邇年渡臺商船，僅四、五十號矣。」19《廈門志》撰於1830年代初期，此代表當時的情形。同一時期，道光十五年（1835），閩浙總督程祖洛的奏摺也說：「現在廈門商行日形凋敝，商舡漸次歇業，止剩四十餘號。」20

　　到鴉片戰爭之初，廈門仍有數十號商船渡臺。前引姚瑩，〈臺廠戰船情形狀〉即云：「昔年廈門商船渡臺，年有三、四百號，近止數十號而已！」隨後受戰亂影響，渡臺船數又復減少。再依徐宗幹，〈會鎮請設太平船裝載兵骸並運送馬匹議〉（前引），1850年左右，三年之船尚不

17　姚瑩，〈臺廠戰船情形狀〉，《中復堂選集》，pp. 177-180。

18　徐宗幹，〈會鎮請設太平船裝載兵骸並運送馬匹議〉，《斯未信齋存稿》，收在丁曰健，《治臺必告錄》，pp. 327-329。

19　周凱，《廈門志》，p. 171。

20　《明清史料》戊編，第十本，〈兵部「為內閣抄出閩浙總督程祖洛奏」移會〉，p. 973b。

敷載一年之馬，則一年之船不到二十五艘。在另一個文件中，徐宗幹則明確地提到，1850年左右廈門商船僅存二、三十號，十餘號「橫洋」（只作臺廈間貿易）、十餘號「透北」（橫洋兼作大陸沿海貿易）。其文曰：

> 商船僅存二、三十號。載糖往北，經年始歸者去其半。祇此十餘號臺、廈橫洋。貿易圖利匪易，甚至有遲至數月，不見一船來臺。[21]

在另一個文件中，徐宗幹也再次提到1850年代大陸來臺船隻甚為稀少：

> 近年臺地各口船隻稀少，配運差務日見殷繁。⋯⋯[22]

綜上所述，廈門對渡鹿耳門的船隻，在1780年代至少約四、五百艘，1800年代約三、四百艘，1820年代約一百五十艘，1830年代約五十艘，1840年代約數十（可能為三、四十艘），1850年代則僅有二十五艘左右。自1780年代至1860年前夕，進出鹿耳門的大陸船隻呈長期大幅衰退的趨勢。

我們將這些估計數字繪成圖形來看，更容易看出這種遞次衰退的趨勢。圖二（A）為1780至1860年間，每個十年期中各年船隻的估計數字。圖二（B）中的AB線點出了這些估計數字的路徑（path），CD線則利用回歸分析（regression analysis）描繪出這段期間，廈門對渡鹿耳門船隻數目長期發展的動向。在比較AB與CD兩線後，我們發現，在1800-1809至1830-1839的四十年中，帆船數目減少的速度比長期的趨勢來得快，其他兩段時間則較為緩和。換言之，在十九世紀上半葉，也就

---

21 徐宗幹，〈漁船並配公文議〉，《斯未信齋存稿》，收在丁曰健，《治臺必告錄》，pp. 325-327。

22 徐宗幹，〈援赦人犯請免解審議〉，《斯未信齋存稿》，收在丁曰健，《治臺必告錄》，pp. 323-324。

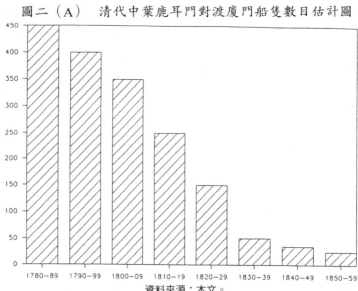

圖二（A）　清代中葉鹿耳門對渡廈門船隻數目估計圖

資料來源：本文。

圖二（B）　清代中葉鹿耳門對渡廈門船隻數目趨勢圖

資料來源：圖二（A）。

是鴉片戰爭以前的三、四十年間，來往鹿耳門的大陸帆船數目減少得較快，其他時間較慢。但就長期而言，參與鹿耳門貿易的船隻越來越少的情形則至爲明顯。以下便就此一趨勢背後的因素作一探討。

(2) 鹿耳門港帆船貿易衰落的原因

由於鹿耳門的商船皆爲「漳、泉富人所造」[23]，並且鹿耳門以廈門爲唯一的對渡口岸，因此鹿耳門帆船貿易的興衰與廈門海上貿易的消長也就有密切的關聯。

有關廈門海上貿易從乾隆年間到道光中葉日漸衰頹的原因在拙作〈清代中葉廈門的海上貿易（1727-1833）〉一文中已曾加以論列。[24] 其原因不外乎鹿耳門港港口條件的惡化、臺灣對渡大陸（不僅是對渡廈門）的口岸增加、富人貲力不及從前、海盜橫行與商人規避政府加派的配載任務五點。其中關於富人（資本家）貲力不及以往的原因，在乾隆末、嘉慶初是因爲這些富人的故鄉受到械鬥影響的緣故，在道光中葉以後，則先是受到鴉片戰爭的影響、繼而遭到太平天國之亂時期，小刀會會眾進攻廈門，造成廈門多次失守，商人逃亡所致。

清代臺灣的郊商多數來自大陸，所謂「家在彼而店在此」也。[25] 而臺灣府城的郊商更與廈門的貿易息息相關。廈門的海上貿易從乾隆年間到道光中葉也是逐步衰退，隨後則受戰爭的影響而每況愈下。鴉片戰爭期間，廈門於道光二十一年七月十日（1841年 8月26日）失守，臺灣府城的郊商因而陷於一片混亂。姚瑩云：

惟臺地紳商久行罷散，郡城郊商生理多在廈門。聞警之日，無不驚

---

23 姚瑩，〈籌議商運臺穀〉，《東溟文集》，收在丁曰健，《治臺必告錄》，p. 169。

24 陳國棟，〈清代中葉廈門的海上貿易(1727-1833)〉，pp. 85-88；收入《東亞海域一千年》(臺北：遠流出版社，2005)，pp. 467-507。

25 徐宗幹，〈諭郊行商賈〉，《斯未信齋文編》，臺文87 (1960)，pp. 85-86；或丁曰健，《治臺必告錄》，pp. 359-361。

惶，事勢迥非昔比。26

又云：

> 且臺、鹿兩處郊商，大半家於廈港。自聞失陷，一日數驚。27

戰爭過後，廈門的市面凋零，而廈門本地的郊行大多也不能復業。道光二十三年福州將軍的一個奏摺說：

> 且自兵燹之後，行商多已歇業。地方凋敝，情形與前迥異。28

道光二十四年的奏摺則說：

> 惟該處自經兵燹，富商巨賈大半凋殘。從前在彼行戶，多至數十家，近則十存一、二。29

同年另一個奏摺也說：

> 伏查廈門一口……自道光二十年突遭兵燹，民皆失業。該處向有之行棧，十倒八、九。30

道光二十五年的奏摺仍然說：

> 伏查廈門一口……至道光二十一年竟被攻陷。……其後夷蹤雖退，……家室一空，資財罄盡。居貨之行棧倒歇而不能復開，販貨之船隻亦燬壞而無

26　姚瑩，〈廈門有警臺餉不敷狀〉，《中復堂選集》，pp. 97-99。

27　姚瑩，〈再上督撫請急發臺餉狀〉，《中復堂選集》，pp. 99-101。

28　《道光咸豐兩朝籌辦夷務始末補遺》(臺北：中央研究院近代史研究所，1966)，p. 45，〈福州將軍兼管閩海關保昌奏〉(道光二十三年三月十八日奏，四月二十一日硃批)。

29　同上註，p. 45，〈福州將軍兼管閩海關保昌奏〉(道光二十四年正月二十二日奏，二月十五日硃批)。

30　同上註，p. 82，〈福州將軍兼管閩海關璧昌奏〉(道光二十四年二月十四日奏，三月十五日硃批)。

力復製。地方之蕭索，不特大異于前，即較未被兵之時，亦有霄壤之別。[31]

就在廈門商務緩慢恢復的過程當中，這一年夏天廈門及臺灣一帶又因颱風肆虐，而使商船受到巨大的損害。道光二十六年的奏摺說：

……旋據該委員等以上年六、七月間，沿海之廈門、臺灣等處疊發颶風，連宵達旦，商船被風擊壞者為數甚夥。廈門各口，被毀商船一百七十餘號，以致各口船隻，較二十四年更為減少。[32]

隨後的七、八年中，廈門可能有一段較好的復甦時期。但是為期不久，在咸豐三年（1853）年初，小刀會的徒眾開始攻擊該城，四月十一日廈門便告失守。[33] 廈門船戶與行商只得再度流亡。以下幾個奏摺分別陳述了這個現象：

閩海關廈門稅口並所屬石碼等口，現已突被會匪闖關劫擄。探報該處商船行戶，俱多躲避。[34]

……於四月十一日廈門失守……及至四月間，本省上、下游土匪同時蠢動，以致廈門失守，並銅山口、泉州所屬之安海口被搶，迨後為賊佔據，商行散避，竟至停征六個月之久。……其後廈門收復，……現在該處瘡痍未復，元氣凋零，一切行郊貿戶，遷徙未回。……[35]

31　同上註，p. 106，〈福州將軍兼管閩海關敬敫奏〉(道光二十五年二月十六日奏，三月十七日硃批)。

32　同上註，p. 137，〈福州將軍兼管閩海關敬敫片〉(道光二十六年三月十九日硃批)。

33　有關小刀會騷擾廈門的經過，參考黃家鼎，〈小刀會紀略〉，收在萬友正修、光緒十九年(1893)重校補刊本，《馬巷廳志》(臺北：成文，1967)，「附錄(下)」，pp. 90a-96b；佐佐木正哉，〈咸豐三年廈門小刀會の叛亂〉，《東洋學報》，45：4 (1963)，pp. 87-112。

34　同註28，p. 317，〈暫署福州將軍兼管閩海關副都統東純片〉(咸豐三年六月二日硃批)。

35　同上註，pp. 332-333，〈福州將軍兼管閩海關有鳳奏〉(咸豐三年十二月二十三日硃批)；參考同書，p. 339。

　　廈門收復後，商業的恢復相當緩慢，因爲廈門帆船往來貿易的地點仍然動盪不安。福州將軍的奏摺在咸豐四年（1854）時仍說：

　　該處行郊遷徙，至今尚未復業，並因天津、上海及臺灣匪徒滋擾，北船不能南來，南船亦不能前往，所進出者惟有夷船數號。[36]

　　再查得閩海關征收常稅，自上年十月十一日收復廈門，緣該處民情未定，行户俱未搬回。延至本年春間，各行間有來廈整理，而船隻尚無往來。……惟查廈門一口，分征最多。而該口所仗者，南北貨物爲大宗。計自開關以來，竭力整頓，設法招徠，並經疊次出示曉諭，飭令行户遍行知照各省素識商販，以期南北販運流通，則稅課或漸有起色。無如江南、上海均未收復，北船往來稀少，而本省商船多因封運官米，是以南船販運貨物者，亦復無幾。[37]

　　到了咸豐六年（1856），商情稍定之時，廈門卻又再度遭遇颱風的肆虐，商務又被嚴重打擊。福州將軍的奏摺說：

　　惟自土匪滋擾後，廈門口船隻所存無幾，曾經多方招徠，行郊漸有復業，即船隻亦略有修造，可望復元。茲於六月初一日，據委員協領榮祥稟：五月十二夜陡起暴風，港內船隻多被衝擊損壞，漂沒不少。又加雨勢滂沱，正值糖季旺盛之時，所有南、北商船，均在此時盤裝。不特糖貨被淹，且無船隻販運。[38]

36　同上註，p. 339，〈福州將軍兼管閩海關有鳳奏〉(咸豐四年正月二十八日奏，三月十四日硃批)。

37　同上註，pp. 356-357，〈福州將軍兼管閩海關有鳳片〉(咸豐四年十一月十九日硃批)。

38　同上註，p. 402，〈福州將軍兼管閩海關有鳳片〉(咸豐六年八月十一日硃批)；參考同書，pp. 406-407，〈閩浙總督兼署閩海關王懿德奏〉(咸豐六年十月十五日奏，十月月二日硃批)。

咸豐九年（1859）時，福州將軍仍然爲廈門商務的蕭條請求皇帝諒
解稅收不能足額的情形。奏摺上說：

祗因近年閩海上、下游連遭匪擾，各處商船無力修整，客棧行販多半
遷徙，以致稅課莫能照額征解。[39]

不過，咸豐末年以來關稅收不足額的只是屬於中國帆船報稅的舊有
海關（通稱爲「常關」）稅。至於由外國船隻（稱爲「夷船」或「洋船」）
裝載的貿易，則經由新式海關報稅。這部分的稅收則日有增長。由於外
國船隻船速較快、運價較便宜，商人貿易多包與洋船載運，因此帆船貿
易更加速式微。1860年以前，外國船隻在中國沿海活動，甚至也走私到
臺灣的情形，大陸學者汪敬虞已曾加以論列。[40] 外國船隻競爭的結果不
利於中國傳統商船，帆船貿易對閩海關關稅收入的貢獻也跟著劇減。此
一現象，咸豐十一年（1861）福州將軍也有所觀察：

伏查閩海關自道光二十七年以來，洋稅漸增，常稅漸絀。當經奏准將
洋稅撥補常稅銀二萬五千兩，從前撥補之後，常稅所短無多。蓋因彼時福
州、廈門二口，內地商艘往來載運貨物，尚皆絡繹不絕。近來洋面時有盜
蹤，商艘往來甚稀。洋船駕駛甚速，載價亦賤，內地行銷之貨，已大半包
與裝運，以致年征常稅亦形虧短。[41]

這種洋船發達與洋稅遞增、常稅遞減的情形在咸豐十年（1860）依
北京條約的精神給予外國籍船隻種種優惠之後，更形嚴重。[42]

---

39 同上註，p. 494，〈福州將軍兼管閩海關稅務東純奏〉（咸豐九年九月十二日奏，十一
　月一日硃批）。
40 汪敬虞，《唐廷樞研究》（北京：中國社會科學出版社，1983），pp. 14-17、44。
41 同註28，pp. 639-640，〈福州將軍兼管閩浙稅務文清奏〉（咸豐十一年七月七日奏，
　八月七日硃批）。
42 同上註，pp. 639-640，〈福州將軍兼管閩浙稅務文清奏〉（咸豐十一年七月七日奏，

　　廈門既為鹿耳門對渡的口岸，又是大多數臺灣府城郊商的故鄉或經商地，因此廈門的商務蕭條自然不利於整個貿易的發展。除了廈門的蕭條之外，這條路線商業的沒落也由以下幾個方面的原因所促成：（1）船舶業的沒落；（2）臺灣府城郊商的沒落；（3）臺灣出口商品市場的惡化。

（一）船舶業的沒落：

　　船舶業的沒落有幾個原因造成：一是海事風險造成船隻損耗，二是新造船隻減少，三是他型船隻的競爭。

　　[1] 海事風險與船隻損耗：

　　渡臺船隻必須橫越臺灣海峽，海上風濤無定，以當時的技術條件而言，失事率相當大。姚瑩就曾舉例云：

　　至於海洋風汛靡常，文報、解犯不能與內地一律稽程。有兩船同時開駕，一船先到，一船遲至數月者。有數船同開，眾船皆到，一船漂無下落者。即如現在委員王豫成，船漂粵東，王鼎成身遭淹沒，淡水劉丞四船赴任，兩船遭風淹斃，幕友、家丁、舵水數十人涉海之難。此其明證。……
　　臺灣在昔頗有沃土之稱，……自嘉慶以來，……情形已不如昔。……商船遭風，歲常十數，貨物傾耗。……昔之富商大戶，存者十無二、三。……43

　　但是海事風險在船隻品質、性能不變，駕駛技術不變的情形下，皆非當時的人力所能控制，因此乾隆時期與道光時期，可能的風險機率應當相似。然而，道光年間船隻的品質卻惡化了！職是之故，船隻失事率也跟著增加。姚瑩引臺灣府知府方傳穟之言云：

　　八月七日硃批）；參考同書pp. 666-667，〈福州將軍兼管閩海關稅務文清奏〉（咸豐十一年八月十三日奏，十二月二十四日硃批）。

43　姚瑩，〈上督撫言全臺大局書〉，《中復堂選集》，pp. 119-122。

昔時商本豐厚，其船工料堅固；近今商船薄小，南、北洋中沉碎者多。民間買貨千石，猶必分寄數船，以防意外。[44]

船隻失事的情形趨於惡化，除非有新的船舶加入，否則實際營運的船數必然也跟著減少。不巧這正是當時的情況。

[2] 新造船隻減少：

廈門與泉州為臺——廈船舶所有人的故鄉，因此當地社會、經濟條件的惡化便減少了新造船舶的機會。姚瑩云：

若臺地本無造船之商，亦無運米之商。所云「郊商」者，不出郊邑，收貯各路糖、米，以待內地商船兌運而已。此坐賈，非行商也。[45]

又云：

臺灣商船，皆漳、泉富民所製。乾隆五十九年水災後，二府械鬥之風大熾。蔡牽騷擾海上，軍興幾二十年，漳、泉之民益困，臺灣亦敝，百貨蕭條。海船遭風，艱於復製，而販海之艘日稀。[46]

又云：

臺灣歲運穀十萬，給福州、漳、泉三府兵食，以商船配載。嘉慶後，商船壞者，民不能復製，運穀日艱。[47]

來臺商船皆在大陸打造。而由於大陸船舶投資者財務的拮据，新造船隻也跟著減少。由於造船者少，造船所需的成本竟然下降。姚瑩提到

---

44 姚瑩，〈籌議商運臺穀〉，《東溟文集》，收在丁曰健，《治臺必告錄》，p. 170。

45 姚瑩，〈覆曾方伯商運臺米書〉，《中復堂選集》，pp. 134-137。

46 同註23。

47 姚瑩，〈太子太保兵部尚書都察院右都御史雲貴總督諡文恪武陵趙公行狀〉，《中復堂選集》，pp. 168-169。

了造船所必需的番木大桅因打造商船的情形減少，因此價格跌落。他說：

> 大桅皆用番木，其長十丈以上。……番木大桅，則惟廈門有之。此等番木大桅，皆價數千，今商船稀少，此物較賤，若得千數百金或二千金，似亦可購。[48]

又由於富人貲力大不如前，因此能獨立出資造船的人也不多。同時，爲了規避海事風險，於是便流行由數人合資共造一船。姚瑩云：

> 且海上風濤無定，即商造一船，亦合眾力爲之。復鳩眾貲以載一船。蓋自嘉慶末年至今，未有獨出己貲付諸洪波一擲者。[49]

[3] 他型船隻的競爭：

前面提到過廈門常關稅收的減少，部分原因是中國商人將其商品委託外國船舶載運。臺灣在1862年前尚未正式開放通商口岸，因此只有中國籍船隻可以入口。但是這並不是說傳統的帆船業在1862年以前沒有面臨到競爭的問題。事實上，1850年左右，中國船商已經與外國人合作建造外國式帆船（稱爲「銅底夾板船」、「粵艇」或「廣艇」），並且前來臺灣試探貿易的可能性。在徐宗幹擔任臺灣道的期間（1848-1854）先後有兩艘「廣艇」前來旗後（今高雄），其中一艘船上的外國人頭目說明他本人「向在廈門貿易，與商民陳桂岱合造（該）廣艇，運販貨物。」[50] 當時，臺灣的地方官以臺灣並非與外國通商之處而令這些船舶駛離本島。

48　姚瑩，〈上鄧制府請造戰船狀〉，《中復堂選集》，pp. 65-66。

49　姚瑩，〈覆曾方伯商運臺米書〉，《中復堂選集》，pp. 134-137。因此《廈門志》提到廈門、臺灣一帶人民有合夥造船的作法，部分原因是爲了個人資金有限，部分原因則是爲了分散風險。參考《廈門志》，p. 649。

50　徐宗幹，〈上春巖制軍書(四)〉，《斯未信齋文編》，pp. 5-6。

然而稍後徐宗幹返回大陸時，竟然放棄了傳統的中國帆船，而選擇搭乘「粵艇」。徐宗幹，〈渡海後記〉云：

> （甲寅，1854）……四月初八日卸任，小住過夏五，時伏汛多風，且洋匪充斥，而不敢遲遲吾行。由廈門覓銅底夾板船，夷、商所合造者，初約放至臺郡鹿耳門出洋，直抵福州五虎港口。因官紳有附便回嘉義者，乃收泊五條港口，須移以就彼。蓋去處仍來處也。適又有粵艇至，兼用為副駕。
>
> ……臺商米艘聯檣相從，一路無萑苻之警。[51]

徐宗幹來臺時搭乘的是傳統中國帆船，飽受風濤之苦，[52] 因而回大陸時特別由廈門訂僱「銅底夾板船」的「粵艇」，果然一帆風順。而航行臺、廈間的米船也尾隨搭載徐宗幹的「粵艇」而行，則是因為它們防護海盜的能力也比較好的緣故。[53]

雇用夷船護航的情形，在劉家謀的《海音詩》中也有描述：

> 戈船如霧集滄湄，破浪乘風是幾時？無數估帆愁海暴，千金枉聘碧眸夷。
>
> （洋商畏盜，嘗鳩貲僱夷船為護；近艇匪之暴，夷船亦無能及矣。夷人，皆高準碧眸。）[54]

《海音詩》成於1852年，提及夷船未必有防禦艇匪的能力。但兩年後，徐宗幹還是選擇了「粵艇」，因為無論如何，總比傳統帆船自衛性強。「粵艇」的性能較好，駕駛較為安全，而且較能抵擋海盜的騷擾，因此

---

51 徐宗幹，〈渡海後記〉，《斯未信齋文編》，pp.152-153。

52 徐宗幹，〈浮海前記〉，《斯未信齋文編》， pp.125-128。徐宗幹所搭乘之帆船船戶名叫歐進寶，船隻的大小依照他的估計「載可四、五千石。」為相當大型的船隻。

53 事實上，早先被臺灣地方官員要求駛離旗後的另一艘「廣艇」即稱來臺的原因是「商船販運米石，因洋面不靖，催令護送。」可見貿易商對「廣艇」的防護能力較有信心。參考註51。

54 劉家謀，《海音詩》，收在《臺灣雜詠合刻》，臺文28 (1958)，p. 10。

也有船商願意製造這種西式帆船，而有更多的人愛利用這型船隻。因此「粵艇」的存在，對於傳統中國帆船業是不利的。只是這種局面維持不久，很快地外國籍船舶——包括方興未艾的火輪船——在1860年代以後就加入臺灣與大陸之間的航運業，對傳統帆船業來說，面臨的又是更大的一個轉變時期了。

（二）臺灣府城郊商的沒落：

臺灣商人在道光年間也歷經了來自戰亂與來自政府需索的不利因素，因而日趨沒落。姚瑩云：

臺本沃土，其民士多富而好義。乃自道光六年械鬥、十二年張丙作亂，兩用大兵。十四、十六兩年，亂民再擾閭閻，元氣蕩然。有司亟謀善後，修城、建倉、積穀，一切派捐民間，復興建考棚，動輒數萬。創痍之後，其何以堪？又前此嘉義被圍時，官借紳民數萬金，事平不償。前守某復呵責之。以是富者疲於捐貲，義氣亦衰。此民之困於人者也。[55]

又云：

臺灣昔時地方殷實，紳、商頗多，每逢警變，莫不捐輸效力，府庫亦常存銀二、三十萬，可先支應，以待內援。然前人猶時以東顧為憂。自蔡逆（蔡牽）騷擾海上，商力大虧，生業消敗，三十餘年矣。繼以嘉慶十五年、道光六年兩次分類械鬥，十二年張丙、十六年沈知、十八年胡布屢次作亂，元氣蕩然。紳民縱肯急公，多苦捐資無出。[56]

臺商資力大不如前，部分也是因為臺灣的經濟情況也有走下坡的現象。徐宗幹云：

55　姚瑩，〈與毛生甫書〉，《中復堂選集》，pp. 113-116。
56　姚瑩，〈防夷急務第二狀〉，《中復堂選集》，pp. 86-87。

倉有餘粟、庫有餘帑、民有餘錢、商有餘貨……故至今無不以臺地之勝於內地，信而有徵。履其地而後知十年前之不如二十年前也，五年前之不如十年前也，一、二年內之不如五、六年前也。其故安在？兩言以蔽之曰：銀日少、穀日多。銀何以日少？洋煙愈甚也；穀何以日多？洋米愈賤也。……57

而到了1850年左右，臺商的窘境更表現在無能力支付「發商生息」的利息一事上。徐宗幹又云：

……雖有應徵息款，既存者歷任挪墊公用，尚待清釐；現征者領戶半皆凋殘，莫能足額。至於商郊更多疲敝，催其船隻協同防堵，多方推諉，更非咄嗟所能猝辦。58

又云：

查前鎮愛奏請籌撥司庫款銀十萬兩，發臺生息，以資臺地各營出洋捕盜口糧一款，府城各戶領銀六萬五千兩、鹿港行郊領銀三萬五千兩，分別於嘉慶十一年十一月起息，每年應征息銀一萬二千兩，遇閏加增一千兩。各前府按年征息，初尚殷實，完繳如額；後漸懸曠，官多代賠。今則疲戶甚多，完繳不前，懸欠甚鉅。……

……其原領各紳商、殷戶現皆中落，雖有印契為質，大率為偽造投稅，保家即屬本人換名、或空號店舖，傳喚無人。繩之過激，本息胥歸無著；若復不加察，更飽胥差谿壑。……59

57　徐宗幹，〈請籌議備貯書〉，《斯未信齋存稿》，收在丁曰健，《治臺必告錄》，p. 282。

58　徐宗幹，〈會鎮請籌款防洋議〉，《斯未信齋存稿》，收在丁曰健，《治臺必告錄》，pp. 307-308。

59　徐宗幹，〈水師口糧議〉，《斯未信齋存稿》，收在丁曰健，《治臺必告錄》，pp. 306-307。

《海音詩》自註也提到：

商戶曰「郊」，南郊、北郊、糖郊曰「三郊」。……近日生計日蹙，三郊亦非昔比。[60]

因為財力萎縮，所以在〈防夷書〉一文中，徐宗幹也不能不感歎地說：

各屬紳商，可望其出力，未可強以捐貲。此臺民之不如粵民也。[61]

（三）臺灣出口商品市場的惡化：

南部臺灣的出口品為米、糖兩樣。米主要銷往福建、浙江，糖主要銷往華中、華北及東北。但在道光年間米、糖出口市場的需求卻顯著的縮小。1839年時，姚瑩云：

臺人皆食地瓜，大米之產，全為販運，以資財用。比各省皆熟，米客不至，臺人苦穀有餘而乏日用。富家一切興作皆罷，小民無從覓食，盜賊益多。此民之困於時者也。……[62]

又云：

臺人所產米糖，惟以商販為利。比歲閩、浙皆熟，米販不至。富人乏用，一切工作皆罷。游手無業者，莫從得食，益有亂心。昔人言凶歲多盜，不知臺民固豐年亦多盜也。……[63]

1850年左右，徐宗幹也說：

60　劉家謀，《海音詩》，p. 20。
61　徐宗幹，〈防夷書〉，《斯未信齋文編》，p. 28。
62　姚瑩，〈與毛生甫書〉，《中復堂選集》，p. 114。
63　姚瑩，〈與湯海秋書〉，《中復堂選集》，p. 117。

……（內地）不食臺米，則臺米無去處，而無內渡之米船；無內渡之米船，即無外來之貨船。

往年春、夏外來洋元數十萬，今則來者寥寥，已數月無廈口商船矣。各廳、縣雖有海口，幾成虛設。

然無來亦無去猶可也。而煙土之禁，不弛而弛……每日即耗銀十萬兩矣。……二者夾攻，其何以堪？……

臺商以貨糖為主，今聞夷亦販糖矣。[64]

另一個文獻則說：

臺灣所產，只有糖、米二種。近來粵省產糖充旺，紛紛外販，致臺地北販之糖獲利較薄。米穀一項，又以生齒日煩（繁？），其存積不能如昔日之多。上年內地及浙江省歉收米貴，不得不暫弛海禁。臺米既多外販，致本地價亦增昂，彰（漳？）、泉一帶船戶赴臺販米者常虞虧本，因而裹足不前。[65]

前面提到過的《海音詩》也有類似的觀察：

蜀糖利市勝閩糖，出峽長年價倍償，

輓粟更教資鬼國，三杯誰覓海東糧！

（臺地糖米之利，近濟東南、遠資西北。乃四川新產之糖，價廉而貨美，諸省爭趨之，臺糖因而減市；英吉利販呂宋諸夷米入於中國，臺米亦多賤售。商為虧本而歇業，農為虧本而賣田，民愈無聊賴矣。「三杯」，臺穀名。）[66]

---

64 徐宗幹，〈請籌議備貯書〉，《斯未信齋存稿》，收在丁曰健，《治臺必告錄》，pp. 281-286。

65 《明清史料》，戊編第二本，pp. 189ab，〈戶部爲「內閣抄出閩浙總督程祖洛奏」移會〉。

66 劉家謀，《海音詩》，p. 9。

　　臺灣的貿易是由出口品來主導的。主要出口品的米、糖在市場上既然遭受不利因素的影響而蕭條，往來船隻也跟著減少，進口業也隨之而式微。進、出口業得不到發展的機會，臺地的經濟景氣遂趨向於低落，回過頭來又使帆船貿易更加衰頹。

2. 鹿港

　　在開放爲對渡大陸的口岸之前，鹿港的商業已有長足發展，但僅爲環島小帆船往來貿易的港口。撰於1773年的朱景英，《海東札記》云：

　　郡境通海之處，各有港、澳。定例只許廈門、鹿耳門商船往來。此外……彰化縣有海豐港、三林港、鹿子港、水裡港……，凡十有七港，均爲郡境小船出入，販運其中，各設官守之。……鹿子港則煙火數千家，帆檣麕集，牙儈居奇，竟成通津矣。……鹿子港以北，則販米粟者私越其間，履經查禁，近亦稍斂跡矣。[67]

　　到了乾隆四十八年（1783），經由福州將軍永德的奏請，鹿港才開放爲對渡福建泉州蚶江港的口岸，可以直接與大陸貿易。所以選定蚶江，而不是泉州灣其他港澳（如崇武、祥芝……等等）爲對渡口岸，是因爲蚶江有泉州府通判駐守，便於稽查之故。同時正巧也有以下的機緣：永德於四十七年兼署福建陸路提督時，拏獲二十餘名自蚶江偷渡臺灣的人犯，因此在四十八年上奏，說：

　　奴才體訪臺地往來海面，其南路臺灣、鳳山等屬，係鹿耳門出洋，由廈門進口，始爲正道。至北路諸羅、彰化等屬，則由鹿港出洋，從蚶江一帶進口，較爲便易。若責令概由鹿耳門出海，其中尚隔旱路數站，不若蚶

67　朱景英，《海東札記》，臺文19 (1958)，卷一，〈記巖壑〉，p. 8。參考張炳楠，〈鹿港開港史〉，《臺灣文獻》，19：1 (1968年3月)，p. 7。

江一帶進口較近。是以臺地北路商販，貪便取利，即多由此偷渡。以奴才愚見，莫若於鹿港、蚶江口一帶照廈門、鹿耳門之例，設立專員管轄稽查，聽民自便。則民不犯禁，而奸胥亦無能滋弊。[68]

永德的意見是與其讓偷渡的狀況不斷發生，不如將鹿港與蚶江開放為對渡口岸，以便於管理。清廷原則同意，並令他與督、撫議訂章程。其後閩浙總督富勒渾即上了一個奏摺，列舉了五點管理辦法，其中有兩點與貿易有關：

一、分別船隻以便稽考也。查蚶江出口經（逕？）渡鹿仔港，路近水平，商民稱便，一經設口往來，則向有（由？）廈門、鹿耳門出入者，無不貪圖便利，爭赴如鶩。但臺灣、鳳山兩縣均在西路，其從廈門往返，實為正道，……不越赴蚶江渡載。至蚶江商、漁船隻，係由附近云（之？）法石汛掛驗出入，往江、浙及福州省城、福寧、福安等處貿易，今既准赴臺，應會移（移會？）駐蚶江之通判將船隻驗明編號，造報掛號驗放，仍設行保以專（責）成。……

一、酌撥兵粟以分配運也。查臺灣府屬撥運內地兵粟，歲共八萬餘石，均從鹿耳門配船載運。今蚶江既准經渡，則商販自多，亦應酌分輓運，以均勞逸。且船隻往來有此官運兵粟，亦易稽查。所有臺屬北路諸羅、彰化二縣應運內地粟石，即責令鹿仔港同知專司配運。惟蚶江之雙桅、單桅船隻與廈門之塘（糖）船隻、橫洋船，按照大小之別，廈門向例糖船配運兵米一百二十石、橫洋船每隻配兵米六十石，穀則倍之，歷年遵辦在案。今鹿仔港兵米亦應酌定數目配運。但雙桅船比橫洋、糖船較小，米數自應核減。應酌宣（宜？）每船配運兵米四十石，穀則配運八十石。

---

68 《彰化縣志》，臺灣研究叢刊(臺北：臺灣銀行經濟研究室)，第48種(1957)，卷十二，〈藝文志〉，〈請設鹿港正口疏〉，pp. 174-175。

查諸羅、彰化二縣每年領運兵粟三萬四千餘石，其船隻多寡、可運若干，此時尚難預定。……69

鹿港在永德的奏請之後，正式開放爲對渡口岸。不過，由碑刻資料所見，在開放爲對渡口岸之前，鹿港已有與大陸之間的直接貿易存在，因爲在乾隆四十八年之前，鹿港已有泉、廈郊商。鹿港〈敬義園碑記〉云：

……迨乙未年（1775），爲他人做嫁衣裳，復駐鹿港。……爰商諸東家王君垣、紳士林君振嵩及泉、廈郊戶，戶咸樂捐助彙集，數載得以有成。70

林振嵩號毅園，泉州府永寧衛人，有監生身分。乾隆五十一年（1786）林爽文之亂起，鹿港淪陷，振嵩率領子姪恢復鹿港，並且捐款幫助軍餉，又組義軍協助平亂，事後獲得六品職銜的獎勵。71 他所經營的「日茂行」爲鹿港最出名的泉郊。而他在林爽文舉事不久，即能以私人的力量恢復鹿港，表示他在1786年時事業已經極爲成功。再從他捐助敬義園的經費一事來看，他的事業——以及其他泉、廈郊商的事業——必定開始於1775年以前，早過鹿港開放爲對渡口岸至少十年以上。

鹿港對渡雖以泉州蚶江爲正口，但是因爲政府又允許廈門的「白底艍」船對渡鹿港，因此廈門、蚶江兩港均與鹿港對渡。《福建省例》保存了一件乾隆五十五年（1790）有關此事的章程，茲摘錄如下：

竊照臺灣府屬，地土膏腴，而北路之嘉義、彰化二縣，產米尤多：泉、漳二府民食，全資接濟。自鹿仔港未經設口以前，廈門向有白底艍船，往來鹿仔港販買米穀，運回銷售；於商民頗多利益。嗣因私販多由蚶

---

69 《明清史料》，戊編第二本，pp. 129b-130b，〈閩浙總督富勒渾奏摺〉。
70 《彰化縣志》，p. 205；劉枝萬，《臺灣中部碑文集成》，臺文151（1962），pp. 7-8；郭永坤，〈鹿港「郊」之史料零零〉，《史聯雜誌》，第六期(1985年3月)，p. 24。
71 《彰化縣志》，卷八，〈人物志〉，「軍功」條，pp. 123-124。

江偷渡，乾隆四十九年，經前任福州將軍臣永奏請，臺灣北路於鹿仔港設口，內地泉州於蚶江設口。議定廈門船隻由廈門舊口掛驗赴鹿耳門，其蚶江船隻則由蚶江新口掛驗赴鹿仔港。如廈門白底艍船有赴鹿仔港貿易者，亦必由蚶江掛驗，始准出口。立法固屬周詳，惟是廈門船隻渡赴鹿仔港，風順之時不過一、二日可到，如轉至蚶江掛驗後再赴鹿仔港，海道既屬紆（紆？）迴，而風汛靡常，守候動需時日。邇年以來，廈門白底艍船因格於成例，往回稽阻，漸次歇業。以致泉州之廈門及漳州一帶地方販運稀少，糧價增昂，民食不無拮据，實於商民不便。且白底艍船赴鹿仔港者既少，則嘉義、彰化二縣應運內地兵穀，尚藉蚶江一處單桅、雙桅小船配運，亦難免積壓之虞。……

　　臣悉心籌酌，應請嗣後除蚶江船隻仍由蚶江新口掛驗放行外，其廈門白底艍船欲赴鹿仔港貿易者，即准其就近由廈門同知編號掛驗放行，責成廈門行戶保結稽查，准於船旁大書「廈門准赴鹿仔港艍船」字樣，俾無混淆。並令興泉永道於牌照內加用關防，查明驗放，以示區別。則商船等仍不能私行偷渡，而各商皆得便捷遄行。至白底艍船比蚶江之單桅、雙桅船身較大，如遇配運官穀，應以每船裝米六十石、穀則倍之。倘有遭風失水，照例著落原保行戶賠補。其餘廈門一切糖船、橫洋等船，循照舊例，仍止准對渡鹿耳門出入，毋須偷越鹿仔港。[72]

　　「白底艍」一作「白底舡」，本屬漁船。《福建省例》〈洋政條款〉云：

　　晉江之厝上、深滬（滬），惠安之獺窟、崇武，同安之岑頭等處，又有白底舡一種船隻，名為「漢洋釣」，無魚捕獲，即肆劫奪。海邊人所謂

---

72 《福建省例》，臺文199（1964），pp. 662-666，〈廈門白底艍船准其徑渡鹿港貿易章程〉；又見《明清史料》，戊編第二本，pp. 144b-146a。

「有魚則漢洋，無魚則海洋」者是也。近來報劫者，多係此種漁船。定例釣船水手，載明照內，不過十餘人。邇來有多至三、四十人者，較之牌照，不啻數倍，詢之指為搭客。違禁器械，無所不有，詢之稱為禦盜。……73

《廈門志》，卷五〈船政略〉，「漁船」條：

漁船有大、小兩種，單桅、雙桅之別。初，漁船止准單桅，樑頭七尺，歸縣徵收漁稅；不許越省採捕。後閩省漁船許用雙桅，樑頭至一丈而止。七尺以上，歸關徵稅。大者曰「白底艍」，春、冬漁汛准赴浙江定海、鎮海、象山三縣洋面捕鯼、釣鱘；與商船一體取具里、鄰、族、澳甲保結，編號烙印，桅上、篷上大書縣分、姓名，船旁深刻字號。……

康熙四十六年，准閩省漁船與商船一體往來。……

乾隆五十五年，總督伍拉納奏：廈門白底艍欲赴鹿仔港貿易者，令由廈門同知編號挂驗放行。仍於船旁大書「廈門赴鹿仔港」字樣，並令興泉永道於牌照內加用關防驗放。（《省例》。按、白底艍，漁船也；定例不准經商，此乃啟漁船經商之漸，後仍禁止。）74

無論蚶江之單桅、雙桅，還是廈門的白底艍船，皆屬於「漁船」的系統，只是在非捕魚的季節從事商業活動而已。

不過，隨著鹿港對大陸貿易的發達，真正的商船也在鹿港港口出入。丁紹儀在其所撰的《東瀛識略》中即云：

嘉義以北，以彰化縣屬鹿仔港為正口，與泉州府之蚶江遙對，水程亦近於廈門之距鹿耳門。乾隆間移北路理番同知兼海防事與安平協標左營遊擊同駐其地。其時一、二千石大舟均可直抵港岸，商艘雲集，盛於鹿耳。75

73　《福建省例》，第五冊，〈洋政條款〉，p. 703。
74　《廈門志》，卷五〈船政略〉，pp. 172-173。
75　丁紹儀，《東瀛識略》，p. 52。

　　《東瀛識略》說乾隆年間鹿港的繁榮程度超過鹿耳門可能有誇張的成分。但提到乾隆末年已有一、二千石船隻進口，可見有眞正的商船。尤其是道光五年（1825）以後，鹿港開始發展與華北及東北的貿易，因而可能有較多的大型船隻收泊該港。《彰化縣志》云：

　　鹿港向無北郊。船戶販糖者，僅到寧波、上海；其到天津尚少。道光五年，天津歲歉，督、撫令臺灣船戶運米北上；是時鹿港泉、廈郊商船赴天津甚夥。叨蒙皇上天恩，賞賚有差。近年四、五月時，船之北上天津及錦、蓋諸州者漸多。鹿港泉、廈郊船戶欲北上者，雖由鹿港聚載，必仍回內地各本澳，然後沿海而上。[76]

　　《彰化縣志》成書的年代在1836年左右，換言之自鹿港出帆的商船在前此十一、二年間才發展出華北與東北的貿易。這段期間，應有較大（即三、四千石以上）的船隻出入鹿港。不過，鹿港與鹿耳門一樣，也就在《彰化縣志》成書的年代，因爲受到泥沙淤積的影響，只能收泊中、小型商船。姚瑩云：

　　其鹿耳門及鹿港，近皆淺狹。商艘三、四千石即難收入。[77]

　　而在1841年，因爲廈門失守，福州、漳州兩府糧食缺乏時，姚瑩答覆福建布政使的信函也提及以下的事實：

　　惟未接尊函之先，鹿港廳接蚶江移：奉制府飭行招商買米赴臺，一概免配官穀。月來鹿港、五條港進口商船已數十號，每船買米一、二千石不等。[78]

76　《彰化縣志》，卷一，〈封域志〉，「海道」條，pp. 38-39。

77　姚瑩，〈覆鄧制府言夷務書〉，《中復堂選集》，pp. 124-125。

78　姚瑩，〈覆曾方伯商運臺米書〉，《中復堂選集》，p. 135。

　　因此大部分的時間，收泊鹿港的商船應以載重一、二千石的中、小型商船為主。除了主要的泉、廈商船之外，道光中期，大陸往來鹿港貿易的還有以下的小型船隻：

　　鹿港泉、廈商船向止運載米、糖、籸、油、雜子到蚶江、廈門而已。近有深滬、獺窟小船來鹿者，即就鹿港販買米、麥、牛骨等物，載往廣東、澳門、蔗林等處。回時採買廣東雜貨、鱔、草魚苗來鹿者，名曰「南船」。[79]

　　道光年間出入鹿港的應有一些中、小型商船，但更小型的船隻往來可能更為頻繁。張炳楠的〈鹿港開港史〉云：

　　（鹿港）與大陸之交通則以蚶江最為頻繁，深滬、梅林次之，廈門、祥芝、獺窟、崇武、福州等再次之。來往之帆船以載重五十石至四百石為多。[80]

　　五十石才三噸半重，四百石也不到三十噸，都是相當小的船，可能是漁船偶爾從事商業行為，而非專業的商船。這種小船的載運能力比起進出鹿耳門的廈門商船一般都在兩千石或兩千石以上的情形簡直微不足道了。不過，鹿港雖然因為淤沙不能停泊較大型的船隻，但是卻有附近的其他港口能供這些船隻出入，而仍以鹿港市街為商品的集散地。清廷為了疏解鹿港的船運，先是在道光六年開放了海豐港，（參考本書p. 270）而於海豐港隨即淤塞之後，又允許收泊在鹿港南方一百二十里遠的樹苓湖（下湖）港作為海豐港的附港，讓收泊於樹苓湖的船隻分擔鹿港的「臺運」配額。[81] 因此，包括鹿港、海豐港、樹苓湖在內，出入

79　《彰化縣志》，卷一，〈封域志〉，「海道」條，p. 39。

80　張炳楠，〈鹿港開港史〉，p. 6。

81　姚瑩，〈樹苓湖歸鹿港分運臺穀狀〉，《中復堂選集》，pp. 35-39。

與鹿港相關港口的船隻實際上要多些，而且包含稍多的大船。

最初在1784年開放鹿港時，預定由鹿港配運「臺運」的米穀爲三萬四千餘石。以廈門船每艘配穀一百二十石、蚶江船八十石的平均值一百石計算，大約需要三百四十個船次以上方能完成任務。到1838年時，姚瑩認爲包含海豐港、樹苓湖及鹿港本身三口，可以勝任配運兵穀三萬三千石，亦即需要大小商船、白底艍船和蚶江雙桅船三百三十個船次以上。與五十年前的情形相彷。不過，姚瑩的估計可能只代表他一廂情願的看法，當時的鹿港及其輔助港口是否真有那麼多艘船隻可供配運呢？若依道光十三年（1833）擔任鹿港同知的陳盛韶的記述，1820及1830年代，也就是鴉片戰爭前一、二十年間，鹿港實際上正經歷著與鹿耳門一樣的蕭條時期。陳盛韶云：

> 然則鹿港商船數百，今只五十餘號，奈何？曰：富商日少，船壞難復，去其一；販運失利，配運避累，去其一耳！[82]

顯然造成商船減少的原因也與鹿耳門類似。

如上所述，鹿港與大陸的對渡口岸實際上有蚶江與廈門兩處。泉、廈郊的商人即爲鹿港主要的貿易商。《彰化縣志》云：

> 遠賈以舟楫運載米粟、糖、油。行郊商皆內地殷戶之人，出貲遣夥來鹿港。正對渡於蚶江、深滬、獺窟、崇武者曰「泉郊」；斜對渡於廈門曰「廈郊」。間有糖船直透天津、上海等處者，未及郡治北郊之多。[83]

鹿港的主要出口品爲米、糖及油。[84] 郊商的原籍皆在大陸，但來臺開設郊行的倒不一定是夥計，如林振嵩即自行營業。郊商出口米、糖原

---

82 《彰化縣志》，卷九，〈風俗志〉，「商賈」條，p. 137。

83 參考《彰化縣志》，卷九，〈物產志〉，pp. 147、157-158。

84 陳盛韶，《問俗錄》，卷六，〈鹿港廳〉，「海運」條，p. 113。

來只銷往福建、寧波，最遠到上海，到道光五年（1825）以後才將商路延伸到華北與東北。雖然有華北商路的新發展，但不巧碰到商業蕭條時期，所增加的貿易量恐怕有限。而且因爲郊商原籍大都在泉州、廈門，而生意往來也與泉、廈關係甚深，因此1840年代以後廈門動亂自然也影響了鹿港，此便不再復述了。

3. 八里坌（滬尾）

《明清史料》戊編第一本頁60a，〈閩浙總督那揭帖〉（乾隆八年二月二十八日）提及在雍正八、九（1730、1731）年間八里坌已與鹿仔港同樣設有巡檢及民壯，方豪先生因而推斷當時八里坌必已相當繁榮，也應有對外貿易。方先生進一步推測「臺灣北部早期之『郊』當在八里坌，但規模必小；後爲便利山胞採購，乃遷至艋舺。」[85] 從八里坌現在仍有，並且因爲地下考古文物出土而出名的地名「十三行」之存在，有人推斷當地曾有「洋行」十三家的說法，[86] 可見得早在成爲合法的對渡口岸之前，八里坌已有與大陸之間的帆船貿易是受到部分學者認定的。至於何時將北部的交易中心移至艋舺則史無明文，但知乾隆初年艋舺可能已有郊商。

《淡水廳志》，卷六〈典禮志〉「祠廟」「水仙宮」條：

> 一在艋舺街，乾隆初，郊商公建，祀夏王。[87]

劉克明主編之《艋舺龍山寺全志》更提到：

---

85 方豪，〈臺灣行郊導言與臺北之「郊」〉，《方豪六十至六十四自選待定稿》(臺北：著者自刊本，1974)，pp. 40-41。

86 搶救十三行文化遺址行動聯盟，《重構台灣歷史圖像——十三行遺址調查報告》(臺北：自立晚報，1991)，p. 17。

87 陳培桂，《淡水廳志》，臺灣叢刊第一輯第九冊(臺北：國防研究院，1968)，p. 149。

建築為清乾隆戊午三年五月十八日興工，同五年二月八日告成。……
本寺初雖為奉祀觀音菩薩所建，而泉郊之人氏亦為奉祀天后、五文昌、關
帝之故，單獨出資，於本殿後方增加建築。但嗣後北郊人氏亦來參加，共
維持此寺。[88]

泉郊人氏在龍山寺後增建殿宇，自然是乾隆五年以後的事，但依文
意總在乾隆初年。

從《淡水廳志》與《艋舺龍山寺全志》的記述，乾隆初艋舺似乎已
有郊商活動。但《淡水廳志》書成於1871年、《艋舺龍山寺全志》出版
於1951年，距離所謂乾隆（1736-1795）初年有一、二百年之久，兩書
雖不能說沒有根據，難免也有想當然爾的成分。是否真的在乾隆初年，
艋舺已有行郊的存在，仍需較直接的資料來佐證。

不過，淡水在正式開放為對渡口岸之前，早在康熙年間即已有少量
的合法貿易存在，這就是所謂的「社船」貿易。《重修臺灣府志》云：

淡水舊設社船四隻，向例由淡水莊民僉舉殷實之人詳明取結，赴內地
漳、泉造船給照；在廈販買布帛、煙茶、器具等貨來淡發賣，即在淡買糴
米粟回棹，接濟漳、泉民食。雍正元年，增設社船六隻。乾隆八年，定社
船十隻外，不得再有增添。每年自九月至十二月止，許其來淡一次；回
棹，聽其帶米出口。其餘月分，止令赴鹿耳門貿易。九年，定臺道軍工所
辦大料，由社船配運赴廈，再配商船來臺交廠，自九月至十二月止，不限
次數，聽其往淡。[89]

社船的數目有限，而且一年中只有四個月可以來淡水，因此貿易規

---

88 劉克明主編，《艋舺龍山寺全志》（臺北：龍山寺，1951），第一章第一節，〈創建〉
　　條。
89 范咸，《重修臺灣府志》，臺文 105(1961)，p. 90。

模恐怕不大。但是社船已被允許在淡水與廈門之間對渡，因此也確定自康熙年間以來已有與大陸的貿易存在。既然這個貿易長久而持續的存在，因此有郊商以從事此一貿易，自然是不無可能的了。

除了少數的社船可以從事兩岸的貿易外，基本上八里坌僅作爲島內貿易的港口。乾隆二十年閩浙總督喀爾吉善的一個奏摺稱：

> 臺郡東逼崇山、西臨大洋，南北綿亘幾二千里。郡治爲中權，附郭惟臺灣一縣。北爲諸羅、彰化二縣、淡水一廳，南爲鳳山一縣。雖處濱海，沿邊皆有沙線阻隔，橫洋巨艦不能直達各廳、縣境。即北路有淡水一港可通巨艦，亦離淡水廳治幾二百里，且屬禁港，不許商艘往來貿易，以致南北路各廳縣所產米谷，必從城鄉車運至沿海港口，再用艍仔、杉板等小舡由沿邊海面運送至郡城鹿耳門內，方能配裝橫洋大舡轉運至廈。[90]

換言之，淡水港被承認爲與鹿耳門一樣爲臺灣僅有的兩個可供橫洋船出入的優良港口，但是政策上未開放爲對渡口岸，因此淡水港對橫洋船而言是一個禁港。但是淡水的港口條件既然優秀，因此就免不了有人非法地利用此一港口。於是在乾隆五十三年開放八里坌爲對渡福州的口岸，並在乾隆五十五年（1790）以後才招募兩名「行保」[91]。換言之，要到1790年以後作爲內港的艋舺才可以合法地正常發展。

八里坌在淡水港開港時爲艋舺的外港。但在數年以後，因爲淡水河水流的變化，八里坌的泊碇處日漸淤淺，不再適宜作口岸，於是商船往來就改以八里坌對岸的滬尾爲港口。[92] 不過艋舺作爲淡水港的商埠則不受影響。

---

90 《明清史料》，戊編第二本，pp. 102a-103b，〈户部「爲閩督喀爾吉善等奏」移會〉。

91 《宮中檔乾隆朝奏摺》，第74輯(臺北：故宮，1988)，pp. 528-530，乾隆五十四年十二月二十八日閩浙總督覺羅伍拉納、福建巡撫徐嗣曾會銜摺。

92 陳國棟，〈淡水聚落的歷史發展〉，收入本書，pp. 165-197。

　　有關艋舺行郊或帆船貿易的資料大多後出，但可推測乾隆末、嘉慶（1796-1820）年初，貿易已相當發達。艋舺的郊商中，以「張德寶」號最著名，有「第一好，張德寶」之稱。「張德寶」的創始人為張秉鵬，他於1770年左右出生於泉州土門外法石鄉。十七歲時來臺，在艋舺一家商行中當夥計。此時正當八里坌開放貿易之時。他的發跡據說是因為擔任行主的「押載」，在海盜蔡牽活躍於臺灣海峽時（約1799-1809）[93] 由於被劫奪而結識了蔡牽，獲得蔡牽贈送一面黃旗保障他不致被搶掠，因此許多船隻都願意與他結伴而行，從而他不但可以因貿易而獲利，而且同行船隻也付給他傭金，他因而致富，自然也就不用再當夥計，而自己開行當郊商。[94]

　　從張秉鵬的故事，我們可以推斷乾、嘉之際艋舺必已有郊商，且不只一家。但是究竟有多少家、多少帆船加入此項貿易，則不得其詳。

　　不過，一直到道光（1821-1850）初年，艋舺的商業活動都很熱絡。姚瑩於辛己（當作辛巳，1821）年正月自臺灣府北上赴噶瑪蘭，事後寫了一篇〈臺北道里記〉記載他旅途所見，提到當時艋舺的情形說：

　　艋舺民居、舖戶約四、五千家，外即八里坌口。商船聚集，闤闠最盛，淡水倉在焉。同知歲中半居此，蓋民富而事繁也。……由艋舺東水程二十里，即八里坌海口，設滬尾一營，與內地五虎門對渡。[95]

93　有關蔡牽的海盜活動，參考蘇同炳，〈海盜蔡牽始末(上)、(下)〉，《臺灣文獻》，25：4(1974年12月)，pp. 1-24；26：1(1975年3月)，pp. 1-16。收入蘇同炳，《臺灣史研究集》（臺北：國立編譯館，1990），pp. 151-252。又參考張中訓，〈清嘉慶年間閩浙海盜組織研究〉，收在《中國海洋發展史論文集(二)》（臺北：中央研究院三民主義研究所，1986），pp. 161-198。

94　曾文欣，〈張德寶與漳泉拼〉，《臺北文物》，2：1(1953)，pp. 69-70。參考王一剛，〈艋舺張德寶家譜〉，《臺北文物》，8：2(1959)，pp. 51-54。

95　姚瑩，〈臺北道里記〉，《東槎紀略》，pp. 88、90。

依此，道光初年艋舺的商業活動算是相當興盛。[96]

十九世紀上半葉，經由艋舺、八里坌（滬尾）出口的商品中，大菁（藍靛）一項頗為重要。溫振華引明治四十年（1907）編的《深坑廳統計書第二》說：

> 藍靛於嘉慶初年（1796-1800），由上海攜苗種試種於深坑街附近，由於氣候適合，繁殖頗速。咸豐年間（1851-61）達於極點。艋舺北郊投資四、五十萬圓貸款農民，獎勵他地（？們）移住栽培，一時從業者七、八千人，每年製藍產量一千四、五百萬斤，值一百二、三十萬圓。但土地漸貧脊（？瘠），同治末年產量減少，價格也日益低落。[97]

《深坑廳統計書第二》編纂的年代距所稱的移種大菁的嘉慶初年已超過一個世紀，其資訊來源可能得自田野調查，因此敘述難免有不符史實之處，如云苗種移植自上海，恐怕就不可靠。比較可能的情形是移植自福建，因為該地自明末以來即為中國藍靛的主要產地。[98] 也由於福建本身是藍靛的產地，因此臺灣藍靛的行銷地當以寧波、上海、天津等福建以北的港口為主。這些港口屬於艋舺「北郊」的貿易地，所以投資藍靛生產者為北郊商人。八里坌設口後不久，臺灣北部即致力於大菁的生產，因此大菁在北部的出口品中，可能比米穀還來得重要。直到清治末期，艋舺的「北郊」都比經營福建貿易的「泉郊」、「廈郊」來得更發

---

96 卓克華，〈艋舺行郊初探〉，《臺灣文獻》，29：1（1978），p. 189引用了同一段文字，卻說艋舺於咸豐年間(1851-1861)達於極盛的階段。艋舺在咸豐年間相當繁榮應是事實，但不應持〈臺北道里記〉一文爲證。因爲該文所記爲姚瑩於辛巳年由臺南經艋舺前往噶瑪蘭的經歷，指的是1821年的觀察，而不是咸豐年間的情形。

97 溫振華，〈清代臺北盆地經濟社會的演變〉，國立臺灣師範大學歷史研究所碩士論文，1978，p.136。 相近的說法亦見大正八年(1919)台北廳編纂的《臺北廳誌》（臺北：臺灣日日新報社），pp. 336、414-415。

98 參考徐曉望，〈明清閩浙贛邊山區經濟發展的新趨勢〉，收在傅衣凌、楊國楨主編，《明清福建社會與鄉村經濟》（廈門：廈門大學出版社，1987），pp. 202-203。

達，可能也是因爲藍靛在出口商品中的重要地位所致。[99]

依據《深坑廳統計書第二》的說法，大菁的最盛期在咸豐年間，而其沒落在同治年間（1862-1874），大致可靠。《淡水廳志》，卷五〈學校志〉「書院」條關於學海書院租息收入的記載，可爲輔證。該志云：

> 菁秤一款：道光二十六年總理張錦回獻充，本係艋舺私抽。每籃抽錢六文。計觔一千，抽銀一角。二十六年，艋舺縣丞馮鳴鶴稟稱：每年出入得息，約七百千文。除雇工外，約剩四百餘千。同知黃開基諭董事蘇袞榮收繳。咸豐十一年，同知秋日覲改諭泉、北郊鑪主經管。同治六年，董事張書紳繳收。七年，張書紳僕人，定價銀四百圓。現各延欠未繳。[100]

據此，道光二十六（1846）年前後，每1,000斤大菁的交易收「菁秤」銀一角。銀一角爲十分之一圓。以一圓換錢 700文計，一角可換得70文。1846年時「菁秤」的收入共得七百千，即700,000文，因而可推斷當年大菁的出口數爲10,000千斤（一千萬斤），約合6,000公噸。這個數字與《深坑廳統計書第二》所稱1850年代大菁年產一千四、五百斤的說法，相去不甚遠。而《淡水廳志》所載同治六、七年時，「菁秤」延欠未繳的情況，也與前書所提及的藍靛種植業在同治末年沒落的事實相符。

由以上的分析，我們可以確定，在1860年開放滬尾爲通商口岸前的1850年代，大菁的年出口量至少在一千萬斤以上。經由淡水港進出口的大陸商船載重量以二千石（140公噸）計[101]，需要四十三艘帆船滿載才能負荷。不過，帆船的載重能力若大於二千石，可能就用不到這麼多

---

99 參考吳逸生，〈艋舺古行號概述〉，《臺北文物》，9：1 (1960)，pp. 2-4。

100 陳培桂，《淡水廳志》，p. 136。

101 陳國棟，〈清代中葉廈門的海上貿易 (1727-1833)〉，收入《東亞海域一千年》(臺北：遠流出版社，2005)，pp. 467-507。

船。另一方面，船隻的空間可能也有一部分用來載運其他商品，不只用來裝載大菁。在這種情況下，要輸出一千萬斤的大菁則需要多於四十三艘的兩千石級的船隻。那麼，大菁在全部出口貨中所佔有的份量究竟如何，便不得不加以探究了。

若依《淡水廳志》卷十一〈風俗〉，「商賈」條所記，十九世紀臺灣北部的出口貨中，大菁所佔的地位確實並不是最重要的。該志云：

> 估客輳集，以淡為臺郡第一。貨之大者莫如油、米，次麻、豆，次糖、菁。至樟栳、茄藤、薯榔、通草、籐、苧之屬，多出內山。茶葉、樟腦又惟內港有之。商人擇地所宜，催船裝販，近則福州、漳、泉、廈門，遠則寧波、上海、乍浦、天津以及廣東。凡港路可通，爭相貿易。所售之值，或易他貨而還。帳目則每十日一收。[102]

《淡水廳志》成於同治十年（1871），以上所記，如云「估客輳集，以淡為臺郡第一。」指的當然是天津條約以後開放淡水及臺灣府（臺南）為通商口岸，並且以淡水為正口以後（即1860年代）的事情。卓克華以為「惟早期貿易，似以大菁為最大出口貨，其殷盛時淡水河岸經常滿排菁桶。至同治後，口岸對外開放，外國物資，源源湧入，大菁此一土產染料為之淘汰，出口貨品始以茶葉、樟腦為大宗。」[103] 設若卓克華所言為歷史實情，則大菁之出口沒落得甚快。但依《淡水廳志》，大菁在傳統出口品中仍排在花生油、食米、麻、豆、蔗糖之後，為出口品的一個項目。

因此，綜合依前引有關學海堂「菁秤」的記載，以及溫振華、卓克華等人的研究，大菁出口的沒落，實際上主要發生在1860年代，部分歸

---

102 陳培桂，《淡水廳志》，pp. 296-297。
103 卓克華，〈艋舺行郊初探〉，p. 189。

因於通商口岸的開放，部分則由大菁的急遽減產所致。此後，大菁仍有出口，但數量有限，故而光緒十一年（1885）艋舺〈北郊新訂抽分條約〉亦稱「我郊自邇年以來，靛菁所出無幾，而抽分亦屬不多。」[104] 雖然不多，但仍有出口則是不爭的事實。由於1860年代以後，大菁出口快速沒落，所以在1871年的《淡水廳志》中，排在次要出口品的位置。但是在1860年代以前，臺北盆地的平原部分已經充分開發，米穀的生產量也很可觀。除了本地消費之外，也應該有相當數量出口到大陸。

從官方利用商船配運兵米、眷穀的情形來說，八里坌一口分擔的「臺運」總數在道光七年以前，每年為穀一萬四千餘石。自道光八年起，因為「眷穀」改成折色，因此八里坌的配額降至七千七百餘石。道光十八年，姚瑩建議將彰化縣應運福州兵米折穀一千七百五十石也交由八里坌配運，使得八里坌的配額增為九千四百五十餘石。[105] 而依道光七年的規定，「五虎門船與廈船一律配運」、「廈船無論大小，配穀一百五十石」，[106] 則淡水港來船必須要不少於六十三艘（六十三個船次）才可以順利地完成任務。以六十三艘，每艘載重能力兩千石計，共可載運一千五百萬斤左右的商品。扣除「臺運」的九千四百五十石（略多於一百萬斤），只餘不到一千四百萬斤的載重能力，剛好來運載全部的大菁。（方其盛時，年產一千四、五百萬斤）沒有出口商品米穀的空間。如果考慮到米穀的出口，我們估計1860年以前，出入淡水港的商船在一百艘左右，應該不算離譜。

艋舺的商業在1860年代以前，雖然曾受到分類械鬥的影響，但其繁榮的情形似乎未受太大的干擾。同時，「北郊」比「泉郊」、「廈郊」

---

104 卓克華，〈試釋全臺首次發現艋舺「北郊新訂抽分條約」〉，《臺北文獻》，直字第73號(1985年9月)，p. 151。

105 姚瑩，〈樹苓湖歸鹿港分運臺穀狀〉，《中復堂選集》，p. 35-39。

106 周凱，《廈門志》，卷六，〈臺運略〉，「配運」條，p. 189。

來得重要，因此鴉片戰爭後一、二十年間，泉州、廈門一帶的紛擾與不景氣的現象，也沒有對艋舺的帆船貿易造成太大的打擊，這與鹿耳門或鹿港的情形頗爲不同。

4. 海豐港與烏石港

道光四年（1824），孫爾準在福建巡撫任內曾經上奏請將海豐港與烏石港開放爲對渡口岸，當時未獲得中央政府的積極回應。兩年後，他以閩浙總督的身分再次奏請，結果使得兩港順利開放通商。孫爾準的奏摺云：

臺灣一府孤懸海外，民間日用貨物大半取資內地，而內地兵糈亦賴赴臺商船配運。當初入版圖之時，設鹿耳門一口對渡泉州之廈門，嗣于乾隆四十九年奏開鹿仔港對渡泉州之蚶江，五十三年奏開八里坌對渡福州之五虎門。嘉慶十五年奏請三口通行，不拘對渡，一體配運兵穀，先後奉旨允准在案。

臣在巡撫任內，于道光四年赴臺巡閱，查悉鹿仔港口門新被沙淤，港道淺狹，船隻出入頗難。舊有海豐港者，界在嘉義、彰化之間，初本陝隘，近因溪水匯注衝刷，甚爲深廣，土人民（名？）爲五條港。……又噶瑪蘭處臺灣眾山之後，……其地有烏石港、加禮遠港可通小舟，俱堪開設正口。……

應請將五條港改歸笨港縣丞管轄。……如有船隻到日，由笨港縣丞會同營汛把總查驗：牌照相符，果無違禁貨物，准其報行卸載，將牌送至鹿港廳查驗樑頭，分別配穀，仍由鹿港同知會同安平協水師左營遊擊鈐蓋印信，給照放行。……至該處甫經開口，商船進口多寡尚難預定，載運米穀應仍于鹿仔港分配，俟一、二年後察看情形，如果商船雲集，再將鹿仔港封閉，以歸畫一。……

　　又查噶瑪（蘭）處全臺之背，但產米穀，一切器用皆取資于外販。其地有三貂、窿窿二嶺，山逕險峻，陸路貨物不能疏通，惟西勢之烏石港、東勢之加禮遠港每于春末夏初南風司令之時，可通四、五百石小船，內地福州、泉州等處商民裝載日用貨物前往易來（米？）而歸，福、泉民食藉之接濟，兩有裨益。……應……請開設正口，以利民生。第查烏石港係頭圍縣丞所管、加禮遠港係羅東巡檢所管，雖分屬兩員管轄，而兩口相距僅十餘里，凡船到加禮（遠）港，毋庸另設口岸，統歸頭圍縣丞管轄。該處雖無大號商船出入，不能配運兵穀，凡小船往來俱由該縣丞查驗、蓋印放行，仍于船照內登明所載貨物米糧數目及運回何處售賣，按月造冊通報。……[107]

道光六年五月初一日內閣奉上諭：「孫爾準奏〈臺灣海口今昔情形不同，請將海豐、烏石二港增設正口一摺〉著各該部核議具奏。」隨後海豐港、烏石港即成為合法口岸。

　　依孫爾準的奏摺，海豐港只是用來代替鹿港的港口功能而已。鹿港附近與大陸貿易的商業機能仍然是在鹿港街，亦即海豐港開港後鹿港的郊商、船戶仍然以鹿港街為其活動場所。因此海豐港的貿易實已包含在前述鹿港的貿易中，此處無庸重述。

　　孫爾準的奏摺提到烏石港只供四、五百石的小船出入，1840年時，姚瑩也說：

噶瑪蘭境內雖有烏石、加禮遠二港口，皆極淺窄。春、夏以後惟三、五百石小船出入，秋後即小船亦難入口。[108]

---

107 《明清史料》，戊編第二本，pp. 168b-169b，〈户部「為內閣抄出閩浙總督孫爾準奏」移會〉，並參見第十本，pp. 944b-945b，〈兵部「為內閣抄出閩浙總督孫爾準奏」移會〉。
108 姚瑩，〈臺灣十七口設防圖說狀〉，《中復堂選集》，p. 84。稍早，在〈籌給艋舺營兵米〉一文中，姚瑩也說：「烏石港口門淺窄，只容三、五百石小船。」見《東槎

船舶載重量小，通航季節短，因此貿易量相當有限。其貿易情形，《噶瑪蘭廳志》云：

蘭地郊商、船戶，年遇五、六月南風盛發之時，欲往江、浙販賣米石，名曰「上北」。其船來自內地，由烏石港、蘇澳或雞籠頭搬運聚載，必仍回內地各澳，然後沿海而上……

（噶瑪）蘭與淡（新竹）、艋郊戶，其所云北船，惟至江、浙而已。[109]

又云：

往江、浙、福州曰「北船」，往廣曰「南船」，往漳、泉、惠（安）、廈曰「唐山船」。[110]

在〈籌議噶瑪蘭定制〉一文中，姚瑩引述道光初年（1820年代初）噶瑪蘭通判呂志恒的話說：

噶瑪蘭西勢烏石港、東勢加禮遠港，二處小口，向於春末夏初南風當令之時，有臺屬之鹿港、大按、八里坌、雞籠等處小船，載民間日用貨物，進港貿易，併有內地之祥芝、獺窟、永寧、深滬等澳採捕漁舟入口，售賣鹽魚、魚脯，換載食米回內。其船每隻僅可裝米二、三百石。……如裝米至四、五百石之商船，因港門淺狹，莫能進港。……[111]

《噶瑪蘭廳志》又云：

記略》，p. 22。稍後，編於同治年間(1862-1874)的《臺灣府輿圖纂要》同樣也認為加禮遠港「三、四百擔之船可以直收海岸」；烏石港「僅容三、四百擔小船」。見該書，臺文181(1963)，pp. 43-44。

109 《噶瑪蘭廳志》，臺文160(1963)，卷五上，〈風俗〉，「海船」條，pp. 217-218。

110 《噶瑪蘭廳志》，卷五上，〈風俗〉，「商賈」條，p. 197。

111 姚瑩，〈籌議噶瑪蘭定制〉，《東槎紀略》，p. 60。

自設官招商後，疏通土產米穀；一面順載日用貨物，於地方各有裨益。惟港道難行，不能照鹿耳（門）等口大號商船可以配運官穀。現於道光六年，奉文開設為正口，仍准免行配運。……

烏石港倣照澎湖設立尖艚商船之例，由興、泉等處額編小船三十隻，赴蘭貿易。其船隻准由內地五虎門及蚶江正口廳員掛驗，蓋用口截（戳？），在地設立行保保結。……112

其出口貨為稻穀、白苧，進口貨則為日用品及現銀。《噶瑪蘭廳志》云：

蘭中惟出稻穀，次則白苧。其餘食貨百物，多取於漳、泉。絲羅綾緞，則資於江、浙。每春夏間，南風盛發，兩晝夜舟可抵浙之四明、鎮海、乍浦，蘇之上海。惟售番鏹，不裝回貨。至末幫近冬，北風將起，始到蘇裝載綢疋、羊皮、雜貨，率以為恆。一年只一、二次到漳、泉、福州，亦必先探望價值，兼運白苧，方肯西渡福州，則惟售現銀。其漳、泉來貨，飲食則乾果、麥、豆，雜具則磁器、金楮，名「輕船貨」。有洋銀來赴糶者，名曰「現封」（每封百元，實正九十八耳），多出自晉（江）、惠（安）一帶小漁船者。蓋內地小漁船，南風不宜於打網，雖價載無多，亦樂赴蘭，以圖北上也。其南洋則惟冬天至廣東、澳門，裝賣樟腦，販歸雜色洋貨，一年只一度耳。113

出入烏石港、加禮遠港的船隻，每年只能在夏、秋之交為之，其載重量相當小，而其船數也不多。姚瑩引用的呂志恒的意見中也提到了包括臺灣沿海貿易的商、漁船及來自大陸的商、漁船隻，每年進口到噶瑪蘭的數目「或一百餘號至二百餘號不等。」114 其中從事臺灣與大陸之

---

112 《噶瑪蘭廳志》，卷二上，〈規制〉，「海防」條，p.42。
113 《噶瑪蘭廳志》，卷五上，〈風俗〉，「商賈」條，pp.196-197。

間商業活動的船隻顯然要更少了。

因此，噶瑪蘭的對外貿易量有限，而其地之郊商規模亦小。《噶瑪蘭志略》云：

> 臺灣生意以米郊為大戶，名曰「水客」。自淡（新竹）、艋（舺）至蘭，則店口必兼售彩帛或乾果雜貨。甚有以店口為主，而郊行反為店口之稅戶，一切飲食供用，年有貼費者。揆厥所由，淡、蘭米不用行棧，蘇、浙、廣貨南北流通，故水客行口多兼雜色生理。而蘭尤較便於淡，以其舟常北行也。[115]

單就噶瑪蘭的情形而言，這段文字的意思是說：噶瑪蘭的商業習慣是不獨立設置行棧（無倉儲業），而貨物的集散過程中只有擔任進出口商的郊商（行口）與零售店鋪的店口參與。在出口方面，米為大宗，郊商直接由店口提貨裝船；在進口方面，來自江蘇、浙江、廣東的各種商品迅速透過店口而流通，亦不需存棧。有時，規模更小的行口連提供客商居停的設備也沒有，因此必須利用往來店口的設備，因此必須拿錢貼補這些店口「飲食供用」的費用。（所謂「稅戶」，「稅」就是「承租」的意思。）然而不管行口或店口，由於生意的規模都不大，因此除了販米之外，也都兼營其他生意。

三、結語

從以上的敘述，我們得到這樣的印象：鹿耳門港的帆船貿易在乾隆末年到鴉片戰爭前夕，長期處在衰退的趨勢中。至於鹿港（含海豐港）

---

114 同註111。
115 柯培元，《噶瑪蘭志略》(1837年序)，臺文92(1961)，p. 117。

在鴉片戰爭之前一、二十年中，也開始衰退。鴉片戰爭之後，由於泉州、廈門都受到戰爭的影響，與之密切相關的這兩個主要口岸均陷入極度蕭條狀態。至於北部的淡水港（八里坌或滬尾）則因主要出口品與主要出口目的地與前兩處不同，在1840、1850年代仍維持相當程度的繁榮。

關於鹿耳門帆船貿易衰落的情形，我們在第二節中提供了相關的解釋，以供參考。唯一未提及的是是否鹿港、八里坌，甚至於海豐港與烏石港的開埠對鹿耳門產生了競爭效果，致使鹿耳門的來船減少。當時人的觀察是有這樣的主張，但我個人則以為其他口岸的開放對鹿耳門的影響不是很大。因為鹿港、八里坌等港口的開放是配合其腹地的開發而產生的，同時它們對渡大陸的口岸也不以廈門為主。因此，不管在臺灣或在大陸，其腹地及市場重疊的情形並不嚴重。即使由臺灣出發的船舶在「透北」的大陸沿海貿易上有市場的重疊，鹿耳門的透北貿易以糖為主，艋舺的透北貿易以大菁為主，而鹿港的透北貿易並不發達。

再從本文對資料的爬梳，我們或許可以試圖估計一下臺灣與大陸貿易帆船總承載量的情形。對渡鹿耳門的廈門船載重量一般比較大，多時六、七千石，少時亦有二、三千石。[116] 假定以三千石為常，則在1780年代，每年進出鹿耳門的商船，單向即可承載1,350,000石（約94,500公噸）；在1800年代則為1,050,000石（約73,500公噸）。但隨著時間的下移，出入船隻一方面在數目上急速減少，一方面船隻承載力可能也比以往小。即使仍以每船三千石計，鴉片戰爭前夕每年來往船隻只有五十艘左右，總承載力則只剩下150,000石（約10,500公噸）。

---

116 陳國棟，〈清代中葉廈門的海上貿易(1727-1833)〉，收入《東亞海域一千年》(臺北：遠流出版社，2005)，pp. 467-507。徐宗幹在1848年前來臺灣就臺灣道之任時，所搭乘的帆船也有四、五千石的載重能力。參考註52。而他在〈領餉議〉一文中，也說明當時仍有五、六千石以上的大船，但建議配運兵餉，應該以使用三千石以下的中、小型商船分散搭載為宜。見丁曰健，《治臺必告錄》，p. 309。

　　鹿港、海豐港及其輔助港口的船隻大小變化很大，而其總數缺乏直接的數據。我們依其負擔「臺運」米穀的情況來推斷，十八世紀末、十九世紀初，大約在三、四百艘之間。我們取其中以三百五十艘來估計。至於1825年以後，鹿港雖因濟助河北災荒而開拓了華北的貿易路線，可是不巧卻與鹿耳門一樣陷入衰退時期。在此情形下，若以三百三、四十艘左右來推斷鴉片戰爭以前鹿港的來船數目，恐怕有所高估。陳盛韶提及了1833年左右，鹿港來船遽降為五十餘艘，我們姑且稍稍高估為一百艘。進出鹿港的船舶載重總數，假定其個別能力為一至二千石，則在十八世紀末、十九世紀初，每年進出船舶單向總載重量當在350,000石（約24,500 公噸）至700,000石（約49,000公噸）之間。到了鴉片戰爭前一、二十年間，這個數目降為100,000石（約7,000公噸）至200,000石（約14,000公噸）之間。

　　淡水港（八里坌、滬尾）的港口條件與鹿耳門一度稱為臺灣最佳的兩個口岸，其船舶載重能力姑且以每船兩千石估計。在1860年以前，該處貿易相當穩定，船舶數目大約在一百艘左右。因此，其單向總承載量當在200,000石（約14,000公噸）附近。

　　烏石港的貿易季節短，真正的商船不多，在其開港之後十餘年即發生鴉片戰爭。其商船數目每年以一百艘估計，載重量每艘以五百石估計。1840年代以前每年單向總承載量大約在50,000石（約3,500公噸）左右。

　　經由以上粗略的推算，我們可以說1780年代後期，鹿耳門、鹿港、八里坌三口並開時，由臺灣運出的商品總重量可以達到1,900,000石（約133,000公噸）至2,250,000石（約157,500公噸）之間。由於當時的船隻載重量可能更大，因此這個數字可以再高估些。即使就這裡推算的數字而言，在十八世紀末、十九世紀初，臺灣最主要出口品米、糖兩項約為兩百萬石的估計（見本文第二小節）也還相當一致。隨後主要因為各對

渡口岸帆船貿易的衰頹，往來臺灣帆船的單向總承載量，在鴉片戰爭前夕可能已經降至500,000石（約35,000公噸）至600,000石（約42,000公噸）之間。

　　鴉片戰爭以後到1860年臺灣開放與列強通商之前，由於大陸沿海地區的動盪不安，帆船貿易的活動持續衰退。至於開放通商口岸以後，兩岸之間的貿易有所復甦，甚至更加繁榮；同時，臺灣開埠以後，臺灣的進出口事業也不僅以大陸沿海各省爲往來地點，更擴及於日本與東南亞及歐、美各國。在此新的形勢下，從事進出口貿易的「郊商」也有所增加。不過，1860年代以後帆船在臺灣對外貿易上，尤其是對大陸的貿易上雖然仍具有一定的份量，但郊商也逐漸利用夾板船與火輪船來經營他們的事業。單純地估計帆船的載運能力已無法推斷該時期的貿易狀況，因此也不在本文的討論範圍之內了。

——原刊於《臺灣史研究》第一卷第一期（1994年6月），pp. 55-96。

附錄

　　臺北故宮博物院所藏的宮中檔奏摺原件當中，有一件嘉慶二十年的「寄信上諭」[117] 提到臺灣糖客到天津賣糖的事情。收件人為長蘆鹽政廣惠，他是一名內務府包衣；長蘆鹽政的衙門就在天津。從這文件我們可以知道糖船從臺灣出發直接造訪天津的事情是很平常的。現在把它抄錄如下，以餉讀者。

　　嘉慶二十年七月初六日　奉　上諭　前日據武隆阿等奏　拏獲假借太監林表名色　捏造部照之劉碧玉等一案　當將太監林表交軍機大臣會同刑部審訊　究出郎中吳春貴曾在天津　經伊同鄉糖客徐綜觀將林表家信托其帶京交付等情　隨傳訊吳春貴　供稱　徐綜觀每年自臺販糖至天津售賣　寓在天津府城外針市街棧房　本年徐綜觀已自臺灣起身　七八月間總可到津　等語　著傳諭廣惠　即派員查訪　一俟徐綜觀到津　即拏解刑部收審可也　先行具奏[118]　將此傳諭知之

　　欽此

　　軍機大臣遵旨傳諭長蘆鹽政廣惠

　　這個文件的背景是這樣的：嘉慶（1796-1820）初年，吳沙率領一些漳州人及少數的泉州人、廣東人開墾宜蘭平原。宜蘭地區當時尚未設治（尚未正式納入大清版圖、設立行政區），通稱為蛤仔蘭。嘉慶十五年（1810）設治，建立噶瑪蘭廳。當初開墾者的頭人們（或其後裔）想依照西部臺灣開墾的慣例，乘機申報為土地的業主（大租戶），坐享大租。但首任同知楊廷理貪圖「餘租」，不允許有業戶的名目，而要求種地者按照土地面積每年提繳給開墾者的公費額度（每甲田交穀六

---

117 宮中檔嘉慶朝奏摺原件，第019457號。
118「先行具奏」四個字是嘉慶皇帝硃筆加入的。

石、園四石）直接交給廳政府。其實，按照規定，每甲田、園的正供賦稅加上耗羨尚不及穀二石；多餘的四石餘或二石餘就稱爲「餘租」，由地方官隨意支配，拿來充作政府公費及官員養廉等用途。如此一來，原始的開墾者就失去了收取大租的權利，他們當然不願意，因此不斷地想改變楊廷理定下的辦法。在臺灣本地利用合法的手段達不到目的之後，居然派人到北京尋找門路，以便獲得業戶的身分。

事件的發動者爲劉桂（劉碧玉）及吳光裔等人。其中的吳光裔正是吳沙的兒子。劉碧玉攜帶請託信件，搭乘臺灣糖商徐綜觀的糖船到達天津，交給當時擔任戶部廣西司郎中的吳春貴。吳春貴設籍在臺灣府城（今臺南市），但其出身卻是嘉義縣學的拔貢生。他因捐納與軍功（以「義民首」的身分出錢出力防堵蔡牽襲臺）而取得較高的任官資格，而於嘉慶十九、二十年這一、兩年間正好在北京戶部任職。以上的文件說是吳春貴在天津從劉碧玉手上拿到請託信，帶回北京，轉交給太監林表。其實，劉碧玉本人也隨同到了北京，並且也與林表見了面。

這林表又是誰呢？他的父親叫作林達，參加了乾隆五十一、二年（1786-1787）的林爽文之亂。亂平時，他雖然是叛亂者之子，依清朝法律應該連坐，但因爲年紀太小，因此被免去一死，閹割去勢之後，送到宮裡當宦官，二十多年下來，在宦官堆裡大概也爬上了一定的地位。這林表又湊巧是劉碧玉的「妻姪」（內姪）。吳光裔、劉碧玉等人的目的就是要讓他到戶部設法，發給他們業戶的執照。

結局並沒有成功。劉碧玉由陸路來到了廈門。在廈門僞造了戶部的文件、章戳，做了假執照。加上透過林表取得的宮中用過的膳單、戲單、儀注單，寫了一封信叫人送去給吳光裔，想要矇騙他。不過，這個案子早在七月十六日上諭寄發之前就被舉發了，而吳光裔、劉碧玉等一干人犯都被捕，準備解交到福建省會福州，正好也在七月十六

日這天上船（船名「新藏隆」）。沒想到出航後不久就遭風漂沒，連人帶船都不再出現了。

臺灣的非拓墾性伐林
（約1600-1976）

導言

清康熙二十二年（1683）鄭克塽降清，臺灣被併入中國，開始了一段長時間的中國統治時期，一直到1895年臺灣及其附屬島嶼割讓給日本時爲止。在清朝治下，由於移民的不斷遷入與自然繁衍的結果，本島人口總數快速增加。這些日益增長的人口對可耕地的需求構成了很大的壓力。結果土地被大規模的開墾，而樹木也一再地遭到砍伐。土地開發後，居民開始得在城鄉聚落之外尋求生活所需的森林資源。因而臺灣在清代也就有了伐木事業。不過，由於受到某些特殊條件的限制，專就「非拓墾性伐林」的情形而言，清代的伐木活動規模甚小。本文的第一個目的即在探討：在人口不斷地移入與土地開墾如火荼毒地展開的同時，臺灣山區林木損耗的狀態。關於此一問題，既有的研究十分稀少，同時也沒有統計數字可堪利用。因此，爲了研究清代的伐木問題，我們必須費心去重建歷史事實，而第一節也就比其他各節來的冗長些。

到了十九世紀終了前，臺灣的森林利用開始有了很大的變化。現代的經濟發展使得本地居民必須生產比以往所需爲多的木材，而就技術的觀點而言，他們也確實比以往更有能力這麼做。於是，林木損耗的情形也就迥異於前。第二節的目的就在探討日據時代臺灣伐木事業的發展。

由於在二次世界大戰（1941-1945）中敗北，日本統治臺灣的時間並不太長。而在臺灣歸還中國後，中國大陸爆發了內戰，最後導致國民政府於民國三十八年（1949）遷臺。一方面爲了要籌措維持大批軍人、公務員及其眷屬的生活費用，他方面也爲了施展工業化的目標，國民政府在其他經濟部門之外，也向森林索取資源，從而在二十世紀的第三個四分紀（1951-1975）引進了一段快速伐林的時光。這一段期間的伐林史，我們安排在第三節討論。

一、清領時期（1683-1895）的森林問題：
破壞呢？還是保育呢？

　　臺灣曾經是個植被極佳的島嶼，所以古今都流傳說：當最初的葡萄牙人經過時，因為她的青蔥美麗，因此賦予她「福爾摩莎」（Ilha Formosa，美麗之島）這樣的名字。即使到了已進入快速伐林的1968年，森林覆蓋所及的面積依然高達2,224,472公頃，佔全島總面積的55%。全部的林地中，針葉林佔20%，針闊葉混合林佔3%，其餘的77%全為闊葉林和竹林。地理的南北差異對林相的變化雖有少許影響，但地形的高度實際上具有更大的決定作用。600公尺以下的林地佔總林地的26.8%，600到1200公尺的林地佔23%，1200到2000公尺的林地佔27%，2000到3000公尺的林地佔21.6%，剩下的2.6%則為標高3000公尺以上的林地。[1] 林相的分佈甚為理想，為臺灣提供了品類繁多的森林資源。

【參考圖一】

　　雖然在清領以前，臺灣已有原住民在此生活，並且也不乏短期佔有者（諸如荷蘭人、西班牙人、日本人，當然也有中國人）來往，但在清領之前，除了嘉南平原一帶為草生地之外，臺灣全島幾乎都有林木覆蓋。直到十七世紀末年，大部分的平野都還未被漢人佔居，而森林也都原封未動。因此，我們不難從1697年來臺採硫的郁永河所留下的《裨海紀遊》一書看到：除安平（臺南）一帶以外，臺灣到處榛莽遍地。[2]

　　然而，打從十八世紀初開始，漢人移民大量湧入，而土地的開墾也加速展開。大約兩個世紀後，日本殖民政府所從事的地籍調查成果顯示：在1905年時，全島耕地面積多達624,501公頃，佔全島總面積的

1　胡宏渝，《臺灣農地利用圖集》(南投：臺灣省政府農林廳，1970)，p. 285。
2　郁永河，《裨海紀遊》(臺北：臺灣省文獻委員會，1950)，pp. 13a、20a。

圖一　臺灣林型

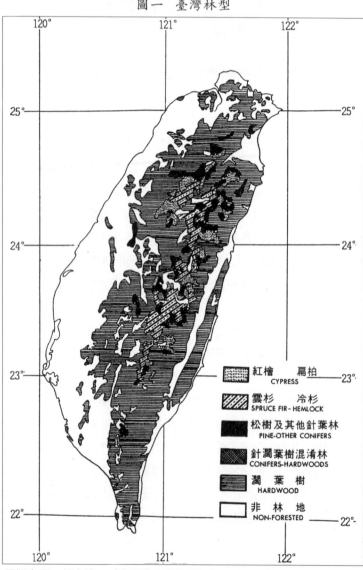

圖版來源：胡宏渝，《臺灣農地利用圖集》（南投：臺灣省政府農林廳，
　　　（1970），圖20-1。

17.35%。[3] 而在1680年時，耕地面積才不過17,898公頃而已。[4] 因此，我們可以推測606,603公頃，相當於全島總面積的16.85%是在清領時期及其稍後的幾年間被開墾出來的。這些數字顯示有相當大量的土地是為了農業目的而被清理出來。在此之外，城、鎮、鄉村聚落也因人口與經濟的成長而增加或擴大。土地的清理不得不加速展開。因此，在土地開發的過程中，原來的樹欉、樹林以及其他任何形式的林地都免不了遭到破壞。不過，這些活動大都發生在低海拔的地區，即平原、盆地或河谷。開墾運動並沒有觸及森林的核心。在本文中，我們將不討論耕地和聚落的發展問題。

由於我們的目的主要是討論非拓墾性質的伐木活動，我們的注意力不免也就得放在較高海拔的地區。廣義而言之，即為丘陵與山地所在，且為原住民所佔居的地區。清朝政府認定漢人進入山林活動會帶來許多麻煩。一方面是因為這可能造成漢、番之間的衝突；另一方面則是清朝駐軍兵力並不強，漢人罪犯一旦逃入山林，官兵往往無力入山逮捕。政府因此不欲漢人進到這些山地，自領臺之初即已訂立了禁止入山的規定。不過，在康熙六十年（1721）朱一貴之亂以前並未強制執行。次年亂平，清廷遂採取了一種隔離漢、番的策略。不久之後，在十八世紀上半葉，就訂出了一條分隔兩個族群的「番界」。番界通常位於平野與山區的鄰接處，一般都離開山根數里之遙。政府下令在這些地方堆築名為「土牛」的土堆，並在其附近挖掘名為「土牛溝」的濠溝。這件工作大約在1761年完成，構成了漢、番聚落間的一條人為界線。[5] 不過，這條

3　Joint Commission on Rural Reconstruction (JCRR), *Taiwan Agricultural Statistics*, 1901-1965 (Taipei: JCRR, 1966), p. 11.

4　陳正祥，《臺灣土地利用》(臺北：臺灣大學農業地理研究室，1950)，p. 51。

5　有一張以「紅線」描繪(舊)番界的地圖，大約完成於1761年左右，現在收藏於中央研究院歷史語言研究所的傅斯年圖書館。施添福在其〈清乾隆中葉臺灣番界圖一覽〉一文中曾加以複製。見《臺灣史田野研究通訊》，第十九期(1991)，pp. 46-50。

界線還是不能完全將追逐土地的漢人排拒在界線外。經由與番人和平談判，或是經由武裝拓殖，他們還是有辦法在番界內開墾土地（儘管這樣做是違法的行為）。最後，清廷劃出了另一條新的「番界」，將漢人與熟番的疆界往東推移，「或抵山根，或傍坑崁」。在新番界以東，仍為生番的生活空間。在新、舊番界之間，原定為熟番的保留區，實際上則成為他們與漢人共同利用的一塊地方。至於舊番界之外，當然仍是漢人的天地了。[6]

舊番界雖然被認定為不能有效地阻止漢人越界墾地，但若專就阻擋漢人入山伐木一點來說，倒還頗能發揮作用。因為清朝政府的其他制度頗有助於此一政策的執行。

就在雍正三年（1725），朱一貴之亂平定後三年，大清皇帝決定在中國建立一些修造戰船的「軍工廠」。臺灣當時配屬有一支水師（海軍），在十八世紀時擁有大約九十八艘戰船。原先這些戰船的興造或修理大都在內地進行，但是現在政策改變了。在一聲令下，臺灣府（臺南）立刻成立了一個「軍工廠」。隨後，到了1777年又經重修，建築有官廳、物料庫，還有一座天后宮。建築物之外的空地即為修造船隻的場所。【圖二】為了替軍工廠備辦物料，官府任命了一批人擔任「軍工匠首」，包辦樟木。其他物料則由內地進口。[7]

在供應樟木時，官府一向不曾付給軍工匠首足夠的代價。為了給他們適當的補償，政府就授予這些軍工匠首某些森林產品（諸如樟腦、樟木和水籐等）的專賣特權。不但番界內所生產的這類物資必須交由軍工匠首轉售，而且即使是在其他地方（如官府核准的墾權範圍內）合法生

6　施添福，〈清代臺灣竹塹地區的土牛溝和區域發展〉，《臺灣風物》，40：4 (1990)，pp. 1-68。

7　蔣元樞，《重修臺郡各建築圖說》(臺北：臺灣銀行經濟研究室，「臺灣文獻叢刊」第283種，1970)，pp. 41-42。

圖二　蔣元樞所建臺灣軍工廠（1777）

圖版來源：蔣元樞，《重建臺郡各建築圖說》。

產的樟腦、樟木與水籐也都必須先賣給軍工匠首,再由他們轉售出去。職是之故,為了保障他們的專賣特權,軍工匠首們十分留意人們對山林的私用問題,從而使得禁止入山伐林的法令得以有效地執行。[8]

1722年,當朱一貴之亂平定時,政府重新下令禁止民人入山,違令者「杖一百」。不過,如果越入山區的目的在於「抽藤、釣鹿、伐木、採欖」,也就是獲取森林產品或副產品的話,就要加重一項「徒三年」的刑罰。[9]這樣的加重刑罰也有助於讓無權伐木者遠離山地。

因此,就利用山林一點而言,一般民人不得入山。而軍工匠首與他們所雇用的「小匠」就構成了一股擁有特權、可以合法在禁區內伐林的小團體。當然,偶爾軍工匠首也可能包庇私熬樟腦者入山工作,這就不在話下了。我們要問的是,軍工匠首的伐木地點在那裡?有多少人加入消耗森林的工作?有多少林地因為他們的工作而遭致損耗?關於這些問題,我們沒有任何現成的有系統的資料或統計數字可用。雖然如此,我們還是要設法透過對零散的資料之分析來設法加以研究,即使在某些場合免不了要做一些推測。

首先,關於伐木地點的問題,我已盡力去羅掘、爬梳既有文獻,而得到十三個處所的資料。【圖三】細節請參考拙文〈「軍工匠首」與清領時期臺灣的伐木問題〉。[10]以下為其要點。在臺灣南部,我們發現軍工匠首、小匠的蹤跡出現在車城、枋寮和東港附近。這些地方都離海不遠。換言之,海拔不高。不過,依十九世紀的官員姚瑩所述,臺灣南路

8　連橫,《臺灣通史》(臺北:臺灣銀行經濟研究室,「臺灣文獻叢刊」第128種,1962),pp. 381、504;陳盛韶,《問俗錄》(北京:書目文獻出版社,1983),pp. 136-137;A. Frater, "Report on the Foreign Trade at Tamsui and Kelung during the Year 1876," *British Parliamentary Papers* (Belfast: Irish University Press, 1971), vol. 11, p. 98.

9　連橫,《臺灣通史》,p. 445;沈葆楨,《沈文肅公政書》,(臺北:中華書局,1971),p. 2261。

10　收入本書,pp. 319-357。

圖三　軍工匠首的活動地點（1725-1825）

資料來源：陳國棟，〈「軍工匠首」與清領時期臺灣的伐木問題〉，《人文
　　　　　及社會科學集刊》，7:1（1995年3月），p.139，依陳正祥所作
　　　　　「臺灣地勢圖」改繪。參考胡宏渝，《臺灣農地利用圖集》（南
　　　　　投：臺灣省政府農林廳，1970），圖1-2。

的樟木出產相當有限，本島所產的樟木主要還是來自嘉義（1787年以前叫作諸羅）以北。[11]

在臺灣北路，有三個主要的伐林區域。這包括了當今臺中盆地、臺北盆地與宜蘭平原的周邊地區。在臺中盆地周圍，我們找到了六處伐林場所，亦即東勢（海拔320-360公尺）、阿里史、舊社軍工寮（海拔皆在130與140公尺之間）、南投軍工寮（90公尺）、大坪頂（附近最高峰海拔409公尺）和林圯埔（全區高度在109與1830公尺之間，也就是位於平野與山地的交會處）。[12] 至於臺北盆地附近，我們只找到一個地點。就在現在的木柵。當地有一軍工坑寮，周圍最高的山峰海拔112公尺。宜蘭在清代叫作噶瑪蘭。在此我們發現了三個伐木場所。他們是頭城、員山和大湖，標高都在400公尺以下。

以上十三個處所的認定是根據當時留下來的記錄、地方志、地契以及一批原屬平埔族的未出版文書（稱為「岸裡文書」）。[13] 雖然整個搜羅的工作仍有未盡之處，個人相信這十三個地點已具有極高的意義。它們不但包括了所有可能的林場，並且也觀察了從1745到1824年之間，相當長一段時間的伐林活動。因此，至少我們可以認為就軍工匠首的活動而言，這些發現頗具有代表性。

從標高的觀點而言，這些活動一般都在低海拔進行（林圯埔或許可以算是例外，當地的伐林場所可能較高）。這些地方幾乎全為闊葉木和竹林的生長地區。【參考圖二】這倒不是沒有理由的。因為軍工匠首的

---

11 姚瑩，《東槎紀略》（臺北：臺灣銀行經濟研究室，「臺灣文獻叢刊」第7種，1957），pp. 112-113。

12 莊英章，《林圯埔：一個臺灣市鎮的社會經濟發展史》（臺北：中央研究院民族學研究所，1977），p. 7。

13 中央研究院近代史研究所的陳秋坤先生已經利用過這批資料，對番人土地產權外流的問題作了相當優秀的研究，見其《臺灣土著地權》（臺北：中央研究院近代史研究所，1994）。本文提及「岸裡文書」的部分係轉引自該書，謹此聲明。

目標僅在樟木，他們沒必要爬得更高。

　　接著第二個問題是：伐木活動的規模如何？我們所能猜測的是規模必不大。為什麼呢？因為軍工匠首的任務只是為一個僅有不到一百艘船可修造的船廠提供物料而已，而這一百艘不到的戰船還是分年修造，好幾年才循環一次。（這要看行政效率來決定幾年修造一次。一般而言，至少要六年。）因此每一年只有一、二十艘戰船進廠重造或修補。再者，修造船隻所需的主要物料大都來自大陸，有如一位於1849年兼管軍工廠的道台所言，「所需於臺地者唯樟木耳！」[14]（樟木用在次要的零組件上。）因此就官方而言，樟木的需求量不大。「岸裡文書」中有一個文件就證明了在1769年，當時需要修造十三艘戰船，道台因此下令軍工匠首供應「大中標五十塊樟料」。[15] 我們因此可以推斷，即使全部的戰船都在同一年中修造，所需樟木也不會超過四百塊。因為每棵樟樹至少可以製造一塊的樟料，所以必須砍伐的樟樹應該不到四百棵。

　　另一個資料則揭露了在1810至1820年之間，噶瑪蘭一地為軍工廠提供樟料，「每年四載，每載一百二十件」。[16] 換言之，每年總運量為四百八十件。由於在1824年時，也就是1820年左右，我們發現林圯埔一帶也有軍工伐木的活動，[17] 因此軍工廠實際上可能獲得超過四百八十件樟料的供應。管理軍工廠的官吏因此可以擁有相當多的剩餘物料。由於政府的預算很緊、沒有彈性，軍工廠的經費十分不足。通常，他們就把這些多餘的木材出售，用其孳息來彌補承修、承造戰船的損失。[18] 要言

14　徐宗幹，《斯未信齋文編》(臺北：臺灣銀行經濟研究室，「臺灣文獻叢刊」第87種，1960)，p. 77。

15　「岸裡文書」，G112，pp. 102-103。

16　姚瑩，《東槎紀略》，p. 113。

17　林文龍，〈臺灣中部古碑續拾〉，《臺灣風物》，40：4 (1990)，p. 125。

18　徐宗幹，《斯未信齋文編》，p. 74；陳培桂，《淡水廳志》(臺北：臺灣銀行經濟研究室，「臺灣文獻叢刊」第172種，1963)，p. 188；陳盛韶，《問俗錄》，pp. 136-137。

之，政府方面的真正需求很小，對森林損耗的影響極其有限。

不過，如前所述，軍工匠首並沒有從政府方面得到足夠的工資，卻是因為他們的勞務而由政府賦予壟斷某些森林產品的特權。政府顯然沒有規定他們伐木數量的上限，因此他們可以就自己的利益考量來決定伐木的規模。他們或許會想生產越多越好的木料或其他森林產品、副產品，然後將繳交軍工廠以外的多餘部分賣到市場。1821年左右，有關噶瑪蘭伐木活動的記載顯示：當地有七處伐林地點，每一地點有四、五寮（工寮）或十餘寮，每寮有一、二十位到三、四十位的伐木小匠。[19] 如果我們採用這些數字的中位數來計算，我們或許可以說在每一伐木地點有十寮，每寮有伐木工人二十五人。換言之，整個噶瑪蘭地區的伐木工人總數可以認定在1,750人左右。在有這麼多伐木工人的情形下，即使假定每個工人每年只砍三棵樹（當然這個假定是非常偏低），一年之中單單噶瑪蘭一地所生產的樟料就高達五千件以上。噶瑪蘭的森林資源由艋舺的軍工匠首管理。減掉交予官方的四百八十件，匠首還是有四、五千件樟料可以出售到市場上圖利。這些木料在市場上所取得的價錢，扣除全部的伐木成本，艋舺軍工匠首應該有一筆可觀的利得。

不過，話說回來，伐木的規模也不能太大。要將木料搬運出林場就是一個難題。在有溪流流經林場附近的場合，軍工料匠自會加以利用。但即使如此，要將木排（木料放流時，通常先結捆成排）放流至海口也非易事，因為河道通常並不平直。水流中經常出現有岩石或其他障礙物。因為這層關係，軍工料匠也曾想要利用人工圳道來運送木料，但遭致圳道所有人的反對。[20] 放流之外，在水路無可運用的情形下，軍工料匠只得訴諸陸運。「岸裡文書」也指出在1771年時，岸裡社番就曾被官

---

19 姚瑩，《東槎紀略》，pp. 112-113。

20 同註17。

方要求提供勞役，協助使用板輪牛車將一批樟枋由舊社軍工寮運往大肚溪口的水裡港。[21] 木料到了沿海港澳之後，新的問題又來了。沿海的航運並不發達，少數用來從事沿海航運的帆船又太小，根本無法搬運整塊木料。因此，在十八世紀初期，為了將樟枋由北部的淡水送到位於南部臺灣府的軍工廠，它們得先用橫洋船運到廈門，再由廈門轉運到鹿耳門港。[22] 由於木料的運送是如此的麻煩，軍工料匠在了卻官差與謀取生計之後，伐取更多樹木的動機也就不怎麼強烈了。

除了運輸困難之外，上山伐木本身對軍工料匠而言也是冒著生命危險的工作。正如楊聯陞對中國其他地方的伐木活動之研究所指出的：伐木者的傷亡率很高。楊聯陞轉引了呂坤（1536-1618）所記錄的四川諺語說「入山一千，出山五百」。[23] 傷亡率高，因為到達伐木場已屬不易，更不用說遭到野獸或其他生物的攻擊了。就臺灣的情形來說，問題更大，因為山區都住著番人。軍工料匠依法是可以越過番界去伐木的，而番界中也確實有豐富的樟樹蘊藏。如果軍工伐林者的團體夠大，番人或者會和他們保持距離，甚至於說不定還會過來幫忙。[24] 或者，透過禮物的餽贈，也有類似的效果。可是，常常不是這麼回事。糾紛經常發生，甚至導致殺人事件。[25] 由於考慮到被野獸或生番攻擊的危險，熟番有時也被官府要求派人護送軍工料匠入山。進一步而言，雖然熟番與漢

---

21 「岸裡文書」，G111，p. 4。

22 范咸，《重修臺灣府志》（臺北：臺灣銀行經濟研究室，「臺灣文獻叢刊」第105種，1961），p. 90。

23 楊聯陞，〈從經濟角度看帝制中國的公共工程〉，《國史探微》（臺北：聯經，1983），pp. 225-226。

24 朱仕玠，《小琉球漫誌》（臺北：臺灣銀行經濟研究室，「臺灣文獻叢刊」第3種，1957），p. 74；吳振臣，《閩遊偶記》，收在《臺灣輿地彙鈔》（臺北：臺灣銀行經濟研究室，「臺灣文獻叢刊」第216種，1965），p. 22。

25 《清代臺灣大租調查書》（臺北：臺灣銀行經濟研究室，「臺灣文獻叢刊」第152種，1962），pp. 769-770。

人的關係一般說來都很友善，可是伐木活動或多或少都使原來藏身於林中的動物逃往他處，這也就減少了番人的獵物。更糟糕的是，有些不像樣的軍工匠首竟然還勾結其他漢人私入番界墾地、燒炭。藉諸巧取豪奪的手段，許多熟番的土地落入漢人的手中，造成「番產外流」。這一切的問題激起了番人的不滿，對官府也嘖有煩言。[26]

　　基於運輸的困難、入山伐木的危險與漢番之間可能的衝突，軍工伐林的規模應該不致太大。既然這樣，林木的損耗到底嚴不嚴重也就可想而知了。臺灣森林並未因軍工料匠的砍伐而大量耗損，尤其是料匠的目標只在樟樹，而不包括其他樹種，伐木量不大，林木在軍工料匠撤離現場之後應可自然回復。

　　因為處理「牡丹社」事件的緣故，沈葆楨以欽差大臣的身分被派遣來臺灣。1875年，他明令廢止禁止越入番界的禁令，而軍工匠首專賣森林產品的特權也同時被取消。[27] 此後的二十年間，一般民人有了較佳的利用山林的機會。雖然政府保留給番人處分通草（*Tetrapanax papyriferus* K. Koch.）與水籐的權利，而樟腦的買賣也經常由政府實行專賣；不過，只要付出一筆適當的費用，一般民人還是可以自由的利用山林資源。[28]

　　到此為止，我們都還在討論軍工料匠的伐木活動。我們曾提到軍工

26　陳秋坤，《臺灣土著地權》。

27　沈葆楨，《沈文肅公政書》，pp. 2261-2262；A. Frater, "Report on the Foreign Trade at Tamsui and Kelung during the Year 1876," p. 98. 為了將他的命令佈告周知，沈葆楨又下令在出入番界要口立碑。有一塊這樣的碑石就立在名間鄉，正在舊番界線上，靠近軍工匠首伐林地點之一的大坪頂。碑文請見劉枝萬編，《臺灣中部碑文集成》（臺北：臺灣銀行經濟研究室，「臺灣文獻叢刊」第151種，1962），p. 114。

28　《劉銘傳撫臺前後檔案》（臺北：臺灣銀行經濟研究室，「臺灣文獻叢刊」第276種，1969），pp. 39-40；《淡新檔案選錄行政編初集》（臺北：臺灣銀行經濟研究室，「臺灣文獻叢刊」第295種，1971），pp. 369-370；唐贊袞，《臺陽見聞錄》（臺北：臺灣銀行經濟研究室，「臺灣文獻叢刊」第30種，1958），pp. 23-24。

匠首將多餘的樟枋出售到市場。然而，就清代來說，這一部分的供應就足夠民間使用嗎？還是對森林產品別有所求呢？在結束本節之前，我們還得就這個問題稍加深入。

漢人的移民活動與墾地風潮開始於十八世紀初。由於漢人移民全都來自大陸，他們的同胞如何去利用森林就構成了對臺灣居民之作為的理解基礎。以下我們先根據地理學者段義孚的研究成果列舉出一張臺灣漢人移民可能使用林木資源的清單。

段義孚發現，對所有的人類來說，縱火焚林是一般清理土地的作法。在地上原有的林木被燒除、土地經過整理之後就被用來作牧草地或耕地。但就中國的情形而言，畜牧業並不發達。整地的目的幾乎都是為了取得耕地。再者，中國人焚燬林地還有一個目的，那就是驅除藏身於其間的猛獸，明顯地是為了鄰近聚落的安全。在清理土地的過程中，中國人可能也取得一些木材，可以用來造船或蓋房子。可是，段義孚又說：從歷史上來看，中國的造船事業遠不及西方發達，所以造船業所消費的木材較少。在造船、建屋之外，中國人也用木材來製造文具，諸如紙張、墨條等等。最後，但可能是最重要的一項，是拿木材來當燃料。為了炊爨和保暖，一切的聚落都不斷地需要柴草或其他形式的燃料。[29]

依據段義孚以上的發現，我們確知在傳統中國，除了取得耕地以外，人們使用森林產品來充作燃料、建築屋宇或打造帆船、做家具、做文具或者製造農具。那麼，臺灣的情形又復如何呢？

讓我們先從造船事業看起。雖然段義孚注意到船舶事業在中國不太發達，專就臺灣的情形來說那可不一定全對。從地理上來說，臺灣四面環繞著海洋，帆船為其與大陸連繫所不可或缺。從歷史來看，臺灣的經濟榮枯也仰賴與大陸的貿易。因此，在清領時期，臺灣一直維持有相當

---

29 Yi-fu Tuan, *China* (volume 1 of *The World's Landscape*, ed. by J. M. Houston) (London: Longman, 1970), pp. 37-41.

數量的商船。貿易興盛時，橫越海峽的船舶多到五百艘以上，個別船隻的載重能力由數百石以至六、七千石。為了計算方便，且以經常提到的兩千石承載量作一估計，我們不難發現總載重能力高達百萬石以上！[30]這些橫洋商船經常也充當本島西海岸港際交通的承運工具，因此也減少了本地造船以供島內交通的需要。不過，臺灣還是有一些小船的生產，特別是漁船。要言之，臺灣對船舶的需要並不小，只是商船的製造全在大陸進行，而大部分的整補工作也在那裡承做。[31]臺灣的造船業其實不發達。史料中出現過兩個民用船廠。一個在新竹，另一個則鄰接著臺南軍工廠。[32]雖然有民用船廠，但如「淡新檔案」顯示的訊息所見，建造本地專用船舶的主要材料還是來自大陸或國外。[33]很可能就如戰船的場合一樣，對臺產木料的需要也僅限於樟木。還有，在渡河或近海駁運時，一般都使用竹筏而非木帆船，那就更用不到樟木了。[34]

造船之外，建造屋宇的需要如何呢？在清領時期之初，絕大多數臺灣漢人的居所都是木材結構、覆以茅草的茅屋。茅屋結構體幾乎都用九芎（*Lagerstroemia subcostata* Koehne）或其他低海拔樹種的枝幹為之。大約從十八世紀初到十八世紀末，臺灣開始流行「易茅以瓦」。結果使得富有人家都用磚瓦來興造房屋。[35]瓦房需要品質較高的木料，而這些木料卻都進口自大陸。《恒春縣志》就描述了十九世紀末年建蓋屋宇所

30 陳國棟，〈清代中葉廈門的海上貿易(1727-1833)〉，收入《東亞海域一千年》（臺北：遠流出版社，2005），pp. 467-507。進一步的討論見陳國棟，〈清代中葉(約1780-1860)臺灣與大陸之間的帆船貿易：以船舶為中心的數量估計〉，收入本書，pp. 227-280。

31 丁曰健，《治臺必告錄》（臺北：臺灣銀行經濟研究室，「臺灣文獻叢刊」第17種，1959），p. 169。

32 吳學明，《金廣福墾隘與新竹東南山區的開發，1834-1895》（臺北：國立臺灣師範大學歷史研究所，1986），pp. 220-221；《安平縣雜記》（臺北：臺灣銀行經濟研究室，「臺灣文獻叢刊」第52種，1959），pp. 80-90。

33 《淡新檔案選錄行政編初集》，pp. 331-339。

34 許雪姬，〈竹筏在臺灣交通史上的貢獻〉，《臺灣風物》，33：3 (1983)，pp. 1-9。

需材料的情形如下：

> 案、臺南就地不出杉木，即石料磚瓦，亦不及內地之堅實。當時材料
> 均由福建船政局購運來恒；工匠亦由閩渡海而來。梁、棟、檁、桷、栿、
> 槪等，業已斧斤成材，不過到地建暨鬥筍，湊合而已。功之速也以此。36

而且這還不僅是臺南一地特有的現象。同樣的情形也出現在臺灣各
地。名史學家連橫在其《臺灣通史》中就有如下的觀察：

> 鄉村之屋，架竹編茅。亦有瓦屋，土墼為墻，久而愈固……臺灣雖產
> 材木，而架屋之杉，多取福建上游，磚瓦亦自漳、泉而來。南北各處間有
> 自燒，其色多赤。37

在富裕之家利用進口材料蓋造宅邸的同時，鄉下人或城中的小戶人
家還是住在茅草屋裡。從興建屋宇的角度來看，對本地木材的需要還是
九芎之類的低品質木材而已。

接下來要看看家具方面的問題。水籐普遍用來編製床架、座椅、箱
籠……之類家具。38 它們產在本島，但其交易受到特別的規範。在1875
年以前，軍工匠首享有支配水籐的特權。一般消費者必須透過官方設立
的「籐行」才能買到所需的籐條。39 1875年以後，籐行的制度也被取
消。然而，如前所述，番地所產的水籐專供番人採取、販售。話說回

---

35 方豪，〈臺灣史上的易茅以瓦〉，《方豪六十自訂稿》(臺北：著者自刊，1969)，上
    冊，pp. 738-743。

36 屠繼善，《恒春縣志》(臺北：臺灣銀行經濟研究室，「臺灣文獻叢刊」第75種，
    1960)，p. 45。

37 連橫，《臺灣通史》，p. 602。

38 John Phipps, *A Practical Treatise on the China and Eastern Trade* (Calcutta, 1835), pp.
    327-328.

39 劉枝萬編，《臺灣中部碑文集成》，p. 114；陳盛韶，《問俗錄》，pp. 136-137。

來，水籐這種東西並不顯眼，很容易從山中取出而不致被發覺，因此私採、私售並不罕見。在整個清領時期，我們常常能看到有關不逞之徒非法採籐的記載。[40] 儘管有專賣、有走私，水籐必有一定的產量；但是它畢竟只是一種森林副產品。自林中取出水籐並不會造成森林的損耗，所以我們也就不再多說了。

與水籐相仿，竹子也常被用來製作家具。它們往往就生長在聚落附近，不須深入山中採伐。如果上山去砍取，在運輸上也就面臨了與樟木相同的困難。1824年，一件彰化縣知縣的裁決指出：從林圯埔放流竹竿出山，影響了河道附近的埤圳，竹材的所有人不得不給予這些埤圳主某些補償。[41] 再者，當十八、十九世紀之交，由於中國沿海海盜猖獗，清廷下令通過臺灣各海口的竹材必須經過嚴格檢查。（因為帆船的風篷常常是用竹篾編成的，官員們相信海盜如果得不到竹竿的供應，他們的船就不能動了。）這些檢查工作讓守口官吏、巡役得到一個索賄的機會，因此也減低了販運竹子的獲利可能性。[42] 檢查竹材的規定在1875年以前始終沒有取消。在那樣的環境下，竹竿的交易顯然只在產地附近進行，規模也不會太大。還有，竹子基本上是一種低海拔植物。砍伐竹子對森林耗損的影響終究不大。

至於品質較高的家具，臺地也有製作。在十九世紀晚期的臺南地方，製造家具被稱為「做小木」，而建構屋宇則被稱為「做大木」。[43]

40　例見「淡新檔案」(歷史語言研究所藏影印本)，＃22407-7。十八世紀末年，開拓噶瑪蘭的先驅人物吳沙據說也曾帶領一批不務正業的人在三貂社一帶違法「伐木抽籐」。參考連橫，《臺灣通史》，p. 853。

41　林文龍，〈臺灣中部古碑續拾〉，pp. 125-126。

42　沈葆楨，《沈文肅公政書》，p. 2262；姚瑩，《中復堂選集》(臺北：臺灣銀行經濟研究室，「臺灣文獻叢刊」第83種，1960)，pp. 122-126。

43　《安平縣雜記》，p. 80。

「做小木」的材料，一如「做大木」所用的梁、棟、椺、桷，大概也來自內地。

　　僅次於家具，讓我們看看農具的情形。絕大部分的農具應該是在臺灣打造。姚瑩就曾提及噶瑪蘭附近有人製造農具。[44] 可是農具的主要組件為鐵，鐵都來自大陸，而且，我們又發現政府也對它實行某種專賣措施。[45] 在此情形下，農具的生產當然只為本島使用，不為出口，也不需要高品質的木料來搭配。農家居所附近所生長的闊葉木已能達到這個目的。還有，我們或許該提一下島上陸地交通的主要工具——板輪牛車——，其車身亦用闊葉木打造。[46]

　　臺灣所生產的僅有一項的文具是紙張。然而造紙工業開始得很晚。臺灣有通草，而遍地有楮樹（一種構樹或鹿仔草樹，*Broussonetia papyrifera* 〔Linn.〕L'Herit.），都可用來造紙。竹子同樣可作紙張的原材料。自然的賦予是如此地豐富，可是一直到1741年編纂《重修福建臺灣府志》的時候，臺灣仍然未見有造紙工業。[47] 我們所掌握的最早的紙張製造記錄是臺灣道台徐宗幹1853年的日記，他提到用臺產的「雞皮紙」作為封面來裝訂他的手稿。顧名思義，「雞皮紙」的品質並不高。[48] 不過，臺灣造紙業的品質日有提升。到了1860年代，已有少量臺產土紙出口。[49] 話雖如此，在整個清領時期，臺灣都持續進口大量粗紙以做冥紙

44　姚瑩，《東槎記略》，p. 113。

45　陳璸，《陳清端公文選》(臺北：臺灣銀行經濟研究室，「臺灣文獻叢刊」第116種，1961)，p. 12；陳盛韶，《問俗錄》，pp. 136-137。

46　陳漢光，〈臺灣板輪牛車之今昔〉，《臺灣文獻》，11：4 (1960)，pp. 14-32。

47　劉良璧，《重修福建臺灣府志》(臺北：臺灣銀行經濟研究室，「臺灣文獻叢刊」第74種，1961)，p. 114。

48　徐宗幹，《斯未信齋雜錄》(臺北：臺灣銀行經濟研究室，「臺灣文獻叢刊」第93種，1960)，p. 96。

49　William Gregory (Vice-Consul), "Exports at the Port of Tamsuy (including Kelung)," *British Parliamentary Papers*, vol. 9, p. 87.

的材料。[50] 這也正證明了臺灣紙張的生產所消耗的本地森林資源極其有限。

段義孚所認定為中國人廣泛使用的森林資源為柴薪與木炭。隨著聚落越來越多、越來越大，對燃料的需求也就日益加深。施堅雅（G. William Skinner）也有類似的觀察。他認為中國人的城居方式經常把城市當作經濟活動的中心點。城市因為是經濟發展的核心，往往也就造成周邊地區森林的耗竭。一旦近郊的林地被芟夷一空，城市也就獲得了新的土地而得以擴張。如此一來，城居人口只好往更遠的地方去尋找木柴，因此加重了森林的耗損。[51] 簡而言之，聚落的建立與維持都有以造成森林的損耗，而供應聚落所需的木柴就佔最重要的因素。

人們需要木柴，因為人人都有炊爨和取暖的需要。即使在亞熱帶的臺灣，冬季冷風來襲時，仍需燒木柴取暖。燃料木柴的使用有兩種方式。一是乾柴，另一是木炭。就前者而言，人們可以用乾樹枝或枯死木的樹榦來滿足他們的需要。可是就後者而言，就有伐倒生立木的必要了。清領時期，有關此兩種燃料的相對比重如何的資料無從取得。可是晚至1953年，乾樹枝或枯死木仍然佔有全部燃料用木柴的81.8%，剩下的才是木炭。[52] 使用木炭要付出較高的價錢，應是經濟越進步使用得越多。因此可以推想在清領時期，使用乾柴的比重可能更大。乾柴大都是鄉居人口所使用。木炭的購買者則多為城市或似城聚落的居民。鄉居人口大部分都是農民，他們易於在住家附近的林野找尋乾樹枝或枯死木，取得燃料並不困難。城居者則沒有這樣的便利。他們必須從市場裡去購

50　吳逸生，〈艋舺古行號概述〉，《臺北文物》，9：1（1960），p. 11。

51　G. William Skinner, "Cities and the Hierarchy of Local System," in G. W. Skinner ed., *The City in Late Imperial China* (Stanford, California: Stanford University Press, 1977), p. 287.

52　郭寶章，〈臺灣之薪炭〉，收在《臺灣之木材問題》，(臺北：臺灣銀行經濟研究室，「臺灣研究叢刊」第92種，1967)，p. 163。

買燃料用柴，不拘是乾柴還是木炭。

乾柴及木炭都是量大值賤，從境外進口無利可圖。因此大都在本地生產。由於它們都是民生所必需，政府當然也不禁止民人樵採或燒炭，只要這類行為是在私有或公有地上進行，而非在番界內為之便可。有些官員甚至採取手段來保障民人自由樵採的權利，有如一件1778年的文書所示。根據該項資料，諸羅縣知縣張所受在1765年正式開放一座現在新營所在地附近的山丘，並且宣佈所有的居民都可以到那裡「樵採、塋葬、牧養」。[53]

採集燃料的事很平常，到處都有。有一些特別的地方倒頗值得一提。首先，一般民人理應不可在番界內樵採或燒炭，但若得到番人的默許則還是有人為之。[54] 其次，由於人口聚落的增加，商業燃料也日益興隆。出售薪柴及木炭的鋪戶在十八世紀末以前就已出現在臺灣府、艋舺和其他主要城市。[55] 還有，在日據時代來臨以前，交易同樣商品的定期市場也已存在於某些鄉間。[56] 就那些商品化的燃料而言，它們都由漢人

---

53 黃典權編，《臺灣南部碑文集成》(臺北：臺灣銀行經濟研究室，「臺灣文獻叢刊」第218種，1965)，pp. 409-410。

54 例見《恒春縣志》，p. 253；盧德嘉，《鳳山縣採訪冊》(臺北：臺灣銀行經濟研究室，「臺灣文獻叢刊」第73種，1960)，pp. 37-38。

55 在早期，鄉民於農閒時拾取柴草，拿到城市中販售。參考陳文達，《臺灣縣志》(臺北：臺灣銀行經濟研究室，「臺灣文獻叢刊」第103種，1961)，p. 57。但是到了需求隨人口而增加以後，城市中就出現了固定的店鋪。艋舺一帶第一家木炭行在十九世紀初開始營業。由於臺北盆地的開發遠較中、南部地區為晚，因此我們可以假定木炭行在十八世紀時已出現在其他主要城市。參考《臺北市志稿》(臺北：臺北市文獻委員會，1962)，9/5，p. 96；《臺北市志》(臺北：臺北市文獻委員會，1980)，7/8，p. 137。

56 舉例來說，這些定期市場就出現在北埔(新竹)。見鄭雲鵬、曾逢辰，《新竹縣志初稿》(臺北：臺灣銀行經濟研究室，「臺灣文獻叢刊」第61種，1959)，pp. 21-22；陳朝龍，《新竹縣採訪冊》(臺北：臺灣銀行經濟研究室，「臺灣文獻叢刊」第145種，1962)，p. 103。

地界內供應。雖然不法的軍工匠首會包庇違法的燒炭者進入番界，而有些番人為利所誘也默許漢人入界樵採（特別是1875年以後），燃料材對森林耗損的影響還是不應高估。清領時期木炭的主要來源為龍眼木（可能即為山龍眼，*Helicia formosana* Hemsl.）、九芎木或其他品質不高的闊葉木。二十世紀流行來燒製木炭的相思木（*Acacia confusa* Merr.）在那時尚不普遍。[57] 總之，材料都來自低海拔樹種，對森林損耗影響不深。

以上所討論的民間使用的木材可以由軍工料匠供應，可以來自進口，或是由土地開發者在拓墾過程中取得，抑或是在定居者住所附近採取。換言之，本島居民不虞沒有森林產品以供日用。在此情形下，非法使用山林的情形雖然不是沒有，但不普遍。1800年的一個文件指出，這一年以前確實有一些私伐、私採者在今日臺中盆地東沿的烏牛欄、東勢角、投標埔一帶非法採籐、製木。[58] 但這樣的事例並不多。

除去段義孚所指稱的林木利用方式之外，臺灣還有一項特殊的經濟活動對森林損耗頗有影響。那就是熬製樟腦。早在十七世紀初，臺灣已有人開始熬腦。樟腦主要用於醫藥，在整個清領時期都不斷地輸往中國大陸。[59] 可是在1860年代開放通商口岸與列強貿易之前，產量有限。從制度上來說，1875年以前，出售樟腦為軍工匠首的專利。但在通商口岸開放以後，他們的專賣權遭致外國商人嚴重的挑戰。1860年以後，大量樟腦被配售往歐洲。1875年取消入山之禁以後，一些膽大的好利之徒更直接入山為國外市場熬腦。在1860與1894年間，每年的出口量都在一萬擔（六百噸）上下。[60] 由於樟腦的熬製未嘗中止，低海拔地區的樟木林

---

57 朱仕玠，《小琉球漫誌》，p. 6；陳文達，《臺灣縣志》，p. 31。

58 《清代臺灣大租調查書》，pp. 769-770。

59. 連橫，《臺灣通史》，p. 504。

60 林滿紅，《茶、糖、樟腦與晚清臺灣》（臺北：臺灣銀行經濟研究室，「臺灣研究叢刊」第115種，1978），pp. 22-23。

也就一天天地被消滅。熬腦者也只得往山裡發展。他們的活動有時不免與生番發生衝突。而砍伐過的樟木跡地通常也被移作耕地，森林損耗也就無法挽回。在1864年時，英國的副領事郇和（Robert Swinhoe）有如下的觀察：

　道台代表政府，假借水師的名義，主張支配島上所有的木材，——其實只是樟木一項；因為並未採取任何措施禁止矮樹林的居民為了家用的目的砍倒其他樹種或是將它們燒成木炭。頒佈這類禁令是否帶有保育林木的意味？〔不得而知。但〕林木旦旦而伐之而不見為來日之用而復植，此舉或可當成是一良法美意而喝采。……不過，無疑地，這還是僅止於樟木而已。這般樟木被伐除後，要花好幾十年的時間才能長回來。而且，因為它們四下展枝生葉的成長特性，要隔開相當一段距離才能長出一棵，這〔淡水〕附近的一項主要獲利來源已成往事的時日或許不久就會來到。就當前的情形來說，我想政府是擁有該殖民地〔臺灣〕所有林地的所有權，而他們把伐取佳木的特權限定給一些付高價的人員之作法也許沒錯。一直有一些私伐木材的事在發生，如果不是因為政府和相關人員〔軍工匠〕虎視耽耽，山丘上的樹木，無疑地，會以更快的速度消滅。根據資料，這種樹只在本地和噶瑪蘭廳生長繁茂，南部各廳縣漢人可達的山頂早已沒有了。61

同樣的陳述在1873年代理副領事巴貝爾（E. Colborne Baber）的報告中也可見到：

　樟腦——生產此一有價值物品的樹木無法從臺灣地圖上註明為漢人領域的區域中找到。它們僅出現在番界之內，或緊鄰於番界的地方。製造樟腦要先砍倒樟樹，而它們未曾被復植過。隨著鄉野日漸裸露、番人日漸退

61　"Commercial Reports from Her Majesty's Consuls in China," (from Robert Swinhoe to Sir F. Bruce), *British Parliamentary Papers*, vol. 6, p. 7.

縮，漢人也同等地蠶食〔這些土地〕。結果，交界之處就處在不斷的動盪狀態，雙方人馬只要一有機會就橫暴相加。……62

從這些敘述看來，樟腦事業確實對森林損耗造成很大的影響。幸好樟樹也生長在相對低海拔的地方。（這也就是爲什麼在樟木伐除後，林木跡地可以被轉換成耕地的理由了。）進一步言之，森林的損耗是由樟腦不斷製造的累積效果促成的，而在日據之前，樟腦的產製規模還不算很大。日本人來臺灣以後，樟腦與樟腦油的年產量上升到三萬擔（一千八百噸）的水準，63 對樟樹林破壞的影響也才眞正地惡化。

總結以上所論，我們可以斷言說：專就非拓墾性伐林而言，在山區的部分並不很嚴重。這一部分是因爲臺灣的居民只追尋低海拔的樹種或森林副產品，另一部分是因爲他們的能力也有所限制。雖然原無保育的目的，森林卻因而保存得相當不錯。由於對森林資源的利用程度不高，清代人對臺灣森林的認識也就很貧乏。時人的記載總是說臺灣唯一有用的木材就是樟木而已。他們一致認爲臺灣不產松、杉。64 這其實是錯誤的。可是他們從未有機會深入內山，所見難免有限。

二、日據時代的伐木事業，1895-1945

1895年，臺灣被割讓予日本。在日據時期，開始對森林資源做了有系統的調查，並且也開始了有計劃的伐林活動。

62　E. Colborne Baber (Acting Vice-Consul), "Report on Foreign Trade at Tamsuy (including Kelung) for the Year 1872," *British Parliamentary Papers*, vol. 10, p. 197.

63　臺灣省行政長官公署統計室，《臺灣省五十一年來統計提要》（臺北，1946），p. 1027。

64　姚瑩，《東槎記略》，p. 113；《中復堂選集》，pp. 66、178；屠繼善，《恒春縣志》，p. 45；丁曰健，《治臺必告錄》，p. 302。

　　按照矢內原忠雄的說法，林野調查的目的是在為臺灣經濟的資本主義化鋪路，它的目的與耕地調查相仿。這也就是說要確定土地的疆界，以便利產權移轉。[65] 專就確立財產權一點來說，矢內原忠雄的看法沒錯。但其結果使大部分的林野置於政府的掌握中。

　　在1895年接收臺灣以後，殖民政府公佈了一道行政命令，叫作「官有林野取締規則」（「取締」就是管理的意思）。其目的就在主張那些沒有確定文書證明為私有的土地全歸政府所有。結果，除了耕作中的稻田之外，大多數的土地，尤其是林地全部落入政府手中。這是因為在清領時期，居民雖然可能在某種情況下利用了林地，可是政府從未發給他們權狀。不過，領臺之初，日本殖民政府也還沒有對林野的面積與使用狀態作一調查。[66]

　　數年之後，政府開始了一項土地調查計劃。當1898與1904年間，在「臨時土地調查局」的主持下，以相當大的規模展開了土地調查。大約佔全島面積21%的土地都進入調查範圍。可是只包括了一小部分的林地。有關森林的全面性調查要等到1910至1914年間的林野調查才實現。但是因為交通的困難，這次調查一時也將臺東和花蓮排除在外。其後，1914與1925年間還有一個後續調查。最後，到了1934年時，我們總算得到森林總面積的數字為2,444,236.26公頃，佔全島總面積的67.97%。就中政府擁有2,182,863.73公頃，而私有林地僅為261,372.53 公頃。[67] 從以上所述，我們發現林野的土地所有權之確認要到日據時代末期才完成。因此，矢內原忠雄所謂「為臺灣經濟的資本主義化鋪路」的說法就得稍

65　矢內原忠雄著、周憲文譯，《日本帝國主義下之臺灣》（臺北：帕米爾，1985），pp. 19-20。

66　周楨，《臺灣之森林經理》（臺北：臺灣銀行經濟研究室，「臺灣研究叢刊」第109種，1972），pp. 3-6。

67　同上註，p. 20。

加修正。無疑地，土地（包括耕地與林野）調查的大目標隱含有確立產權以便利臺灣農業經濟走上資本主義道路之目的，但其實現花了很長一段時間。

在土地調查開始後不久，日本官方也展開了伐木事業。這從阿里山開始。就在1899年，臺南縣政府的技手小池三九郎入山探險，歸來後提出發現大檜林（紅檜，*Chamaecyparis formosensis* Matsum.）的報告。[68] 1906年臺灣總督府授權日商藤田組投資開發阿里山森林。開始規劃鋪設阿里山森林鐵路，以及準備其他有關伐木、運材、集材等設施。但藤田組後來卻因資金不足無法繼續經營，乃於1908年退出，由總督府接手直接經營，並於1910年4月間正式成立阿里山作業所。[69] 兩年後，自美國訂購之集材機到達，並開始伐木。九月間，嘉義至二萬坪間四十一英哩鐵路竣工，即行試車運材，開始了臺灣大規模的高山伐木事業。[70]

阿里山營林業務逐漸擴大。1915年，乃廢阿里山作業所，於總督府下設營林局直接管轄。1916年，又為開發宜蘭之濁水溪（案、即蘭陽溪）流域及中之八仙山等森林資源，分別於宜蘭郡圓山莊（今宜蘭縣員山鄉）及臺中州東勢郡土牛（今臺中縣石岡鄉土牛村）相繼成立宜蘭與八仙山兩出張所。嗣後這兩個出張所又因業務所需而於1924及1926分別遷至羅東及豐原兩鎮。隨著阿里山、羅東（即光復後之太平山林場）、豐原（即光復後之八仙山林場）三處林區的設置，臺灣官營伐木事業的基礎已完全奠立。[71]

由於殖民政府擁有絕大多數的林地，並且是唯一有能力提供鉅額資

68　周楨，《臺灣之伐木事業》(臺北：臺灣銀行經濟研究室，「臺灣研究叢刊」第58　種，1958)，pp. 51-52。

69　鄭月樵，〈臺灣木材之產銷〉，收在《臺灣之木材問題》，p. 108。

70　周楨，《臺灣之伐木事業》，p. 53。

71　同註69。

本的機構，伐木事業自然就由政府來主導。後來，在1941年時日本發動太平洋戰爭。由於軍事上對木材的需要增加迅速，因此加速伐林。同時由於政府財政匱乏，無法維持官營伐木事業。於是將官營砍伐事業改為公司制，加入民間資本或乾脆讓予民營。例如阿里山、太平山、八仙山、鹿場山均改屬臺灣拓殖株式會社；木瓜山歸屬花蓮港木材會社；林田山歸屬臺灣興業株式會社；香杉山歸屬植松木行；望鄉山歸屬櫻井組；大元山、太魯閣歸屬南邦株式會社；妹克伊斯磨山歸屬農林株式會社⋯⋯等。在戰爭中，臺灣的伐木事業遂迅速走向民營化。[72]

至於日據時代歷年木材生產的情形，在1912與1934年之間，平均每年約為16-17萬立方公尺。1935至1945年間因為對華戰爭及太平洋戰爭的關係，加速伐木，生產量逐年增加。[73] 詳細伐林及木材產量問題，請參考「表一」。

從表一看來，臺灣木材的年產量仍然不大。如鄭月樵所云：「臺灣木材的年產量不多，而且尚不夠本身需要，自然以內銷為主、外銷次之。其每年的供需平衡，是靠以少量優良品等的木材外銷，而換取多量品等稍次的木材輸入，以補不足。」[74] 就整個日據時代進出口的情形而言，無論在價值還是數量上，臺灣都是入超的。【參考「表二」】這也意味著臺灣所產的木材品質較高，賣得較好的價錢。從「表二之一」我們看到進口木材的單價在11到54日元之間，可是出口單價則高達38至219元。 因此，透過出口少量的高品質木材換取大量普通木材的進口，藉以滿足本地市場的需要。這也就是說，在日據的五十一年間，臺灣因為這樣的安排而少砍了很多樹。實際上，從其價值來說，出口值還是遠低於進口值，不足的金額遂由經濟體系的其他部門支付。換言之，其他

---

72 周楨，《臺灣之伐木事業》，p. 4。
73 鄭月樵，〈臺灣木材之產銷〉，p. 111。
74 同上註。

表一 日據時代主要林場歷年伐木數量表，1912-1945

面積：公頃　材積：立方公尺

林場 年度	阿里山		太平山		八仙山		林田山	
	砍伐面積	立木材積	砍伐面積	立木材積	砍伐面積	立木材積	砍伐面積	立木材積
1912	43	29,063	---	---	---	---	---	---
1913	108	49,214	---	---	---	---	---	---
1914	74	45,936	---	---	---	---	---	---
1915	144	117,332	49.58	22,448.55	14.58	12,764	---	---
1916	124	105,586	89.25	25,126.12	49.50	19,499	---	---
1917	116	89,933	44.62	21,125.55	34.69	12,443	---	---
1918	132	142,606	64.46	31,399.08	34.69	14,615	---	---
1919	122	167,688	79.33	34,141.51	24.79	13,295	---	---
1920	117	87,317	72.39	31,254.38	9.90	4,153	---	---
1921	115	104,555	109.09	39,476.00	19.80	7,634	---	---
1922	145	112,484	92.10	61,130.25	14.85	10,286	---	---
1923	112	83,532	99.13	41,329.50	13.06	11,600	---	---
1924	130	78,752	118.47	37,708.85	19.31	13,076	---	---
1925	164	76,871	125.45	56,219.06	32.69	19,246	---	---
1926	108	69,236	143.13	51,796.32	31.98	21,427	---	---
1927	208	91,072	148.76	62,513.38	54.41	27,323	---	---
1928	168	80,668	138.84	72,012.32	111.03	42,878	---	---
1929	199	102,602	129.69	72,377.03	112.06	46,656	---	---
1930	201	78,703	128.92	67,247.00	82.17	35,139	---	---
1931	209	97,347	134.00	66,457.15	149.75	46,567	---	---
1932	260	88,070	248.70	82,637.95	92.00	39,228	---	---
1933	475	120,664	252.05	79,681.14	98.05	51,225	---	---
1934	520	114,798	393.39	86,105.40	196.39	61,395	---	---
1935	558	119,031	273.94	73,608.22	148.37	53,516	---	---
1936	551	110,274	253.74	76,563.27	161.80	46,910	50	---
1937	769	129,535	244.32	76,889.13	142.79	44,547	---	1,824
1938	479	83,524	138.50	61,146.24	179.00	69,888	---	228
1939	552	133,126	231.01	128,870.46	235.00	84,502	120	750
1940	660	169,374	220.89	109,990.77	215.00	77,711	130	1,035
1941	654	167,137	230.60	92,890.19	406.00	111,052	190	18,120
1942	360	137,469	301.01	98,396.63	432.00	10,733	200	24,680
1943	665	160,411	242.94	119,278.24	276.00	63,868	---	43,740
1944	445	107,483	175.54	104,610.30	23.30	55,461	---	32,100
1945	86	18,437	63.23	25,548.80	207.00	21,596	---	5,450
總計	9,773	3469,830	5,037.07	2009,978.79	3621.96	1150,233	690	127,927

資料來源：周楨，《臺灣之伐木事業》（臺北，1958），pp. 60-62、80-81、93-94及p. 135。

表二　日據時代臺灣歷年木材進出口數量及價值表，1912-1945

材積：立方公尺　價格：日元

\性質 年度\	進　口(A)		出　口(B)		差　額(A－B)	
	數　量	價　值	數　量	價　值	數　量	價　值
1912	---	4,175,569	---	93,841	---	---
1913	---	3,635,317	---	134,664	---	---
1914	---	2,502,682	---	191,615	---	---
1915	---	2,183,174	---	230,546	---	---
1916	---	2,111,048	19,682	732,847	---	---
1917	---	3,188,879	17,907	846,125	---	---
1918	411	4,158,040	6,850	697,106	---	---
1919	13,829	6,747,113	16,366	604,939	---	---
1920	21,275	10,334,473	12,846	1,488,667	---	,---
1921	122,597	6,648,553	9,956	629,273	112,641	6,019,280
1922	476,457	5,041,580	25,124	1,820,147	451,333	3,221,433
1923	---	4,003,170	39,268	3,468,176	---	534,994
1924	347,226	3,784,334	16,662	2,276,130	330,564	1,508,204
1925	---	5,382,978	15,963	2,961,170	---	2,421,808
1926	208,027	5,728,637	14,909	3,259,488	193,118	2,469,149
1927	244,145	6,736,842	18,218	2,918,464	225,927	3,818,378
1928	302,406	9,820,898	20,179	3,395,595	282,227	6,425,303
1929	355,531	11,024,974	23,269	2,255,504	332,262	8,769,470
1930	300,243	7,757,142	20,208	1,379,194	280,035	6,377,948
1931	296,503	6,865,832	21,401	1,202,125	275,102	5,663,707
1932	320,734	7,343,733	28,662	1,803,736	292,072	5,539,997
1933	301,342	7,601,577	40,470	2,384,294	260,872	5,217,283
1934	330,772	8,870,884	63,984	2,407,342	266,788	6,463,542
1935	459,148	12,498,385	29,154	1,514,033	429,994	10,984,352
1936	543,107	14,852,979	33,390	2,175,843	509,717	12,677,136
1937	516,295	15,085,875	28,651	2,239,144	487,644	12,846,731
1938	464,260	19,031,222	39,791	3,395,595	424,469	15,635,627
1939	484,027	21,318,558	56,133	4,859,590	427,894	16,458,968
1940	555,311	1,710,455	9,020	---	546,291	---
1941	221,410	1,425,605	4,403	---	217,007	---
1942	95,507	2,430,931	886	---	94,621	---
1943	6,601	2,312,942	---	---	---	---
1944	---	---	---	---	---	---
1945	---	---	---	---	---	---

資料來源：　鄭月樵，〈臺灣木材之產銷〉，收在《臺灣之木材問題》（臺北，1967），pp. 128-129。

表二之一　臺灣進出口木材價格，1921-1939

材積：立方公尺　價格：日元
A：平均進口價格　B：平均出口價格

年度	進 口		A	出 口		B
	數　量	價　值		數　量	價　值	
1921	122,597	6,648,553	54	9,956	629,273	63
1922	476,457	5,041,580	11	25,124	1,820,147	72
1923	---	4,003,170	---	39,268	3,468,176	88
1924	347,226	3,784,334	11	16,662	2,276,130	137
1925	---	5,382,978	---	15,963	2,961,170	186
1926	208,027	5,728,637	28	14,909	3,259,488	219
1927	244,145	6,736,842	28	18,218	2,918,464	160
1928	302,406	9,820,898	32	20,179	3,395,595	168
1929	355,531	11,024,974	31	23,269	2,255,504	97
1930	300,243	7,757,142	29	20,208	1,379,194	68
1931	296,503	6,865,832	23	21,401	1,202,125	56
1932	320,734	7,343,733	23	28,662	1,803,736	63
1933	301,342	7,601,577	25	40,470	2,384,294	59
1934	330,772	8,870,884	27	63,984	2,407,342	38
1935	459,148	12,498,385	27	29,154	1,514,033	51
1936	543,107	14,852,979	27	33,390	2,175,843	65
1937	516,295	15,085,875	29	28,651	2,239,144	78
1938	464,260	19,031,222	41	39,791	3,395,595	85
1939	484,027	21,318,558	44	56,133	4,859,590	87

資料來源：表二。

部門爲臺灣的森林維護付出了代價。這樣的安排是否是有意的不得而知，但終究有助於臺灣森林的保存。

日據時代於伐林之外也進行造林，但造林的面積遠不及伐林面積。以有統計數字可參考的幾個主要林場在整個時期造林、伐林的情形來看，阿里山、太平山、八仙山三大林場及太魯閣、林田山兩處林場在1945年以前，總共伐林19,224.48公頃，造林6,711.86公頃。【參考「表三」】造林面積爲伐林面積的34.91%。 伐過於植的面積爲12,512.62公頃。若以1934年臺灣林野總面積2,444,236.26公頃計，伐過於植的部分僅佔全部林野面積的0.51%強，或佔全島總面積的0.35%弱。由於整個砍伐的規模仍不算大，對臺灣林野的破壞應屬有限。

三、光復後的森林問題

二十世紀後半，亦即光復後近五十年的期間，爲臺灣森林植被面積耗損最嚴重的一段時期。尤其是兩次航空測量之間（第一次在1954年，第二次在1972年，但統計報告都在測量後數年才完成），伐木規模最大。從1964年起，每年伐木面積均超過10,000公頃（即連續兩年伐木面積之總和超過了整個日據時代的總伐木面積）；伐倒的立木材積在1958-1976年間均超過1,000,000立方公尺。【參考「表四」】因此，1954-1972年間可說是臺灣森林耗損最嚴重的一個時期。此一時期大規模伐木的目的據說是爲了換取外匯。由於人口的增加，本地用材不足的現象較日據時代更有過之而無不及，因此除了發展替代性產品——如合板——之外，還是得仰賴進口以濟需求。此一時期的木材出口遂以高價值的紅檜、香杉（一稱巒大杉，*Cunninghamia konishii* Hay）和扁柏（*Chamaecyparis obtusa* S. et Z. var. *formosana* Hay 或 *C. taiwanensis* Mas. et Suzuk.）等爲主，尤其是前者一直佔有很高的比重。【參考「表五」】

表三　日據時代伐林、造林面積比較表，1895-1945

單位：公頃

林場名稱	砍伐面積（A）	造林面積（B）	伐過於植的差數（A－B）
阿里山	9,771.13	3,100.00	6,671.13
太平山	5,037.07	2,537.02	2,500.05
八仙山	3,621.96	868.18	2,753.78
太魯閣	104.32	154.06	-49.74
林田山	690.00	52.60	637.40
總　計	19,224.48	6,711.86	12,512.62

資料來源：周楨，《臺灣之伐木事業》，頁150。

表四　光復後歷年全省伐木量，1946-1976

指數：1950年＝100

年度	立木材積（立方公尺）	指數	年度	立木材積（立方公尺）	指數
1946	102,203	19.74	1962	1,332,977	257.46
1947	677,659	130.88	1963	1,472,689	284.44
1948	494,372	95.49	1964	1,613,753	311.69
1949	436,136	84.24	1965	1,663,296	321.26
1950	517,743	100.00	1966	1,430,446	276.28
1951	745,137	143.92	1967	1,577,731	304.73
1952	886,527	171.23	1968	1,557,321	300.79
1953	763,036	174.38	1969	1,475,586	285.00
1954	914,950	176.72	1970	1,554,589	300.26
1955	806,644	155.80	1971	1,762,006	340.32
1956	775,054	149.70	1972	1,790,163	345.76
1957	981,105	189.50	1973	1,714,469	331.14
1958	1,103,417	213.12	1974	1,533,907	296.27
1959	1,251,874	241.79	1975	1,110,260	214.44
1960	1,221,492	235.93	1976	1,101,481	212.76
1961	1,333,251	257.51			
總　計：1957～1976				28,581,813	

資料來源：臺灣省林務局編印，《臺灣林業統計》（年刊），歷年。

在這段期間，進口木材每立方公尺的價格在新台幣432元與2,435元之間，而出口木材的單價則高達1,006至15,728元。【參考「表五之一」】在出口的珍貴木材中，紅檜尤其重要。在1961-1972年間，它佔出口總量的56.33%，創造了60.98%的木材出口總值。[75]【參考「表六」】輸出高級木材及木製品所得的外匯一方面用以支付進口木材的代價，多餘的部分則用來協助提供工業化早期所需的資金。由於出口總值大進口總值，我們可以說，在這段期間臺灣的林業部門為工業化付出了代價。

此一時期伐木工作所以能大規模展開，除了伐木工具的改善之外，運輸工具的改變更扮演了極重大的角色。日據時代以鐵道為主要的運輸途徑，火車所能到達的地方有限，而鐵道的修築費錢、費時，所以能運出森林的木材較為有限。但是自1958-1959年大雪山林業公司開始營業後，採取開闢林道的方式，改以大卡車運材，遠比鐵道、火車更能深入森林，有助於產量的劇增。林道、卡車引進後的伐木事業，除了使森林的耗損更加快速外，本身對山林水土保持的破壞也遠比鐵道、火車更為嚴重。

臺灣光復後，有關機構在伐林之餘也從事植林。雖然林務機構一再聲稱臺灣森林植過於伐，即造林面積大於伐林面積。但此說法頗可質疑。一則是新栽樹苗的存活率如何，並無適當的追蹤調查；再則「十年樹木」，樹苗從栽植到長大成林需要一、二十年的時間，與伐林所造成的森林瞬間消失的情形大異其趣。因此拿植林面積和伐林面積相比而提出森林耗損並不嚴重的說法是不恰當的。即便承認植林對森林的回復有所貢獻，兩次航空測量的結果亦證明1954-1972年的十八年間，臺灣的森林面積有相當大的損失。第一次航空測量結果發現全島林野面積為

75　有關此一時期的基本史實參考周楨，《臺灣之伐木事業》、《臺灣之森林經理》；李剛，《悲泣的森林》(臺北：商務，1988)。同時也參考了有關臺灣林業的各類統計報告書。有關這些報告書的出版資料，見本節附表。

表五　光復後歷年全省木材進出口數量及價值，1950-1976

數量：立方公尺　價值：新臺幣元

性質 年度	進　口（A）		出　口（B）		差　額（A－B）	
	數　量	價　值	數　量	價　值	數　量	價　值
1950	34.715	---	---	1.299.842	---	---
1951	21.689	11.727.696	698	702.038	20.991	11.025.658
1952	26.364	11.389.746	400	3.788.673	25.964	7.601.073
1953	50.698	24.022.994	1.275	4.662.690	49.423	19.360.304
1954	113.773	58.109.289	1.624	11.522.137	112.149	46.587.152
1955	65.096	37.440.003	6.353	18.979.084	58.743	18.406.919
1956	101.511	90.942.965	6.931	20.794.818	94.580	70.148.147
1957	163.364	117.982.059	6.869	81.310.867	156.495	36.671.192
1958	107.739	78.448.260	41.399	189.328.706	66.340	-110.880.446
1959	169.827	153.306.989	55.425	199.746.192	114.402	-46.439.203
1960	169.013	139.512.422	51.932	397.959.771	117.081	-258.447.349
1961	169.628	173.344.008	89.671	623.799.347	79.957	-450.455.339
1962	278.412	318.495.914	133.217	623.799.347	145.195	-305.303.433
1963	447.617	553.389.925	201.049	980.557.582	246.568	-427.167.657
1964	565.916	676.553.441	328.068	1.512.083.896	237.848	-835.503.455
1965	626.175	700.237.841	415.406	1.656.975.389	210.769	-956.737.548
1966	694.591	835.969.363	418.929	2.030.378.124	275.662	-1.194.408.761
1967	745.345	919.252.374	431.659	2.240.121.996	313.686	-1.320.869.622
1968	1.098.018	1.389.162.334	435.736	3.388.880.657	662.282	-1.999.718.323
1969	1.193.671	1.545.635.792	523.524	4.369.093.658	670.147	-2.823.457.866
1970	1.500.845	1.974.088.779	595.727	5.377.976.884	905.118	-3.403.888.105
1971	2.233.535	2.850.404.777	722.656	6.692.388.255	1.510.879	-3.841.983.478
1972	3.685.916	4.754.043.000	1.175.437	10.635.532.000	2.510.479	-5.881.489.000
1973	3.909.995	7.213.586.000	1.309.450	14.618.272.000	2.600.545	-7.404.686.000
1974	3.682.806	8.968.305.000	935.963	12.556.768.000	2.746.843	-3.588.463.000
1975	3.768.728	8.899.938.000	1.010.092	10.477.257.000	2.758.636	-1.577.319.000
1976	4.144.202	9.710.685.000	1.331.706	20.945.180.000	2.812.496	-11.234.495.000

資料來源：臺灣省林務局編印，《臺灣林業統計》（年刊），歷年。

表五之一　臺灣進出口木材價格，1950-1976

材積：立方公尺　價值：新臺幣元
A：平均進口價格　B：平均出口價格

年度	進口 數量	進口 價值	A	出口 數量	出口 價值	B
1950	34.715	- - -	- - -	- - -	1.299.842	- - -
1951	21.689	11.727.696	541	698	702.038	1.006
1952	26.364	11.389.746	432	400	3.788.673	9.472
1953	50.698	24.022.994	474	1.275	4.662.690	3.657
1954	113.773	58.109.289	511	1.624	11.522.137	7.095
1955	65.096	37.440.003	575	6.353	18.979.084	2.987
1956	101.511	90.942.965	896	6.931	20.794.818	3.000
1957	163.364	117.982.059	722	6.869	81.310.867	11.837
1958	107.739	78.448.260	728	41.399	189.328.706	4.573
1959	169.827	153.306.989	903	55.425	199.746.192	3.604
1960	169.013	139.512.422	825	51.932	397.959.771	7.663
1961	169.628	173.344.008	1.022	89.671	623.799.347	6.957
1962	278.412	318.495.914	1.144	133.217	623.799.347	4.683
1963	447.617	553.389.925	1.236	201.049	980.557.582	4.877
1964	565.916	676.553.441	1.196	328.068	1.512.083.896	4.609
1965	626.175	700.237.841	1.118	415.406	1.656.975.389	3.989
1966	694.591	835.969.363	1.204	418.929	2.030.378.124	4.847
1967	745.345	919.252.374	1.233	431.659	2.240.121.996	5.190
1968	1.098.018	1.389.162.334	1.265	435.736	3.388.880.657	7.777
1969	1.193.671	1.545.635.792	1.294	523.524	4.369.093.658	8.346
1970	1.500.845	1.974.088.779	1.315	595.727	5.377.976.884	9.028
1971	2.233.535	2.850.404.777	1.276	722.656	6.692.388.255	9.261
1972	3.685.916	4.754.043.000	1.290	1.175.437	10.635.532.000	9.048
1973	3.9099956	7.213.586.000	1.845	1.309.450	14.618.272.000	11.164
1974	3.6828067	8.968.305.000	2.435	935.963	12.556.768.000	13.416
1975	3.768.728	8.899.938.000	2.362	1.010.092	10.477.257.000	10.373
1976	4.144.202	9.710.685.000	2.343	1.331.706	20.945.180.000	15.728

資料來源：表五。

表六　檜木出口情形表，1961-1972

年度	數　　量 （立方公尺）	佔總出口木 材總數的%	金額（新臺幣千元）	佔總出口木 材金額的%
1961	23,960	58.44	33,665	40.87
1962	69,099	95.48	87,895	51.00
1963	65,611	95.73	210,395	71.68
1964	83,160	44.57	267,256	58.45
1965	86,526	56.64	255,441	52.76
1966	115,072	72.28	591,946	85.69
1967	38,457	28.73	290,323	41.83
1968	41,485	32.30	360,427	51.81
1969	59,400	40.14	535,570	57.11
1970	89,427	62.37	975,766	83.91
1971	60,957	42.06	766,975	76.81
1972	31,915	47.26	454,200	59.78
總　　計	365,069		4,829,858	
平　　均		56.33		60.98

資料來源：海關總稅務司署統計處編印，《中國進出口貿易統計年刊（臺灣區）》，歷年。

2,412,100公頃（與1934年調查所得到的2,444,236.26公頃相近）， 其中森林面積為1,969,500公頃。第二次航空測量則發現林地面積減為1,864,700公頃，損失了104,800公頃，約佔全島總面積的3%，或第一次航測調查時林地面積的5.32%。

由於森林資源——尤其是珍貴木材——的日趨耗竭、邊際成本的提高，加上臺灣經濟工業化以後不再仰賴農林部門賺取外匯，於是自1972年左右開始，伐林的速度也減緩下來。雖然1976年以前，每年伐木面積仍在10,000公頃以上，1977-1983年間總伐林面積已減為43,760公頃（平均每年6,251公頃）、砍伐立木材積減為5,680,980立方公尺（平均811,569立方公尺），規模遠不如前一個階段而且在持續遞減中。

四、結語

位處亞熱帶地區，且為中國海及太平洋所環繞，臺灣是個林木易於滋長的地方。在開發以前，她曾有過美麗的森林、樹欉與草生地。

十六世紀以後，本島開始接受來自大陸的移民。一波波湧入的漢人移民，在十八、九世紀之間，以非常快的速度將臺灣的平野林木芟夷淨盡。然而儘就非拓墾性質的伐木活動來說，清領時期的破壞相當有限。那是因為當時人對森林資源的需求不大，政府管制入山，技術落後，再者有關森林的知識也很貧乏。

日據時代以後臺灣豐富的森林資源才被發現，而現代的伐林事業也才被引進到臺灣來。不過，在這段期間，臺灣從國外進口的木材無論是在數量或價值上都遠大於出口的數目。這樣的進出口貿易結構使得本島的森林只需為本地的消費而生產一小部分的木材，而臺灣的森林也比可能的狀況保持得更好。

臺灣光復之後，特別是工業化大幅展開之後，本島開始進入一段快

速伐林時期。林木以異常的速度消失。雖然日據時代出口珍貴木材以交換一般常用木料的作法被延續下來，出口值一向大於進口值。在二十世紀的第三個四分之一年代，臺灣的森林為工業化的資金籌措付出了可觀的代價。由於支持經濟體系的其他部門，對木材的需要增加得很快，伐木也伐得很兇。在1954與1972年間，臺灣經歷了一段急遽的森林損耗階段。

幸好在1970年代以後，快速伐林的工作已見中止。工業化的成功使工業部門有能力負擔自己所需的資金，而不再部分仰賴林業。為了森林的保育，原則上現在已停止伐林。舊有的林場現在都改為森林遊樂區。破壞森林的惡夢似乎已經遠颺。

「軍工匠首」與清領時期
臺灣的伐木問題（1683-1875）

前言

本文旨在探討1875年以前清領時期臺灣地區的山地伐木問題。在這一段期間，山林原則上封禁，只有一群名爲「軍工匠首」的人和他們所僱用的「小匠」可以合法地入山伐木，因此全文重點也就以「軍工匠首」制度的由來以及他們的伐木活動爲主。

有關「軍工匠首」的問題，地方志書中略有提及，但語焉不詳。在學術作品方面，長久以來就只有張菼先生的一篇討論「林泳春事變」的文章給予這個主題較多的重視。[1] 不過，這幾年來因爲臺灣研究的發達，「軍工匠首」的重要性也逐漸被挖掘出來。前林務局局長姚鶴年就先後在1989年及1992年發表了少許有關軍工料匠的文字，唯其內容尚不超出張菼的研究成果。[2]

研究成果的欠缺主要是已出版的文獻中，有關此一主題的記載太少、太過零散。所幸軍工匠首的重要性使他們在檔案中留下堪稱豐富的史料，而在過去兩年中已有三數位學者從這些檔案中發現了一些有趣的事實。首先是陳秋坤先生在研究臺灣土著私有地權的問題時，從「岸裡文書」中整理出臺中盆地周邊有關軍工匠的活動與漢番衝突的問題。[3] 此一問題更經由清大研究生程士毅的深入，構成其碩士論文的一個專章，[4] 隨後亦加以發表。[5] 再者，施添福教授在1994年年初利用「岸裡文

1　張菼，〈林泳春事變〉，《清代臺灣民變史研究》(臺北：臺灣銀行經濟研究室，「臺灣研究叢刊」第104種，1970)，pp. 73-81。

2　姚鶴年，〈臺灣之原始林業(三)〉，《台灣林業》，15：8 (1989)，pp. 11-17；《重修臺灣省通志》，卷四，《經濟志‧林業篇》(南投：臺灣省文獻委員會，1992)，pp. 32-35、68-69。

3　陳秋坤，〈台灣土著私有地權研究〉(稿本，1993)。

4　程士毅，〈北路理番分府的成立與岸裡社的衰微(1766-1786)〉，國立清華大學歷史研究所碩士論文，1994。

5　程士毅，〈軍工匠人與臺灣中部的開發問題〉，《臺灣風物》，44：3 (1994)，pp. 13-49。

書」撰寫一篇討論岸裡社地域族群轉換的文章，也深入探討了岸裡社各族人在乾隆（1736-1795）中葉的差役負擔，其中牽涉到軍工匠的問題正是一個很大的節目。[6]最後，在「淡新檔案」中也同樣收錄有有關軍工匠活動的文獻，尚待有志者開發研究。[7]

　　個人係在1992年起兩年因為執行國科會的「臺灣環境史」研究計劃而試圖探討臺灣的伐木史。從這個角度出發而認識到「軍工匠首」在清代臺灣森林史上的重要性。個人關心的是整個臺灣地區在山林封禁時期（1875年以前），非因直接的土地拓墾活動，而是為了軍事或商業等其他用途，因而在墾權範圍以外所發生的伐木活動。在這樣的著眼點下，拙文的重點遂放在清領時期，全島性的由軍工匠首所領導的伐木事業，而不以一時、一地或個別的事件為對象，這是與既有的研究成果略有差別的地方。

　　臺灣在1683年歸清領有之後，雖然移民政策時有改變，但生計的壓力卻使大陸沿海居民不斷地湧入，此一趨勢在進入十八世紀以後更加嚴重。移民的首要目標在耕地的取得，因此土地開墾活動也就大規模地展開。臺灣對漢人而言雖然為一新闢之區，但並非原無人居之所在。為數不算龐大的原住民（當時稱為「番人」）散居各地。隨著開墾事業的拓展，原住民陸續退處山林地帶，入山伐林容易造成漢、番之間的衝突，此不為當局所樂見。

　　臺灣為邊疆地區，移民多屬稟性堅強之人。政府之統治有未盡合理

6　施添福，〈清代臺灣岸裡地域的族群轉換〉，發表於中央研究院臺灣史研究所籌備處主辦，「平埔族群研究學術研討會」(臺北，1994年4月16-17日)。

7　此承臺灣大學歷史研究所博士班研究生林玉茹小姐告知。林小姐並慷慨地將她抄錄的數條資料送給筆者參考，特此誌謝。這幾條資料即收錄在《淡新檔案選錄行政編初集》(臺北：臺灣銀行經濟研究室，「臺灣文獻叢刊」第295種，1971)的一、兩個相關文件，在本文中也將引用。

之處，易遭人民的反抗，一向有「三年一小反、五年一大反」[8] 之稱，
而官兵兵力薄弱、軍紀散漫，一旦亂民逃入山林中，追捕不易，因此政
府也傾向於封閉山林，禁止人民入山樵採，以免山林淪爲逋逃淵藪。因
爲這層關係，在1875年沈葆楨蒞臺之前，人民使用山林就受到政府相當
大的限制。不過，在康熙末年朱一貴之亂以前，山林之禁的政策執行得
並不嚴格，違禁使用山林的情況相當普遍。其後，清廷採取了劃分漢、
番界線的方式，明確地釐清漢人活動的止境。而適巧臺灣成立修造戰船
的「軍工廠」，需要本地所產的樟木。於是政府就授與軍工匠首入山伐
木的特權，直到1875年沈葆楨廢止山林之禁時爲止。

　　本文第一節擬先就清代山林政策的演變作一描述，探討山林封禁的
由來、「番界」的形成，軍工匠首獨佔森林產品的問題，以及封禁解除
的經過。第二節以已出版史料及既有的研究成果爲基礎，重建有關軍工
伐木的地點；第三節討論軍工伐木的規模。第四節則簡論與軍工伐木相
關的兩個問題，即漢番關係與清領時期臺灣官民對本島林木資源的認識
程度。最後終之以簡短的結論。

一、山林封禁與軍工匠首的獨佔

1. 山林的封禁與「番界」的形成

　　清廷於1683年後領有臺灣，「封禁番地，犯者死」。[9]但實際上並未
嚴格執行，地方政府甚至放任人民入山採捕，如瑯嶠（今屏東恒春）：

8　徐宗幹，《斯未信齋文編》(臺北：臺灣銀行經濟研究室，「臺灣文獻叢刊」第87
　　種，1960)，p. 70。

9　連橫，《臺灣通史》(臺北：臺灣銀行經濟研究室，「臺灣文獻叢刊」第128種，
　　1962)，pp. 504-505。

瑯嶠社喬木茂盛，長林蓊薈，魚房海利，貨賄甚多；原聽漢民往來貿易，取材捕採。六十年臺變，始議：地屬窵遠，奸匪易匿，乃禁不通。[10]

其時，亦有人入山熬製樟腦，而政府也未認眞取締。但在康熙五十九年（1720），南臺灣的熬腦者卻有一、二百人突然被捕治罪，[11] 於是激起次年朱一貴的反亂。魏源，〈康熙重定臺灣記〉云：

考康熙六十年夏四月，臺灣朱一貴之叛，激於知府王珍稅斂苛虐，濫捕結會及私伐山木之民二百餘，淫刑以逞。[12]

《新竹縣志初稿》則云：

是年（五十九年），鳳山令缺，郡守王珍攝縣篆，政委次子，徵收苛刻。以風聞捕治盟歃及違禁入山斫竹木者，囚繫百餘人；奸匪藉為口實，搖惑人心。……推一貴為渠首。[13]

六十一年亂平之後，閩浙總督覺羅滿保便採取激烈的山林管理政策。《臺灣通史》云：

（康熙六十一年）滿保以沿山一帶易藏奸宄，命附山十里以內民居勒令遷徙，自北路起至南路止築長城以限之，深鑿濠塹，永以為界，越界者以盜賊論。[14]

滿保為何採取這樣的行動呢？朱一貴亂後來臺擔任巡臺御史的黃叔

---

10 王瑛曾，《重修鳳山縣志》(臺北：臺灣銀行經濟研究室，「臺灣文獻叢刊」第146種，1962)，p. 65。

11 連橫，《臺灣通史》，pp. 504-505。

12 丁曰健，《治臺必告錄》(臺北：臺灣銀行經濟研究室，「臺灣文獻叢刊」第17種，1959)，p. 80。

13 鄭鵬雲、曾逢辰，《新竹縣志初稿》(臺北：臺灣銀行經濟研究室，「臺灣文獻叢刊」第61種，1959)，p. 197。

14 連橫，《臺灣通史》，p. 65。

璣提供了以下的訊息：

> 內山生番，野性難馴，焚廬殺人，視為故常；其實啓釁多由漢人。如
> 業主管事輩利在開墾，不論生番、熟番，越界侵佔，不奪不饜；復勾引夥
> 黨，入山搭寮，見番弋取鹿麂，往往竊為己有，以故多遭殺戮。又或小民
> 深入內山，抽藤鋸板，為其所害者亦有之。康熙六十一年，官斯土者議：
> 凡逼近生番處所相去數十里或十餘里，豎石以限之；越入者有禁。15

但是滿保的激烈措施遭到總兵藍廷珍的反對。 藍鼎元為其兄藍廷
珍代撰16的上總督書云：

> 鋸板抽藤，貧民衣食所係，兼以採取木料，修理戰船，為軍務所必
> 需，而砍柴燒炭，尤人生日用所不可少，暫時清山則可，若欲永遠禁絕，
> 則流離失業之眾，又將不下千百家，勢必違誤船工，而全臺且有不火食之
> 患。……至各處鄉民欲入深山，採取樹木，或令家甲鄰右互結，給與腰
> 牌，毋許胥役需索牌費一分一釐，聽從其便。17

滿保並沒有接受藍廷珍（藍鼎元）的建議讓一般人民在取得保證人
保證的前題下自由入山樵採，不過他也放棄了徙民、築牆和深挖濠塹的
原議，而只是下令在逼近生番處所的地方，每隔數十里或十餘里立石為
界，禁止民人越界，全臺自南而北共在五十四處立石。18 從其罰則規定

---

15 黃叔璥，《臺海使槎錄》(臺北：臺灣銀行經濟研究室，「臺灣文獻叢刊」第4種，
　　1957)，p. 167。

16 魏源，〈康熙重定臺灣記〉云：「(藍) 廷珍之征臺也，其弟鼎元在軍中；文移書
　　檄，皆出其手。」引在丁曰健，《治臺必告錄》，p. 85。

17 丁曰健，《治臺必告錄》，pp. 788-789；余文儀，《續修臺灣府志》(臺北：臺灣銀行
　　經濟研究室，「臺灣文獻叢刊」第121種，1962)，pp. 751-758；柯培元，《噶瑪蘭志
　　略》(臺北：臺灣銀行經濟研究室，「臺灣文獻叢刊」第92種，1960)，pp. 150-157。

18 施添福，〈清代臺灣竹塹地區的土牛溝和區域發展〉，《臺灣風物》，40：4 (1990)，
　　pp. 5-6。

「民人私入番境者，杖一百；如在近番處所抽藤、釣鹿、伐木、採櫅者，杖一百、徒三年」[19] 的量刑原則來看，在近番處所從事採捕森林資源的處罰比單純進入番界加重了「徒三年」的刑罰，即以「杖一百」為私入番界的本刑，而以「徒三年」為「抽藤、釣鹿、伐木、採櫅」行為的加重刑。因此可以推斷所謂的「近番處所」是在番界之內。這些番界以內靠近漢人拓墾範圍的一帶地方，實際上尚不是番人的主要活動空間。或許因此之故而被稱為「近番處所」。

滿保雖然沒有將附山十里的民人依照最初的構想完全遷走，但由立石的界線與實際番人的主要活動空間仍有「近番處所」這樣的中間地帶來看，在漢、番之間保存一條帶狀間隔的原則，實際上已經做到了。而築牆與挖濠的構想雖然沒有立刻付諸實施，十餘年後，從乾隆（1736-1795）初年開始，官方也以堆築「土牛」或挖掘「土牛溝」的方式加以實現。這樣一條縱貫南北的界線在乾隆二十六年（1761）全部完成。但由於熟番的歸化與漢人的越界私墾，舊有的「土牛」與「土牛溝」已不足以做為漢、番（生番）之間真正的界限。乾隆五十五年（1790）在舊界以東，重新察勘後，立石為界。新界「或抵山根，或傍坑崁」，到達了平地或丘陵地帶的邊緣。新的界線意味著生番與熟番的界線；而新舊界之間原有作為熟番「保留區」的意思，後來卻成為漢、番共墾區。至於舊界以西，就是漢墾區，自然不在話下了。[20] 1761年以前，一般人民不能私入的番界為土牛、土牛溝以東的地帶。1790年以後，漢人進入「保留區」亦應設法取得墾權。否則越界私入仍屬違禁。若以1875年沈葆楨奏開入山之禁後，在今鹿谷鄉立碑的情形而言，鹿谷當為原來管制入山的界限，[21] 與乾隆中葉的舊番界相當。換言之，禁止入山的界線為

---

19 連橫，《臺灣通史》，p. 445；沈葆楨，《沈文肅公政書》（臺北：中華，1971），pp. 2261；《欽定戶部則例》(1865年原刊本)，8/11a。

20 施添福，〈清代臺灣竹塹地區的土牛溝和區域發展〉，pp. 1-68。

舊番界。其詳細地界請參考〈清乾隆中葉臺灣番界圖〉。[22]

2.「軍工匠首」制度與山林產品的獨佔

同治十三年，因爲「牡丹社事件」與日本發生衝突，清廷以沈葆楨爲欽差大臣視師臺灣。事件告一段落後，沈葆楨奏請開放番地，更在同年十二月初五日（1875年1月12日）上奏，請求取消幾項不利於開發臺灣「後山」的既存政策。當中與森林問題有關的有兩項：其一即禁止民人進入番界之禁；其二則爲竹竿貿易之禁。竹竿在平野中隨處可見，並不用自番界內採取，前此爲何有禁呢？沈葆楨引臺澎道夏獻綸的詳文說：

臺產竹竿，向因洋面不靖，恐大竹篷簍有關濟匪，因禁出口，以致民間竹竿經過口岸均須稽查。不知海船，蒲布皆可爲帆，無須用竹。立之屬禁，徒爲兵役留一索詐之端，民間多一受害之事。[23]

從「向因洋面不靖」一語推斷，對竹竿交易的干涉大概是乾隆末、嘉慶初，也就是1800年左右才開始的。因爲臺灣水師戰船皆用篷帆，其材料爲竹篾，[24] 因而有管制竹竿出入港口以利對付海盜的聯想吧。竹竿的問題與本文關係不大。我們的重點在於「入山之禁」。沈葆楨雖是就「後山」而言，但是入山之禁的解除則與全島都有關係。

沈葆楨的建議很快地獲得允准，並在臺灣各處佈告施行。依據現存

---

21 劉枝萬，《臺灣中部碑文集成》(臺北：臺灣銀行經濟研究室，「臺灣文獻叢刊」第151種，1962)，p. 114。

22 〈清乾隆中葉臺灣番界圖〉，原藏中央研究院傅斯年圖書館，影印本見施添福，〈紅線與藍線：清乾隆中葉台灣番界圖〉，《臺灣史田野研究通訊》，19 (1991)，pp. 46-50。並請參考施添福，〈臺灣歷史地理研究劄記(一)：試釋土牛紅線〉，《臺灣風物》，39：2 (1989)，pp. 95-98。

23 沈葆楨，《沈文肅公政書》，pp. 2262。

24 姚瑩，《中復堂選集》(臺北：臺灣銀行經濟研究室，「臺灣文獻叢刊」第83種，1960)，pp. 122-126。

南投縣鹿谷鄉新寮公路旁由當時臺澎兵備道夏獻綸等人所立的〈私入番境撤禁告示碑〉提及撤禁的範圍，與本文有關的，除自由進出番界與竹竿出入海口兩項之外，還有裁撤「藤行」，准許水藤自由交易一項。即該碑文所云：「其內山所產籐條，並由本司道通行開禁，將『藤行』裁革。」[25]

由這條碑文可知，前此藤條之交易由官方特許之「藤行」專賣。藤條為何要實行專賣呢？這顯然與水藤亦屬「軍工」（修造船隻）材料有關。類似的情形猶如福建漳州的「麻行」。漳州亦有軍工廠，負責水師戰船的修造。乾隆年間，漳州軍工廠修造戰船所需之黃麻就派給龍溪縣之「麻行」辦理。這種麻行因而可以藉口承辦軍工用料而行壟斷黃麻之交易。[26]臺灣舊有之「藤行」可能有同樣的淵源。無論如何，在1875年以前，水藤的買賣是受到專賣制度的嚴格限制的。不過，民間對水藤這種森林產品的需要似乎不小。在不許自由取得和買賣此一物品的規定下，清代發生的私越番界的違法情事，就時常包括了「伐木抽藤」這項目的。

前引的〈私入番境撤禁告示碑〉最後提到，在撤禁以後：

> 如……兵役及通事、匠首等人仍有藉端扣留勒索情事，官則撤參，兵役、通事、匠首即立提究辦，絕不姑寬。[27]

這裡特別提到通事與「匠首」，因為通事是負責番社事務的主要人物，而「匠首」（即軍工匠首）在此之前，對番界內之山林產品有一定之支配權。

---

25 劉枝萬，《臺灣中部碑文集成》，p. 114。

26 《福建省例》(臺北：臺灣銀行經濟研究室，「臺灣文獻叢刊」第199種，1964)，pp. 611-614。

27 劉枝萬，《臺灣中部碑文集成》，p. 114。

　　「軍工匠首」的起源是爲了修理配屬臺澎水師防衛用的戰船。在康熙年間，這些戰船的維修有時候送到福建內地進行，有時也由臺灣道、府在本島爲之。爲了修造戰船，就必須「採伐內山樟木，以爲材料。」[28] 也正因有此需要，藍廷珍（藍鼎元）在反對滿保的遷界策略時也才能說「採取木料，修理戰船，爲軍務所必需」（前引）不過，修造戰船的制度在整個康熙年間都還沒有完全確立。長期而言，康熙年間臺灣並無專責的修船機構，也就沒有固定的供應修船材料的人員。

　　雍正三年（1725），臺灣才「永久性」地設置修造戰船的「軍工廠」。「文官委臺灣道，武官委臺協副將會同監督修造。」[29] 廠址在臺灣府北門外（今臺南市立人國小背後）。原來僅建有小屋二進，「規模卑陋」，乾隆四十二年（1777）護理臺澎道臺灣府知府蔣元樞曾加以重修擴建。【圖一】道光年間，因爲通往船廠的港道淤塞，二十九年（1849），道台徐宗幹乃在臺南市保安宮西方「保安北街與康樂街交會一帶」另建新廠。舊廠遂稱爲「北廠」，而新廠則成爲「南廠」。兩廠在光緒元年（1875）左右，在沈葆楨的命令下停止運作。[30] 除了臺灣府城的「北廠」、「南廠」外，《重修鳳山縣志》提到雍正三年臺灣奉命設軍工廠後，枋寮街（今屏東縣枋寮鎮）也設了一個「軍廠」，爲「購料造船軍匠屯聚之所」。[31] 此一「軍廠」可能是臺灣府城總廠的分廠。另外，

28　連橫，《臺灣通史》，p. 381。

29　同上註。

30　蔣元樞，《重修臺郡各建築圖說》（臺北：臺灣銀行經濟研究室，「臺灣文獻叢刊」第283種，1970），pp. 41-42。《重修臺郡各建築圖說》一書今藏國立故宮博物院，另有國立中央圖書館編印本(1983)。「軍工廠」一圖的彩色複製本亦見《史聯雜誌》，第二十期(1982年6月)，pp. 137-138。 參考蔣元樞，〈鼎建臺澎軍功廠碑記〉，《臺灣私法物權編》（臺北：臺灣銀行經濟研究室，「臺灣文獻叢刊」第150種，1962)，pp. 919-921；洪敏麟，《臺南市市區史蹟調查報告書》（臺中：臺灣省文獻委員會，1979），p. 22；沈葆楨，《沈文肅公政書》，pp. 2298-2230；*British Parliamentary Papers*, vol. 12 (Belfast: Irish University Press, 1971), p. 98。

31　王瑛曾，《重修鳳山縣志》，pp. 192-193。

圖一　蔣元樞所建臺灣軍工廠（1777年）

圖版來源：蔣元樞，《重建臺郡各建築圖說》。（出處請參考註30）

《臺灣通史》也提到道光五年（1825），「始設軍工廠於艋舺（今臺北萬華）」[32] 那麼在臺北也應有一個分廠了。軍工廠的主體當然為船廠，但為了貯存物料，因此也設置有「軍工料館」（簡稱「料館」）。《臺灣通史》稱，雍正三年臺灣設軍工廠的同時，「南北二路各設軍工料館，採伐大木，以為船料，而檄匠首任之。」道光五年艋舺設廠時，「並設軍工料館，兼辦腦務。」[33]（按、連橫有關艋舺軍工廠、軍工料館設置的實情，所述可能不夠正確。請參考後文。）

在軍工廠存在的一百五十年間（1725-1875），絕大部分修造戰船所需的物料皆取之於福建內地。因此「臺廠於省城（福州）及廈門皆設有料館，專派丁胥工役，長年採辦。」[34] 至於由臺灣本地供給的材料，最重要的為樟木，[35] 其次為藤、麻（用作索具）和竹材（用作風帆）。竹材的交易在蔡牽、朱濆之亂後有所管制；藤、麻一向由「藤行」（藤戶）專賣，也是一種管制措施。最重要的樟木則只允許承辦軍工木料的「匠首」負責伐取。道光十三年出任鹿港廳同知的陳盛韶於〈軍工廠〉一文中有云：

---

32. 連橫，《臺灣通史》，p. 504；陳培桂，《淡水廳志》(臺北：臺灣銀行經濟研究室，「臺灣文獻叢刊」第172種，1963)，p. 188；廖漢臣〈樟腦糾紛事件的真相〉，《臺灣文獻》，17：3 (1966)，p. 89。

33. 連橫，《臺灣通史》，p. 504。

34. 姚瑩，《中復堂選集》，p. 179。

35. 清代戰船次要零組件使用樟木的地方很多，如劉良璧，《重修福建臺灣府志》(臺北：臺灣銀行經濟研究室，「臺灣文獻叢刊」第74種，1961)，p. 326：云：「梁頭、梁座、含檀、鹿耳、斗蓋、上金、下金、頭尾禁水、頭尾八字極、杠罩、彎極、直極、繚牛、尾穿梁、大轉水、車耳下柝、屈手極、通梁、托浪板、門枋、樟枋(以上俱樟木所製)，厚力板、軟箸、馬面(雜木所製)，椗、舵(俱相思木所製)。以上各項，雖產臺屬，地近生番，深山溪澗，輓運維艱，出水路遙，工力繁費。」一般戰船用料詳情請參考《欽定福建外海戰船則例》(臺北：臺灣銀行經濟研究室，「臺灣文獻叢刊」第125種，1961)；王必昌，《重修臺灣縣志》(臺北：臺灣銀行經濟研究室，「臺灣文獻叢刊」第113種，1961)，pp. 454-455。

　　水師巡洋之船謂哨，監修者，臺灣道也。其藤、麻發廳縣採買……其
桅柁樟木由內山採買。於是，各城市有藤戶曰：「奉憲採藤也。」非軍工
廠藤曰「私藤」，不敢賣。……有軍工匠首曰：「奉憲採料也。」非軍工廠
採買之木謂「偷透」，非軍工廠雇修之匠謂「私修」。……匠首之利在樟
腦。[36]

　　所謂「匠首之利在樟腦」，是因爲他們爲唯一的合法伐木者。而由
於可以合法伐取樟樹，也就似乎可以合法熬製樟腦，從而爲他們帶來可
觀的利潤。這些利潤正可看作是匠首伐木的代價。因爲在軍工廠修造戰
船的作法下，「各屬有料差、匠首承辦物料，由各艍船運廠，向來於差
役中點派。有應交公費，亦爲廠中工需津貼。」[37] 匠首伐取樟木，供應
船廠，不但沒有得到任何報酬，而且還要繳交一筆「公費」（相當於權
利金）給軍工廠，好像不甚合理。其實不然，因爲他們可以獨佔出售樟
木、樟腦的市場。這也是《淡水廳志》所說的「所有該匠（首），收售
樟栳、青籐，即爲斧鋸、運料之資。」[38] 依此，則連水藤也是由軍工匠
首取得，再轉售給擁有零售專賣權的「藤行」。政府將伐木、熬腦的特

36 陳盛韶，《問俗錄》(北京：書目文獻出版社，1983)，pp. 136-137。

37 徐宗幹，《斯未信齋文編》(臺北：臺灣銀行經濟研究室，「臺灣文獻叢刊」第87
　　種，1960)，p. 74。關於「料差」與「匠首」的區別，張菼說是「負責松、杉、油、
　　鐵之採購的是『料差』，負責樟木採伐的是『匠首』，都由差役中點派。」見張菼，
　　〈林泳春事變〉，p. 73。張菼認爲負責供應進口修船物料的差役爲「料差」，或有所
　　據。陳盛韶則云：「住鹿耳門巡查者名『海馬』、住北路海口巡查者名『料差』。」
　　一方面說明「料差」的名目南、北兩路略有不同，一方面則強調他們的工作是稽查
　　海口。這或許因爲「料差」想要壟斷相關進口物料的緣故。「淡新檔案」提到停辦
　　軍工廠時，淡水廳治(今新竹市)的最後一任「料差」名叫莊和。見《淡新檔案選錄行
　　政編初集》，pp. 33-35。

38 陳培桂，《淡水廳志》，p. 188。至少在乾隆時期，匠首辦料，官府還是會付錢給匠
　　首價銀。不過，這些價銀可能也不足支付其成本。再者，匠首爲了擴大其收益，往
　　往也會多伐樟木或包庇私伐、私墾。參考程士毅，〈北路理番分府的成立與岸裡社
　　的衰微(1766-1786)〉，p. 124。

權給予軍工匠首,而軍工匠首為了維護此一特權,自然也就負起管理熬腦人的任務。以淡水廳為例,

> 淡、彰出產樟木,向歸艋舺料館收買;故內山各煎腦灶戶,亦歸料館約束。
>
> ……數十年來(按、1825-1865),樟腦買賣皆料館操縱,腦灶各無賴亦知斂跡。[39]

1875年以前,官府雖然原則上禁止軍工匠首、小匠以外的一般民人私自進入番界或在「近番處所」伐木,不過土地開墾者在「墾照」所劃定的墾權範圍之內伐木並不被禁止。

事實上,清除地面林木原本為開墾的必要過程,官府本無理由禁止。雖然這樣,墾戶所取得的山林資源如欲出售,則不能與軍工匠首的專賣獨佔權的部分相衝突。換言之,水藤、樟木或樟腦都必須交由軍工匠首收買轉售。如道光十五年(1835)金廣福墾號兩位閩、粵籍墾首(新竹城西門總理林德修、九芎林庄總理姜秀鑾)的合約書即言:

> 仍就一帶山地招佃開墾田園收取租利,並就本山採取醣、籐、什〔雜〕木、材炭、栳項稍資補貼。……惟醣、籐、栳料例禁私售,乃應賣予軍工匠首,以杜私販出洋。[40]

在1875年沈葆楨奏准開山撫番之前,原來只有軍工匠首及其手下的小匠可以合法地伐取林木,但透過墾照的取得,藉由開墾的名目,金廣福的墾首與佃戶也可以合法地在官方認可的墾權範圍內伐木,只是因而取得的森林資源必須轉售與軍工匠首而已。

---

39 陳培桂,《淡水廳志》,p. 114。
40 吳學明,《金廣福墾隘與新竹東南山區的開發,1834-1895》(臺北:國立臺灣師範大學歷史研究所,1986),pp. 37-38。

　　「匠首」因此成為臺灣非拓墾性質伐木者的先聲。通常「匠首」並不是單獨入山伐木，而是帶著多名「小匠」一起從事伐木的工作。至遲到乾隆二十三年（1758）時，對於匠首所能合法雇用的小匠數目就已有所規定。當年，閩浙總督楊應琚的奏摺特別提及臺灣修造戰船，採辦戰船木工，一匠入山，帶小匠多名，濫伐木材。應按年需木數，覈定匠額，令該地廳、縣給印照、腰牌，嚴加管束。……[41]

　　所以乾隆二十八年（1763）左右，就阿里史社軍工寮的情形而言，定制設有匠首一名，小匠六十名。[42] 又如乾隆三十五年（1770）東勢角軍工匠首鄭成鳳管下，「有腰牌」之合法小匠亦為六十名。[43] 因此，廳、縣必須發給匠首相關文件，而且在地方官換人時，這些文件也必須換發。

　　由於尚未發現直接授予軍工匠首的相關文件，以下且以光緒四年（1878）臺北府知府林達泉換發這些文件給性質接近的各類匠首時，淡水廳工房總書許廉的擬稿作說明。該項資料聲明：

　　為此，牌仰某匠首某某，即便遵照，承領牌戳，約束小匠，伺候辦公，毋許窩藏匪類、開場聚賭、並入番界抽籐吊鹿、燒醮、煎梏及一切不法情事。如有不遵約束，許即指名稟究。仍即查造小匠名冊呈送，核給腰牌。……（計發戳記一顆）。[44]

　　1878年時，山林已經開放，而軍工匠首已不再任命。但是這個文稿卻保留了舉發「（私）入番界抽籐、吊鹿、燒醮、煎梏及一切不法情事」的屬於軍工匠首獨有的職責的一段文字。這一小段文字明確地說明了在

41 《大清高宗純(乾隆)皇帝實錄》(臺北：華文書局，1964)，559/14b-25a。
42 施添福，〈清代臺灣岸裡地域的族群轉換〉，p. 22。
43 程士毅，〈北路理番分府的成立與岸裡社的衰微(1766-1786)〉，pp. 127、130。
44 《淡新檔案選錄行政編初集》，pp. 35-36。

「軍工匠首」的制度下，他們是山林資源的壟斷者。當然，如果獲得軍工匠首的許可，官府不會，也不能禁止伐木、抽藤或熬腦。匠首可以帶領小匠入山伐木，又可以讓某些熬腦者合法地入山製腦。其他人等，未獲匠首授權，皆為非法。非法採取森林資源，官府自然不加保護。因此即使非法私入山林者，也常常得假藉匠首、小匠的名目。嘉慶五年（1800），署臺灣北路理番駐鎮鹿港海防總捕分府郭恭在〈示禁五弊以保番黎〉的告示中就揭露了這樣的事實：

　　……越界私採，例有明禁。查漢奸愍不畏死，履越南勢坑、烏牛欄、東勢角、投標埔及麻薯舊社等處抽藤釣鹿，燒岸煮鹹，私採芋草枋料，一遇生番戕害，反敢藉匠名色，抬屍訛案，輒滋訟累，其弊害三也。……[45]

3. 封禁與獨佔的解除

　　1875年年初，沈葆楨在〈臺地後山請開舊禁摺〉上說明了內地民人偷渡入臺，一向禁令森嚴。到最近才「文法稍弛」，不再嚴格執行，但還是「開禁未有明文」。因此，他希望明文撤銷民人入臺之禁。在同一個奏摺中，他也要求取消民人進入番地的禁令，已如前述。[46] 我們當然不能由此類推說私越番境的禁令在1875年以前也已經「文法稍弛」，但其他資料倒證實了這樣的一個事實。促成這樣的改變的力量，來自於列強對臺灣樟腦的需求。

　　根據姚瑩的〈上孔兵備道（孔昭虔）書〉，夷船在道光四年（1824）

---

45 《清代臺灣大租調查書》（臺北：臺灣銀行經濟研究室，「臺灣文獻叢刊」第152種，1962），pp. 769-770。

46 沈葆楨，《沈文肅公政書》，p. 2261。

47 姚瑩，《中復堂選集》，p. 11。

48 連橫，《臺灣通史》，pp. 504-505。

49 陳培桂，《淡水廳志》，p. 114。

已來臺灣，以鴉片換取樟腦。[47] 這種走私行為，結果造成「奸人謀利，私熬日盛，法令幾不能禁」的局面。[48] 但在1825年艋舺即有軍工料館之設，軍工匠首致力於約束腦匠，因此情形大概還不是很嚴重。[49] 等到1860年開放通商口岸以後，外商可以合法來臺，軍工匠首與軍工料館的專賣特權就受到了嚴重的衝擊。於是在同治二年九月二十五日（1863年11月6日），臺灣道陳懋烈只好重申「林產物官有」的禁令，嚴禁私熬樟腦。「又鑑於樟腦的銷路日廣，將從來兼掌樟腦事務的艋舺軍工料館改為腦館，並在新竹、後瓏、大甲三地設立小館。由臺灣道庫出資，大事收購。然而實際業務，則由民間包辦。道台祇向包商每年收取一定的包銀而已。」[50] 所謂「包商」是否即由軍工匠首擔任？不得其詳。但官方強化既有的專賣政策卻遭到列強的干預，同治七年（1868）臺灣道與英商議訂條款，「嗣後臺屬所產樟腦，應行裁撤官廠，停止收售，任聽華洋商民，自行公平議價買賣，永息爭端」。由於英國領事兼辦布（普魯士）、丹（丹麥）、法（法國）三國通商事務，這三國也同時取得與臺灣商民自由交易樟腦的權利。艋舺軍工廠的廢止可能要到1875年左右才實現，但同治七年條款成立以後，准許外商自行入山採買，料館與軍工匠首的制度遂名存實亡。[51]

二、軍工伐木的地點

從1725年在臺設立軍工廠以後，一直到1875年，或者保守一點說到1860年代初，軍工匠首為唯一的合法的伐木者，同時也是主要森林副產品（水藤、樟腦等）的支配者。在此時期，對森林覆蓋範圍造成損害的

50　廖漢臣，〈樟腦糾紛事件的真相〉，p. 90。

51　《淡新檔案選錄行政編初集》，pp. 248-252；陳培桂，《淡水廳志》，p. 114；鄭鵬雲、曾逢辰，《新竹縣志初稿》，pp. 84-85。

是伐取樟木，不管是作為軍工材料、作為商品轉售，還是用來熬腦。

我們在前面的敘述中已經說明了1725年設軍工廠時，南北兩路也各設了軍工料館。雖然有關這兩個料館的情形我們所知甚少，但資料顯示大約從那個時候開始，南北兩路都有軍工匠首從事伐木。

1821年姚瑩在〈與鹿春如論料匠事〉一文中述及當時本島軍工木料之供應如下：

> 源軍工大廠所用本地土料木件，向係南路之瑯嶠、北路之淡水兩匠首承辦，而北路為最多。[52]

明顯地指出1821年以前瑯嶠及淡水分別有匠首的設置。不過，1725年時南北兩路各設料館依據的是連橫的《臺灣通史》，其史源並不清楚，似乎有些以十九世紀初的情形籠統指稱十八世紀初之史實的可能。同樣地，姚瑩觀察十九世紀初的現象時，對較早時期的狀況到底是否有充分的瞭解呢，也有致人懷疑的空間。此外，王世慶先生也有各縣分設軍工寮的主張。[53] 其說不無可能，但實施年代不詳，很難確定是1725年稍後即有的定制。又據程士毅研究，早期臺灣縣因無木可採，故而未設軍工寮。其時伐木先在諸羅縣大武郡社與鳳山縣阿猴林（今高雄縣大樹鄉）境內開採，後來移至冀箕湖（今奮起湖）一帶採木。在冀箕湖採木時，可能以伐取厚力木為主。[54] 不過，後來的伐木事業大抵以樟木為目標。以下擬暫時不理軍工料館設置情形與是否分縣設寮的問題，僅就文獻上出現過軍工匠首蹤跡的場所作一整理，以見1725-1875年間，軍工料匠伐木的地點分佈情形。在綜合史料及其他學者的研究成果後，我們總共

---

52 姚瑩，《東槎紀略》(臺北：臺灣銀行經濟研究室，「臺灣文獻叢刊」第7種，1957)，pp. 112-113。

53 程士毅，〈北路理番分府的成立與岸裡社的衰微(1766-1786)〉，p. 120。

54 同上註。

找到了十三處的伐木地點。分述如下：

先看瑯嶠方面。前引《重修鳳山縣志》提到雍正三年以後，枋寮街設了一個「軍廠」，為「購料造船軍匠屯聚之所」。所謂的「軍匠」究竟是「造船匠」還是軍工匠（包括匠首和小匠）並不清楚。大約修於同治（1862-1874）初年的《臺灣府輿圖纂要》一書，在所附的一篇〈記瑯嶠〉的資料中提到：

> 竊謂東港一隅地當僻處，瑯嶠亦隸邑。不設官目徵正供，但集匠首（採修戰舟木料）與耆老、通事相董率，其於民番釁隙卒不能止。釁隙深則慓悍生，地方遠則稽察難。此則官斯土者，所亟宜措置者也。55

則東港、枋寮一帶有軍工匠首活動不成疑義。

此外，車城一帶也是軍工匠首活動的範圍。現今仍保存在屏東縣車城鄉福安宮的一塊乾隆五十三年（1788）刻石（〈嘉勇公福（康安）頌德碑〉）所列立碑人員名單中即包括了：

> 沐恩軍前給賞職銜義民首匠首陳元品、匠首陳□謨、林儀、董福泉、張亦俊、郭發興、廖文□、吳文□、林光界、林士□、黃督生、林□、董高陞。56

這塊碑共提到了十三名匠首的名字。雖然這裡的匠首可能也包括其他匠首在內，57 但其中想必有軍工匠首。

東港、枋寮與車城皆在南臺灣西部海岸線上，去山區尚遠，而且臺灣南端產樟樹不多，軍工匠首的人數大概也有限。姚瑩也說船廠所需木

---

55 《臺灣府輿圖纂要》(臺北：臺灣銀行經濟研究室，「臺灣文獻叢刊」第181種，1963)，p. 70。

56 黃典權，《臺灣南部碑文集成》(臺北：臺灣銀行經濟研究室，「臺灣文獻叢刊」第218種，1965)，pp. 129-130。

57 《淡新檔案選錄行政編初集》，pp. 35-36。

料大部分由北路供應。不過「臺灣北路」範圍很廣，通常涵括了嘉義以北的整個西半部臺灣，甚至連噶瑪蘭也包括在內。這一塊廣大的地方在1725年後不久也出現了軍工匠首的蹤跡。

《重修臺灣府志》提到淡水廳原來設有「社船」四隻，雍正元年（1723）起增為十隻，可以往來廈門對渡，也可以前往鹿耳門。乾隆九年（1744），「定臺道軍工所辦大料，由社船配運赴廈，再配商船來臺交廠。」[58] 由此可證臺灣北部的軍工伐木也開始得很早。那麼，北部的伐木地點在那裡呢？在乾隆年間，可能是在文山（木柵、深坑、石碇）一帶地方。

為什麼作這樣的推測呢？這要從臺北第一家木材行說起。這家木材行的所有者為艋舺大厝口（今華西街一帶）的黃氏家族。《臺北市志》云：

> 黃朝陽，名世桂，號三桂，俗呼三桂官。世居艋舺大厝口。兄弟四人。……家素豐，朝陽及諸兄弟均善操持，既闢新莊之野，復伐文山之林，以是累獲鉅利，富甲一方。[59]

據黃朝陽之長兄黃世恭的七世孫黃坤池所錄的〈星石的來歷考〉一文則稱世恭於乃父卒後：

> 年逾弱冠，就掌理家政，創辦墾荒，營文山堡材木。蓋臺北有經營材木者，以我祖為嚆矢焉。厥後商業發達，獲利鉅萬，頓成富家翁。[60]

黃世恭生於1751年，卒於1787年，他於二十歲以後掌理家政，經營木材事業當在1770年代以後，也就是從那時候開始艋舺（或北部臺灣）

---

[58] 范咸，《重修臺灣府志》（臺北：臺灣銀行經濟研究室，「臺灣文獻叢刊」第105種，1961），p. 90。

[59] 《臺北市志》（臺北：臺北市文獻委員會，1980），7/2/2/58；《臺北市志稿》（臺北：臺北市文獻委員會，1962），9/3/1/43。

[60] 蔡章獻，〈艋舺黃家隕石考〉，《臺北文物》，2：1 (1953)，p. 63。

才開始有木材行。值得注意的是，黃家木材行的貨源並非來自進口，而係來自砍伐文山堡一帶的森林。由於當時僅有軍工匠首才有伐林的權利，我們可以推測黃氏家族或許有人承充匠首，要不然與軍工匠首也必須有相當程度的合作關係，從而也可以假定文山一帶為軍工伐林的地點。現在的木柵有一個小地名叫作「軍功坑寮」的地方，標高 112公尺，臨近景美溪（新店溪的支流），[61] 很可能就是當年軍工伐林的所在。海拔不高，可藉景美溪、新店溪將料材放流至艋舺，為一理想的伐木地點。（「寮」有些資料寫作「藔」，本文為求簡便，除圖二之外，行文中一律作「寮」。）

除了瑯嶠與淡水之外，早在乾隆年間，臺灣中部也已經有匠首從事伐木活動。施添福根據「岸裡文書」，認定乾隆中葉岸裡地域有三處軍工匠活動地點。即阿里史軍工寮（臺中市北屯區）、舊社軍工寮（臺中縣后里鄉）和朴仔籬（東勢角）軍工寮（臺中縣東勢鎮）。三處中，可能以阿里史軍工寮為最早，大約在乾隆十年（1745）起就有軍工伐林。

到了乾隆二十八年，因為當地林木採盡，匠首曾文琬稟請將匠寮移往水沙連。[62] 現今臺中市尚保留軍工寮的地名，但誤作「軍功寮」。洪敏麟考證其由來云：

軍功寮：今臺中市北屯區軍功里。在北屯街區東北方三・二公里處，位於臺中盆地東北緣，頭𪹬山地之山麓，海拔約一三〇至一四〇公尺之間。《彰化縣志》「貓霧捒東西上下保」項下作「軍工寮」；其地名由來於清代為防大甲溪流域之泰雅族出擾民莊，駐軍於此，故以名；或云清代駐

---

61 航空測量及遙感探測學會編製，《臺灣地區各市縣概況圖（十萬分之一）》（臺北：行政院農業委員會，1984-86）。

62 施添福，〈清代臺灣岸裡地域的族群轉換〉，pp. 19、22；程士毅，〈北路理番分府的成立與岸裡社的衰微(1766-1786)〉，p. 121。

63 洪敏麟，《臺灣舊地名之沿革》，第二冊(下)(臺中：臺灣省文獻委員會，1984)，p. 55。

軍於此，軍工採伐料材，故以名。……軍功寮適當大坑溪出山要隘。[63]

《彰化縣志》原作「軍工寮」，當以曾有軍工匠首等人在此伐木因而得名為是。阿里史軍功寮一帶因為林木已經伐盡，留下的跡地遂被開墾。墾地時為了防番，於是在乾隆二十六年（1761）墾戶便在軍工寮及其臨近的大坑口一帶設隘。[64]

舊社軍工寮的開始年代不詳，但知張達京（1690-1773）在充當岸裡社通事時亦兼任匠首。張達京任通事始於雍正元年（1723），至乾隆二十三年（1758）革退。[65]繼任的匠首分別為鄭成亮及鄭成亮的叔叔鄭成鳳（鄭翰書）。乾隆二十九年（1764）時，由於林木亦被伐盡，鄭成亮已經稟請開發東勢角山場（林地）。官憲以該山場已經超過番界，只許在界內樸仔籬一帶伐木。到了乾隆三十二年（1767）左右，鄭成鳳就將整個伐木工作搬遷到樸仔籬。[66]

東勢附近的丘陵地帶，標高在海拔320至360公尺之間。雖然早在雍正年間已有漢人入墾，但不是很成功。乾隆三十四至三十六年間，鄭成鳳擔任東勢軍工寮匠首，曾經招佃私墾番界外的土地。[67]緊接著，乾隆三十七年（1772）以後，潮州大埔人劉啟東又派人前來伐木闢地，在「近大甲溪東岸，築木匠製料材之寮舍，逐漸形成移民聚落，稱為『匠寮莊』，為東勢街之濫觴。」[68]劉啟東和他的夥伴並不具有「軍工匠首」的資格，唯其中劉中立、薛華梅兩人為「番割」。東勢角一帶在軍工伐林時被私墾得很嚴重，劉啟東等人的伐木行為也不合法。然而在私伐與

---

64 戴炎輝，《清代臺灣之鄉治》(臺北：聯經出版社，1979)，p. 540。

65 陳秋坤，〈台灣土著私有地權研究〉，7/3。

66 施添福，〈清代臺灣岸裡地域的族群轉換〉，p. 23。

67 同上註；陳秋坤，〈台灣土著私有地權研究〉，7/4。

68 洪敏麟，《臺灣舊地名之沿革》，第二冊(下)，p. 192；廖漢臣，《臺灣省開闢資料續編》(臺中：臺灣省文獻委員會，1977)，p. 383。

私墾達到一個嚴重程度之後，政府竟然在乾隆四十九年（1784）以後，授與他們墾權，將非法轉爲合法，從而加速了東勢角一帶的開發。[69]

在岸裡地域之外，臺灣中部還有幾處軍工伐木地點。先前曾提及乾隆二十八年時，阿里史軍工匠首稟請移往水沙連方面繼續伐木採料。根據乾隆三十年的一件碑刻資料所載，當時採集木材的地點爲水沙連大坪頂。依立碑地點判斷，當爲今名間鄉濁水村。採得的木材原由濁水溪放流至海口，再轉運至府城應用。曾文琬卻因想由施厝圳（八堡圳）放流，遭到施厝圳沿流人民（通事、土目、埤長、甲長）的反對，臺灣府知府蔣允焄乃立碑嚴禁。[70]濁水村附近，最高的山頂爲濁水山，標高海拔409公尺。

臺灣中部的軍工伐林當然不止以上所說各處。南投市郊的「軍功寮」地名就可能也是曾有軍工匠首伐木而得名。洪敏麟有以下的考證：

軍功寮：今南投縣南投鎮軍功、東山二里。距南投街區東北方約一‧三公里處，位於南部臺中盆地上，貓羅溪上源軍功寮溪南岸與平林溪間，爲南投山地西麓的聚落，海拔約九〇公尺。地名由來於清代曾在軍功寮溪口駐軍以制樟平溪（軍功寮溪）谷地，故得稱。……蓋臺中盆地東緣山區

---

69 程士毅，〈北路理番分府的成立與岸裡社的衰微(1766-1786)〉，pp. 134-138。
70 劉枝萬，《臺灣中部碑文集成》，p. 70；林文龍，〈臺灣中部古碑雜記〉，《史聯雜誌》，20 (1992)，p. 225。道光二十三年(1843)施鈺在所撰〈臺灣別錄〉一文，引〈蔣道憲勒示碑〉云：「……施(厝)圳不患無水，特患沖崩圳頭，層層設閘以防決潰……。」然而當時採製軍工材料，卻常利用施厝圳，從水沙連大坪頂，放圳道，前引文續云：「……凡運放樟木必欲水大之時，從圳頭而入，其中設閘之處，必須悉行起放，不能阻塞源流，(否)則沖決之患斷不能免。虎尾新舊兩汊亦屬圳道，乾隆七年(1742)，圳頭沖決，水勢歸圳西流，曾沖去三十餘莊，損壞人、廬舍無算……。」運送軍工材料，竟然偷懶，強借民間水利的圳道下放，圳頭或分汊水閘那有不被木料沖決之理，這是官方與民間的水利糾紛。見施鈺著、楊緒賢標訂，〈臺灣別錄〉，《臺灣文獻》，28：2 (1977)，p. 135。參考蔡志展，《明清臺灣水利開發研究》(南投：臺灣省文獻委員會，1999)，p. 49。

之溪口,在大坑溪外有「軍功寮」……、樟平溪口有「營盤口」……及「軍功寮」等地名,以上皆出自軍營所在地有關。[71]

對於大坑溪口、樟平溪口的兩處現在寫作「軍功寮」的地方,洪敏麟顯然傾於支持起源於軍事行動的看法。然而駐軍紮營而將營區稱爲「寮」的說法恐怕無據。這應該是因爲「軍功」一詞較「軍工」爲人熟知而產生的誤解吧。這樣的誤會在清代已經發生。一件道光二十五年(1845)的民間契約就同時將南投「軍工寮莊」也寫作「軍功寮莊」。[72]

除了現今南投市郊的軍功寮、名間鄉濁水村的大坪頂以外,相距不遠的林圯埔也有軍工匠首的蹤跡。最近重新被發現,位於南投縣竹山鎮連興宮的〈嚴禁勒索竹排錢文諭示碑〉,爲道光四年(1824)彰化縣知縣李振青所立。立碑原因爲「沙連保民附山居住,生產竹木,縛結成排,由清、濁兩溪載運出售。」但放流過程中,經過東羅觸口溪洲時經常被當地張姓族人以影響埤圳灌漑設施爲由,(當地有莿子埤圳、永蓬圳與蕭子埤圳等人工水道)收取費用。因此由彰化縣知縣做成裁決,規定收費原則,並將所收款項分配與林圯埔天后宮(即連興宮)與溪洲(今彰化溪州鄉)元帥廟爲香燈諸費。將這件事情呈請彰化縣處理的人物爲「總理林永、林衛,匠首鄭永旺,莊耆張進、楊舉、王宇、林洽、張香」八人。其中身分爲總理、莊耆的七人爲林圯埔的地方領袖,領銜出呈是很正常的事。但匠首鄭永旺也具名在內,何故呢?竹竿的生產與在島內行銷均爲法所不禁,但水沙連一帶既然盛產竹木,砍竹者也有偷伐樹木的可能,因而牽涉到山林產品的事件也有會同軍工匠首處理的必要。或許因此之故才將鄭永旺的名銜也列入吧。就此推論,這個文件也證明了在1824年時,今天的竹山鎮地方應有軍工匠首活動。[73]

---

71 洪敏麟,《臺灣舊地名之沿革》,第二冊(下),p. 434。

72 《清代臺灣大租調查書》,p. 1073。

73 林文龍,〈臺灣中部古碑續拾〉,《臺灣風物》,40:4(1990),p. 125。

　　臺灣東北部的噶瑪蘭地方饒富森林資源。嘉慶十五年（1810）設治（成為噶瑪蘭廳）以後，軍工匠首的觸手則伸展到了蘭陽平原周邊的山地，為艋舺的軍工料館提供不少木料。眾所皆知，噶瑪蘭一帶開闢甚晚。在雍正初年，黃叔璥尚說：「山朝社、蛤仔難諸地，耕種、樵採所不及。」[74] 但到了乾隆末年，吳沙卻率領徒眾在此伐木抽藤。《臺灣通史》〈吳沙列傳〉記載了蘭陽平原開拓者吳沙早年的事蹟說：

　　吳沙，漳浦人，少落拓。來臺，居北鄙之三貂嶺；通番市。番愛其信義，遠近歸之。民窮蹙來投者，則與米一斗、斧一柄，使入山伐木抽籐以自給。於是客至愈多。

　　淡水廳慮其亂，遣諭羈縻之。林爽文之變，全臺震動；及平，黨徒多北走，遁入山。……（嘉慶）二年，沙赴淡水廳給照。許之，與以吳春郁義首之戳。疏節闊目，一切聽從其便。沙乃召佃農，立鄉約，徵租穀，刊木築道。[75]

　　宜蘭這個地方「地濱東海，富森林。」[76] 吳沙在獲得官府授予墾權之前，聚積亡命之徒，便是利用他們來取得山林之利。時當乾隆末年，也就是十八世紀末。

　　不過，嘉慶初年吳沙取得墾權以後，似乎轉以開墾耕地為目的，而宜蘭（噶瑪蘭）隨即於嘉慶十五年（1810）設治（成為噶瑪蘭廳），該地與臺北的交通雖然原有兩條山徑可資利用，但也要在數年後（道光三年，1823）林平侯釀金鑿通三貂嶺通路後才方便起來。[77] 而在嘉慶十二

74　柯培元，《噶瑪蘭志略》，p. 120。

75　連橫，《臺灣通史》，p. 853；莊英章、吳文星，〈清代頭城的拓墾與發展〉，《臺灣文獻》，36：3-4 (1985)，p. 216。

76　連橫，《臺灣通史》，pp. 117-118。

77　柯培元，《噶瑪蘭志略》，p. 16。

年（1807）時，位居三貂嶺通路上，今鼻頭角附近的三貂社尚有將其祖傳下來之「山林埔地」招募漢人佃耕，任由佃戶「用工本坎（砍？）伐樹林，架屋掌管耕業」的事實，亦可見乾、嘉之際吳沙及其徒眾在此間的活動與森林資源的密切關係。[78]

宜蘭設治之後，西部防番的「隘」制也推行到此間，到了道光二年（1822）之前，姚瑩已發現隘界內「林木伐平，沿山皆成隘田，而居民安堵矣。」[79] 番界以外的林木在開墾過程中，陸續被伐倒，但番界內的山區仍多樹林。這遂成為艋舺軍工匠首取得樟木的一大來源，也成為地方上的一個亂源。

噶瑪蘭設治之後，艋舺軍工匠首雖然也派人來此採木，但與西部已開發地區不同的是，宜蘭地方准許一般人民入山樵採。姚瑩云：

噶瑪蘭新開，未設匠首，其本地游民無食，入山採伐木植，為居民建蓋房屋、農具器用，皆賴於此。[80]

《噶瑪蘭廳志》云：

蘭故林密菁深，自新闢後，聽四方游手入山砍斫為匠，不以官方禁也。[81]

宜蘭設治以後，蘭地供應艋舺軍工用料的事情也交由艋舺軍工匠首杜長春負責。定制，「歷年四載，每載一百二十件」。[82] 即每年供應樟木四百八十件，一般料匠只要完成此項要求便可自由伐木並出售其產

---

78 《清代臺灣大租調查書》，pp. 395-396。

79 姚瑩，《東槎紀略》，p. 82；戴炎輝，《清代臺灣之鄉治》，pp. 535-536。

80 姚瑩，《東槎紀略》，p. 113。

81 陳淑均，《噶瑪蘭廳志》（臺北：臺灣銀行經濟研究室，「臺灣文獻叢刊」第160種，1963），p. 183。

82 姚瑩，《東槎紀略》，p. 113；姚瑩，《中復堂選集》，pp. 161-172。

品。這樣的安排一直到嘉慶末年都不曾發生問題。然而杜長春也經營樟腦業，原本有利可圖，因為臺灣北路森林產品依定制均由軍工匠首專賣，而他不但是匠首，並且還是艋舺的「大匠首」，壟斷了樟腦的利益。噶瑪蘭設治之後，開放一般民人可以上山樵採，自然也可以自由熬腦，他們的產品遂與杜長春的樟腦發生競爭。結果杜長春失去了專賣利益，而且他所擁有的樟腦也滯銷。於是他在嘉慶末或道光初，即1820年左右呈請在頭圍（今宜蘭頭城）設立軍工料館，並且以他為當地的匠首，這樣一方面可以剝奪料匠以外的一般民人入山樵採、熬腦的權利，他方面可以抽取小匠伐木的利得。這個作法激起了噶瑪蘭眾料匠的不滿，而杜長春與噶瑪蘭廳的衙役也受到了羞辱。事後眾料匠為免被治罪，還是同意設館，並且同意不收工資免費為匠首伐取一年定額的四百八十件的樟料，同時保證不包庇私熬樟腦的一般民人，至於料匠伐取的其他木料則由匠首抽取10%的售價作為報酬。但杜長春仍不滿足，他要求20%。眾料匠無法接受，於是杜長春拖延不肯設館，艋舺方面也就無法取得樟料。姚瑩在1821年署噶瑪蘭同知，建議應免除杜長春的職務，但設館的工作應該繼續。[83] 其後一位名叫林永春（一作林泳春）的料匠被任命為匠首，繼續籌設料館，但他卻拒絕供應政府木料，且在道光三年（1823）領導料匠與私熬樟腦的人起來反叛。他的反叛很快地被敉平，政府立刻「酌籌船廠採辦工程」，結束了噶瑪蘭自由伐木的年代。[84] 此後頭圍是否真正設置軍工料館仍然無法證實。若據前引《臺灣通史》所述，艋舺也在道光五年才設軍工廠與軍工料館。（艋舺的「軍工料館」位在今臺北市環河南路二段、廣州街一帶。）[85] 則噶瑪蘭恐怕後來並未

83 姚瑩，《東槎紀略》，pp. 112-115。

84 陳淑均，《噶瑪蘭廳志》，pp. 183-184。

85 蘇省行，〈艋舺街名考源〉，《臺北文物》，2：1 (1953)，pp. 21-22；連橫，《臺灣通史》，p. 504。

設館，而其軍工料匠及匠首理應歸艋舺新設的料館約束。

　　噶瑪蘭初設時，土地的開闢偏在蘭陽溪以北的平地及丘陵地帶。[86]
而當時的伐木活動也以今頭城──員山一線以西的低海拔（標高在三、
四百公尺以下）山林為主。姚瑩云：

> 蓋蘭地採料者，皆沿山架寮，自頭圍至員山、大湖凡七處，各有頭
> 人，多者十數寮，小者四、五寮，每寮小匠或三、四十人至一、二十人不
> 等。皆赤手無賴，故不避生番，身入險阻，歲常為番殺者數十人而不顧。
> 其頭人亦無大資本，即以隨時賣料為工資，採者與頭人均其利焉。藉以活
> 者，斯甚眾矣。[87]

　　引文中的「大湖」庄屬於員山堡。1821年時姚瑩得到的資料是總共
有七處伐木的地方。依據他的觀察，若以每處十寮、每寮小匠二十五人
計，則當時的伐木人數已近兩千人，規模已不算小。只是無論頭人或小
匠都不擁有資本，而且也必須冒著生命危險。但這裡所說的採料伐木工
人尚不是噶瑪蘭地區伐木者的總數，因為有可能為數更多的人入山熬
腦，而煎煮樟腦常是「略有身家」的人「出資鳩工牟利」。[88] 不過，依
當時制度大概也歸軍工匠首節制。

三、軍工伐木的規模

　　清代軍工伐木的規模倒底有多大，是一個很難加以估計的事情。雖
然伐木的地點涵括了臺灣南北，也伸展到東部的噶瑪蘭地方，但是我們

86　何懿玲，〈日據前漢人在蘭陽地區的開發〉，國立臺灣大學歷史研究所碩士論文
　　(1980)，p. 94。

87　姚瑩，《東槎紀略》，p. 113。

88　同上註，pp. 113-114。

很難說在同一個時期內是否同時在多數地方伐木。從乾隆中葉的情形來說，阿里史、舊社、樸仔籬與大坪頂的伐木時間非常接近，不無同時在幾個地方伐木的可能。再者，在東北角噶瑪蘭地區伐木的同時，西部的林圯埔也有軍工匠首活動。然而，全島同時有大規模軍工匠伐木似乎不太可能。因為軍工匠在一處林木資源耗盡後會移往他處，因此整個清代才有那麼多（十三個或更多）的伐木地點，而像噶瑪蘭這樣的地點開始軍工伐木的時間其實相當晚。

不過，從所有伐木地點的位置來看，伐木規模還是有限。除去最早期的大武郡社、阿猴林與糞箕湖外，綜上所述，我們可以找到的軍工伐木地點大約有車城、枋寮、東港、大坪頂、林圯埔、南投軍功寮、阿里史、舊社軍工寮、朴仔籬、木柵軍功坑寮、頭圍、員山與大湖等十三處。其標高最高處，即大坪頂附近的最高峰濁水山，不過409公尺；一般總在三、四百公尺以下，甚至更低。如南投軍功寮標高只有90公尺，而車城、枋寮和東港都靠近海岸，地勢都不高。【參考圖二】軍工匠首所領導的伐木活動都在低海拔地區進行，而且偏在臺灣北路（嘉義以北），原因有三：（一）臺灣森林覆蓋面積很大，在低海拔地區即可獲得足夠的林場；（二）伐木目標僅在樟樹，樟樹為低海拔樹種；（三）採伐技術粗陋，運輸工具亦相當原始。特別就運輸方式一點而言，對於木料的大量產製其實相當不利。以乾隆中葉臺灣中部的軍工伐木來說，軍工匠首經常仰賴岸裡社番派人將木料「車運」至海口。[89] 其他地區或許都藉諸河流將木料放流至海口。到達海口之後，要再轉運至府城船廠也還是一大工程，這要靠帆船駁運。雖然「淡新檔案」提到1860年稍前，淡水地方「每年需額辦大樟料三十二船，由台灣府撥艍船往淡水

89　陳秋坤，〈台灣土著私有地權研究〉；施添福，〈清代臺灣岸裡地域的族群轉換〉；程士毅，〈北路理番分府的成立與岸裡社的衰微(1766-1786)〉；程士毅，〈軍工匠人與臺灣中部的開發問題〉。

圖二　軍工匠首的活動地點，1725－1875

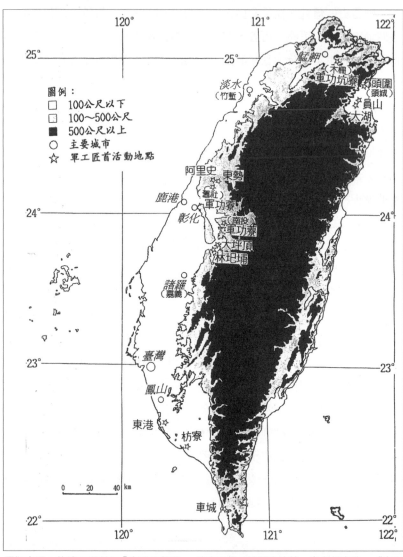

圖版來源：依陳正祥所作「臺灣地勢圖」，據本文第二節研究改繪。參考胡宏渝，《臺灣
　　　農地利用圖集》（南投：臺灣省政府農林廳，1970），圖1-2。

裝載。」直接由淡水經由西部沿海運送木料到府城。[90] 然而早期淡水的木料再轉運時，如前文所述，爲了遷就海運的安排，還得先將木料運至廈門，再行配載到臺灣府。在運輸條件如此不佳的情況下，伐木的規模也就不可能太大了。

再就文獻中直接提及的伐木數量作一考察。若以十九世紀的情形來說，如姚瑩所言，1820年代臺灣軍工廠所需本地大料由噶瑪蘭採取的一年就有四百八十件。假定一件即一塊，噶瑪蘭料匠所供應的樟木，即有四百八十塊。當時約有兩千名伐木工人從事作業，所取得的木料遠大於四百八十件不成問題。1820年代，除了噶瑪蘭之外，林圯埔亦有軍工匠首活動，可能亦有木料生產。稍後陳盛韶在《問俗錄》中更提到軍工廠的執事人員與軍工匠首都有多餘的木料可以在市場上出售。產量當然要遠大於四、五百塊。

實際上，臺灣船廠所負責修造的戰船不超過一百艘，而且分年輪修。更何況樟木只提供作爲次要的材料，所需應屬不多。如「岸裡文書」便曾提及乾隆三十四年十月，臺灣道蔣允焄曾令彰化知縣轉飭岸裡社派差護衛軍工匠人趕製「大中標五十塊樟料」，以便興修「平元」[91] 等十三艘船隻。[92] 修造十三艘戰船僅需五十塊樟料，即使全部九十餘艘戰船同時興工，所需樟料也不會超過四百塊。因此，當我們看到「岸裡文書」提到乾隆三十五年（1770）時，臺灣道蔣允焄曾開單列舉共需軍工料三千餘件時，不免要懷疑其眞確性了！[93]

不過，官府有時爲了其他目的也可能額外要求軍工匠首提供遠超過修船所需的木料。如乾隆三十三年（1768）爲了興建理番同知衙門（在

---

90 林玉茹，〈清代臺灣港口的空間結構〉，國立臺灣大學歷史研究所碩士論文(1993)，p. 146。

91 按、元字疑誤，應作「六」，「平六」爲臺灣戰船編號之一。

92 陳秋坤，〈台灣土著私有地權研究〉，7/4；徐宗幹，《斯未信齋文編》，p. 93。

93 程士毅，〈北路理番分府的成立與岸裡社的衰微(1766-1786)〉，p. 129。

鹿港），就向阿里史軍工寮和舊社軍工寮各要了三百塊枋料。[94] 事實上，軍工匠受地方官任命、管轄，因此也為所有的衙門服務。[95] 因此每年供應的木料要比修船所需多了一些。

最後，如果有軍工匠的人數資料，我們也可能可以進一步推斷伐木的規模。可惜這樣的數字不多。前面提到過阿里史和東勢角的軍工小匠額設人數各為六十人。但匠首經常多帶人手入山。一位匠首手下有個百餘來人隨他工作並不稀奇。最嚴重的如「岸裡文書」提到乾隆三十四年（1769）鄭成鳳充任匠首，在東勢角一帶伐木，所帶正匠頂腰牌者雖不滿額，但卻招聚鋸製私料者達五、六百人。[96] 從這個數字來看，1820年左右噶瑪蘭三處伐林場所共有伐木小匠兩千人私自伐採，也就不算過多了。就同一個時期而言，究竟有多少伐木工人工作，還是不能確定。但規模也許就在兩千人左右，乃至於少些。就此而言，其伐木、製木的能力也還是相當有限。

四、軍工伐木的相關問題

1. 清代的伐木事業與漢番關係

1725年以前，臺灣偶有修造戰船之事，故亦有軍工伐木。當時伐取木料也進入番人所棲息的山中。偶然留下的記錄說明了漢人入山伐木並未造成彼此間的緊張關係。如康熙五十二年（1713）隨臺灣府知府馮協一來臺的江蘇人吳桭臣就提到：「臺灣修造戰船，必取木於生番山中；

94　施添福，〈清代臺灣岸裡地域的族群轉換〉，p. 20。
95　其他衙門的要求尚包括火炭、木棍、白炭、花楠枋、楠仔枋等，數量倒不是很大。（施添福，〈清代臺灣岸裡地域的族群轉換〉，p. 20）又，楠木為樟屬。
96　程士毅，〈北路理番分府的成立與岸裡社的衰微(1766-1786)〉，p. 125。

見人多則不敢肆橫，反來相助運木求食。」[97] 1725年以前，臺灣尚無常態性大規模修造戰船的任務，所需木料也不多。偶爾因修船而上山伐木，只要人數夠多，足以自衛，則漢、番之間也頗能和平相處，番人甚至也肯自動協助，以期獲得伐木者的好感。

當然，伐木者進入番界，也常需要番人的協助，不管是1725年以前還是以後。乾隆二十八年（1763）擔任鳳山教諭的朱仕玠便提到了漢、番混血的「土生仔」對軍工料匠的用處。他說：

> 內地無賴人，多竄入生番為女婿，所生兒名「土生仔」。常誘生番乘醉夜出，頗為民害。然道憲造海船，軍需木料，惟生番住處有之；必用土生仔導引始可得。是土生仔為百害中一利。[98]

不過，臺灣設置軍工廠以後到1875年取消軍工匠首獨佔山林產品特權以前，軍工料匠可以合法地在「近番處所」（番界內部）伐木，並包庇熬腦、燒炭等行為。同時，因為深入番界，安全堪虞，有時還要求熟番派遣護衛相隨。所採木料如需陸運，更要求熟番協助運送。此外，有些不法的軍工匠首還公然招募漢佃私墾番界外（番界以東）的土地，導致番產外流。而林木伐除，野獸不得藏身，番人的狩獵也遭到嚴重的衝擊。這一切自然造成漢、番間的緊張關係。[99]

2. 清代官民對本島森林資源的認識

清代對森林資源的利用，不外是採取樟木、熬製樟腦、伐竹採藤，

---

97 《臺灣輿地彙鈔》（臺北：臺灣銀行經濟研究室，「臺灣文獻叢刊」第216種，1965），p. 22。

98 朱仕玠，《小琉球漫誌》（臺北：臺灣銀行經濟研究室，「臺灣文獻叢刊」第3種，1957），p. 74。

99 陳秋坤，〈台灣土著私有地權研究〉，7/3-6。

以及少數燒炭的事情而已。[100] 對森林影響最大的，應屬採樟、熬腦。
這些行為或者在墾權範圍內為之，則未進入真正的山區。除此之外，在
1875年以前，入山伐林完全由軍工匠首主導。然而如本文第二節所述，
軍工匠的伐木範圍極少超過三、四百公尺的高度。這些地區的森林屬於
所謂的「熱帶闊葉樹林型」，除了樟木以外，所產皆為經濟價值不高的
榕樹、山黃麻等樹種。【參考圖三】這樣低海拔的地區也生長臺灣五葉
松、馬尾松、琉球松和濕地松等松樹，但其價值遠比不上溫帶或寒帶林
型的其他松樹。[101]

由於入山伐木、熬腦者一心一意都在樟樹上，又限在低海拔的地方
工作。因此所見樹種除雜木外，相當有限。於是，時人的觀察都說臺灣
不產松、杉。如姚瑩云：「（噶瑪蘭）其地並無松、杉。」[102] 又云：
「臺地不產松杉，木料購自內地，須遣人至延平、建寧、邵武山中採
買。」[103] 徐宗幹云：「臺地向不出產杉木」。[104] 而修於1892年的《恒春
縣志》仍說「臺南就地不出杉木」。[105]

「不產」並不意味著完全未認識到臺灣有這類林木的存在，只是限
於砍伐技術及該樹種生長的環境，無法加以開發利用而已。所以修於
1763年的《重修鳳山縣志》早已提到當地的林木中有：

> 松（大者合抱成林）、柏（亦自內地移來）、檜、樟（即豫章。有紅、
> 粉二色，液可為腦）、桐、楠（美材也。性堅理細，為香楠，一歲東榮西

100 陳國棟，〈清代臺灣的林野與伐木問題〉，中央研究院經濟研究所研討論文，第8304
　　號(1994)。

101 胡宏渝，《臺灣農地利用圖集》(南投：臺灣省政府農林廳，1970)，p. 285。

102 姚瑩，《東槎紀略》，p. 113。

103 姚瑩，《中復堂選集》，pp. 66、178。

104 丁曰健，《治臺必告錄》，p. 302。

105 屠繼善，《恒春縣志》(臺北：臺灣銀行經濟研究室，「臺灣文獻叢刊」第75種，
　　1960)，p. 45。

圖三 臺灣林型

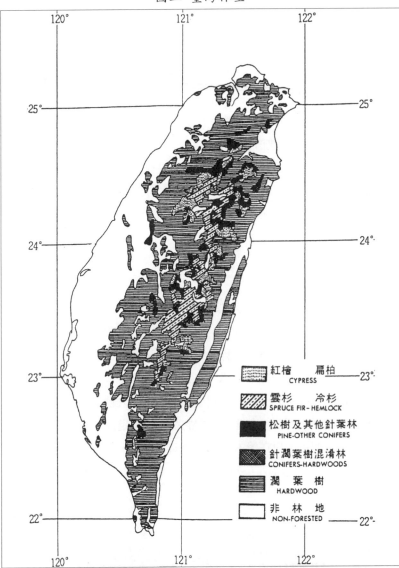

圖版來源：胡宏渝，《臺灣農地利用圖集》（南投：臺灣省政府農林廳，1970），圖20-1。

枯，一歲西榮東枯）、猴栗（木性甚堅，可為棟樑）、百日青（俗名土杉。
雖枯而色尚青）、赤杉（大十餘把，色紅理潤）。……106

等較有價質的木材，但除樟木以外，松木的伐採要到1886年劉銘傳設置
「伐木局」後才有出產，107 而檜木的利用更要等到日據時代才開始。

　　軍工料匠可以說是清代的專業伐木者，而其活動的山區全屬於低海
拔地區，所追求的目標僅為樟木。至於一般民人生活所需，材質較佳的
建材、家俱皆由大陸進口；普通住宅、炊爨、取暖等則都使用雜木或
藤、竹，或是由軍工匠首售賣，或者可以在聚落附近取得，都不用進入
番界山區去砍伐。108 由於對不同種類的木料需求極少，因此清領時期
臺人對森林資源的認識雖不能說是一片空白，但顯然極其有限。

五、結語

　　在清領臺灣時期，特別是1725-1875的一百五十年間，軍工匠首及其
帶領的小匠為僅有的山地伐木者。他們為軍工廠伐取修造船隻所需的樟
木。在山林封禁的原則下，只有他們可以合法地進入番界。由於政府賦
予他們出售山林產品的專利，他們實際上完全壟斷了山林資源。伐取樟
木之外，他們（特別是匠首）也藉由熬製樟腦、包庇私墾等方式謀利。

　　雖然臺灣從南到北都有他們伐木的蹤跡，可是伐木的規模有限。更
由於他們的主要目標只在樟木，伐木地點不必進入較高海拔的地區，因
此在整個軍工伐林的時期，臺灣的森林資源也未被正確地認識到。

---

106 王瑛曾，《重修鳳山縣志》，p. 308。
107 連橫，《臺灣通史》，p. 524。
108 陳國棟，〈清代臺灣的林野與伐木問題〉，（臺北，中央研究院經濟研究所，研究論
　　文第8304號，1994）。

附錄：三件關於軍工匠首的文獻

　　1995-1996年間，也就是以上這篇文章發表後不久，個人承國科會資助前往英國劍橋大學研究，在圖書館檔案部門所藏的「怡和洋行檔案」（Jardine Matheson Archives）中發現了三件與1850、1860年代臺灣軍工匠首相關的三個文件。抄錄如下，以供參考。

（一）給示一件，1862年。

　　欽命福建分巡臺澎等處地方兵備道兼提督學政洪　　為

　　出示嚴禁以杜私製私煎事　照得本轄設立軍廠　修造船工　需料甚鉅　所有該屬匠首金繼盛本年應行採製軍料　除列單嚴催該匠首赶製運廠　暨准該匠首設灶熬煎樟栳售賣　以為斧鋸之資　並行廳知照　一體筌辦外　誠恐爾等未能週知　合行出示嚴禁　為此　示仰淡屬紳商士庶兵民人等知悉　爾等須知各處山場　凡出產巨木　均關艦需　不准奸民私製私售　並私設栳灶　私煎樟栳接售奸梢　偷漏出口　營私射利　如敢故違　一經察出　或被指稟　定即嚴拏　按法懲辦　□□109 姑寬　各宜凜遵　特示　遵110

　　同治元年閏捌月十五日給

　　　　　　貼　　　曉諭

　　文件末尾蓋有「提督臺灣學政關防」滿漢合璧篆文章戳。

（二）收據一張，1855年。

　　怡和洋行執事人員在文件上做了英文註記："Receipt from Cum ho hop for $360"。

---

109 此處文件殘損，可能漏了「絕不」兩個字。

110 這個字為紅批。

天泰號定樟老桶陸百尻 即收來佛銀參百陸拾員 合修單憑炤
　　咸豐五年五月初八日 單

日期及「單」字上蓋了一方戳記，其文字爲：「淡屬軍工匠首金和合記」。

文件中的「天泰號」可能爲經手怡和採買樟腦（＝樟栳＝樟老）桶的仲介。「陸百尻」即六百隻，每隻單價0.6元。由於軍工匠首擁有樟腦專賣的特權，因此連裝樟腦的桶子都要向他訂貨。咸豐五年淡水廳的軍工匠首字號爲「金和合」，英文拼作"Cum Ho Hop"；這個字號的代表人爲許遜榮（如下一個文件）。

（三）收據一張，1856年。

怡和洋行執事人員在文件上做了英文註記："Receipt for $6000 paid to the shroff of Cum ho Hop, Canton（?），Jany. 29 1856"。

憑單收到
天泰號栳價銀陸千元
咸豐五年五月貳拾捌日 金和合號許遜榮單

文件末尾蓋的印章文爲「遜榮」兩字。

英文註記中之"shroff"爲歐洲人東來以後，亞洲貿易世界的交涉用語（lingua franca），意思是「銀師」──鑑定銀子的人，通常也可能指帳房。"Canton"（廣州）這個字不是很清楚，爲付款地點。這張收據是金和合賣樟腦的貨款收據。

以上三個文件正好說明在1850、1860年代，軍工匠首確實擁有樟腦專賣權，同時也和外國人從事交易。

Chinese Frontiersmen and Taiwanese *Tushengnan* 土生囝 in the Local Economy of Taiwan before 1900

Introduction

Until the commencement of the Ming dynasty (1368-1644) few Chinese settled overseas, though of course maritime travel to foreign lands had begun much earlier. It is commonly agreed that the first wave in the "great overseas migration movement" of the Chinese coincided with the arrival of Europeans in various parts of Asia. Within the period under this discussion this is reflected in the wide dispersion of significant Chinese migrant communities throughout Asia where European colonies were established, as well as in far-flung places beyond, for example Mauritius in East Africa. Before the Opium War (1840-1842), most of these waves of Chinese migrants went overseas to destinations in Southeast Asia, where many also settled down. For the same reasons that Southeast Asia was and is treated as 'overseas', and considering the similar life situations, needs and entangling circumstances motivating and encountered by the Chinese migrants of that era, it seems obvious that those opting for the alternative destination of Taiwan should also be viewed as part of this same overseas migration movement. Surprisingly, in this historic context, the island has not usually been considered an overseas destination by scholars.

Nonetheless, the laws prohibiting emigration to Southeast Asia enforced under the Qing also applied for Taiwan, though with some modifications and relaxations. And, regardless of their destination the Chinese immigrants usually came from the same areas, that is, Southern Fujian and Guangdong provinces. At least in the initial phase of this movement overseas they were predominantly male and formed a minority among the native societies of their host territories. The scarcity of Chinese women migrants, due to legal and other constraints, that drove male migrants to marry native women in Southeast Asia gave rise to what were once dubbed "mixed-blood" communities, such as the mestizos and the *baba* and *nyonya peranakan*, all of whom have been well studied. However, the development of mixed-parentage communities borne of the same historical phenomenon in Taiwan has yet to receive attention.

The inspiration for my inquiry into this subject came from reading Christine Dobbin's *Asian Entrepreneurial Minorities*.[1] The question of why we should not treat the Taiwanese Chinese under Qing rule as over-seas Chinese subsequently became a preoccupation that led to other unexplored questions. More specifically, if early Chinese immigrants fathered distinct mestizo, *baba* and *nyonya peranakan* communities who assumed particular roles within the political economies of the Philippines, Malaya, Singapore and Indonesia, what evidence could be found for the identity and involvements of those descended from unions between the Chinese migrants and aborigine women in Taiwan?

Unfortunately, even in the historical record, mentions of the exis-tence of such individuals of mixed parentage and their descendants are rare, and mostly occasioned by negative incidents, for example, as the perpetrators of a rebellion or in a criminal case. The reason why the majority, presumably 'ordinary good' people, were not specifically referred to is, I believe, that they were considered 'Chinese', following

---

1   Christine Dobblin, *Asian Entrepreneurial Minorities: Conjoint Communities in the Making of the World-Economy*, 1570-1940 (Richmond, Surrey: Curzon Press, 1996).

their paternal lineage and most likely being brought up in the Chinese tradition. One example clearly illustrates this labeling. The name Chen Zongfan 陳宗藩 had been entered into a county school's list and he had prepared for civil examinations for over thirty years without success. He married an aborigine woman and they had a son named Chen Chunhui 陳春輝. This Chen Chunhui passed the examination of the first level and became a licentiate when he was twenty years old. The gazetteer writes: "People called him 'aborigine licentiate' [*fanzai xiucai* 番仔秀才] but actually he is *not* an aborigine".[2] Though Chen Chunhui's parentage is half aborigine, due to his upbringing and his success in the civil examination, the gazetteer emphasizes that he is not an aborigine!

Taiwanese *Tushengnan*

Throughout the process of Taiwan's early development, even the terms designating the unique local-born offspring of the Chinese immigrants and native aborigines were not popular. So far as I know, these designations are mentioned only in three instances in the historical literature, referring to *tushengzai* 土生仔 or *tushengnan*[3] (locally-born offspring). The first entry, written circa 1763, reads: [4]

---

2   This is recorded in *Taibei shizhi* 《臺北市志》 (1961), p. 4621, but it must have an earlier authority.

3   The terms are comprised of the phrase *tusheng* (locally born) plus characters such as *zai* or *nan* to designate offspring. *Tusheng* was the term used for the offspring of a Chinese and a foreigner as early as the Song Dynasty. See *Yuehai guanzhi*, 《粤海關志》 2:21ab.

4   Zhu Shijie 朱仕玠, *Xiaoliuchiu manzhi*, 《小琉球漫誌》 *rpr. in Taiwan wenxian congkan* 臺灣文獻叢刊, no. 3, 1957 (Taipei: Bank of Taiwan), p. 74. (Hereafter *TWWXCK*)

People from the Mainland, who are without means, not infrequently flee to the aborigine communities and get married with their women. The sons thus produced are called tushengzai. *At times [they] induce drunken aborigines to leave their village and to harass the Chinese. However, lumbers required for building naval junks, as demanded by the Daotai, are only available in the vicinity of the aborigine villages. This cannot be procured without the guidance of a* tushengzai. *This is the only merit of the* tushengzai.

The second is the record kept by Deng Chuan'an 鄧傳安, who served as the subprefect in charge of aboriginal affairs in Northern Taiwan from 1822 and was promoted to prefect of the whole island six years later. In total he stayed in Taiwan for ten years, more than sufficient time to observe and ponder upon Taiwan affairs. His works include the following mention:[5]

Aborigines are apt to kill. Our people deem them as non-human beings. Only Chinese outlaws, greased with merchandises, can work with them. Some of these people marry aborigine women who give birth to tushengzai. *They always cause conflicts between Chinese and aborigines. People suffer a lot. As the records show, a certain [Chen] Zongbao* 陳宗寶 *grows up in the aborigine village, gets married with an aborigine woman, and fathers four sons. In fact, he himself is descended from an aborigine mother, and is again married to aborigine. He is the most wicked among the* tushengzai.

The following and last entry appears in a collection of captioned maps prepared in 1862-1874:[6]

---

5   Deng Chuan'an, *Liche huichao* 《蠡測彙鈔》, rpr. in *TWWXCK*, no. 9 (1958), p. 23. Chen Zongbao joined a rebellion in 1770.

Langjiao 琅嶠 *is located in the extreme south of Fengshan* 鳳山 *county, about 140* li 里 *to the government seat. It lies against mountains and faces the ocean. The paths leading there are steep and difficult to pass through. It is the hideout of the aborigines. Some Fujianese, some Guangdong people, as well as a few* tushengnan *[sons produced by the Fujianese who are married to aborigine women] live among them...Towards the south of Langjiao is Sheliaogang* 社寮港, *which is located to the north of Mountain Gui* 龜(山). *This place is protected by creeks and fences. People who live there are all* tushengnan. *According to custom, they tie their hair in a knot, wear short clothes and bracelets. They cut bamboo to make bows, and release string [to throw out arrows] to attack. Their arrows are without feathers, but the arrowheads very sharp. When dispatched the arrows go very fast and frequently hit targets but cannot reach far. They submerge knives [after being fired] in cold springs to make them sharp. The best ones value several oxen. They are also good at rifles and rarely miss a target. Everyone owns his rifle and treasures it as important as his own life.*

This same source also mentions that the total population of these *tushengnan* was more than 1,000; that they lived in twenty-one farms and kept in close touch with one another; and that their settlements edged upon aborigine villages, though they did not always get along well with the aborigines. It should be pointed out that only in this last mention do we find that *tushengnan* formed a distinct community; otherwise they lived in their father's or their mother's village.

The three documents cited above respectively represent casual

---

6   *Taiwanfu yutu zuanyao*《臺灣府輿圖纂要》, rpr. in *TWWXCK*, no. 181 (1963), pp. 68-70.

observations from the second part of the eighteenth century, the first part of the nineteenth century, and the later part of the nineteenth century. While the former two contain just the fact of or disposition of *tushengnan*, the last one tells us that they also constituted a fairly large community even in the late Qing period.

Intermarriages between Chinese frontiersmen and Taiwan Aborigines

Due to the paucity of historical mention, we are forced to infer the existence of Taiwanese *tushengnan* from the records of intermarriage between Chinese men and aborigine women, which fortunately are better available, assuming their unions produced offspring. This eventuality is implied in the Taiwanese sayings, "*You Tangshan gong, wu Tangshan ma* 有唐山公，無唐山媽" (There are male ancestors from Chinese main- land, but no female ones), and, put another way, "*You Fanzai ma, wu Fanzai gong* 有番仔媽，無番仔公" (There are female aborigine ances- tors, but no male ones).[7] Intermarriage might already have occurred dur- ing the administration of the Dutch United East India Company (1624- 1662) or the Zheng 鄭 regime (1661-1683). As pointed out by Yu Yonghe 郁永河, who visited Taiwan in 1697:[8]

---

7 It was only when the Chinese population reached a favorable male-female balance that the aborigines would have had the chance of finding a wife among the Chinese. Cf. J.R. Shepherd, *Statecraft and Political Economy in the Taiwan Frontier* (Stanford: Stanford U. Press, 1993), p. 387.

8 Yu Yonghe, Bihai jiyu 《裨海紀遊》, rpr. in *TWWXCK*, no. 44 (1959), p. 36.

Those people from the county seats, who are rich, contract for farm-ing aboriginal village taxes. They are called sheshang 社商 *(merchants of aborigine villages). In turn, they subcommission* tongshi 通事 *(inter-preters) and* huozhang 夥長 *(leaders of a group of people) [to do the job] and cause them to live in the villages... They all take aborigine women as wives or concubines.*

Yu also points out that the practice of using *sheshang* for tax-farm-ing had existed since the time of the Zheng regime and was understood to have started from the Dutch period. Though he mentions no specific cases of intermarriage, these did occur at this juncture as shown in the following story recorded in a mid-eighteenth-century gazetteer, as narrat-ed by a licentiate by the name of Zhuang Zihong 莊子洪:[9]

In the thirty-eighth year of Kangxi [1699], Xie Luan 謝鸞 *and Xie Feng* 謝鳳*, two inhabitants of the prefecture [today's Tainan] accompanied a geo-mancer to Luohanmen* 羅漢門 *for choosing a piece of (burial) ground. On getting back home, they all fell sick and seemed to be beyond remedies. After some thought, they suddenly recollected that [on their way] they had fetched fire from an aborigine woman of the Dajiedian* 大傑巔 *village who must have practiced* xiang 向 *(witchcraft) against them. It happened that there was a Chinese living in the prefectural capital with an aborigine wife. They then sought advice from that woman.*

Nevertheless, mention of such cases remained rare until the 1720s. Partly due to the Qing ban on migration to Southeast Asia (1717-1727),

---

9   Wang Bichang 王必昌 (comp.), *Chongxiu Taiwan xianzhi*, rpr. in *TWWXCK*, no. 113 (1961), p. 416.

Chinese immigration into Taiwan grew at a rapid pace, resulting in a severe shortage of women there. Even after the ban was lifted and migration to Southeast Asia resumed, Taiwan still remained a favored alternative destination. Consequently intermarriage became so widespread that it aroused the officials' concern. The shortage of women was first brought to the notice of the ruling group in the early eighteenth century, as shown in the *Zhuluo xianzhi* 諸羅縣志 (gazetteer of Zhuluo county) completed in the year after the proclamation of the 1717 maritime ban on going to Southeast Asia. This informs:[10]

[Within Chinese communities in Taiwan] males are far more than females. There are even villages of several hundred inhabitants but without any woman. The reason is, I believe, that port control against the emigration of women out of the Mainland has been severely enforced, and the cost of marrying a woman [here in Taiwan] always reaches the level of one hundred taels of silver.

Several years later, in a memorial presented to the Yongzheng Emperor in 1723, Lan Dingyuan 藍鼎元 also points out:[11]

Within the whole prefecture of Taiwan, only in the central part under the jurisdiction of Taiwan county are there people with a family. In the northern part, from Zhuluo, Zhanghua 彰化 to Danshui 淡水, Jilong 雞籠, and far beyond the mountains, covering more than one thousand li in distance, can only be found a few hundred [Chinese] women. In the southern part, down

---

10 Zhou Zhongxuan 周鍾瑄(comp.), *Zhuluo xianzhi*, rpr. in *TWWXCK*, no. 141 (1962), p. 292.
11 Lan Dingyuan, *Pintai jilue*《平臺紀略》, rpr. in *TWWXCK*, no. 14 (1958), p. 67.

*from Fengshan, Xinyuan*新園 *and Langjiao, covering a distance of 400-500 li, live only a few hundred [Chinese] women, too.*

When the numbers of male immigrants increased, the difficulty of finding a wife became all too apparent so it is hardly surprising the gazetteer of Taiwan county duly records in 1752: "Recently not a few aborigine women were married to the Chinese."[12]

The Prohibition on Intermarriage: General Failure

In fact, when intermarriage had become prevalent since the 1717-1727 maritime ban officials were quick to take action to halt this tendency. From 1729 onwards, policies prohibiting intermarriage were intermittently recommended to the emperor and usually approved. But, they were barely enforceable. The 1729 memorial was presented by two censors, Heshuose 赫碩色 and Xia Zhifang 夏之芳. They found that undaunted Chinese immigrants unlawfully entered into aborigine territory, learned their language, got married to their women, established kin relationships with the tribespeople, and lived among them. Moreover, they supplied aborigines with materials like salt, iron, and gunpowder, which was illegal. In the recommendations for rectifying all these evils, marriage with aborigines is mentioned, among others, but not emphasized.[13] Then, in 1737, another censor, Bai Qitu 白起圖, also sent a memorial to the emperor, singling out the issue of intermarriage and strongly suggested

---

12 Wang (comp.), *Chongxiu Taiwan xianzhi*, p. 419.

13 *Yongzheng zhupi zozhe xuanji*《雍正硃批奏摺選輯》, rpr. in *TWWXCK*, no. 300 (1972), pp. 74-75.

its prohibition "in order to prevent incitation."[14] The suggestion was approved.

All these policy recommendations, however, were not really put into practice. After the memorials of 1729 and 1737 we still come across numerous records of intermarriage. In 1768, the post of subprefect in charge of aboriginal affairs of Northern Taiwan was set up. Five years later when Zhu Jingying 朱景英 took up that office he mentions, among many things relating to Chinese-aborigine intercourse, that intermarriage caused the most untoward troubles.[15] Again, in 1810, the governor-general of Fujian and Zhejiang, Fang Weidian 方維甸, issued a document relating to aboriginal affairs in which he too put blame on Chinese men taking sexual favors from the aborigines and also criticized intermarriage.[16]

Still, these recommendations on paper produced no substantial effects. Unless the sex ratio was balanced among the Chinese, intermarriage could not be abruptly halted - which is not to deny that intermarriage could always bring economic advantages to Chinese men! In 1834, the governor-general of Fujian and Zhejiang, Cheng Zuluo 程祖洛, had to acknowledge this fact, and allowed the Chinese frontiersmen to marry women of *shoufan* 熟番 or "civilized aborigines" (i.e., aborigines under Qing jurisdiction), although marriage with *shengfan* 生番, "uncivilized aborigines", was still prohibited *de jure*. However intermarriages with

---

14 *Qing gaozong shilu xuanji* 《清高宗實錄選輯》, rpr. in *TWWXCK*, no. 186 1964), p. 9.

15 Zhu Jingying, *Haidong zhaji* 《海東札記》, rpr. in *TWWXCK*, no. 19 (1958), p. 19. Cf. Zhou Xi 周璽 (comp.), *Zhanghua xianzhi* 《彰化縣志》, rpr. in *TWWXCK*, no. 156 (1963), p. 394.

16 *Taiwan sifa wuquanbian* 《臺灣私法物權編》, rpr. in *TWWXCK*, no. 79 (1963), p. 441.

shengfan continued. Cao Shigui 曹士桂, a subprefect in charge of the aboriginal affairs of Northern Taiwan, went to central Taiwan on duty and met a *fange* 番割 (broker in aborigine village) called Li Xiu 李秀 on 11 April 1847. He put down the following notes in his own diary:[17]

> *Bringing his aborigine wife along with him, Li Xiu came to receive me on the way, asking me to stay in his own house. Li Xiu, also known as [Li] Shisheng* 時勝, *is a* fange. *Those Chinese who marry aborigines and know their language are called in this manner. Among the Chinese, except for those who are the most wicked and who are the most malignant, no one would become this, and no one could be. Li Xiu has three Chinese wives and four aborigine ones. The one he took to receive me belongs to the 'Wangzifan'* 王字番 *stock.*

Wangzifan, also called Ganzhuowan 干卓萬, were uncivilized aborigines belonging to the Atayal tribe and lived north of today's Puli 埔里. Their men, who were known as fierce in fighting, had facial tattoos with a marking on their foreheads resembling a *wang* 王 character and hence were called Wangzifan (aborigines with "wang" character).

Up till the Japanese takeover of Taiwan intermarriages between Chinese men and aborigine women, no matter whether civilized or uncivilized, never ceased.[18] Even during the Japanese colonial period, one still finds records of such a practice. Just as an example, when

---

17 Cao Shigui, *Huanhai riji* 《宦海日記》 (Kunming: Yunnan renmin chubanshe, 1988), pp. 173-174.

18 For more examples, see *Anpingxian zaji* 《安平縣雜記》, rpr. in *TWWXCK*, no. 52 (1959), p. 63; *Taiwan shifa renshibian* 《臺灣私法人事編》, rpr. in *TWWXCK*, no. 117 (1961), pp. 541-542.

Torii Ryûzô 鳥居龍藏 came to do fieldwork in central Taiwan in 1900, his travel guide and interpreter, by the name of Subari スバリ, brought his Bunon wife and their child with the team. Subari himself was descended from a Chinese father and a Bunon mother. Bunon were then considered an uncivilized aborigine tribe.[19]

To sum up from the foregoing evidences, there are sufficient grounds to believe that intermarriages between the Chinese frontiersmen and the Taiwan aborigines were common throughout the eighteenth and the nineteenth centuries. Even though we cannot find many records about any children produced, it is beyond doubt that there would have been many.

Intermarriage and Economic Activities: The Role of Intermediaries

Although the government and officials did not favor intermarriage, they did take advantage of making convenient use of such liaisons. The Chinese who married aborigine women and/or their sons were appointed as travel guides, interpreters, tax-farmers and merchants in connection with aboriginal affairs, owing to their familiarity with aborigine lands, people and languages. As a result, the *fanjie* 番界 (artificial demarcation lines between Chinese and aborigine territories) did not completely hinder the exchanges of materials and merchandise between the inhabitants in the two sectors.

---

19 Torii Ryûzô, in Yang Nanjun 楊南郡 (transl.), *Tanxian Taiwan*《探險臺灣》 (Taipei: Yuanliu, 1996), p. 378.

The Chinese subjects also took their own initiatives, roaming about aborigine settlements, buying and selling, and running shops there. Moreover, they exploited the aborigines and even stole their lands. Although they were not infrequently employed by the government as intermediaries to coordinate affairs between the Chinese and the aborigines, they often caused more problems than resolved them. The government, however, chose to countenance their behavior, for there was no other choice.

There were no specific terms designating the Chinese men who took aborigine women as their wives[20] other than those directly relating to their role as intermediaries. We have cited Yu Yonghe's observation that these men served as *sheshang* during the Zheng regime and the early years of Qing rule. These *sheshang* obtained the tax-farming privilege in auction and were held responsible for delivering aboriginal village tax revenues to the authorities. During the Kangxi (1662-1722) period, the practice of appointing *sheshang* was abolished and most of the tax-paying duties were put in the hands of interpreters (*tongshi*). As a rule the authorities originally appointed Chinese interpreters for all the aborigine villages under Qing jurisdiction. But as time passed and the aborigines got better acquainted with the Chinese language, the government was more inclined to use them as interpreters instead. Thus the Chinese inter-

---

20 However, both partners in a marriage were called *qianshou*, supposedly an aboriginal practice. The term was also adopted to refer to married persons even in the immigrant Han Chinese society. It seems that the term "*qianshou*" is a Chinese translation from an untraceable Shiraya (one of the plains aborigines living in southern Taiwan) word for marriage or cohabitation. A discussion of its origin and usage can be found in Lian Wenqing 連溫卿, "Qianshou kao 牽手考", in *Minshu Taiwan* 《民俗臺灣》 (Taipei: Wuling chubanshe, 1990), no. 2, pp. 168-176.

preters' sphere of influence was gradually reduced and by the end of the eighteenth century they no longer dominated in this role.

With the population of Taiwan fast expanding from the beginning of the eighteenth century, the ensuing demand for lands and other local provisions led to frequent infringements of the rule banning unauthorized contacts with aborigines. Daring Chinese frontiersmen established strong connections with aborigines for the exchange of commodities, with the consequence that a new institution gradually evolved. This centered on the role of the *fange*. Different from *sheshang* and *tongshi*, *fange* were self-appointed, never legally recognized by the authorities. It is not clear when the *fange* (also written as *fanyi* 番刈 and pronounced the same if read in Fujianese dialect) first assumed their role. But as early as 1826, in quelling a local disturbance, the governor-general of Fujian and Zhejiang, Sun Erzhun 孫爾準, found that two notorious *fange* were involved. In his memorial, he tries to explain their role to the emperor:[21]

Fange are those Chinese who have learned the aborigine languages, taken shelter in the mountainous area and married aborigine women. They not infrequently bring out uncivilized aborigines to pillage the [Chinese] common folks. Huang Dounai 黃斗乃 *and Huang Wuer* 黃武二 *are the two leaders of them. The villages of Guangdong people persuaded them to come out to help in fighting [the Fujianese].*

In 1830 or so, the magistrate of Zhanghua pointed out:[22]

---

21 *Fujian tongzhi taiwanfu*《福建通志臺灣府》, rpr. in *TWWXCK*, no. 84 (1961), pp. 474-475.

22 Ding Shaoyi 丁紹儀, *Dongying zhilue*《東瀛識略》, rpr. in *TWWXCK*, no. 2 (1957), p. 50.

Those local people [the Chinese] who are familiar with aborigines and are married into aborigine communities are called fange. *In the previous years, the roles of guardhouse watchers and their leaders were mostly assumed by these fange and some other outlaws. Only these folks were able to settle in strategic and dangerous locales and still feel at home.*

More general description about the *fange* is found in Lin Hao's 林豪 *Dongying Jishi* 東瀛紀事 (Records about the Eastern Island):[23]

The uncivilized aborigines living in the deep mountains are particularly fierce. [Common folk] do not dare to go there. Only crafty Chinese who know the aborigine language (known as fanyi*) or who marries aborigine woman (known as* qianshou 牽手, *or married person) can make peace with the aborigines... Fanyi occasionally trade salt, cloths, and ironwares with aborigines for their deer hides, deer horns, and so on. They make big profits.*

Deer hides and deer horns were traditional materials supplied by the aborigines to the Chinese communities. Over time *fange* added new merchandises to their buying list for aborigine lands; the following example is found in the gazetteer of Hengchun 恒春 county in the late nineteenth century:[24]

Jinxianlan 金線蘭 *(Anoectochilus formosanus Hay): Its leaves are bluish or purplish in color, and its shape is as round as a bean. Its vines lie spreading on the ground. It is 'cool' in [medicinal] nature. It grows in the*

---

23 Lin Hao, *Dongying jishi* 《東瀛紀事》, rpr. in *TWWXCK*, no. 8 (1958), p. 65.
24 Tu Jishan 屠繼善 (comp.), *Hengchun xianzhi* 《恒春縣志》, rpr. in *TWWXCK*, no. 75 (1960), pp. 161-162.

aborigine communities of high mountains. The oral tradition says, 'It spreads here and there in the grassland. Once seeing it, [one] has to pick it up right away, otherwise it shall disappear unwittingly.' In recent days, fange *brought out a lot for sale.*

In addition to fair trade, these *sheshang, tongshi,* or *fange* all took advantage of their roles as intermediaries to benefit themselves. The most notorious of their profit-making activities, the encroachment of aborigines' land, has been dealt with at great length elsewhere and will not be reiterated here. Although intermarriage might have brought unfavorable economic outcomes for the aborigines, tension did not necessarily exist between the inhabitants of the two sectors in Taiwan. The following case shows that marriage with a Chinese man did not harm the prestige and standing of an aborigine woman introduced as Tiansi *shen* 天賜嬸 (Aunt Tiansi):

> *Aunt Tiansi was the daughter of an aborigine of Shuishe* 水社 *in the Sun-Moon Lake area. She was much relied upon by the villagers. Owing to her marriage to a Chinese named Du Tiansi* 杜天賜, *she was duly called Aunt Tiansi. In the year of 1823, she met some deer-hunters coming from Beitoushe* 北投社 *to the west of Shuishe. The hunters told her about their poverty-stricken situation. Aunt Tiansi was determined to help them out. She arranged for them to move into Puli to the north of Shuishe. She continued to give them a hand when needed. Considering her contribution [to the neighboring area], two Chinese built a temple to commemorate her.[25]*

---

25 Liu Zhiwan 劉枝萬, *Nantouxian renwuzhi gao*《南投縣人物誌稿》 (Nantou, 1962), pp. 7-8.

Aunt Tiansi was an aborigine woman with a Chinese husband, a liaison that apparently did not hurt her standing among her own community. She was so highly trusted by her compatriots that she was able to help resettle another tribe in the vicinity of her own village. In fact, it was her accommodation of the Beitoushe in the Puli area that ignited a great migration of plains aborigines to that area and which, soon after, led to the Chinese following in their footsteps. And that is the reason why she was enshrined by the Chinese.

Concluding Remarks

This exploration started off on the trail of Chinese mixed-parentage communities in Taiwan and winds up with the story of Tiansi *shen*, a would-be mother of such *tusheng* 土生 descendants (unfortunately we cannot establish if she had any children). The issue of the early role and involvements of mixed-parentage individuals and communities in Taiwan remains a neglected and still overlooked area. Probably because the island came to be considered a Chinese territory, and since the Chinese have become the majority and the aborigines, with a few exceptions, have been assimilated into the Chinese society, this issue has long ceased to be a topic attracting the notice of contemporary researchers. It is however a difficult historical subject to dwell on; even after a painstaking search the historical information is too scanty, although sufficient to affirm the existence and significance of Chinese-aborigine intermarriage and some of the roles played by their descendants in the local economy of Taiwan. With a few exceptions, they are not noted as forming separate communities. But the prevalence of intermarriage between Chinese frontiersmen and the Taiwan aborigines is indication enough of the large numbers of their descendants. If Chinese frontiersmen usefully served as intermediaries in the local political economy of Taiwan, what walks of life or involvements did the children (and their descendants) follow or fulfill? Were they not even better equipped than their fathers to engage in a similar capacity? Unfortunately, all the questions raised by this discussion await more materials to reconstruct answers.

——原刊於Wang Gungwu and Ng Chin-keong eds., *Maritime China in Transition, 1750-1850* (Wiesbaden: Harrassowitz Verlag, 2004), pp. 139-149；本次編輯時植入漢字。

十七世紀

就從安平追想起

導言

　　有一首大家耳熟能詳的流行歌曲叫作「安平追想曲」。歌詞內容講一位金髮女子佇立在安平海邊，懷想著她的父親，她的父親是一位荷蘭船醫。一般人聽到這首歌，不免立刻想到十七世紀的荷據臺灣。可是資料告訴我們，這是許石作曲後再請陳達儒填詞，而在1951年，也就是五十多年前才發表的現代歌曲。歌詞的內容當然是陳達儒的想像。想的是十七世紀呢？還是十九世紀呢？老實說並不清楚。十九世紀中葉以後有很多外國人來到臺灣，其中不乏有荷蘭人。至於歌詞的主題，講的是海員的浪漫與不負責任，則是個很普通的母題（motif）。其實義大利作曲家普契尼（Giacomo Pucci, 1858-1924）在1904年完成發表的歌劇《蝴蝶夫人》（*Madame Butterfly*）不正是敘說類似的故事嗎？說不定陳達儒正是受到《蝴蝶夫人》的啓發才寫了這樣的一首歌詞吧。

　　無論如何，國人對臺灣在十九世紀的形象毋寧較爲陌生；然而由於臺灣歷史上有那麼一段「荷蘭時代」，而且他們所蓋造的行政中樞熱蘭遮城，現在仍以「安平古堡」的名字，屹立於臺南市安平區而不搖。安平的意象與荷蘭人之間牽扯不斷的糾結，不能不叫人想到十七世紀的臺灣吧。

十六、十七世紀之東亞世界

　　臺灣位在中國大陸、日本及琉球附近，距離菲律賓也不遠，地理位置不能說孤立；可是島上的居民與外界的接觸，一直到十六世紀中葉以前都很少見。

　　十六世紀中葉以後，開始有日本人和漢人出現在這座島嶼。有些漢人是爲了捕魚而來的。他們捕的魚主要是烏魚。爲了曬烏魚子，也在岸

邊搭草寮居住，從而開始與原住民有所接觸。另一些漢人與絕大多數的日本人則作船頭交易，很少上岸，很少與臺灣原住民作和平交往。

打從1549年起，明朝政府就完全禁止與日本的貿易。既不准日本人到中國，也不准中國人到日本。然而當時日本生產很多的白銀，也很需要中國的絲綢，因此中、日之間存在著一個厚利的商機。兩國的冒險商人於是利用基隆、淡水與安平這幾個定點，趁著季風之便，在一定的時間把船開過來，彼此在船頭交易對方想要的商品。這樣的會船貿易是如此地熱絡，因此到了十七世紀初，連顢頇的中國地方官也都體認到臺灣是中國人與日本人進行非法貿易的所在。

十五世紀末，歐洲人開始向世界各地航海，造成所謂「地理大發現」。葡萄牙人在1514年就到達中國邊境，在中國沿海流竄貿易。1542年他們租了一艘中國船前往日本，經過臺灣島，為它取了一個響亮的名字"Ilha Formosa"——美麗之島。可是葡萄牙人對臺灣沒興趣，沒有上陸的意圖。我們可以問他們「為什麼不靠近一點？再靠近一點？」答案是他們發現把中國絲綢轉賣到日本才是利益之所在，臺灣島並沒有值錢的東西可以出口，臺灣的原住民也沒有購買力。

臺灣第一個外來政權——荷蘭東印度公司

荷蘭船隊在1596年首次到達印尼爪哇島西端的萬丹（Banten）港；1600年首次到達日本。1604年第一次試圖與中國建立直接貿易，失敗了。1622年再試，佔領澎湖，建立城砦。結局如同上一回一樣，也因武力不足，被迫撤離。不過，當時的明朝官員默許他們進佔臺灣，因為那時候臺灣本島並不是中國的領土，而漢人與日本人在本島周邊的非法貿易也令官方頭痛。在明朝地方官看來，拿臺灣換澎湖，既收回失土，又丟掉一顆燙手山芋，應該算是一舉兩得的如意算盤吧。

荷蘭東印度公司成為第一個統治臺灣的外來政權，實際上也是第一個統治臺灣的政權。臺灣原住民自來沒有建立過屬於自己的統治機制，各個部落甚至連疏鬆的酋長制都不曾有過。荷據時期雖然曾經在臺灣中部出現過所謂的「大肚番王」（Quantawong），其實也只是極為鬆散的部落聯盟，沒有具體的組織和有效率的統治形式。

可是荷蘭東印度公司不是一家商業機構嗎？為什麼我們要說它是一個政權呢？這要從該公司設立的背景說起。荷蘭資源稀少，靠海為生，漁業發達。由於海事活動的嫻熟，從十四、五世紀開始，也從事北海及波羅的海的載運貿易。稍後由於葡萄牙人在東方貿易上獲得了巨大的利潤，荷蘭人也就躍躍欲試。打從十六世紀末開始，荷蘭靠海的不同港市就分別各自派船到東方貿易。可是他們很快地就發現：彼此互相競爭的結果，買貴賣賤，賺不到錢。於是就把各個港市的東方貿易公司整合起來，在1602年成立了唯一的一家公司，讓相關的港市以商會（chamber）的名義入股加盟。這家公司自然也就順理成章地叫作「聯合東印度公司」，荷蘭文叫作*Verenigde Oostindische Compagnie*，翻成英文就是United East India Company，簡稱為VOC。為什麼名字中有「東印度」這樣的字眼呢？因為地理大發現的動機原來是要找尋前往印度與中國的海道。1492年時，哥倫布（Christopher Columbus）到達加勒比海，誤以為到了印度，就把那個地區叫作印度。1498年，達伽馬（Vasco da Gama）到了真正的印度，才發現哥倫布錯了；歐洲人於是把加勒比海地區叫作西印度，把真正的印度以及聯繫印度的亞洲海域稱作東印度。所以東印度其實指的是好望角以東，經過印度洋、南中國海以及上達日本海的廣大亞洲海域以及濱臨這塊海域的國家。

荷蘭聯合東印度公司成立的時候，得到國會與國主（stadhouder）的特許，為一家具有壟斷一切東印度地區貿易特權的公司。同時，一方面由於事業範圍離開祖國太遠，另一方面又要面臨其他歐洲國家在東印

度的競爭，其間隨時必須訴諸武力。因此特許狀也授予這家公司代表「尼德蘭聯省共和國」（荷蘭當時的正式國名）在東印度的締約、宣戰、媾和、統治及徵稅的權力。這些權力為主權國家的特權，因此荷蘭東印度公司在東印度地方就不只是一家貿易公司，同時也具有政權的資格。

在臺漢人與荷蘭東印度公司

以往的歷史書完全從漢人的立場出發，認定鄭成功到臺灣時，「驅逐荷蘭人」，因此是民族英雄。相反的，被趕走的荷蘭人自然也就是十惡不赦的壞人了。再往前回溯，1652年郭懷一曾經因為荷蘭人強徵租稅，率領漢人反叛。同樣站在漢人的立場來思考，郭懷一與在臺的漢人是好人，荷蘭人是壞人。荷蘭人是剝削者，漢人是被剝削者。這樣的思維，一方面認定漢人與荷蘭人完全處在對立的位置，另一方面則都把原住民丟到一旁，視而不見。

其實，漢人雖然比荷蘭人早了幾十年到臺灣活動，從事貿易或捕魚，但當荷蘭東印度公司在臺灣建立有效統治之前，很少有漢人定居下來，也幾乎沒有人從事農業經營。中國官方既不認為臺灣是中國的屬地，1624年以前旅臺的漢人也只把臺灣當作客鄉。

荷蘭人入據大員（安平）及南臺灣一帶以後，因為他們自己的人手少，而這些人不是擔任公司的貿易、會計工作，就是當水手或軍人，挪不出多餘的人員從事建設或生產。要在這塊土地上安全居住、獲取利益，在在需要外來的人手。初期來臺的漢人並不多，他們提供了泥灰匠、砌磚匠、鐵匠、木匠等勞動力；稍後透過巴達維亞城華人領袖蘇鳴崗的協助，荷蘭東印度公司才能從1636年起，招募到大規模的漢人，移民臺灣，開始發展本地的農業。蘇鳴崗本人也在臺灣住了三、四年，到1639年才返回巴城。靠著漢人的合作，熱蘭遮城堡與熱蘭遮市鎮才能成

爲堅固安全的居住所在，同時也使從臺南到高雄一帶的土地得以開發。

　　本來荷蘭人進佔臺灣的目的只是把臺灣當成作貿易轉運中心來利用，但其他因素卻使得臺灣在1636年以後也開始發展在地的生產事業。在荷蘭人的需求與支持之下，漢人才有機會在臺灣形成一個龐大的社群。荷蘭人固然向漢人收取各種稅金，但也爲他們建立一所醫院，保護他們免於原住民的攻擊，更重要的是將他們納入羅馬法制度之下，以成文法的方式，讓他們的物權和人身權獲得保障。漢人在臺灣可以安全居住，可以賺錢致富，把錢匯回原鄉。因此，臺灣的漢人可以說是自願與荷蘭人合作，在不完全平等的情形下，共同經營臺灣這塊殖民地。

傳教與原住民

　　如果荷蘭人以一種相當對等的態度來與漢人合作經營臺灣，那麼，荷蘭東印度公司又是以怎樣的態度來對待臺灣原住民呢？荷蘭東印度公司在其臺灣長官（governor）與原住民部落之間建立起一種虛擬的「領主」與「封臣」的封建關係。透過臺灣長官與部落頭人之間的約定，荷蘭公司取得了「宗主權」。這種關係在1640年代起以「地方日」（landdag）的方式表現出來。在每年舉行一次的「地方日」儀式進行中，臺灣長官以公司名義舉行繁華絢麗的儀式、供應豐盛的筵席，藉機給與會的原住民頭人一種威儀赫奕的感覺。原住民頭人其實是由荷蘭人指定，而非由部落內部自行產生。因此，在儀式過程中，臺灣長官要授予各部落頭人銀頭手杖，有時還加上一面親王旗（prinsvlag，也就是荷蘭國旗）和布疋之類的禮物，完成一種「封贈」（enfeoffment）的典禮。透過這樣的典禮，原住民頭人取得在其部落中的相對權威。另一方面，原住民頭人則以一把泥土插上一株椰子樹苗呈獻給臺灣長官，象徵代表荷蘭東印度公司的臺灣長官是他們土地的領主，而他們自己自然是

封臣。透過這種由「領主」與「封臣」構成的封建關係，也使得原住民各部落在「一體爲臣」的前提下，停止部落與部落之間相互交戰以獵取人頭的固有習俗。

不過，「地方日」的制度化已經是1640年代的事。稍早，荷蘭人除了與新港社原住民的關係稍佳外，與其他部落的關係並不良好。1630年代中期，荷蘭人憑藉其武力，以極其殘忍的手段，幾乎殺光了小琉球島上全部的原住民、殺掉了一半麻豆社的原住民，才讓附近熱蘭遮城的部落日漸歸附。其後再透過征伐、威嚇與談判，擴大其影響力的範圍。

協助荷蘭東印度公司控制原住民的關鍵性角色就是傳教士。剛剛經歷過宗教改革（the Reformation）的荷蘭，信奉嚴格的喀爾文教義（Calvinism），所以商人、士兵、水手到遠方服務，也免不了有牧師隨行。不過，牧師的使命是爲教徒作宗教服務；原本沒有拯救異教徒靈魂的打算。可是由於干治士牧師（Rev. Georgius Candidius）及其後繼者尤羅伯牧師（Rev. Robertus Junius）的努力，荷蘭教會竟然在原住民間吸收了不少信徒，並且在許多方面改變了他們的生活習慣與傳統文化。

荷蘭人自己說，荷蘭語太困難，因此不能叫原住民去學荷蘭語，而是要叫他們自己的人去學原住民語。當然不會只有傳教士去學習原住民語，可是他們的成效特別顯著。進一步，傳教士也教會了原住民以羅馬拼音書寫他們自己的語言；語言傳承方便，這一點強化了原住民的部落認同。不過，傳教士畢竟最關心傳揚並且執行基督教的教義，因此一方面採取敵視原住民傳統信賴的女祭司「尪姨」（*inibs*）的行動；另一方面也強制改變原住民以年齡群運作的社會習慣；強調夫妻同居的必要，從而消弭了婦女早期墮胎的習慣。

當然，對荷據時代的原住民而言，有些影響並不直接來自荷蘭人，而是來自漢人。例如，原住民從漢人那邊學會了比較複雜但收獲更大的捕獵方法，抓到更多的鹿，換到更多的享樂物資（如煙、酒），同時也

由以物易物的習慣轉向使用貨幣。而鹿場由於狩獵過度，鹿群急速減少，原住民獵人的社會地位也跟著式微。

貿易與產業發展

話說回來，荷蘭東印度公司的股東都是商人，作生意賺錢是他們最根本的目的，執行國家權力只是確保獲利的手段，而非目的。

他們原來也希望能像葡萄牙人那樣，能在中國沿海取得一處像是澳門這樣的地方，把中國的絲綢運到日本，換回白花花的銀子。可是事與願違，心不甘、情不願地來到臺灣。他們的念頭是利用臺灣作為一個轉運中心，由中國船把絲綢運到他們在臺灣的據點熱蘭遮城和熱蘭遮市鎮，再由他們轉運到日本換取銀子。無論如何，這是當時東北亞最賺錢的生意呀！

可是操縱中國方面貿易的，並不是一般的商人，而是亦盜、亦商的海上冒險家。李旦、許心素等名字最早在這個場合出現。至於其中最有名的當然就是國姓爺鄭成功的父親鄭一官鄭芝龍了。鄭芝龍在1628年接受明朝的招安，替明朝打擊海盜。經過多次激戰，先後消滅了李魁奇、鍾斌的勢力；而在消滅劉香之後，從1635年起完全控制中國東南一帶的海域。在此之前，熱蘭遮城的荷蘭人所能得到的中國商品有限，其供應也十分不穩定。荷蘭除了期待大陸方面的中國商人載運絲綢等商品到大員（安平）外，也經常派船前往漳州河河口（廈門灣）一帶，設法購買商品。不過，他們派去的通常是華人擁有的中式帆船，而不是他們自己的夾板船，因為中國地方大吏對這些大型荷蘭船感到畏懼，而荷蘭船在沿海出現，本來也不合法。

對荷蘭人而言，還有一件不巧的事，那是1628-1633年間，日本的江戶幕府也中止荷蘭人的貿易權。由於荷蘭東印度公司不顧以往的慣

例，向在臺灣的中國及日本居留者收稅，對進出、口貨物也徵稅，引起反感。日本人在濱田彌兵衛的領導下，拿捕了臺灣長官諾伊茲（Nuijts），開啓了兩國人民間的衝突。江戶幕府對此深感不滿，於是停止荷蘭人的貿易權。1632年，諾伊茲自願前往日本讓幕府軟禁，日本方面才讓荷蘭人在1633年重開貿易。在中止貿易的六年間，日本人的朱印船不能到臺灣來，而荷蘭船也不能前往日本。只有少數的旅日華僑還可以經營臺灣與日本之間的貿易。

其實，在鄭芝龍削平其他海盜的當兒，荷蘭人也常常站在對手的一邊，雙方關係遂生齟齬。1633年，荷蘭人甚至進攻到鄭芝龍根據地廈門灣附近的料羅，結果卻敗在鄭芝龍手下。稍後幾經折衝，1634年雙方言和，鄭芝龍允許由大陸方面派人、派船載運商品到臺灣貿易。

由於鄭芝龍掌握著臺灣海峽一帶的航運，同時對引票（出航許可）的發放與執行具有很大的影響力，因此1634年以後從事大陸與臺灣之間貿易的商人，多少要能受到鄭芝龍的信賴。這幾位商人的中文姓名無從得之，荷蘭人則記錄爲Hambuan、Jocksim與Jochoo，而其中的Hambuan尤其重要，值得稍加介紹。他早先從事翻譯的工作，是臺灣商館中「無人能出其右的通譯」，約在1625年年底或次年年初來到大員定居。1633年時，臺灣長官普特曼斯（Hans Putmans）特准他搬進熱蘭遮城城堡內居住。對漢人來說這是極爲難得的殊遇，可見得他在荷蘭人的心目中信用也很好。也就是從這一年開始，他不斷穿梭往返於大員與福建之間，爲發展貿易而努力；只可惜在1640年11月初，他從臺灣再度前往大陸時，落水淹死了。

Hambuan死後，鄭芝龍一方面阻礙中國大陸與臺灣之間的貿易，另一方面則自己做起對日生絲與絲織品的貿易來。根據日本人的研究，在1641與1643兩年，由鄭芝龍出口到日本的生絲數量，佔了所有中國船輸入量的62%-79%，絲織品占了30%-80%。

　　本來，禁止中國人前往日本從事貿易或任何活動，是明朝始終一貫的政策。鄭芝龍在接受招安以後，算來也是朝廷命官了，大致上也就遵守這樣的規定，讓Hambuan等人持著合法的引票運貨到臺灣，再由荷蘭人轉銷到日本。到了Hambuan死時，明朝國勢已衰，而鄭芝龍的勢力卻正壯大。他於是自己經營對日貿易，把國家禁令拋諸腦後。如此一來，大員的荷蘭商館自1641年以後，便無法得到來自中國大陸方面的生絲及其他絲綢織品的供應。由於生絲及絲綢織品仍然是銷往日本的最適當商品，於是荷蘭人轉而從東京（越南北圻，今河內附近）方面取得絲類產品。臺灣作為中國絲銷日的轉口站地位也就隨著Hambuan之死而劃下句點。

　　不過，臺灣依然在某些方面維持著荷蘭東印度公司亞洲轉運中心之一的功能，特別是金、銀方面。

　　就當時荷蘭人的構想來說，取得中國絲類產品本來就是為了換取日本的白銀。另一方面，中國還可出口黃金。日本白銀除了用來交換中國商品之外，在亞洲的一大用途是用來購買印度棉布；中國黃金也用來購買印度棉布。印度棉布是當時亞洲貿易家換取東南亞所生產的胡椒、丁香與荳蔻所不可或缺的媒介，因為胡椒、丁香與荳蔻的生產者與直接供應者並不接受一般的貨幣（金、銀）。印度棉布的產地在十七世紀初為印度西北的固加拉特（Gujerat）和東南的科羅曼德爾海岸（the Coromandel Coast），後來再加上位在東北的孟加拉（Bengal）地區。固加拉特及孟加拉以白銀為幣材，科羅曼德爾海岸則使用金幣。

　　在中國，由於白銀用為貨幣，而黃金只用作飾品材料，因此金銀比價低，也就是說四、五兩銀子就能換到一兩黃金。但在日本與大部分的亞洲，經常要十兩銀子以上才能換到一兩黃金。因此，拿日本白銀交換中國黃金是一件十分有利的事情。荷蘭人或者可以拿中國黃金來購買科羅曼德爾海岸的棉布，要不然也可以把黃金賣給日本人賺取其間的差

價，無論如何都是很划算的買賣。因此之故，他們也提供高價，吸引中國海商攜帶黃金到臺灣和他們交換日本白銀。

荷蘭人賣給日本的主要商品絕大多數仍是生絲及絲織品。1640年以後，當中國絲的來源日益減少時，東京絲就加入了其商品清單。不過，東京絲的品質不是很好，1655年以後孟加拉絲成為其主要貨源。由於荷蘭東印度公司一直能向日本輸出生絲及絲綢，因此也就能不斷地把白銀從日本運出來。從荷蘭公司的帳冊資料加以統計，1636-1667年間，荷蘭自日本共出口白銀20,727,492兩，其中14,899,013兩，即71.9%，全都先運到臺灣。這麼多的白銀，以往學者都假定全數拿來和福建方面來的中國海商交易，被後者運回大陸。分析檔案記錄，發現不完全如此。

從1638到1649年，來到臺灣的白銀只有22%轉運到其他地方的荷蘭商館（因此可以假定其餘的部分流入中國），但在1650至1661年間，90%以上的日本銀都由臺灣轉送到印度與波斯（今伊朗）。就1638至1661年全程來看，約44%被運至其他荷蘭商館作為營運資金（推測剩下的56%可能由中國商人運回大陸）。

運到臺灣的日本白銀，雖然平均起來，有超過一半流入了中國大陸，可是在1640年以後換到的中國商品卻以黃金為主。這些由中國運來的黃金也不會在臺灣久留，不久就被運到亞洲地區的其他荷蘭商館，特別是科羅曼德爾海岸。

1630年代中國黃金從臺灣再出口係經由巴達維亞再行轉運，但從1638年開始則由臺灣直運蘇拉特（Surat，固加拉特的主要港口）。1641年起，中國黃金、日本黃金（大判、小判）、日本白銀都由臺灣直接運往印度各地。直達運輸的契機是荷蘭人於1641年佔領了馬六甲，荷蘭船隻可以不再走巽他海峽經蘇門答臘西岸前往印度，因此也就沒有經過巴達維亞的必要。所以就金、銀在亞洲的交易來說，臺灣扮演著重要的角色，從而使得臺灣與印度各地間也發展出長程直達的航運。

　　當然，臺灣作爲荷蘭東印度公司的一個重要的轉運站，出出入入的
商品也不會只以生絲、絲織品、黃金、白銀爲限。既然荷蘭東印度公司
的帆船穿梭於往來日本、東南亞、印度及波斯，乃至歐洲之間的航線，
往來的商品種類也就名目繁多。就拿臺灣與大陸之間往來的商品爲例。
由大陸賣到臺灣的商品，包羅萬象，諸如鹽、鐵、鐵鍋、鐵犁、磚瓦、
燒酒、鞋襪、布疋、煙草、藍靛、瓷器……等等，不一而足。大多供應
本地消費，但有幾項則以再出口爲目的。

　　根據專家研究，自1602（萬曆三十年）至1682（清康熙二十一年）
八十年間，輸入到荷蘭的中國瓷器，總數達到16,000,000件以上。據
此，每年平均200,000件。在熱蘭遮城商館存在的期間，其中絕大部分
當然是經由臺灣轉運出去的。1624年，荷蘭東印度公司才剛剛佔領大員
一帶，即已開始經由臺灣轉運大陸瓷器。最初的出口品與中國人自用者
相去無幾。要到1635年時，他們才在臺灣製造了一些木製模型，送往景
德鎮等地作爲訂貨參考，才對型制裝飾作了一些改變。記錄中出口數量
最大的一年是1639年，單單是這一年，就有475,000件精細瓷器由臺灣
運往荷蘭。而前一年（1638），熱蘭遮城商館中的中國瓷器存量更多達
890,328件！臺灣的大員作爲重要的中國瓷器轉運站，可是很奇怪的事
是，本地卻從來沒有出土過針對歐洲市場而製造的貿易瓷（或其破
片）。倒是一種稱作「安平壺」的施釉陶罐，在最近一百年間卻發現了
很多。學者的研究認爲這是屬於十七世紀的東西，而且和荷蘭人或鄭成
功家族的活動有關。至於「安平壺」的用途爲何，眾說紛云，莫衷一
是。不過，因爲酒也是來自中國大陸的重要輸入品，供應當地華人、荷
蘭駐軍使用，也拿來招待或贈予原住民。所謂的「安平壺」也很有可能
是用來裝酒的吧。

　　在1624-1662年間，荷蘭人的記錄經常提到一種泛稱爲"cangan"的東
西。這種在荷蘭記錄中以"cangan"留名的織品，其實幾乎全是中國製造

的粗製棉布。拿來銷往東京、廣南、柬埔寨等地方，菲律賓群島北部則是最大的市場。此外，在有關臺灣原住民的記錄中，我們經常可以看到荷蘭人拿 "cangan" 當禮物或交換的媒介。1625年，荷蘭人在臺灣本島向新港社買到的第一塊土地（今臺南市「赤崁樓」一帶），就是用十五疋 "cangan" 交換到的。

大陸前來臺灣的船舶，主要的目標是為了要裝載白銀回去。不過，如果有適當的商品，當然也不會錯過。烏魚子和鹿脯（乾鹿肉）自十六世紀起就由臺灣出口到大陸。此外，由臺灣轉口到中國大陸的產品，幾乎全都以東南亞產品為主，包括了薰香料（白檀、沉香）、藥材及香辛料（木香、土茯苓、丁香、胡椒）、染料（蘇木）以及其他森林、海洋產品或副產品；此外則有少數來自西亞或東非的特產，如乳香與沒藥。

至於從臺灣轉口到日本的商品，除了中國產的絲類或粗棉布外，則還有一種印度產的精緻棉布，通常為臘染製品；也有印度的絲棉混織或純絲的織品。其中一種臘染棉布，印度人稱為"sarasa"，日本人稱為「更紗」（也讀作"sarasa"）和一種叫作"chaul"（日本人稱之為「茶宇」）的絲織品最受日本市場的歡迎。這些經過臺灣的印度織品主要是轉銷日本。不過，更紗或茶宇也被荷蘭東印度公司用來當作贈與臺灣原住民頭人的禮物，只是這樣的場合並不多見。

打從一開始，荷蘭人就已經在臺灣找到有出口價值的商品，那就是梅花鹿的身體，特別是鹿皮。十六世紀中葉以後大陸的漢人就已常到臺灣來打魚、獵鹿，荷蘭人向他們收取許可稅。鹿脯銷往中國大陸，鹿皮幾乎全都賣到日本，供給日本武士用作刀鞘、甲冑等物之材料。為了獲得鹿皮，臺灣梅花鹿遭到嚴重的打殺。獵鹿的數額，光是在1638年，就高達151,400隻之多！濫殺濫捕的結果是鹿群的遽減。為此，荷蘭人在1640年停止以陷阱獵鹿一年。到了1650年後，鹿群才再增加。此外，臺灣北部大屯山系產硫磺。即使在西班牙人據有北臺灣的期間（1626-

1642），荷蘭人也已經委託漢人到此製作、採買。所得之硫磺出口到亞洲各地，特別是印度。但在1640年代中期，因爲明、清政權交替，中國方面也進口不少。鹿與硫磺屬於採集或掠奪性的經濟對象，獲得它們的人力投入較小。但是1630年代中期以後，漢人開始在臺灣從事農作，投入了大量的人力，島上既有的經濟形態開始有了顯著的變化。

1628-1633年荷蘭對日貿易被德川幕府擱置，臺灣作爲中國大陸與日本之間的轉口港功能一時也無法建立。扮演轉口港功能原是荷蘭人對臺灣（大員港）的期待，然而一時辦不到，那該怎樣對待這塊殖民地呢？如果臺灣能夠發展出自己的產品，甚至可以出口，則不但能省卻公司的支出，而且能增加獲利。

大約也就在1636年，在蘇鳴崗的協助下，一批較具規模的漢人移民來到臺灣，種植水稻和甘蔗。種植甘蔗免稅（水稻則收10%的稅），因此似乎較有發展。1637年即已產糖300,000-400,000斤（3,000-4,000擔）。十餘年後，即1650年左右，年產糖20,000-30,000擔。再過四、五十年（1697，清康熙三十六年），臺灣年產糖200,000-300,000擔，一說500,000-600,000擔。臺灣糖業的基礎，就在荷據時代奠下的。

隨著漢人人口的增加，稻作也被推廣。不過種植者不夠多，米食經常不足，有時得由中國、日本及東南亞進口供應。不過，在荷據時期，蕃薯（甘薯）應該已經廣泛栽種，也能部分解決民食問題。據陳漢光的研究，蕃薯應該是在明萬曆年間（1573-1620），或者就說萬曆二十二年（1594）時，先從菲律賓引進福建的。很快地就傳入臺灣，所以陳第於萬曆三十一年（1603）著成的〈東番記〉中也已記載臺灣產蕃薯。值得注意的是臺灣原住民並不種植，只流行於少數漢人間。荷據之初，栽種範圍亦不大，但到了中期則已相當普及。至荷據時代之末，依照服務於荷蘭東印度公司的Albrecht Herport之觀察，已是「到處有蕃薯」了。

荷蘭人在臺灣試種或試圖推廣的植物還有棉花、薑、藍靛植物、苧

麻、蘿蔔等等，不過都沒有成功。附帶一提，「荷蘭豆」（豌豆）這種豆莢爲臺灣人所愛食用。憑空猜想也許會認爲是荷據時代引進臺灣的；這大概不正確。因爲《泉州府志》明白地記載，它首先傳到印尼，在乾隆初年才傳入泉州一帶，得到「荷蘭豆」這個名字。因此，傳到臺灣的時間早已過了十七世紀的荷據時期了。

荷據時期之遺產

荷蘭人確實讓旅臺漢人接受羅馬法的一些規範，這種精神或作法在以後的明鄭時期，乃至清領時期是否有所延續呢？稍爲熟悉臺灣歷史的人都知道契約文書在清代臺灣普遍使用，雖然這些私文書不像在荷據時代有向當局註冊、認證的作法，但是私文書一定是在有中人及見證人在場並劃押的狀況下完成。這樣的一個傳統，到底是荷據時代留下的慣例呢？還是從大陸原鄉帶來的作法呢？值得進一步討論。我個人在此有一點小小的蛛絲馬跡供大家參考。清代臺灣涉及物權的作爲中，出現在私文書的，經常有「贌」這個字眼。此一字眼其實是從荷蘭文"pacht"這個字來的，大概的意思是「包辦」或「承包」。中國制度中原來也有「包辦」或「承包」的作法，可是臺灣文獻不用「包」而用「贌」，顯然臺灣私文書的用語確實受到荷據時代的影響。

其實，荷蘭人將某種利權，如捕烏魚、如捕鹿、如徵收人頭稅……等以拍賣喊價的方式讓漢人承包的作法也在巴達維亞殖民地實施。不過當地的漢人卻譯寫作「餉」，而不寫作「贌」。

至於原住民方面，大家都知道荷蘭傳教士教會原住民書寫羅馬字母。這樣的書寫習慣與能力一直都沿續著，直到十九世紀初。所以到乾隆末年以前，某些原住民部落裡都有所謂的「教冊番」。還有一點事實可以補充。臺灣原住民在荷據時期開始接受貨幣。我們也在臺灣史料中

發現，荷蘭貨幣，即所謂的「馬劍銀」或「劍銀」到了十九世紀中葉都還出現在與原住民有關的私文書中。夫妻同居的習慣應該也保留下來。至於鹿群的消失與生活方式的改變，涉及的歷史因素太多，很難劃分出那些是荷據時代的延續，那些是明鄭或清治時期的新發展。

——原刊於《歷史月刊》，第181期（2003年2月），pp. 20-31。

　　本文及以下〈轉運與出口：荷據時期的貿易與產業〉及〈十七世紀的荷蘭史地與荷據時期的臺灣〉兩文，皆因2003年國立故宮博物院主辦之「福爾摩沙：十七世紀的臺灣、荷蘭與東亞」特展而作。因為訴求的對象不同，而有些基本內容必須分別敘及，因此這三篇文章的內容及文字難免有所重複，敬請讀者諒察。

轉運與出口：
荷據時期的貿易與產業

前言

荷蘭人佔領南部臺灣，原先是爲了利用她的地理位置，取得來自中國大陸的商品，以便攜往日本交換白銀。可是十七世紀的歷史發展卻顯示出「轉運中心」這樣的目的並沒有充分發揮，反倒是臺灣的生產事業逐步落實，開啓了臺灣經濟發展的先聲。

荷據以前：中國人與日本人的會船點貿易

臺灣附近雖然有中國、日本這樣的經濟與文明發達的國家，但是她沒有天然資源可直接出口，從而也就沒有購買進口貨的能力，因此與外界的往來可以說極爲稀少。要等到十六世紀後期，日本人、中國人與歐洲人同時活躍於東亞海域之後，臺灣才因爲被整合到世界的貿易體系而顯得重要起來。

其實，十六世紀以前中國船隻早有機會接觸到臺灣。中國船南向前往菲律賓時，經常「望見沙碼磯頭」，「沙碼磯頭」就是指鵝鑾鼻附近的臺灣南端；中國和琉球遣使往來，封貢船舶中途會「望見雞籠山」，「雞籠山」也就是指臺灣北端一帶地方。只是航程不長，並不需要進到臺灣島停靠、補給。

十六世紀中葉以前，日本與中國之間存在著一種特殊的貿易，日本人稱作「勘合貿易」，這其實是明代朝貢貿易的一環。藉著這個貿易，他們可以獲取中國的生絲及其他商品，同時也獲得部分轉口的東南亞產品。十六世紀中葉以前，琉球一方面與中國維持著朝貢貿易的關係，另一方面也從事對東南亞的貿易，進而把中國產品和東南亞商品轉賣給日本。大約就在十六世紀中葉，中國停止了日本人前往中國進行的「勘合貿易」，而琉球人自己則停止了東南亞貿易，只維持著對中國的朝貢貿

易。在這樣的情形下，日本缺乏中國及東南亞產品的供應。他們於是開始派船遠航，走向東南亞。[1]

明代中國始終禁止國人前往日本。在1567年以前，更實行全面性的海禁，「片板不許下海」——雖然不免存在著一些走私行為。1567年以後，明朝開放海禁，自中國大陸出航的船隻可以前往「雞籠、淡水」貿易，可以前往「東番、北港」捕魚。「雞籠、淡水」為北臺灣、「東番、北港」為南臺灣。日本人南下時，到達東南亞之前會打從臺灣島經過。他們所想獲得的商品，有很重要的一項就是中國的生絲與絲綢。因此中、日兩國的冒險貿易家們達成某種默契，大家在一定的時間來到北臺灣或南臺灣，在特定的港口會船，交易彼此帶來的商品。這種「會船點」（rendezvous）貿易是十六世紀下半葉，臺灣南、北出現中國人和日本人蹤跡的原因。這樣的現象一直延續到十七世紀的二、三十年代。

荷蘭人企圖打開中國貿易（1604-1624）

1453年，鄂圖曼土耳其帝國攻陷君士坦丁堡（現在的伊斯坦堡），阻絕了橫跨歐、亞間的陸上通道。以往歐洲人經由此道，獲得來自東方的產品，諸如絲綢與香料。通路受阻，東方產品售價高昂，激起了歐洲人找尋替代性交通路線的決心。十五世紀末由葡萄牙領先開始的歐洲人「地理大發現」打開了東、西之間的海上通道。航海探險的目的是什麼呢？葡萄牙航海家達伽馬（Vasco da Gama）說得很清楚。1498年，他在印度西南的古里（Calicut）遭遇到也前來該地貿易的北非突尼西亞商人。達伽馬直截了當地告訴他們他東來的目的是為了「追尋香料與基督

1　日本的貿易船由於要事先向執政當局申請出航許可，而出航許可蓋有紅色印章，因此稱作「朱印狀」；從而持有「朱印狀」的合法貿易船也就順理成章地稱為「朱印船」。

徒」。這裡所謂的「基督徒」指的是天主教徒。因為宗教改革，歐洲許多地方改信改革宗（Protestantism，基督新教）；仍然信奉天主教的國家，例如葡萄牙和西班牙，想要在海外世界傳教，吸收新的信徒以彌補教會的損失。不過，達伽馬的主要目的無疑是香料。隨後緊跟而來的西班牙人，以及後起的荷蘭人、英國人，在十七世紀上半期，真正熱心追逐的也正是香料，主要是：胡椒、丁香、荳蔻與肉桂。

這些香料大致用來調味及保存食物，但也有藥用等其他用途。肉桂有兩種：錫蘭產的桂皮（cassia）與中國產的肉桂（cinnamon）。胡椒在印度西南海岸、蘇門答臘、爪哇、馬來半島都有生產。丁香的主產地為千子智（Ternate）、直羅里（Tidore）、安汶（Ambon）與西蘭（Seram）；荳蔻的主要產地為班達群島（Banda Is.）。這些產丁香、荳蔻的地方，歐洲人統稱為「香料群島」，當地人則稱為「摩鹿加」（Maluku, the Moluccas）。

打從海道而來的歐洲人就是裝載滿船的金、銀，也不能在香料群島，乃至大部分的東南亞地區買到他們想要的丁香、荳蔻與胡椒。產地居民在乎的除了獲得糧食外，最熱中交換的商品是印度棉布，尤其是臘染棉布。這些棉布的生產者與供應者接受金、銀作為交易媒介。另一方面，歐洲人就算要從本國運出金、銀到東方來，也有困難。當時的歐洲政、經思想深受「重商主義」（mercantilism）支配，金、銀被視為「國富」，是「戰爭的筋絡」（the sinews of war），是國家實力的表徵。各國政府囤積還來不及，那容輸出？於是前來亞洲的貿易家便設法在當地籌措營運資金。中國的金價低，日本盛產白銀。日本最渴望的商品是中國生絲與絲綢。因此，為了黃金、為了絲織品，中國就成為歐洲商人迫切交易的對象。葡萄牙人早在1557年就穩穩地定居澳門，並在1580年以後建立起澳門——長崎間的常態貿易，拿中國的生絲、絲綢與黃金，交易日本的白銀，獲得高額的利潤。

荷蘭人在1595年才首度由歐洲派船前來亞洲。1600年，一艘荷蘭船「愛情號」（de Liefde）意外到達日本九州的豐後，九年後建立起與日本的常態貿易。可是要敲開中國貿易的大門卻不順利。1567年以後，明朝政府雖然已經允許國人出海貿易，可是所有的外國人卻仍然得依循「朝貢貿易」的慣例才能到中國作生意。荷蘭並不是《大明會典》所登錄的朝貢國家，也就沒有假藉朝貢之名進行貿易的權利。1604年時，在馬來半島北大年（Patani）港華人李錦、潘秀等人的協助下，荷蘭人想用賄賂海澄貿易港收稅太監高寀的手段爭取貿易許可，沒有成功。荷蘭人同時佔領澎湖，但因武力懸殊，在明朝海軍將領沈有容的說服下，離開中國海岸。澎湖當地現在還留有沈有容「諭退紅毛番碑」，就是紀念這件事情。

荷蘭人東來以後，以爪哇島西端的萬丹（也叫「下港」，Banten、Bantam）作為營運中心。到了1619年，東印度總督昆恩（Jan Pietersz. Coen）在今天的雅加達建立起一個強有力的新據點，命名為「巴達維亞」（Batavia）。1621年，他屠殺了大半的班達群島居民，流放了剩餘的人口後，奉召返回荷蘭。繼任者卡本提爾（Carpentier）在次年派船進攻澳門，想要拿下這個位於中國境上對日貿易的有利地點，失敗。同一支船隊轉而再度佔領澎湖，歷時兩年。最後還是在中國的武力威嚇下，轉向進佔臺灣邊緣上的大員島（一鯤身，現在的臺南市安平區），建造防禦工事熱蘭遮城，並且往本島擴張勢力。

最初的九年（1624-1632）

荷蘭人同意放棄澎湖、前往大員，除了兵力不足外，中國官方答應讓大陸方面的商船前往大員，賣給他們所要的生絲、絲綢、黃金與其他有用的商品，也是一項重大的誘因。中國官方擁有發行「引票」（許可

證）的權力，可以讓持有者的貿易合法化。要不然，延續著「會船點貿易」時代的習慣，中、日兩國的商人還不是會繼續到臺灣來？

可是操縱中國方面貿易的，並不是一般的商人，而是亦盜、亦商的海上冒險家。李旦、許心素等名字最早在這個場合出現。至於其中最有名的當然就是國姓爺鄭成功的父親鄭一官鄭芝龍了。鄭芝龍在1628年接受明朝的招安，替明朝打擊海盜。經過多次激戰，先後消滅了李魁奇、鍾斌的勢力；而在1635年消滅劉香之後，完全控制中國東南一帶的海域。在這期間，荷蘭東印度公司能得到的中國商品有限，其供應也十分不穩定。荷蘭人除了期待大陸方面的中國商人載運絲綢等商品到大員外，也經常派船前往漳州河河口（廈門灣）一帶，設法購買商品。不過，他們派去的通常是華人擁有的中式帆船[2]，而不是他們自己的夾板船[3]，因為中國地方大吏對這些大型荷蘭船感到畏懼，而荷蘭船在沿海出現，本來也不合法。

對荷蘭人而言，還有一件不巧的事，那是1628-1633年間，日本的江戶幕府也中止荷蘭人的貿易權。由於荷蘭東印度公司不顧以往的慣例，向在臺灣的中國及日本居留者收稅，對進出、口貨徵稅，引起反感。日本人在濱田彌兵衛的領導下，拿捕了荷蘭東印度公司長官諾伊茲（Nuijts），開啓了兩國人民間的衝突。江戶幕府對此深感不滿，於是停止荷蘭人的貿易權。1632年，諾伊茲自願前往日本讓幕府軟禁，日本方面才讓荷蘭人在1633年重開貿易。在中止貿易的六年間，日本人的朱印船不能到臺灣來，而荷蘭船也不能前往日本。只有少數的旅日華僑可以

2　中式帆船在西方文獻中通常記爲"junk"或類似的寫法。第二次世界大戰結束前的日本文獻則以譯音的方式寫作「戎克」。不過，「戎克」畢竟不是中式帆船的固有稱法，因此本文以「中式帆船」一詞代替某些學者偏好使用的「戎克」。

3　歐式帆船，英文叫作"ship"。當他們出現在東南亞海域時，馬來人將之稱爲"kapal"，也就是「大船」的意思。最早接觸到這些歐式船舶的中國航海家遂從音譯，稱之爲「夾板船」或「甲板船」。

經營臺灣與日本之間的貿易。

其實，在鄭芝龍削平其他海盜的當兒，荷蘭人也常常站在對手的一邊，雙方關係遂生齟齬。1632年，荷蘭人甚至進攻到鄭芝龍根據地廈門灣附近的料羅，結局卻敗在鄭芝龍手下。令人意外的是，1634年鄭芝龍竟然與荷蘭談和，允許由大陸方面派人、派船載運商品到臺灣貿易。[4]

絲綢轉運的黃金年代（1633-1640）

由於鄭芝龍掌握著臺灣海峽一帶的航運，同時對引票的發放與執行具有很大的影響力，因此1634年以後從事大陸與臺灣之間貿易的商人，多少要能受到鄭芝龍的信賴。這幾位商人的中文姓名無從得之，荷蘭人則記錄爲Hambuan、Jocksim與Jochoo，而其中的Hambuan尤其重要，值得稍加介紹。他早先從事翻譯的工作，是臺灣商館中「無人能出其右的通譯」，約在1625年年底或次年年初來到大員定居。1633年時，臺灣長官普特曼斯（Hans Putmans）特准他搬進熱蘭遮城城內居住。對漢人來說這是極爲難得的殊遇，可見得他在荷蘭人的心目中信用也很好。也就是從這一年開始，他不斷穿梭往返於大員與福建之間，爲發展貿易而努力。只可惜在1640年11月初，他從臺灣再度前往大陸時，落水淹死了。[5]

從1633年到1640年，前後八年之間，在臺灣的荷蘭東印度公司順利

4　林偉盛，〈十七世紀初臺灣與中國的貿易關係(1624-1634)〉，收在鄭水萍編，《安平文化學術討論會論文集》(臺南市：市政府文化局，1995)，pp. 42-67；林偉盛，〈一六三三年的料羅灣海戰——鄭芝龍與荷蘭人之戰〉，《臺灣風物》，45：4 (1995年12月)，pp. 47-82。

5　永積洋子著、許賢瑤譯，〈荷蘭的臺灣貿易(下)〉，《臺灣風物》，43：3 (1993 年9月)，pp. 49-53；參考翁佳音，〈十七世紀的福佬海商〉，收在湯熙勇主編，《中國海洋發展史論文集》第七輯上冊(臺北：中央研究院中山人文社會科學研究所，1999)，pp. 59-92。

地從航海而來的中國商人那裡得到各種想要中國商品,特別是生絲和絲綢織品。運到大員的商品很多,中國商人又要求以現金支付,荷蘭人只得在日本以「海事保險借貸」(bottomry)的方式,借取資金,拿來臺灣應付。1630年代,由於中國絲供給充足,生絲與絲綢佔了荷蘭賣到日本的商品總值的80%以上,有時甚至達到90%。這七、八年的時間可以說是臺灣最能履行荷蘭東印度公司原始計劃——在一個接近中國大陸的地方,由中國海商供應中國產品,尤其是生絲和絲織品,從而換取日本白銀——的年代。[6]

1640年年底Hambuan死後,鄭芝龍一方面阻礙中國大陸與臺灣之間的貿易,另一方面則自己做起對日生絲與絲織品的貿易來。根據永積洋子的研究,1641與1643兩年,由鄭芝龍出口到日本的生絲數量,佔了所有中國船輸入量的62%-79%,絲織品占了30%-80%。[7]

1643年時荷蘭東印度公司在長崎的商館館長提交給長崎地方官的文件中指出:

我們在中國本土與中國人簽約,以相當高的價格購買絲織品,但一官阻止商品送至大員,而將之送往日本。荷蘭本可以武力阻止,但荷蘭不想那麼做而未加以理會。但一官屢屢出動商船使得中國商品無法進口至大員。[8]

禁止中國人前往日本從事貿易或任何活動,是明朝始終一貫的政策。鄭芝龍在接受招安以後,算來也是朝廷命官了,大致上也就遵守這

6　參考包樂史著、莊國土、程紹剛譯,《中荷交往史,1601-1989》(阿姆斯特丹:路口店出版社,1989),p. 64;Fujita Kayoko, "Taiwan as a Transit Port of Precious Metals, 1632-1662: A Re-examination of the Intra-Asian Trade by the VOC and Chinese," to be published in the *Journal of Early Modern History*.

7　永積洋子著、許賢瑤譯,〈荷蘭的臺灣貿易(下)〉,p. 81。

8　永積洋子著、許賢瑤譯,〈荷蘭的臺灣貿易(下)〉,pp. 80-81;村上直次郎譯,《長崎日記I》(東京:岩波書店,1956),p. 226。

樣的規定，讓Hambuan等人持著合法的引票運貨到臺灣，再由荷蘭人轉銷到日本。文獻上說自從鄭芝龍「就撫後，海舶不得鄭氏令旗，不能往來。每一舶稅三千金，歲入千、萬計，龍以此居奇爲大賈。」[9] 韓振華認爲所謂的「稅三千金」其實是指將一整艘船租與他人使用、收租金三千兩銀子。[10] 想來自1628至1640年間，鄭芝龍係靠著影響引票的發給與執行，還有出租他所有的船舶而獲利。

到了Hambuan死時，明朝國勢已衰，而鄭芝龍的勢力卻正壯大。他於是自己來經營對日貿易，把國家的禁令拋諸腦後。結果大員的荷蘭商館自1641年以後，無法得到來自中國大陸方面的生絲及其他絲綢織品的供應。由於生絲及絲綢織品仍然是銷往日本的最適當商品，於是荷蘭人轉而從東京（越南北圻，今河內附近）方面取得絲類產品。臺灣作爲中國絲銷日的轉口站地位也就隨著Hambuan之死而劃下句點。

金銀的轉運中心（1633-1662）

就荷蘭東印度公司的亞洲事業來說，以臺灣作爲取得中國生絲轉銷日本的企圖在1640年代一開始就因爲鄭芝龍決定自行運銷絲綢到日本而急速衰微。由荷蘭東印度公司帳冊整理出來的數字顯示：1635-1640年之間，荷蘭人賣到日本的生絲及絲綢織品有87%是由臺灣運過去的；1640-1654年期間，降至23%；1655-1668期間更跌至微不足道的1%。[11]

9　林時對，《荷牐叢談》(臺北：臺灣銀行經濟研究室，1962)，p. 156。

10　閩南人稱「租」爲「稅」，如「租屋」稱作「稅厝」。參考韓振華，〈鄭成功時代的對外貿易和對外貿易商〉，收在其《中國與東南亞關係史研究》(廣西南寧市：廣西人民出版社，1992)，p. 242，註101。

11　P. W. Klein, "De Tonkinees-Japanse zijdehandel van de Verenigde Oostindische Compagnie en het Inter-Asiatische verjeer in de zeventiende eeuw," in Willem Frijhoff en Minke Hiemstra eds., *Bewogen en Bewegen* (Tilburg, the Netherlands: Gianotten, 1986), p. 171。

不過，臺灣依然在某些方面維持著荷蘭東印度公司亞洲轉運中心之一的功能，特別是金、銀方面。

本來，依照昆恩的構想，取得中國絲類產品本來就是爲了換取日本的白銀。另一方面，中國還可出口黃金。日本白銀除了用來交換中國商品之外，在亞洲的一大用途是用來購買印度棉布；中國黃金也用來購買印度棉布。印度棉布是當時亞洲貿易家換取東南亞所生產的胡椒、丁香與荳蔻所不可或缺的媒介，因爲胡椒、丁香與荳蔻的生產者與直接供應者並不接受一般的貨幣（金、銀）。印度棉布的產地在十七世紀初爲印度西北的固加拉特（Gujerat）和東南的科羅曼德爾海岸（the Coromandel Coast），後來再加上位在東北的孟加拉（Bengal）地區。固加拉特及孟加拉以白銀爲幣材，科羅曼德爾海岸則使用金幣。

在中國，由於白銀用爲貨幣，而黃金只用作飾品材料，因此金銀比價低，也就是說四、五兩銀子就能換到一兩黃金。但在日本與大部分的亞洲，經常要十兩銀子以上才能換到一兩黃金。因此，拿日本白銀交換中國黃金是一件十分有利的事情。荷蘭人或者可以拿中國黃金來購買科羅曼德爾海岸的棉布，要不然也可以把黃金賣給日本人賺取其間的差價，無論如何都是很划算的買賣。因此之故，他們也提供高價，吸引中國海商攜帶黃金到臺灣和他們交換日本白銀。

荷蘭人賣給日本的主要商品絕大多數仍是生絲及絲織品。1640年以後，當中國絲的來源日益減少時，東京絲就加入了其商品清單。不過，東京絲的品質不是很好，1655年以後孟加拉絲成爲其主要貨源。由於荷蘭東印度公司一直能向日本輸出生絲及絲綢，因此也就能不斷地把白銀從日本運出來。從荷蘭公司的帳冊資料加以統計，1636-1667年間，荷蘭自日本共出口白銀777,281公斤（20,727,492兩），其中558,713公斤（14,899,013兩），即71.9%，全都先運到臺灣。這麼多的白銀，以往學者都假定全數拿來和福建方面來的中國海商交易，被後者運回大陸。分

析檔案記錄，發現不完全如此。

從1638到1649年，來到臺灣的白銀只有22%轉運到其他地方的荷蘭商館（因此可以假定其餘的部分流入中國），但在1650至1661年間，90%以上的日本銀都由臺灣轉送到印度與波斯（今伊朗）。就1638至1661年全程來看，約44%被運至其他荷蘭商館作為營運資金（推測剩下的56%可能由中國商人運回大陸）。

運到臺灣的日本白銀，雖然平均起來，有超過一半流入了中國大陸，可是在1640年以後換到的中國商品卻以黃金為主。[12] 這些由中國運來的黃金也不會在臺灣久留，不久就被運到亞洲地區的其他荷蘭商館，特別是科羅曼德爾海岸。知名的印度史學家Raychaudhuri說道：就荷蘭東印度公司在科羅曼德爾海岸貿易之資金供應而言，臺灣商館的地位僅次於巴達維亞，其所供應的資金形式主要即為中國黃金。[13]

1630年代中國黃金從臺灣再出口係經由巴達維亞再行轉運，但從1638年開始則由臺灣直運蘇拉特（Surat，固加拉特的主要港口）。1641年起，中國黃金、日本黃金（大判、小判）、日本白銀都由臺灣直接運往印度各地。直達運輸的契機是荷蘭人於1641年佔領了馬六甲，荷蘭船隻可以不再走巽他海峽經蘇門答臘西岸前往印度，因此也就沒有經過巴達維亞的必要。這以後，裝載著中國黃金及日本白銀的「寶船」（treasure ship），就由臺灣道經馬六甲海峽，直駛印度。[14]

所以就金、銀在亞洲的交易來說，臺灣扮演著重要的角色，從而使

12　除了生絲與絲綢織品外，鄭芝龍還是留給其他商人到臺灣交易的機會。

13　Tapan Raychaudhuri, *Jan Company in Coromandel 1605-1690: A Study in the Interrelations of European Commerce and Traditional Economies* ('s Gravenhage: Martinus Nijhoff, 1962), pp. 133 & 186-189.

14　F. S. Gaastra, "The Exports of Precious Metal from Europe to Asia by the Dutch East India Company, 1602-1795," in J. F. Richards ed., *Precious Metals in the Later Medieval and Early Modern Worlds* (Durham, North Carolina: Carolina Academic Press, 1983), p. 464.

得臺灣與印度各地間也發展出長程直達的航運。

由中國來到臺灣的其他商品

當然，臺灣作爲荷蘭東印度公司的一個重要的轉運站，出出入入的商品也不會只以生絲、絲織品、黃金、白銀爲限。既然荷蘭東印度公司的帆船穿梭於往來日本、東南亞、印度及波斯，乃至歐洲之間的航線，出入的商品種類也就名目繁多。就拿臺灣與大陸之間往來的商品爲例。由大陸賣到臺灣的商品，包羅萬象，諸如鹽、鐵、鐵鍋、鐵犁、磚瓦、燒酒、鞋襪、布疋、煙草、藍靛、瓷器……等等，不一而足。大多供應本地消費，但有幾項則以再出口爲目的。

根據專家研究，自1602（萬曆三十年）至1682（清康熙二十一年）八十年間，輸入到荷蘭的中國瓷器，總數達到16,000,000件以上。[15] 據此，每年平均200,000件。在熱蘭遮城商館存在的期間，其中絕大部分當然是經由臺灣轉運出去的。1624年，荷蘭東印度公司方才佔領大員一帶，即已開始經由臺灣轉運大陸瓷器。最初的出口品與中國人自用者相去無幾。要到1635年時，他們才在臺灣製造了一些木製模型，送往景德鎮等地作爲訂貨參考，才對型制裝飾作了一些改變。記錄中出口數量最大的一年是1639年，單單是這一年，就有475,000件精細瓷器由臺灣運往荷蘭。而前一年（1638），熱蘭遮城商館中的中國瓷器存量更多達890,328件！[16] 臺灣的大員作爲重要的中國瓷器轉運站，可是很奇怪的事是，本地卻從來沒有出土過針對歐洲市場而製造的貿易瓷（或其破片）。倒是一種稱作「安平壺」的施釉罐子，在最近一百年間卻發現了

15　T. Volker, *Porcelain and the Dutch East India Company* (1954).

16　T. Volker, ibid., pp. 37, 46 & 59.

很多。學者的研究認爲這是屬於十七世紀的東西，而且和荷蘭人或鄭成功家族的活動有關。至於「安平壺」的用途爲何，眾說紛紜，莫衷一是。不過，因爲酒也是來自中國大陸的重要輸入品，供應當地華人、荷蘭駐軍使用，也拿來招待或贈予原住民。所謂的「安平壺」也很有可能是用來裝酒的吧。[17]

在1624-1662年間，荷蘭人的記錄經常提到一種泛稱爲"cangan"的東西。這種在荷蘭記錄中以"cangan"留名的織品，其實幾乎全是中國製造的粗製棉布。拿來銷往東京、廣南、柬埔寨等地方，菲律賓群島北部則是最大的市場。此外，在有關臺灣原住民的記錄中，我們經常可以看到荷蘭人拿 "cangan"當禮物或交換的媒介。1625年，荷蘭人在臺灣本島向新港社買到的第一塊土地（今臺南市「赤崁樓」一帶），就是用十五疋"cangan"交換到的。[18]

由中國大陸以外來到臺灣的商品

大陸前來臺灣的船舶，主要的目標是爲了要裝載白銀回去。不過，如果有適當的商品，當然也不會錯過。烏魚子和鹿脯（乾鹿肉）自十六世起就由臺灣出口到大陸。此外，由臺灣轉口到中國大陸的產品，幾乎全都以東南亞產品爲主，包括了薰香料（白檀、沉香）、藥材及香辛料（木香、土茯苓、丁香、胡椒）、染料（蘇木）以及其他森林、海洋產品或副產品；此外則有少數來自西亞或東非的特產，如乳香與沒藥。

---

17 「安平壺」的原始用途究竟爲何，其實有所爭議。細節可參考謝明良，〈安平壺芻議〉，國立臺灣大學《美術史研究集刊》，第二期(1995年)，pp. 75-105。個人認爲安平壺最可能是酒壺，詳細說法請看本文附錄。

18 "Cangan"的字源應該是馬來文的"kainkain"，爲布疋的通稱，但荷蘭人借用來稱亞洲各地所產的粗製棉布。參考陳國棟，〈十七世紀初期東亞貿易中的中國棉布——Cangan與臺灣〉，收入本書，pp. 451-478。

　　至於從臺灣轉口到日本的商品，除了中國產的絲類或粗棉布外，則還有一種印度產的精緻棉布，通常爲臘染製品；也有印度的絲棉混織或純絲的織品。其中一種臘染棉布，印度人稱爲"sarasa"，日本人稱爲「更紗」（也讀作"sarasa"）和一種叫作*chaul*[19]的絲織品最受日本市場的歡迎。這些經過臺灣的印度織品主要是轉銷日本。[20] 不過，更紗或*chaul*也被荷蘭東印度公司用來當作贈與臺灣原住民頭人的禮物，只是這樣的場合並不多見。

臺灣產品：在地消費與出口

　　打從一開始，荷蘭人就已經在臺灣找到有出口價值的商品，那就是梅花鹿的身體，特別是鹿皮。十六世紀中葉以後大陸的漢人就已常到臺灣來打魚、獵鹿，荷蘭人向他們收取許可稅。鹿脯銷往中國大陸，鹿皮幾乎全都賣到日本，供給日本武士用作刀鞘等物之裝飾材料。爲了獲得鹿皮，臺灣梅花鹿遭到嚴重的打殺。獵鹿的數額，光是在1638年，就高達151,400隻之多！[21] 濫殺濫捕的結果是鹿群的遽減。爲此，荷蘭人在1640年停止以陷阱獵鹿一年。到了1650年後，鹿群才再增加。[22] 此外，臺灣北部大屯山系產硫磺。即使在西班牙人據有北臺灣的期間（1626-1642），荷蘭人也已經委託漢人到此製作、採買。所得之硫磺出口到亞

19　日譯本作「茶宇」。Chaul原爲印度西岸的一個港口的名字，被用來稱呼該地出口的一種薄而輕的絲綢織品。參考Henry Yule et al. eds., *Hobson-Jobson* (London: Wordsworth, 1996), pp. 210-211；荒川總兵衛，《日本外來語大辭典》(臺北：大一書局，1979)，p. 751。

20　John Guy, "*Sarasa and Patola*: Indian Textiles in Indonesia," *Orientations*, 20:1 (January 1989), pp. 48-60.

21　包樂史著、莊國土、程紹剛譯，《中荷交往史》，p. 54。

22　永積洋子著、劉序楓譯，〈從荷蘭史料看十七世紀的臺灣貿易〉，收在湯熙勇主編，《中國海洋發展史論集》第七輯上冊(臺北：中央研究院中山人文社會科學研究所，1999)，p. 49。

洲各地，特別是印度。但在1640年代中期，因為明、清政權交替，中國方面也進口不少。[23] 鹿與硫磺屬於採集或掠奪性的經濟對象，獲得它們的人力投入較小。但是1630年代中期以後，漢人開始在臺灣從事農作，投入了大量的人力，島上既有的經濟形態開始有了顯著的變化。

1628-1633年荷蘭對日貿易被德川幕府擱置，臺灣作為中國大陸與日本之間的轉口港功能一時也無法建立。扮演轉口港功能原是荷蘭人對臺灣（大員港）的期待，然一時辦不到，那該怎對待這塊殖民地呢？如果臺灣能夠發展出自己的產品，甚至可以出口，則不但能省卻公司的支出，而且能增加獲利。1636年，巴達維亞總督布勞爾（H. Brouwer）說明了開發臺灣產業的構想，目的在使：

公司在短期內能使臺灣成為像前葡屬印度而較荷屬錫蘭更好的優秀殖民地——良好的氣候、清潔的空氣、肥沃的土地，位於強國的管轄之外生活著愚蠢的、不信基督教的人民。大量貧窮而勤勞的移民將會從鄰近強大的中國湧入臺灣。這正中我們的下懷。[24]

大約也就在1636年，可能在蘇鳴崗[25]的協助下，一批較具規模的漢人移民來到臺灣，種植水稻和甘蔗。種植甘蔗免稅（水稻則收十一之稅），因此似乎較有發展。1637年即已產糖300,000-400,000斤（3,000-4,000擔）。[26] 十餘年後，即1650年左右，年產糖20,000-30,000擔。[27] 再

23　參考吳奇娜，〈17-19世紀北臺灣硫磺貿易之政策轉變研究〉，臺南：國立成功大學歷史研究所碩士論文，2000年7月。

24　包樂史著、莊國土、程紹剛譯，《中荷交往史》，pp. 50-54。

25　蘇鳴崗原為巴達維亞華僑領袖。他於1636-1639年間住到臺灣，招徠中國貧民，從事稻米和甘蔗的生產。參考郭輝譯，《巴達維亞日記》第一冊（臺北：臺灣省文獻委員會，1970），pp. 180, 193；程大學譯，《巴達維亞城日記》第三冊(臺中：臺灣省文獻委員會，1990），pp. 212-213。

26　包樂史著、莊國土、程紹剛譯，《中荷交往史》，p. 54。

27　同上註，p. 59。

過四、五十年（1697，清康熙三十六年），臺灣年產糖200,000-300,000擔，乃至500,000-600,000擔[28]。臺灣糖業的基礎，就在荷據時代奠下的。隨著漢人人口的增加，稻作也被推廣。不過此後近百年間，米的生產還不是很充足。臺灣米有規模的出口，大概要等到1720年代以後。[29]

米食不足，經常得由中國、日本及東南亞進口供應。不過，在荷據時期，蕃薯（甘薯）應該已經廣泛栽種，也能部分解決民食問題。據陳漢光的研究，蕃薯應該是在明萬曆年間（1573-1620），或者就說萬曆二十二年（1594）時，先從菲律賓引進福建的。很快地就傳入臺灣，所以陳第於萬曆三十一年（1603）著成的〈東番記〉中也已記載臺灣產蕃薯。[30] 不過臺灣原住民並不種植，只流行於少數漢人間。荷據之初，栽種範圍亦不大，但到了中期則已相當普及。至荷據時代之末，依照服務於荷蘭東印度公司的Albrecht Herport之觀察，已是「到處有蕃薯」了。[31] 將蕃薯引進臺灣的是漢人，但在荷據時期大規模推廣。在缺米的當日，對於養活人口而言是一件具有重大意義的事情。

荷蘭人在臺灣試種或試圖推廣的植物還有棉花、薑、藍靛植物、苧麻、蘿蔔等等，不過都沒有成功。[32] 附帶一提，「荷蘭豆」這種豆莢為臺灣人所愛食用。憑空猜想也許會認為是荷據時代引進臺灣的。這大概

28　此為郁永河的觀察。參考陳國棟，〈清代中葉臺灣與大陸之間的帆船貿易〉，收入本書，pp. 227-280。

29　參考王世慶，〈清代臺灣的米產與外銷〉，收在其《清代臺灣社會經濟》(臺北：聯經出版社，1994)，pp. 93-129。

30　參考方豪，〈陳第《東番記》考證〉，收入《方豪六十自定稿》上冊(臺北：著者自刊本，1969)，pp. 835-880。

31　陳漢光，〈番薯引進臺灣的探討〉，《臺灣文獻》，12：3 (1961年9月)，pp. 10-18。

32　苧麻、蘿蔔、薑之引進或試種與Hambuan有關。參考江樹生，〈荷蘭時代的「安平街」──熱蘭遮市〉，收在鄭水萍編，《安平文化學術討論會論文集》(臺南市：市政府文化局，1995)，p. 33。較詳細的討論，可參考韓家寶，《荷蘭時代臺灣的經濟・土地與稅務》(臺北：播種者文化有限公司，2002)，pp. 61-63。

不正確。若依中國方志記載，它可能先傳到印尼，在乾隆初年才傳入泉州一帶。[33] 因此，傳到臺灣的時間應該已在十八世紀中葉了。

小結

由於客觀因素使然，臺灣在相當晚的時間才進入「歷史時代」。十六世紀中葉以前，她與外界的接觸很少。原住民大抵過著自給自足的日子。從那以後，周邊世界的發展開始改變島上的生活。荷蘭東印度公司雖然是一家以貿易為目的商業組織，可是卻擁有準國家的制度。它原先只是要發展臺灣成為東亞世界的轉運港，歷史的偶然卻叫它也致力於產業的開發。它促使更多的漢人移民到島內來從事耕作，而且打從一開始就有以出口為目的來發展產業的意圖。簡單地說，在整個荷據時代，臺灣的轉口港功能其實沒有充分被發揮，可是出口港功能卻已為後來的發展奠下穩固的基礎。

——原刊於石守謙主編，《福爾摩沙：十七世紀的臺灣‧荷蘭與東亞》（臺北：故宮博物院，2003），pp. 53-74；轉載於《故宮文物月刊》，第二十卷第十一期（2003年2月），pp. 4-25。

---

33 乾隆《泉州府志》卷17，〈物產〉。轉引自冷東，《東南亞海外潮人研究》(北京：中國華僑出版社，1999)，p. 131。

附錄：「安平壺」與「三燒酒」

個人在去年秋天的《臺灣文獻》發表一篇小文，順便提及十七世紀時從大陸進口燒酒到臺灣的事情如下：

漢人還進口很多酒到臺灣，自己喝、也賣給荷蘭人，也拿來招待原住民。臺灣原住民本來自己也釀造椰子酒或小米酒，但是沒有酒精濃度高的「燒酒」。《熱蘭遮城日誌》經常記載一年進口成百成千瓶的「燒酒」。這些「燒酒」都用陶瓶裝盛，我們推測那些陶瓶就是現在不難看到的十七世紀古董「安平壺」。[34]

現在通稱為「安平壺」，而以往也稱作「宋硐」的這種陶罐子，在過去幾百年來，經常自地下出土，或者從民間被採集到，可是它的用途為何卻始終聚訟紛紜，莫衷一是。[35]

如前文所言，個人認為十七世紀的「安平壺」原本是用來盛酒的，所盛之酒即為「燒酒」。因為前文提到「安平壺」的問題，引起陶瓷史專家們的興趣。為了酬答朋友們的垂詢，現在再進一步把個人的看法說明如下：

首先，我要說明的是我們推測「安平壺」是酒壺，是就那種型制的陶罐子初次被使用與大量被使用時的狀況而言的。至於其回收再利用，當然可以拿來醃製食物，乃至貯存火藥，或作其他用途（如插花之類）。

其次，我們說當初盛裝的酒是燒酒。「燒酒」也就是西方文獻普遍寫作"shamsoo"或類似拼法的東西。依據衛三畏（Samuel Wells

---

34 陳國棟，〈十七世紀的荷蘭史地與荷據時期的臺灣〉，收入本書，pp. 417-450。

35 參考謝明良，〈安平壺芻議〉，《國立臺灣大學美術史研究集刊》，第二期(1995)，pp. 75-105；沈三藝，〈安平壺的民間情懷〉，《城鄉生活雜誌》，第十八期(1995)，pp. 33-36；陳信雄，〈安平壺——漢族開臺起始的標誌〉，《歷史月刊》，第146期(2000)，pp. 4-15。

Williams）所編的字典《英華分韻撮要》，"shamsoo"一字漢語寫作「三燒」，意思就是經過三次蒸餾的烈酒。[36]

較早期的荷蘭文獻將這些從中國進口過來的酒稱為中國"bier"。荷蘭文的"bier"不就是現代英文的"beer"嗎？那就應該是「啤酒」囉！可是十七世紀時中國人尚不知道如何釀製啤酒，甚至於根本不知道有啤酒這種東西。謹慎的江樹生先生因此不敢把"bier"譯作啤酒。為了標示中國"bier"不是啤酒，他婉轉地把"bier"譯作「麥酒」。[37]

其實《熱蘭遮城日誌》在荷據後期的年分，提到從中國大陸進口到臺灣的酒精飲料時，已經改稱"samsoe"。荷文本《熱蘭遮城日誌》的編者在解釋"samsoe"一詞時，便說這是「中國飲料」（*Chinese drank*）或說是「來自中國的酒精飲料」（*alcoholische drank uit China*）。[38] 這個說明完全正確。以撰寫《新舊東印度誌》（*Oud en Nieuw Oost-Indiën*）而知名的法倫退因（François Valentijn）就明白指出「三燒」（*sampsoe*）即「中國beer」（*Chinese beer*）。*Samsoe*確實不是啤酒，然而也不是麥酒，而是米酒（見下），所以應直譯作「三燒」或者籠統地譯作「燒酒」比較恰當。[39]

至於十七世紀初期的荷蘭人為何會把「三燒」稱作中國"bier"，我們可作如下的猜測：歐洲人早在十二世紀以前就已開始用麥芽穀物來釀造有汽泡的啤酒；當然也早就能釀造葡萄酒（wine）。當他們初次接觸到「三燒」時，發現這是用穀物釀的酒，而非用葡萄（或其他水果）釀的酒，因此將「三燒」類比為"bier"，而不類比為"wine"，其實還滿

---

36 S. Wells Williams, *Tonic Dictionary of the Chinese Language in the Canton Dialect* (Canton, 1856), p. 448.

37 江樹生譯，《熱蘭遮城日誌》第一冊(臺南：臺南市政府，2000)，p. 11，註55。

38 見荷文本第二冊、第三冊之"Glossarium"。

39 Henry Yule and A. C. Burnell, *Hobson-Jobson: The Anglo-Indian Dictionary* (1886), p. 789.

準確的。不過，"bier"一般都有汽泡而且酒精含量比較低，畢竟與「三燒」不同，因此後來還是改用直接的音譯來稱呼「三燒」比較妥當。

其實歐洲人也製作蒸餾酒，而我們現在譯作「白蘭地」（英文"brandy"）的這個字，原本也就是「燒酒」的意思，並且湊巧還是來自於荷蘭文呢！那麼，荷蘭人為何不用"brandy"來翻譯「三燒」呢？

英文的"brandy"一詞即出自荷蘭文之"brand"，本為「燃燒」或「火災」之意，由此而衍生出荷蘭文 *brandewijn* 這個字，也就是「燒酒」，簡化以後就變成了 brandy。根據《韋氏字典》[40]，*brandewijn* 來自中古荷蘭語的 *brantwijn*，是由 *brant*=distilled 加上 *wijn*=wine 所構成的，指的是自葡萄酒或水果酒經過蒸餾而成的酒精飲料。中國燒酒乃是蒸餾米酒而成，在蒸餾製造一事上與 brandy 確實頗為雷同，但其造酒素材並不一樣。初到東亞活動的荷蘭人當然是先嚐到三燒酒，知其由穀物釀造，因此先入為主地使用"bier"來稱呼這種酒。稍後或許覺得不夠妥當，才就改用直接音譯的"samsoe"，從而也就不煩再考慮用"brandy"來翻譯了。

有意思的是，大約在一個世紀之後（1751-1752年），有一位瑞典牧師隨該國船隻到廣東，在他的遊記中就寫下了「三燒，即中國白蘭地」（*Samso*, or Chinese brandy）[41] 這樣的一句話，他當然是著眼於「蒸餾」這個製造工序了。此外，他還鄭重其事地強調：中國人是不會釀造啤酒（beer）的。[42]

三燒使用以稻米為主的穀物，經過釀造與蒸餾而製成，售價不高，販夫走卒皆有能力消費。船員水手攜帶在船上飲用，亦屬常情。

---

40 *Webster's Ninth New Collegiate Dictionary* (Springfield: Merriam-Webster Inc., 1985). 依據該字典的說明，"brandy"這個字在英文中初次出現是在1657年。

41 Peter Osbeck, *A Voyage to China and the East Indies.* (London: Benjamin White, 1771), pp. 192-193, cf. pp. 235-236.

42 同上註，pp. 315-319。

所謂的「安平壺」陶罐也只是粗陶，造價不高，很適合拿來裝酒——以當時中國人的用具來說，似乎也沒有比陶罐更適合裝酒的東西。酒喝光後，陶罐可以回收再利用；但其價值不高，因此也可能被隨意棄置。這樣的情況足以解釋「安平壺」被發現的一些現象：雖然臺灣地區最多，可是東南亞甚至東北亞也都有「安平壺」被發現，因爲中國船和中國船員都到過那些地方；在臺灣，不僅是臺南一帶有所發現，就是離開海岸港口頗遠的原住民聚落故址，也有所發現，因爲漢人拿酒來贈送或款待原住民。

——原刊於《臺灣文獻別冊》，第八期（2004年3月），pp. 2-9；原附圖及圖
　　說略去。

十七世紀的荷蘭史地
與荷據時期的臺灣

　　本文脫胎於2003年1月11日爲國立故宮博物院「福爾摩沙：十七世紀的臺灣、荷蘭與東亞」特展所準備的演講稿。其目的僅在提供該項展覽的解說人員一些特殊的背景資料，而非作一有系統的完整論述。現在稍事整理，假《臺灣文獻》一角加以披露。敬請方家不吝指正。

前言：歷史與地理的巧合

　　表面上看來，眼前的臺灣與荷蘭兩個國家具有一些共同性：兩個國家的面積差不多大，目前的人口數目也算相當接近。地理上兩個國家也都具有區位上的重要性：荷蘭適合作西歐、北歐，乃至整個歐洲的交通樞紐；臺灣則有可能成爲東亞的轉運中心。

　　從不太嚴謹的角度出發，我們還可以在歷史當中找到一些有趣的巧合。首先，我們就發現一個時間上的巧合：兩個國家的正式歷史大致都要從十六、七世紀說起。荷蘭在1572年左右才開始反抗宗主國西班牙（國王菲律普二世Phillip II，1556-1598在位），走向獨立之路[1]；而臺灣則在十六世紀中葉起，才開始有原住民以外的人群前來定居，才逐漸被記錄，才有可以相沿敘述的歷史。

　　如果我們回到歷史地圖中去追索，我們還可以發現一個不成比例的巧合！檢視現在的荷蘭地圖，我們可以看到荷蘭北方外海有一排五、六座以上比較大的小島，自東北而西南，一字排開，緊貼著首都阿姆斯特丹以北廣大水面的北緣。這一排島嶼合起來稱爲瓦登列島

---

[1] 肇始事件爲1572年5月間英國在西班牙壓力下，驅逐信仰新教的荷蘭海盜「海上乞丐」(the Sea Beggars)。這些「海上乞丐」回到國內，攻下熱蘭省的弗立新恩(Vlissingen)，引爆了反抗天主教西班牙的活動。簡單的過程，可參考Mike Dash著，李芬芳譯，《鬱金香熱》(臺北：時報出版，2000)，pp. 62-66；詳細的分析可看Pieter Geyl, *The Revolt of the Netherlands*, 1555-1609 (1932原刊；London: Ernest Benn, 1980年重印)。

（Waddeneilanden）[2]，其最西的一座爲德克索（Texel）島。從阿姆斯特丹到瓦登列島之間的廣大海域，現在被一條叫作「堰塞堤」（Afsluitdijk）的三十幾公里長的海堤分隔成南、北兩個部分：北邊的一半與北海（Noordzee，the North Sea）相通，鹹水，叫作瓦登海（Waddenzee）；南邊的一半在1932年堰塞堤完工後海水已經淡化，變成一座淡水湖，因此也就順理成章地被稱爲艾索爾湖（IJsselmeer）。[3] 在此之前，整個水域都稱作「南海」（Zuiderzee），以瓦登列島與北海分界。十六、七世紀時的南海可以說是荷蘭的內海，從內海周邊不同港口出發的帆船在進入北海之前，全都先開到德克索等待有利的風向以便揚帆遠行。

我們諦視十七世紀左右的臺南古地圖，不禁也要爲以下的事實感到興趣：三、四百年前的臺南外海由北到南，一字排開，恰巧也有一系列陸地化的沙洲，中國文獻稱之爲「七鯤身」。[4] 其最北的一座沙洲稱爲一鯤身，也叫作「大員島」，是荷蘭東印度公司時代的熱蘭遮城所在地、明鄭時期的安平。七座沙洲拱衛著當時的潟湖「臺江內海」，而大員正是出入臺江的前哨。我們若把荷蘭當時的南海看作臺灣的臺江內海，則德克索無疑就成了大員。這樣的地理巧合著實引人遐想。

一、荷據臺灣的歷史意義

臺灣有文字歷史的初期有一個「荷據時代」（1624-1662）。荷據時代的政治、經濟中心就在位於安平的熱蘭遮城。二十世紀中葉作的一首

2　即「泥床列島」之意。

3　荷蘭文常常有"ij"兩個字母合寫的情形，而且如果出現在字首時，"IJ"兩個字母都要大寫。這是因爲"ij"雖然是兩個字母，可是常被當成一個字母來用，幾乎可以和"y"這個字母互換。可是因爲歷史的因素，荷蘭人還是沒有用"y"來取代"ij"。

4　如高拱乾，《臺灣府志》(1696原刊；臺北：臺灣銀行經濟研究室，「臺灣文獻叢刊」第65種，1960)，p. 10。

圖一　現代荷蘭簡圖

流歌曲叫作「安平追想曲」，講一位荷蘭船醫在臺灣留下的私生子的感情故事。歌詞說「身穿花紅長洋裝，風吹金髮思情郎」，用「金髮」來代表荷蘭人的形象。其實，金髮是北歐維京人的特徵，荷蘭人長金髮的並不多。有趣的是，荷蘭人現身東亞時，當年的中國人覺得他們頭上長的是「紅毛」，而不是金髮。

荷蘭人首次出現於中國海域是在1601年。1600年6月28日，有一支由J. van Neck率領的小船隊從荷蘭出發；次年9月27日至10月3日停留在澳門附近。[5] 荷蘭人初次現身中國時，江蘇吳郡的王臨亨正巧出差到廣東，聞知這件事情，並且留下如下的記載：

辛丑（萬曆二十九年，1601）九月（09/26-10/25）間，有二夷舟至香山澳，通事者亦不知何國人，人呼之為「紅毛鬼」。其人鬚髮皆赤，目睛圓，長丈許。其舟甚巨，外以銅葉裹之，入水二丈。香山澳夷慮其以互市爭澳，以兵逐之。其舟移入大洋後，為颶風飄去，不知所適。[6]

在澳門活動、初見荷蘭人的華人通事（翻譯）不曉得來者何人，就從其「鬚髮皆赤」這樣的特徵，把他們叫作「紅毛鬼」。其實，正常的荷蘭人頭髮也很少赤紅，只是他們長時間航海，飽受海風、海水的洗禮；船上淡水又極珍貴，不可能有機會洗滌身體，當然更不可能洗頭髮。頭髮粗糙而骯髒，看起來呈紅棕色，中國人誤以為這是他們頭髮的本色，於是把他們叫作「紅毛」。事實上「紅毛」並不是荷蘭水手獨有的特徵。海員若不戴帽子，頭髮就會變質，露出紅棕色的樣子。因此，比荷蘭人稍晚到達中國的英國人，也經常被稱為「紅毛」。

5　包樂史著、莊國土、程紹剛譯，《中荷交往史，1601-1989》(阿姆斯特丹：路口店出版社，1989)，p. 34。

6　王臨亨，《粵劍編》(收在四川大學圖書館等編，「中國野史集成續編」第十九本；成都：巴蜀書社)，卷三，p. 21ab (p. 817)。

　　荷蘭這個國家，我們把它叫作荷蘭（Holland），嚴格說來，它的國土應該稱作尼德蘭（The Netherlands），也就是「低地國」的意思。廣義的「尼德蘭」其實包括今日的荷蘭、比利時與盧森堡三個國家的領域。荷蘭則只佔有尼德蘭的北部而已。佔有北尼德蘭的這個國家在十六、七世紀建國時，由七個省分構成，國名叫作「尼德蘭聯省共和國」（Republic of the United Provinces of the Netherlands）。七個省分當中，最大的一個是荷蘭省；而阿姆斯特丹、荷恩（Hoorn）、恩克豪森（Enkhuizen）、德爾夫特（Delft）與鹿特丹（Rotterdam）等重要城市也都在荷蘭省。因此之故，荷蘭就經常被用來代表尼德蘭聯省共和國這個國家。雖然對熱蘭（Zeeland）省或其他省分的人來說，這樣的用法顯然不恰當，但大家習以為常，也就見怪不怪了。荷蘭獨立時的七個省分，除了荷蘭省和熱蘭省外，另一個臺灣人比較熟悉的省分是菲仕蘭（Friesland），以畜牧業為主要產業，當年並不參與海事貿易。[7]

　　1624年荷蘭人進佔大員島，開始了三十八年的統治。最初十年，他們只是想要把臺灣當作是一個東亞轉運中心：從由中國方面過來的商人那邊購買生絲、絲綢、黃金、瓷器等中國產品，把其中的生絲、絲綢及臺灣產的鹿皮賣到日本，換出日本所產的白銀──十七世紀初年，日本是東亞產銀最多的國家（產量約佔全世界的30%）──，拿著日本白銀和中國黃金，他們就可以到印度西北的固加拉特（Gujerat）及東南的科羅曼德爾海岸（the Coromandel Coast）購買棉布。拿到印度棉布，他們才可以到爪哇、蘇門答臘買胡椒、到摩鹿加（也就是所謂的「香料群島」）購買丁香和荳蔻。胡椒、丁香和荳蔻是吸引葡萄牙人、西班牙人、荷蘭人與英國人在十六、七世紀時梯山航海來到東亞的主要誘

---

[7]　參與獨立運動的為北尼德蘭七個省分：荷蘭(Holland)、熱蘭(Zeeland)、赫爾德蘭(Gelderland)、烏特勒支(Utrecht)、赫羅寧恩(Groningen)、歐佛艾索(Overijssel)與菲仕蘭(Friesland)。

因，所以大部分的胡椒、丁香與荳蔻就被運回歐洲。在歐洲，香料的售價可以高達產地的數倍或數十倍，有很大的利潤。

1624年佔領臺灣的機構是荷蘭的「聯合東印度公司」，成立於1602年。不過，在此之前，荷蘭商船已經前來亞洲貿易。就東亞地區而言，荷蘭人最早是在1596年到達爪哇島西端的萬丹（Bantam，Banten）港；1600年到達日本[8]；1601年時已經出現在廣東澳門附近，王臨亨記錄他們的船舶看起來很大，人也很高，身高「長丈許」。「丈許」認真的計算是300公分左右，絕對不可能。如果打個六折，算作180公分，大概會比較接近事實。不過，荷據時代的荷蘭人也經常提到臺灣南部平埔族的西拉雅男人比他們還高壯。荷蘭男子本來就以高大著稱，推想西拉雅男人的身高也應該不比180公分少。[9] 當年的西拉雅人以鹿肉爲主食，所以長得很高壯。

與中國作生意，向中國商人購買生絲以轉銷日本或運回歐洲才是荷蘭人的本意，但是中國政府不許可。迫不得已，在中國政府默許下，荷蘭人才不太情願地來到臺灣。起初想從到臺灣貿易的中國商人手上取得生絲、絲綢和黃金。可是最初十年（1624-1633）臺灣海峽海盜橫行，中國帆船過來臺灣的並不多。同一時間，荷蘭人又因「濱田彌兵衛事件」與在臺灣貿易的日本商人發生衝突，導致在1628至1632年間被日本停止貿易。從1624到1632年的八、九年間，不斷的挫折迫使荷蘭考慮放棄臺灣。不過，沒有眞正付諸行動。

---

8 所以西元2000年時，日本舉辦了一個「日蘭交流四百年」的系列活動。參考Leonard Blussé, Willem Remmelink and Ivo Smits eds., *Bridging the Divide: 400 Years The Netherlands - Japan* (Leiden: Hotei Publishing, 2000).

9 荷蘭文獻提及西拉雅男人高大的記述頗爲不少。例見江樹生譯，〈蕭壠城記〉，《臺灣風物》，第三十五卷第四期(1985)，p. 83；葉春榮譯，〈荷據初期的西拉雅平埔族〉，《臺灣風物》，第四十四卷第三期(1994)，p. 225；郭輝譯，《巴達維亞城日記》第一冊(臺北：臺灣省文獻委員會，1970)，p. 32。

一方面，1633年日本恢復了荷蘭人在長崎的貿易。[10] 對日貿易恢復，對中國商品的需求也就跟著恢復。既然不能到中國海岸貿易，則仍然需要像臺灣這樣靠近中國的地方，以方便自中國人手中取得生絲、絲綢與黃金。1635年，荷蘭人也與控制廈門灣一帶的鄭芝龍達成協議，促成臺灣海峽兩岸間貿易的活絡，中國商品源源不絕地來到臺灣；甚至多到荷蘭人必須向日本方面借取現金，才夠支付貨款。這樣的榮景維持到1640年。那以後鄭芝龍自己派船運生絲和絲綢到日本販賣。臺灣則成爲自中國出口的瓷器、黃金，自日本出口的白銀的集中地，然後分銷到荷蘭在亞洲的其他商館，或者直接運回歐洲。[11]

另一方面，荷蘭人開始發現臺灣的農業潛力。1619年，在爪哇的荷蘭人把他們在亞洲的主要據點從萬丹搬到現在的雅加達，建立了一座巴達維亞城，把它當成是「東印度」[12] 的指揮中心。這一番建設得到華人的大力協助。有一位名叫蘇鳴崗的華人被任命爲華人領袖，稱爲「甲必丹」。「甲必丹」蘇鳴崗在1636年從巴達維亞來到臺灣，住了三年，協助荷蘭人從福建招徠大批漢人，開始發展種稻、種蔗、製糖等產業。從此，臺灣的糧食不但日益充足，而且也開始有高價值的出口品。這當然大大增加了臺灣的價值。此外，荷蘭人也在臺灣從事農作實驗，種過藍靛、生薑、棉花……等作物。可惜，這方面的努力終歸失敗。[13] 荷據時期，由荷蘭人引進臺灣的，還有水牛和牛車。臺灣本來有野牛，但未被馴化過。荷蘭人從中

10　荷蘭人在日本長崎的貿易地點原先是在平戶(Hirado)。1640年9月，日本摧毀平戶的荷蘭商館；1641年6月荷蘭人奉命將商館遷至長崎港中的人工島出島(Deshima)。

11　參考陳國棟，〈轉運與出口：荷據時期的貿易與產業〉，收入本書，pp. 395-415；陳國棟，〈就從安平追想起──荷據時期的臺灣〉，收入本書，pp. 379-394。

12　參考第二小節。

13　請注意：臺灣人稱爲「荷蘭豆」的豌豆倒不是荷蘭人、或在荷蘭時期被引進到臺灣的。史料明確地記載豌豆先傳到巴達維亞，到十八世紀時才傳入福建，然後再由當地輾轉傳到臺灣。參考乾隆《泉州府志》卷十七，〈物產〉。轉引自冷東，《東南亞海外潮人研究》(北京：中國華僑出版社，1999)，p. 131。

國及印度引進不同的牛種，也致力於馴服野牛。這些牛用來拉車，也用來幫助耕種。牛車從十七世紀起，一直到十九世紀末爲止，三百年的期間內，是臺灣最重要，而且是幾乎唯一的搬運和交通工具。

不過，荷據時期臺灣的主要居民除了原住民外，漢人的移民人數日有增加，除了帶來原鄉的生活方式之外，也有三件事值得一提。一是他們將蕃薯引進臺灣。蕃薯在不久之前才由呂宋傳入福建，是很好的澱粉食材，在臺灣推廣得很快，但是種植、使用者都是漢人，原住民不種、不吃。荷據時代的漢人也引進煙草到臺灣，當然也引進抽煙的習慣。煙草是美洲作物，葡萄牙人或西班牙人將它帶到東方來，從不同的路線傳入中國。臺灣原住民也從漢人那邊學會抽煙。漢人還進口很多酒到臺灣，自己喝、也賣給荷蘭人，也拿來招待原住民。臺灣原住民本來自己也釀造椰子酒或小米酒，但是沒有酒精濃度高的「燒酒」。《熱蘭遮城日誌》經常記載一年進口成百成千瓶的「燒酒」。[14] 這些「燒酒」都用陶瓶裝盛，我們推測那些陶瓶就是現在不難看到的十七世紀古董「安平壺」。[15] 煙、酒之外，漢人還賣鹽、糖、鐵鍋及武器給原住民。這些商品的消費，徹底改變了原住民的生活內容，也造成原住民在經濟上對漢人的依賴。荷蘭人更利用漢人「贌社」，擔任社商，包收貢物，有時甚

---

14 西方文獻普遍寫作"shamsoo"或類似的拼法。衛三畏(Samuel Williams)認爲即漢語的「三燒」(經過三次蒸餾的米酒)。法倫退因(Valentijn)說「三燒」(*sampsoe*)即「中國啤酒」(*Chinese beer*)。江樹生認爲這不是啤酒，因而譯作「參酒」。個人認爲這確實不是啤酒，但也不是參酒，而是米酒，所以以譯作「燒酒」比較恰當。參考Henry Yule and A. C. Burnell, *Hobson-Jobson: The Anglo-Indian Dictionary* (1886), p. 789；江樹生譯，《熱蘭遮城日誌》第一冊(臺南：臺南市政府，2000)，p. 11，註55。

15 我們推測「安平壺」是酒壺，是就「安平壺」的大量使用及初次使用的用途而言的。至於其回收再利用，當然可以拿來醃製食物，乃至貯存火藥，或作其他用途。參考謝明良，〈安平壺芻議〉，《國立臺灣大學美術史研究集刊》，第二期(1995)，pp. 75-105；沈三藝，〈安平壺的民間情懷〉，《城鄉生活雜誌》，第十八期(1995)，pp. 33-36。

至予取予求。再加上大量捕鹿的結果，使得原住民的主食也不得不由肉類轉變為穀類，其影響極其深遠。

其實，荷蘭人初到臺灣的時候，活動的範圍原本不大。最初先佔有大員島，1625年再和本島的新港社人以十五匹粗棉布的代價換到了現今赤崁樓附近一帶的土地。起初，他們也只能與少數的部落維持和平的關係。從1633年到1645年，荷蘭人對原住民稱作Lamey而荷蘭人稱作「金獅島」的小琉球發動幾次攻擊，消滅或遷走了全部的島民；1635年年底，他們攻擊麻豆社，殺害甚多的居民。在暴力血腥的威嚇下，臺灣平地的原住民陸續歸附，荷蘭人勢力所及的範圍也跟著擴大。於是從1640年代開始，荷蘭人就以舉行「地方日」（*landdag*）的方式，以繁華絢麗的儀式來震懾歸附的原住民，並且藉由任命頭人的方式，爭取原住民的效忠。[16]

除了針對小琉球與麻豆社的征伐之外，荷蘭人對臺灣原住民動武的場合並不多，一般說來規模也不大。這除了武力的展示和贈品的懷柔之外，荷蘭傳教士也扮演了積極角色。

協助荷蘭東印度公司控制原住民的關鍵性人物為傳教士。剛剛經歷過宗教改革（the Reformation）[17]的荷蘭，信奉嚴格的喀爾文教義（Calvinism）[18]，所以商人、士兵、水手到遠方服務，也必須有牧師隨行。不過，牧師的使命是為教徒提供宗教服務，原本沒有拯救異教徒靈魂的打算。可是由於一位特殊的人物干治士牧師（Rev. Candidius）及其後繼者尤紐士牧師（Rev. Junius）的努力，荷蘭教會竟然在原住民間

---

16 參考Tonio Andrade, "Political Spectacle and Colonial Rule: The *Landdag* on Dutch Taiwan, 1629-1648," *Itinerario*, 21:3 (1997), pp. 57-93.

17 馬丁・路德(Martin Luther, 1483-1546)於1516年公開反對天主教會出售贖罪券(Indulgence)，開啓了「宗教革命」。

18 約翰・喀爾文(John Calvin, 1509-1564)於1533年加入宗教改革運動。

吸收了不少信徒，並且在許多方面改變了原住民的生活習慣與文化。

荷蘭人自己說，荷蘭語太困難，因此不能叫原住民去學荷蘭語，而是要叫他們自己的人去學原住民語。雖然傳教士之外，也有其他的公司職員奉命學習原住民語言，可是還是傳教士學得比較好。傳教士教會了原住民以羅馬拼音書寫自己的語言，這一點強化了原住民的部落認同。不過，傳教士畢竟關心傳揚並執行基督教教義，因此不能包容某些原住民社會固有的習俗。例如稱為尫姨（*inibs*）的女巫師原本在部落中具有重要地位，凡是遇到祈禱祭拜的場合，或者族人不能決定的事，都得請求尫姨幫忙。傳教士敵視尫姨，把她們從部落流放出去，十年之內不許回來。原住民的傳統以年齡群作為社會活動的基礎，夫妻牽手以後，不到四十歲並不同居，傳教士迫使他們結婚後要住在一起。原住民結婚的年紀並不大，可是婦女若在三十五歲左右以前受孕則必須強迫墮胎，傳教士也禁止這些事情。

荷蘭統治臺灣後期，有一位叫作亨伯魯克（Antonius Hambroek）的傳教士。他於1648年時到臺灣來，在現在的臺南一帶傳教，也將一些福音書譯成原住民語。1661年5月間鄭成功攻下普羅文遮城後不久，亨伯魯克和他的妻子及未婚的女兒都成了俘虜。其他的荷蘭人則退守熱蘭遮城，負隅頑抗。鄭成功把亨伯魯克找來，要他到熱蘭遮城遞送招降書，勸臺灣長官揆一（Coyett）投降。亨伯魯克到了熱蘭遮城，見到了長官揆一，也見到另外兩個已出嫁的女兒。揆一和他的女兒都苦勸亨伯魯克留下來，亨伯魯克卻吃了秤錘鐵了心，堅持要回普羅文遮城。他說他承諾返回，當然他也心繫留在鄭營的妻、女的安危。結果，不出意外地，鄭成功下令處死他，但放過他的妻女。於是在荷蘭人的紀錄中，他就被當成是受難的英雄，當成是殉道者，當成是荷蘭人與鄭成功交戰、交涉中，最為英勇的人物。歐洲人將他事蹟製作成銅版畫來流傳，因此揚名基督教世界。到了一百多年後，還有一位荷蘭劇作家諾姆森

（J. Nomsz.）寫了一套劇本，題作《亨伯魯克傳，亦稱福爾摩沙圍城記》（*Anthonius Hambroek, of de Belegering van Formosa*），拿他的故事在阿姆斯特丹的戲院裡演出。[19]

我們承認亨伯魯克堅守自己的立場，在刀劍威脅下還是不屈不撓，稱爲殉難的英雄並不爲過；不過他被處死一事與宗教本身無關，實在不能說是殉道。另一方面，兩軍對壘，亨伯魯克作出不利於鄭成功方面的舉動，鄭成功殺死他，也不能說不對，否則他如何領導手下，打贏那場戰爭？即使依照當時荷蘭國際法專家格老秀士（Hugo Grotius, 1583-1645）的《國際公法》（1625）一書所揭櫫的原則來看，鄭成功也不算做得太過分，儘管鄭成功絕對沒有看過《國際公法》這本書。事實上他根本不可能知道有這本書。

不過，在西方人的心目中亨伯魯克是一名殉道者、是一位可敬的英雄人物這樣的形象卻已屹立不搖。臺灣有一種鳥，曾經就用他的名字來命名，叫作「亨伯魯克角鴞」。「亨伯魯克角鴞」也就是「黃嘴角鴞」，英文的叫法是Spotted Scops Owl，現在的學名稱爲*Otus spilocephalus*。英國人郇和（Robert Swinhoe）於1864年，在淡水第一次發現這種鳥——郇和是臺灣開放通商口岸以後，第一位英國駐臺副領事。剛開始的時候，郇和把他發現的這種鳥取了*Scops japonicus*這樣的學名，譯成中文爲「日本角鴞」。幾年以後，郇和認爲這是臺灣特有種（其實是特有亞種），因此應該給它一個和臺灣有關的名字，於是就把它的學名改叫作*Ephialtes hambroecki*，也就是「亨伯魯克角鴞」，並且還說這是爲了

19　該劇曾由山岸祐一譯成日文，題爲〈悲劇臺灣の攻圍〉，於昭和八年(1933)一月起在《臺灣時報》上連續登載了五期。日本作家幸田成友則以爲亨伯魯克的事蹟足堪與日本的英雄鳥居強右衛門相提並論。參考程大學譯，《巴達維亞城日記》第三冊(臺中：臺灣省文獻委員會，1990)，〈緒論(序說)〉(中村孝志撰)，p. 21及p. 31，註20、21。

「紀念在海盜頭子征臺時遭殺害的知名荷蘭傳教士」。

所謂的「海盜頭子」當然是指鄭成功，而「荷蘭傳教士」則是指亨伯魯克。郇和受的是西方教育，信仰的是基督教，自然而然地把亨伯魯克當成是聖徒，而鄭成功就被當作是海盜頭子來認知。既然他揄揚了亨伯魯克，用他的名字來為黃嘴角鴞命名；他也沒有忘記找個他發現的新物種來紀念鄭成功。他找到的新物種就是*Rattus coxinga*，直譯叫作「國姓爺鼠」。國姓爺就是鄭成功。「國姓爺鼠」的俗名為「刺鼠」，是一種老鼠。郇和拿歐洲人所熟悉的鄭成功的稱呼「國姓爺」來為刺鼠取學名，多少有一些貶抑的意味。[20]

二、荷蘭東印度公司及其加盟城鎮

打從十六世紀末年以來，荷蘭靠海的不同港市就分別各自派船到東方貿易。可是他們很快地就發現：彼此互相競爭的結果，買貴賣賤，賺不到錢。於是就把各個港市的東方貿易公司整合起來，在1602年成立唯一的一家公司，讓相關的港市以商會（chambers）的名義入股加盟。這家公司自然也就順理成章地叫作「聯合東印度公司」，荷蘭文叫作*Verenigde Oostindische Compagnie*（VOC），翻成英文就是United East India Company。為什麼名字中有「東印度」這樣的字樣呢？因為造成歐洲人「地理大發現」的動機原來是要找尋到達印度與中國的海道。1492年時，哥倫布（Christopher Columbus）到達加勒比海，誤以為到了印度，就把那個地區叫作「印度」。後來達伽馬（Vasco da Gama）到了真正的印度，發現錯誤。歐洲人於是把加勒比海地區叫作西印度，把

---

20 關於黃嘴角鴞及刺鼠，請參考林文宏，《台灣鳥類發現史》（臺北：玉山社，1997），pp. 249-250。

真正的印度以及聯繫印度的亞洲海域稱作東印度。當時歐洲人所謂的「東印度」這個名詞，英文寫作"East Indies"，荷蘭文寫作"Oostindië"或簡稱為"Indië"，指涉的範圍包括南非好望角以東，經過印度洋、南中國海以及上達日本海的廣大亞洲海域和濱臨這塊海域的國家。[21]

荷蘭聯合東印度公司成立的時候，得到國會與國主（stadhouder）的特許，為一家具有壟斷一切東印度地區貿易特權的公司。同時，一方面因為事業範圍離開祖國太遠，直接指揮不便；另一方面又要面臨其他歐洲國家在東印度的競爭，其間隨時必須訴諸武力，因此特許狀也授予這家公司代表「尼德蘭聯省共和國」在東印度一切的締約、宣戰、媾和、統治及徵稅的權力。這些權力為主權國家的特權，因此荷蘭東印度公司在東印度地方就不止是一家貿易公司，同時也具有政權的資格。

荷蘭人是典型的商人，稱之為"koopman"，只要涉及商業利益必然極力爭取。不過，商人也富於妥協精神，總會尋求和平手段解決商業糾紛。1602年討論要成立一家聯合東印度公司時，熱蘭省原本極力反對。主要的理由是怕阿姆斯特丹獨大，支配一切。妥協的結果是：熱蘭省由省會密斗堡（Middelburg）代表，出資四分之一，擁有同等比例的事業參與機會。大城阿姆斯特丹，財力雄厚，當然就佔有二分之一的分量，另外四個加盟的港市荷恩、恩克豪森、德爾夫特及鹿特丹，各自獲得出資十六分之一股金的機會。

聯合東印度公司既然是一家合夥的公司，董事會也就應該按出資比例來組成，即阿姆斯特丹八名、熱蘭省四名、其他四個小鎮各一名，總共十六名。熱蘭省還是不滿意，因為阿姆斯特丹只要爭取一個小鎮的支

---

21 本處及以下敘述，請參考Femme. S. Gaastra, "The Organization of the VOC," in R. Raben and H. Spijkerman eds., *The Archives of the Dutch East India Company* (1602-1795) ('s-Gravenhage: Sdu Uitgeverij Koninginnegracht, 1992), pp. 11-29。進一步資訊可參考 Femme S. Gaastra, *De Geschiednis van de VOC* (Zutphen: Walburg Pers, 1991)。

持就可以左右大局。於是協議加上一名第十七位董事，由阿姆斯特丹以外的五個城鎮輪流選派。換句話說，在某些年分，熱蘭省可以有五個人參加董事會。整個董事會的成員一直保持爲十七個人，稱之爲「十七紳士」（De Heren XVII）。

對於這樣的讓步與安排，熱蘭省還有進一步的意見。原來擬訂董事會的集會地點就是阿姆斯特丹一地，因爲該城出資比例最大，同時也是整個聯省共和國的經濟中心。可是熱蘭省強烈希望董事會偶爾也能到該省集會。進一步妥協的結果是：以八年爲一循環，前六年的董事會在阿姆斯特丹舉行，後兩年在密斗堡召開，周而復始。就這樣，熱蘭省在各個方面都爭取到四分之一或者更多的權利。

阿姆斯特丹是荷蘭的首府，也是倫敦興起以前的歐洲金融中心。有關它的資訊很容易取得，權且略過不提，以省篇幅。

從阿姆斯特丹沿著艾索爾湖的西北岸方向走，可以到達荷恩小鎮。在聯合東印度公司存續期間，荷恩不但是加盟城鎮之一，投入大量資金，同時也投入非常多的子弟，縱橫於海上，闖出不少的名堂。這些荷恩人士當中，昆恩（Jan Pietersz. Coen）[22] 是最早期的東印度總督之一（1619-23、1627-29兩任該職），也是1622年該公司強佔澎湖時，在職的巴達維亞總督。這個人就出生在荷恩小鎮。他可以說是個十分殘酷的人，「班達大屠殺」與「安汶大屠殺」都和他脫離不了關係。然而，對荷蘭東印度公司或繼承公司遺烈的荷屬東印度政府而言，他是整個荷蘭

---

22 很多荷蘭人名字的結尾都有個"sz."，"s"表示「所有」關係，"z."則是"zoon"的簡寫，「兒子」的意思。這是因爲姓氏的使用在十六、七世紀的荷蘭尚未普及，多人同名的場合又不少，因此父子聯名的用法很普遍。子名居前，父名居後，然後在父名末尾加上"szoon"字眼，表示爲某人之子。書寫時，"szoon"簡寫爲"sz."，但說話時還是要讀出來。後來(十九世紀初拿破崙入侵荷蘭之後)，這種父名加上"sz."的名字也被當成姓氏來使用。參考江樹生譯註，《熱蘭遮城日誌》第二冊(臺南：臺南市政府，2002)，p. 42，註69。

東方制度的建立者，難得的人才。因此在印尼獨立之前，他的銅像矗立
在東印度群島的每個角落。只是物換星移，印尼獨立後，他當然不可能
再被當作英雄來看待，所有的銅像也就不知去向。目前只有在他的故鄉
荷恩小鎮的廣場上，人們還看得到他的最後身影，屹立在「西菲仕蘭博
物館」的前方。

　　荷恩原本是座深水港，許多人討海爲生。而她的子弟充當海員的當
然很多。前往的地方也不限於東印度，而是及於世界上很多的角落。許
多荷蘭人新「發現」的地方，不免就被用故鄉的名字命名。例如，南美
洲南端有個「荷恩角」（Cape Horn）。地名中的那個"Horn"就是用原來的
"Hoorn"這個字命名的。當荷蘭文要把母音唸強一點時，就把該母音拼寫
兩遍。改寫成英文時，照英文的習慣通常就只寫一次，於是"Hoorn"變成
了"Horn"。現今世界地圖上看得到叫作"Horn"的地方，當中有不少就與
荷蘭的荷恩小鎮脫離不了關係。從荷恩城再往北行，即到另一個名叫恩
克豪森的城鎮，這也是當年荷蘭東印度公司的加盟者之一。

　　從阿姆斯特丹往西南方向走，搭火車花上半小時，就會來到中央政
府所在地的海牙。這個舉世聞名的城市，其正式的名字叫作's
Gravenhage[23]。唸起來可真是拗口。所以一般人就只唸最後一個音節，
再加上個定冠詞，把它叫作Den Haag。（因爲是簡稱，定冠詞"den"代
表「該」，所以不可省略！）[24] 海牙當年並不是東印度公司的加盟城
鎮，而現在則是許多世界知名的國際機構——如國際法庭——的所在

---

23 "Graven"是荷蘭文「伯爵」(counts, earls)的複數型，單數寫作"graaf"。至於"haag"則
是「籬巴」的意思(單數；複數作"hagen")。所以「海牙」在荷蘭文的意思也不過是
「籬巴」這樣平常的字而已，很接近臺灣常有的地名「木柵」。

24 我們經常只有在十分正式的場合，例如徵引文獻時，才不得不把某書的出版地寫作's
Gravenhage。Den Haag的英文拼法爲The Hague，法文則拼作La Haye，中文譯音作
「海牙」大概是依據法文而來的。

地。但是對歷史研究者而言，到海牙去通常只有一個目的，那就是去
ARA（*Algemeen Rijksarchief*），也就是通稱的「國家檔案館」。現在已
正式改名爲"Nationaal Archief"，還是國家檔案館的意思，不過比較容易
從字面去了解。

緊臨著海牙爲德爾夫特小鎮。這個小鎮長期以來以製造陶瓷器出名
（其產品稱作「德爾夫特器皿」，"Delft wares"）。荷蘭所生產的陶瓷，大
都屬於厚胎的一類，釉色以藍、白爲主，看起來類似中國的青花瓷。十
七、八世紀時，海牙雖然不是東印度公司的出資城鎮，德爾夫特倒因財
力雄厚，也在聯合東印度公司中佔有一席之地。

過了海牙，往東南行就到了鹿特丹。該城目前爲世界上最大的貨櫃
港之一。1602年聯合東印度公司成立時，它也加入，擁有十六分之一的
權利。不過，現在的鹿特丹基本上是一個全新的城市，因爲在第二次大
戰期間，它的主要建築全被德軍炸燬了。

荷蘭國土最西南的一個臨海省分爲熱蘭省。東印度公司時代，該省
的主要海事活動集中在一個叫作瓦爾赫恁（Walcheren）的小島上。滄
海桑田，瓦爾赫恁現在已經與大陸相連，變成了一個半島。從十七世紀
到今天，瓦爾赫恁都分成三個主要的區塊：密斗堡、弗立新恩
（Vlissingen）和斐爾樂（Veere）。當年加盟荷蘭東印度公司時，阿姆斯
特丹、荷恩、恩克豪森、德爾夫特與鹿特丹都是以個別城市的名義投資
的，可是熱蘭省卻是以整個省的名義加入，因爲除了密斗堡之外，弗立
新恩和斐爾樂都想分一杯羹。其實，熱蘭省或是瓦爾赫恁的居民，全都
靠海爲生，誰也不願與東印度貿易的機會失之交臂。就像荷恩一樣，熱
蘭省也提供了很多商人與海員給聯合東印度公司。由於這份因緣，熱蘭
省與臺灣的歷史地名關係特別密切。

所有臺灣的人都知道安平古堡叫作「熱蘭遮城」。不用說，「熱蘭
遮」（Zeelandia）就是熱蘭（Zeeland）的拉丁文。熱蘭遮城主體有四座

稜堡（bastions）。其東北方的一座稱爲「弗立新恩」，其他三座依逆時間方向，分別爲阿呢茂登（Arnemuyden）、密斗堡與甘伯斐爾（Camperveer）。都是依據瓦爾赫怎島的主要聚落命名的。[25]

荷據時代南臺灣還有一些荷蘭建築，其命名也與熱蘭省有關。其中一處位在魍港，也寫作蚊港，荷蘭文獻則拼成"Wangkang"或相近的寫法。十七世紀初荷蘭東印度公司雇請漢人在這個地方燒牡蠣灰，用來興修淡水紅毛城及其他建築。魍港靠近臺灣原住民的虎尾社，經常有遭受原住民襲擊的危險。因此，東印度公司早在1636年就在該地建造一座堡壘，取名爲「弗立新恩」。這個城堡的命名當然是依據熱蘭省的同名城鎮。[26] 附帶一提：十七世紀初年，荷蘭的西印度公司也把這個地名帶到現在的紐約。英國人以及後來的美國人把"Vlissingen"讀成"Flushing"，也就是現在臺灣移民聚集的法拉盛。[27]

十七世紀時，大員島（一鯤身）北方有一個大沙洲，叫作「北線尾」（Baxembay）。北線尾沙洲之北端即當時的鹿耳門。北線尾沙洲南段與大員島隔一水道南北相望。這條水道即荷蘭人所謂的「北方水道」（'t Noorder Canaal），與往南隔一小沙洲的「南方水道」（'t Suider Canaal）同爲進出熱蘭遮城堡及熱蘭遮市鎮的主要水道。另一方面，自外海欲進入臺江內海，還有一迂迴水道，即經由北線尾之北端鹿耳門水域，折而

---

25 甘伯斐爾即斐爾樂，見《瓦爾赫怎地圖》（*Kaart van Walcheren*；Middelburg: Provinciale Palnologische Dienst, Zeeland, 1987）。參考郭輝譯，《巴達維亞城日記》第一冊，〈序說〉，p. 18；冉福立(Kees Zandvliet)著、江樹生譯，《十七世紀荷蘭人繪製的台灣老地圖》（臺北：漢聲，1997），下冊，pp. 50-51。

26 參考冉福立著、江樹生譯，《十七世紀荷蘭人繪製的台灣老地圖》，下冊，pp. 56-58；黃明德、蔡隆德，〈古魍港尋跡〉，《臺灣文獻》第五十一卷第三期(2000)，pp. 323-343；陳國棟，〈從四個馬來詞彙看中國與東南亞的互動：*Abang, Kiwi, Kongsi*與*Wangkang*〉，收入《東亞海域一千年》（臺北：遠流出版社，2005），pp. 127-162。

27 參考湯錦台，《大航海時代的台灣》（臺北：貓頭鷹，2001），p. 161。

圖二　瓦爾赫恁的四個城鎮

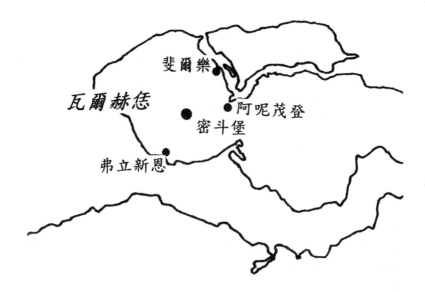

東南行，亦可到達熱蘭遮城堡及熱蘭遮市鎮。[28]

　　荷蘭人進佔大員島之後，除了興建熱蘭遮城外，也於1627年開始在北線尾沙洲中段建築一座防禦工事，稱作「海堡」（Zeeburg）。臺灣海堡的所在地處於十分重要的位置：既可控制「北方水道」的門戶，也可控制鹿耳門水道。1631年，荷蘭人重造並加強「海堡」的功能。不幸在1656年時，「海堡」毀於風災水患，因此1661年4月29日入夜之後，鄭成功的戰船得以順利從鹿耳門水道進入臺江內海，進而包圍赤崁城。

　　「海堡」這種東西其實是十五世紀末以來，西歐發展出來的一種海口防禦工事，針對大河入海之處，沒有高地可以利用的地方，建築一種稱爲「方堡」或「角面堡」（redoubt，*reduit*）的工事，以保護背後的港市，具有這樣特殊功能的「方堡」就被叫作「海堡」（*zeeburg*或*zeefort*）。第一座「海堡」就建在熱蘭省的弗立新恩，用以保護後方的密斗堡，同時也可以兼顧鄰近的另一個商業大城——比利時的安特衛普（Antwerp）——的防護。這座荷蘭海堡現在還在，整理成一座「現地博物館」（field museum）。它除了依照功能被稱作「海堡」之外，也有一個專屬的名字「拉莫肯斯堡」（Fort Rammekens）[29]。至於臺灣海堡，自從1656年沉入海中之後，要到1999年臺南成功大學的陳信雄教授才找到它的位置，挖出一個角落。隨後，由於經費不足，又欠缺維護技術與設備等因素，臺南市政府文化局就下令回填。[30]

　　以上分別提到的熱蘭遮城及其稜堡、弗立新恩方堡及海堡，都是荷據時代臺灣的建築物名稱，但其命名的源頭都在荷蘭的熱蘭省，而且都

28　參考曹永和，《臺灣早期歷史研究》(臺北：聯經，1979)，「圖版IV」。

29　相關的歷史與工程問題，見Kees Bos et al., *Fort Rammekens* (Middelburg: Stichting Natuur- en Recreatieinformatie, 1995)。

30　趙崇欽，〈北線尾荷蘭海堡遺址挖掘記〉，《臺灣文獻》，第五十二卷第一期(2001)，pp. 131-152。

是集中在瓦爾赫恁這個地方。

三、「黃金時代」的荷蘭

　　荷蘭從1572年開始展開反抗西班牙人的戰爭。最主要的原因是：「宗教改革」之後，多數荷蘭人已經改信新教的喀爾文教派，而西班牙卻固守天主教信仰而不移，同時致力於鎮壓新教徒。荷蘭的獨立戰爭打了近八十年。到了1648年，波及歐洲多數地方的宗教戰爭「三十年戰爭」（1618-1648）結束時，各國簽署「西發里亞和約」（Treaty of Westphalia），荷蘭的獨立地位才獲得國際承認。[31]

　　不過這場綿亙八十年的戰爭並不是天天打、月月打或年年打；戰爭也不是全面性的，而是局部性的。[32] 因此，大多數的荷蘭人日子照過，生意照做。不但照過、照做，而且建國的熱忱與戰爭的威脅也促使他們更加勤奮、更加具有創造力！

　　這種創造力表現在每個方面，美術上有以「鬱金香醫生的解剖學課堂」（1632年作）和「夜巡」（1642年作）等畫作聞名的林布蘭特（Rembrandt Harmensz. van Rijn, 1606-1669）等畫家。國際法專家則有格老秀士（Hugo Grotius, 1583-1645），代表作是《國際公法》（即《戰爭與和平之法》，*Concerning the Law of War and Peace*, 1625），給予戰爭法理學上的依據。哲學家有斯賓諾沙（Baruch Spinoza, 1632-1677），代表作為《宗教及政治哲學論文》（*A Treatise on Religious and Political*

31　1648年荷蘭國會與西班牙簽定了明斯特和約(Treaty of Münster)，西班牙承認荷蘭獨立；但荷蘭國主威廉二世拒絕承認這個條約，寧可繼續對西班牙作戰。不過，透過「西發里亞和約」，歐洲列強已經承認荷蘭獨立。

32　在1609至1621年間，荷蘭與西班牙還有一個「十二年休戰」(Twelve-Year Truce)的協定，全面停戰。最後一次西班牙大舉進攻荷蘭則發生在1628年。

Philosophy, 1670）。

此外，十七世紀的荷蘭也以解剖醫學聞名。彼德森（Claes Pietersz.）醫生正是一名解剖學大師。但是他因爲太酷愛鬱金香，因而自稱「鬱金香醫生」。林布蘭特爲他所作的代表作「鬱金香醫生的解剖學課堂」，展示了荷蘭人在解剖學上的成就。

鬱金香原產於新疆的天山。土耳其人是最早的栽培者與推廣者。十六世紀以後開始出現在歐洲的花園。有一位出生於法國的列斯克呂斯（Charles de L'Escluse, 1526-1609）是一位熱衷的研究者。[33] 他在1593年接受萊登（Leiden）大學的職位，爲萊登建造一座植物園（*Hortus Botanicus*），栽培了很多植物，鬱金香是當中最受矚目者。

英文把鬱金香叫作"tulip"，荷蘭文叫作"tulp"，是從"tulband"這個字簡化而來的。其語源據說是來自土耳其文的"dulbend"，意思是「頭巾」，因爲這種花的形狀長得很像是折起來的頭巾（turban）。十六世紀末、十七世紀初，鬱金香在萊登的栽培、或者說在荷蘭的推廣，造成了一時的狂熱，稱作「鬱金香狂熱」（*tulipomania*），有如臺灣發生過的種金線蘭或養紅龍魚的故事一般。但「鬱金香狂熱」也使得鬱金香的栽培十分成功，日後成爲荷蘭花卉的代表，甚至於成爲荷蘭的象徵。

這一切的一切，都讓荷蘭人忙碌不已，也讓荷蘭文化發光。後世的荷蘭人遂把十七世紀稱作「黃金世紀」（*De Gouden Eeuw*）。在2002年1月開始使用歐元之前，荷蘭電話IC卡上都印著「黃金世紀」（*gouden eeuw*）這樣的字眼，用來代表十七世紀。[34]

可是荷蘭黃金世紀最偉大的成就還是在航海與貿易方面。他們組成

---

33 他因爲改信基督新教而改名，改成當時流行的拉丁形式克呂修斯(Carolus Clusius)。

34 另外又以「法蘭西時代」(*franse tijd*)來代表十八世紀。至於十九世紀及二十世紀則無特殊的稱法。

聯合東印度公司，在海外建立多處商站與殖民地，進口大量海外產品行銷全歐洲，賺進大把大把的銀子。這些航海與貿易成就的背後，還有更重要的因素在支撐，主要有兩點：其一涉及船舶的功能，其二則與槍礮和防禦工事的發展有關。分別進一步說明如下。

1. 荷蘭船舶的演進

　　荷蘭資源稀少，靠海為生，漁業發達。由於海事活動的嫻熟，從十四、五世紀開始也從事北海及波羅的海的載運貿易。十六世紀時，他們眼見葡萄牙人及西班牙人在東方貿易上獲得了巨大的利潤，也就起而效尤。這對荷蘭人而言並不困難，因為他們擁有優越的船舶。

　　歐洲人的航海船舶原來有兩個傳統：一在南歐的地中海，一在北歐的北海。南歐地中海的船舶由於地理因素的近便，受到印度洋阿拉伯船的影響。到十五世紀時，南、北歐之間也有所交流。結果在十五世紀之後，歐洲船舶的航海能力發生了重大的改變，製造出適合遠洋航行的大船。這種大船，有一個向前傾斜的前桅、一個主桅，同時加上一個後桅；在原有的橫帆之外，也加入使用源自印度洋船舶的三角帆（lateen），一方面改善了平衡度，另一方面也增進了操作上的方便。這種大型適海的船舶統稱為"carrack"，配上大礮，也可以用作戰船。（其實，當時的商船與戰船相互轉換並不困難。）葡萄牙人始終將他們的大船叫作"carrack"，不過英國人和西班牙人則賦與這種大船"galleon"這樣的名字，通譯為「大帆船」。"Galleon"這個字來自地中海的排櫓船"galley"，本來即用為戰船，同時也是歐洲船舶中最早裝配大礮者。不過，一般都認為"galleon"是西班牙大帆船的特有名稱，根本忘記英國人也這麼叫過。英國的galleon船身造得比較低矮，船樓也很低，這是它們與西班牙galleon不同的地方。英國式的galleon因為船身低，操縱更為容易，行動也比較迅速。然而這並不表示英國大帆船的載運能力差。事實

上，最大的英式武裝大帆船可達71.3×14.6 公尺大，載重量達1,200噸，可配載100門大礮。[35]

荷蘭對抗西班牙的獨立戰爭，既在陸地上打，也在海上打。獨立戰爭雖然拖長到八十年之久，但在海戰方面，荷蘭人早早就取得了先機。[36]荷蘭人要對付西班牙人來自海上的攻擊，它的海軍要能做到以下三點：（一）保護本國在海面上的商船，因為船運與貿易是荷蘭的生命線之所繫；（二）封鎖南尼德蘭（相當於現在的比利時，當時仍然效忠西班牙）的各海港，尤其是敦克爾克（Dunkirk），因為敵人的私掠船以那兒為老巢；（三）攔截西班牙戰船與運兵船的船隊，這些敵人有一陣沒一陣地開入北海，目標當然是侵入荷蘭。前兩個目標需要運動快捷、吃水較淺並且能在定點守候多時（經常一待就要好幾個月）的船舶；最後那個目標則需要強大的礮火與兵力。當時，歐洲最先進的船舶「大帆船」無法達成此一目標，荷蘭人遂加以改進。1600年之後，他們在北荷蘭的荷恩港市打造了八艘300噸級的主力艦（capital ships）。這些船隻的特色是相較於寬度，其船身很長；出水高度相當低，但吃水又不深。日後這型船舶就被叫作「巡洋艦」（frigate，*fregat*）。1621年時，荷蘭海軍擁有九艘500噸級的「巡洋艦」。稍後嫌太大，運動不夠靈活，遂在1629年放棄。從此以後300噸級的「巡洋艦」成為荷蘭海軍的主力。「巡洋艦」很快就展現出它們的作戰能力：1639年，在火船（fireships）的協助下，一支荷蘭「巡洋艦」艦隊在英國肯特郡白堊地帶（the Downs）近海，摧毀了一支遠比它們強大的西班牙艦隊。[37] 不用說，「巡洋艦」在荷蘭人

---

35 以上參考Bernard Ireland, *History of Ships* (London: Hamlyn, 1999), pp. 16-19.

36 Geoffrey Parker, *The Army of Flanders and the Spanish Road*, 1567-1659 (Cambridge: Cambridge University Press, 1984), pp. 4-5.

37 Geoffrey Parker, *The Military Revolution: Military Innovation and the Rise of the West*, 1500-1800 (revised edition; Cambridge: Cambridge University Press, 1996), pp. 99-100.

入據臺灣以後，也游弋於臺灣海域。十七世紀初與中國水師或者鄭芝龍、鄭成功接戰的荷蘭戰船中就有這種「巡洋艦」。

但是荷蘭的一般商船同時也可以武裝，也可以和中國船交戰。雖然中國船至遲到元朝末年時就已經配備大礮在船上，不過使用不便，攻擊力並不強。真正能造成敵方損失的不是大礮，而是火船，或者說縱火船。料羅灣海戰時，鄭芝龍打了一個大勝仗，造成荷蘭方面重大的損失，主要就是靠火船。

荷蘭商船在十七世紀前半是高度武裝的，雖然真正處於戰爭狀態時，除了進一步加強武裝外，更會有巡洋艦護航。商船需要高度武裝，那是因為當時他們的對手葡萄牙及西班牙還很強，機會許可時必定會攻擊荷蘭商船。而武裝的商船也有助於脅迫亞洲的邦國准許他們自由貿易、建立商站。舉例來說，在十七世紀中葉時，非戰爭狀態下，一艘荷蘭商船所裝載的礮位及火藥加起來就高達一百噸重！後來因為葡萄牙及西班牙的威脅減少，礮位及火藥的重量減少到六十噸，依舊擁有高度的作戰能力。

長程遠航的荷蘭商船稱作"pinas"，此種船型甚大，並且可以改裝為戰船。當它們被用在東方貿易時，又被給予一個專有名稱──「東印度船」（East Indiaman，Oostindiëvaarder）。其標準大小，大約為42.5公尺長、11.5公尺寬、5.5公尺深，通常以比這個標準小為原則，當然也有例外。最大型的「東印度船」載重能力為1,100噸（換言之，有2,000噸的排水能力），裝配42門口徑不一的大礮。

不過，荷蘭人在東亞活動，不但從事區域內貿易，而且還要從事戰爭、統治殖民地與交通聯繫，因此，除了「東印度船」與巡洋船外，還把他們在歐洲使用的他型船舶帶到東亞來。其中最重要的有兩種：一種是「笛形船」（flute，*fluijt*），原本為用於荷蘭本土與波羅的海、荷蘭與西班牙之間的沿海貿易商船。[38] 荷蘭人東來時將它們帶至亞洲海域，用

作中程（如臺灣與巴達維亞之間、臺灣與日本長崎之間）貿易載貨工具。另一種是「快艇」（yacht，jacht），為型制較小、船身較淺的船舶。在荷蘭本土以載運乘客為主，在臺灣則用作聯絡船，但也用來搬運物資，如由嘉義魍港搬運石灰到臺北淡水之類。

所有荷蘭船舶，甚至於所有出現在東亞的歐式船舶，中國人一概稱之為「夾板船」，或者含混地概稱為「夷船」。「夾板船」的「夾板」也寫作「甲板」或類似的字樣。不過，這與船體上方鋪面的「甲板」（deck）不同，不可搞混。「夾板」或「甲板」不能從字面去理解，因為它是從馬來文借來的字眼"kapal"。

"Kapal"這個字在馬來文中的定義是"perahu besar"，也就是「大型船」的意思。十六世紀後，歐洲帆船開始在東南亞游弋時，當地人為了與習見的中國式帆船（馬來人稱之為"jong"，即英文的"junk"）作一區分，於是賦予"kapal"一名。往來東南亞的華人把"kapal"這個叫法帶回中國，中國人就以譯音的方式，稱呼歐洲人的"ship"為「夾板船」或「甲板船」。

1633年料羅灣海戰後，福建巡撫鄒維璉的〈奉勦紅夷報捷疏〉提到入犯的荷蘭人：

> 其舟長五十丈，橫廣六、七丈，名曰「夾版」。內有三層，皆置大銃外向，可以穿裂石城，震數十里，人船當之粉碎。[39]

---

38 「笛形船」得名的由來是因為它的橫向正面長得像西洋長笛(flute)：船底為半圓形，船身在船腰的部分很寬，可是在上甲板的部分卻很窄。據說這樣做的目的，最初是為了減輕經過松德海峽(The Sound)時所需繳給丹麥的通過稅，因為通過稅的多寡是依上甲板的船寬計算的。

39 鄒維璉，《達觀樓集》，卷十八。鄒維璉於崇禎五年(1632)繼熊文燦任福建巡撫。

圖三　笛形船圖

資料來源：*Descriptive Catalogue* (Amsterdam: Nederlandsch Historische Scheepvaart
　　　　　Museum, 1973), no. 58.

　　這是早期中國人對荷蘭船最具體的描述。不過，鄒維璉說荷蘭船長
五十丈，換算起來約得150公尺，比大型標準荷蘭船的長度（42.5公尺）
來得大；至於其寬度，鄒維璉說是六、七丈（18-21公尺），比大型標準
荷蘭船的寬度（11.5公尺）也來得大。鄒維璉顯然是故意誇大其辭了。

2. 火器與新式防禦工事

　　荷蘭獨立戰爭期間，雖然很快地就在海面取得優勢，可是陸地上的
戰爭卻拖長許久。主要的原因是荷蘭人的陸地防守奏功。荷蘭境內土地
低平，沒有高山、丘陵可守。陸地上的防禦完全仰賴運河和城牆，可是
舊式城牆很難抵擋當時新式武器——大礮——的轟擊。在此當兒，荷蘭
人迅速採用了應付火礮的新式防禦工事（fortification，defense works），
廣泛加以利用，使得西班牙始終無法致荷蘭於死地。

　　歐洲舊式城堡（castle）均由高聳的城牆構成，並且配置有一座圓
塔。圓塔的用途在於方便瞭望，並從塔樓上射發箭矢以攻擊侵犯者；城
牆直接的防禦目標是憑藉其高度，將敵人阻絕於牆之外。相反而言，有

效的攻城方式則爲：使用雲梯攀登，翻入城內，由內部開啓城門；或用
重物從外部撞擊城門，將之打開。

　　火器，尤其是大礮的使用，使得舊式城堡的高牆不足以防禦。於是
新的防禦工事應勢而生。首先產生於義大利，從而新時代的防禦工事也
就順理成章地被稱爲"trace Italienne"（義大利樣式）。新樣式防禦工事
最早出現是在1485年，但其廣泛地被採用則發生在法國國王查理八世
（Charles VIII）入侵北義大利（1494-1495）並且重挫該地區之後。火礮
的威力激發了對新式防禦工事的迫切需求。[40]

　　新式防禦工事的基本形式包含幾個要點：（一）新式城牆造得比舊
式城牆矮些，但大大地加厚；（二）由側面城牆、呈某個角度、建築一
個往外突出的礮樓，以防禦城牆正面；（三）四面城牆或城角加築有角
的稜堡（bastion）以強化防禦；（四）城外挖掘寬且深的溝道——若爲
乾溝，則添設獨立的地下碉堡、如爲濕溝，則在其邊上添設分離的三角
堡（ravelin，一種稜堡）以加強防禦能力——使敵方的礮兵無法接近城
邊以發揮火力，或到城牆底部埋設炸藥以爆破城壁；（五）進一部的加
強工事，如在城牆或稜堡外緣添設角叉工事（hornwork）、冠冕工事
（crownwork），以及在主建築稍遠之處，另建方堡以作外哨。

　　稜堡可以說是新式防禦工事當中最被廣爲採用的一種。它是由主要
的城壁（rampart，即城牆）突伸出來的四邊形工事。通常位在城壁的
轉角處。由兩片長而直的正面（face）以及兩片短的側面（flank）所構
成；後者可以是筆直的，但也可以是凹陷進去的（recessed）。[41]

　　打從十六世紀後期開始，荷蘭就普遍地建築以稜堡爲特色的新式防

40　參考J. R. Hale, "The Early Development of the Bastion, an Italian Chronology, c. 1450-c. 1534," in J. R. Hale, J. R. Highfield and B. Smaltey eds., *Europe in the Later Middle Ages* (London: Faber and Faber, 1965), pp. 466-494.

41　W. A. Nelson, *Fort Jesus of Mombasa* (Edinburgh: Canongate Press, 1994), p. 71.

禦工事。稜堡的主要功能，一言以蔽之，在將防禦工事正面構成一個入射角小、出射角大的作戰正面，既便於對外射擊，且不易遭致敵人礮火打中。

有了這些新的防禦工事保護，城市很難以集中礮火猛轟的方式在短期間內被攻陷。除非以敢死隊進行爆破，否則包圍（siege）就成爲攻城的不二法門。防禦工事或設防城市如果投降，主要的原因都是因爲被敵軍包圍太久，城中彈盡援絕，飲水食糧都無法獲得補給，才不得不棄守。

荷蘭人到海外貿易，設立據點，爲了防守的必要，當然也要建築防禦工事，於是就把新式作法帶過來。[42] 就臺灣而言，他們在1624年左右開始建造的熱蘭遮城堡，是一座擁有四個稜堡的堡壘（fortress，vesting）。這座堡壘構成了「上城」，約於1632年完工；隨後在其北面又建造一座「下城」[43]，有兩個「稜堡」。「上城」與「下城」後來都陸續施工，強化其建築。爲了增加熱蘭遮城的防禦功能，又在附近建造了兩座屬於外哨形式的「方堡」。其一是1627年在一鯤身北面北線尾沙洲上築造的「海堡」；其二爲1639年在熱蘭遮城「上城」後方（南面）小丘上建築的烏特勒支（Utrecht）堡。「海堡」毀於1656年的風水之災，使得鹿耳門水道失去防禦，因此1661年4月30日清晨鄭成功的船隊沒有遭到抵抗就進入臺江內海，包圍普羅文遮城。五天之後，5月4日下午，該城就懸掛白旗投降。[44] 可是這以後還要再等待九個月，到1662年1月25日，烏特勒支方堡才被鄭軍的礮火轟陷。一周之後的2月1日，雙方議和，簽訂和約。2月9日，荷蘭人撤離臺灣。熱蘭遮城所以能撐那麼久，

---

42 讀者可同時參考張同湘，〈十七世紀荷屬東印度公司城堡簡介(上)、(下)〉，《臺南文化》，新38 (1995年2月)，pp. 155-183；新39 (1995年7月)，pp. 205-238。

43 冉福立說這整座「下城」是一座「角叉工事」(Hornwork，江樹生譯作「角城」)，恐怕有誤。參考冉福立著、江樹生譯，《十七世紀荷蘭人繪製的台灣老地圖》，下冊，p. 56。

44 普羅文遮城是在1652年郭懷一之亂後，1653年起造，1655年造成，雖然有兩座「稜堡」，但由於是倉促興建，防禦能力差，沒有足夠的彈藥及糧食可以防守，因此易於取得。

圖四　稜堡之結構（上）與其他新式防禦工事（下）

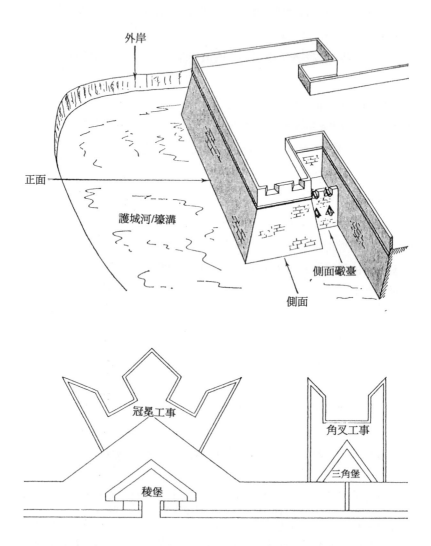

資料來源：Geoffrey Parker, *The Army of Flanders and the Spanish Road*, 1567-1659 (Cambridge: Cambridge University Press, 1972, 1984), p. 7.

固然因素很多，但是它擁有新式防禦工事——有稜堡及附屬防禦工事，易於防守，也是重要原因。[45] 除了在熱蘭遮城附近所造的防禦工事之外，荷蘭人也於1636年在魍港造弗立新恩方堡。該座方堡在1644年時即已殘破而被放棄。稍後在其對岸又造了另一個防禦工事。[46]

一言以蔽之，荷蘭人在臺灣所建造的防禦工事，乃至西班牙人在北臺灣所造的防禦工事，如「聖・薩爾瓦多城」[47]，皆以稜堡為其主要的防禦設計，正說明了稜堡的重要性。稜堡雖非荷蘭人的發明，但是他們能迅速而有效地加以採用，自然有助於其國內的獨立戰爭與海外的事業發展。

小口徑的火器（火槍）在十四世紀時已經出現在歐洲的戰場，可是功能不如弓弩。要到十五世紀末年，威尼斯共和國才全面加以採用；再者，採用之初的考量並不是火槍的攻擊效果，而是訓練一名弓弩手的時間非常地長，但要學會使用火槍卻不用花上多少時間。稍後（1550年代）駐義大利的西班牙軍隊採用毛瑟槍（musket）後，攻擊效果改善，火槍才真正成為一種有效的武器。此時的毛瑟槍可以射出五公克重的鉛彈，有效射程達一百公尺，威力足以穿透金屬片做的盔甲。從此，火槍手（毛瑟槍手，musketeer）快速取代傳統的專業戰士，叱吒風雲於沙場上，雖然長矛手（pike men）仍然沒有立即退出戰場，但逐漸不再作為作戰的主力，而是被用來保護火槍手。在十七世紀初，一名經驗老到的毛瑟槍手每一分鐘可以裝填子彈、火藥，發射兩次。速度不夠快，容易在歇火的時候遭到敵方騎兵的攻擊，所以仍需立刻派得上用場的長矛手保護。

雖然在十七世紀時，來福槍（rifle）也已登場，射中目標的精準度

---

45 參考冉福立著、江樹生譯，《十七世紀荷蘭人繪製的台灣老地圖》，下冊，pp. 47-68；村上直次郎著、石萬壽譯，〈熱蘭遮城築城始末〉，《臺灣文獻》，第二十六卷第三期(1975)，pp. 112-125。

46 冉福立著、江樹生譯，《十七世紀荷蘭人繪製的台灣老地圖》，下冊，pp. 66-68。

47 參考村上直次郎著，〈基隆的紅毛城址〉，收在許賢瑤譯，《荷蘭時代台灣史論文集》（宜蘭：佛光人文社會學院，2001），pp. 41-57。

比較高，可惜爲它花在裝塡子彈、火藥所需的時間比毛瑟槍來得更長，因此只被用作狩獵或者充作狙擊手的武器，尚未能用於大規模的正面作戰。一般作戰仍然以毛瑟槍爲主要武器。

不過，毛瑟槍的準確度仍然有相當大的改善空間，特別是它的射擊間隔太長，槍手的危險性大；再者，當時的毛瑟槍手還是單兵作戰，各打各的，攻擊力不夠強。1590年代，荷蘭陸軍統帥茅里斯（Maurice of Nassau）伯爵與威廉‧路易（William Louis of Nassau）伯爵突然想到「排放」（volley fire）的作法可以大幅度增加毛瑟槍手的作戰能力。那就是：將火槍手排成方陣，站在第一排的士兵同時放槍，然後退至方陣的末排裝塡火藥及子彈；第二排兵立即登前，同時舉槍射擊，然後退至後排裝彈藥。依此類推，周而復始，如此構成一股強大的攻擊力！當然，排放能奏效且不致招受太大的傷亡還要做到兩點：第一、方陣的正面不可太大；第二士兵的紀律必須嚴明，也就是說要加強操演。1616年約翰（John of Nassau）伯爵爲此開辦了一家軍校。[48]

荷蘭佔領臺灣之時，也許不常有使用「排放」戰術的必要。但是毛瑟槍確實使他們容易對付臺灣原住民。荷蘭人自己承認，如果他們不是因爲武器與戰術優於臺灣原住民的話，他們根本不是臺灣平埔族的對手，因爲後者是極其優秀的戰士。

---

48 以上有關稜堡與火槍的論述，主要參考Geoffrey Parker的幾件作品：*The Military Revolution*, chapters. 3-4; *The Cambridge Illustrated History of Warfare: The Triumph of the West* (Cambridge: Cambridge University Press, 1995); "The Artillery Fortress as an Engine of European Overseas Expansion, 1480-1750," in James D. Tracy ed., *City Walls: The Urban Enceinte in Global Perspective* (Cambridge: Cambridge University Press, 2000), pp. 386-416.

四、結語：誰是歷史的主角

　　歷史學家的研究講求言必有據，而能作為其依據者，不外乎是文獻（records）與文物（artifacts），而文獻更為直接。假如他所擬定研究的對象本身不留下相當數量的文獻，再怎麼優秀的歷史學家也難以把這樣的對象當成歷史的主角來研究或描述。

　　生活於荷據時代臺灣的人群，最多的一批應該是臺灣原住民吧！其次才是漢人、荷蘭人、乃至於其他外來者（如日本人、東南亞人之類）。可是有關這段時間的歷史研究與撰述，呈現出來的荷蘭人圖像卻最豐富、最具體。其次方為漢人。至於有關原住民的歷史，我們所知極其片面，而且只包括其中少數的一群人。原因是這段時期所留下來的文獻，幾乎都是荷蘭人的記載。當素材由被研究者以外的人群製作時，製作者當然只記錄他們感興趣的部分、只記錄與他們的利害發生關係的部分。荷蘭人是荷據時期臺灣歷史的主要記錄者，因此對這段期間不同人群歷史理解的詳略，便深受文獻的制約了。

　　人類學者沃爾夫的書《歐洲與沒有歷史的人》最近在臺灣翻譯出版。[49]沃爾夫將那些沒有自己留下文獻的人群稱為「沒有歷史的民族」（people without history），他們生活的痕跡隨著時間的遠颺而自然飄逝。站在歐洲文明的立場，他認為1400年以後，透過歐洲人的海外活動，「沒有歷史的民族」才逐漸被（歐洲人）認知。「沒有歷史的民族」沒有自己留下歷史，但是因為他們與「有歷史的民族」遭遇（encounter）[50]，因

49　Eric R. Wolf, *Europe and the People without History* (Berkeley: University of California Press, 1983)；艾立克‧沃爾夫著、賈士蘅譯，《歐洲與沒有歷史的人》(臺北：麥田，2003)。中文書名中的「人」如果代以「民族」兩字，文意更佳。

50　包樂史等人編輯荷據時期臺灣原住民史料，書名中特別點出「遭遇」(encounter)這個字眼，便是因此之故。參考Leonard Blussé, Natalie Everts and Evelien French eds., *The*

此在對方的歷史記述中留下蛛絲馬跡。我們把這樣的說法套用到荷據時期臺灣原住民身上，似乎也很恰當。因此，我們得承認：透過荷蘭文獻所知的原住民歷史只是部分、片斷，而且不能免除偏見的一些故事。

本文寫作的目的之一，在為理解荷據時期的臺灣歷史一事，就個人管見所及，補充一些相關資訊，而非做一個全面性的描述。最後提出「沒有歷史的民族」之歷史這個嚴肅的問題，也只是提醒讀者：荷據時期的臺灣，人數最多、生活領域最廣的原住民，他們的歷史只有極其有限的部分可以被認知。在文獻的限制下，這樣的狀況也許很難改善。當我們接觸到有關荷據時期的歷史與文物時，務必把這點放在心上，切莫把據此重建的故事當成是當時歷史的完整面貌！

——原刊於《臺灣文獻》，第54卷第3期（2003年9月），pp. 107-138。

Formosan Encounter — Notes on Formosa's Aboriginal Society: A Selection of Documents from Dutch Archival Sources (Taipei: Shung Ye Museum of Formosan Aborigines, 1999)及後出各冊。

十七世紀初期
東亞貿易中的中國棉布
——Cangan與臺灣

前言：十七世紀的亞洲貿易結構

1498年，航海家達伽瑪（Vasco da Gama）的船隻抵達印度西岸的古里（Calicut），遇到恰巧也在那兒貿易的突尼西亞商人。後者詢問他前來印度的目的，達伽瑪回答時，說出了「爲了追尋基督的信徒與香辛料」這句名言。[1] 學者們大抵也都同意：在地理大發現後的一、兩個世紀裡，歐洲人東來亞洲的主要目的之一，就是將盛產於東南亞的香辛料（以胡椒、丁香與荳蔻最爲重要）運回歐洲銷售。

然而盛產香辛料的海洋東南亞並不接受歐洲商品，他們偏好糧食與印度棉織品，尤其是後者，實際上用作交易媒介。[2] 印度也不接受歐洲商品，當地只愛黃金與白銀。因此，要取得東南亞的香料就不得不自歐洲運出大量的白銀到亞洲。這在重商主義（mercantilism）的思潮下是有困難的。加上其他方面的考慮，葡萄牙人很快地就發展出亞洲內部的貿易（intra-Asian trade）以籌措營運的資金。其最有名的早期作爲，就是從澳門出口中國生絲到日本換取白銀。

葡萄牙人展開的亞洲內部貿易，在荷蘭人東來以後更長足發展。1619年，荷蘭東印度公司的東印度總督昆恩（Jan Pietersz. Coen, 1587-1629）寫信給阿姆斯特丹的理事會，描繪出利用亞洲內部貿易來活絡其資金運用的構想如下：

來自固加拉特（Gujerat）的布疋（piece goods），我們可以拿來在蘇門答臘的海岸交換胡椒與黃金；來自海岸的銀幣（rials）與棉貨（cottons），

1　引在K. N. Chaudhuri, "Foreign Trade," in Tapan Raychaudhuri and Irfan Habib eds., *Cambridge Economic History of India*, vol. 1 (Cambridge: Cambridge University Press, 1982), p. 382.

2　S. P. Sen, "The Role of Indian Textiles in Southeast Asian Trade in the Seventeenth Century," *Journal of Southeast Asian History*, 3:2 (September 1962), p. 92.

（我們可以拿來）在萬丹（Banten）交換胡椒；檀香木、胡椒與銀幣，我們可以交換中國商品與中國的黃金；我們可以藉由中國的商品把白銀從日本弄出來；用來自科羅曼德爾海岸（Coromandel Coast）的布疋以交易香辛料、其他商品與來自中國的黃金；以來自蘇拉特（Surat）的布疋交易香辛料、其他商品及銀幣；以來自阿拉伯的銀幣交換香辛料及其他形形色色的小東西。──環環相扣！所有這一切都不用從荷蘭送錢出來即可辦到，只要有船。[3]

我們看到，在昆恩的構想中，黃金、白銀（銀塊與銀幣）、香辛料、棉貨（主要爲棉布）與中國商品（主要爲絲綢）是印度以及印度以東的東亞貿易的主要商品。印度以及印度以東的這個廣大的海域，是當時亞洲境內貿易的關鍵性區域。藉著掌握此一區域內這幾樣商品的供需狀況，荷蘭東印度公司可以藉由進行亞洲內部的貿易而獲利。如此不但獲得了購買香辛料回歐洲的資金，而且也擴大了公司的利潤。

十七世紀亞洲貿易的商品結構，以往的研究已經很多。中文世界的讀者大抵也都耳熟能詳，不過可能較少注意到印度棉布的角色吧。其實，香料貿易得以落實進行，印度棉布扮演著發軔性的角色（initiative role）。既有的學術作品中，森恩（S. P. Sen）[4] 及蓋伊（John Guy）[5] 兩人的研究，對此已有相當好的說明。

在十七世紀時，印度棉布行銷的範圍極廣。有一位名叫Pyrard的葡萄牙人在十七世紀初就評論道：「從好望角到中國的每一個人，不拘男

---

3 引在R. Steengaard, *The Asian Trade Revolution of the Seventeenth Century* (Chicago and London: The University of Chicago Press, 1973), p. 407.

4 S. P. Sen, op. cit., pp. 92-110.

5 John Guy, "*Sarasa* and *Patola*: Indian Textiles in Indonesia," *Orientations*, 20:1 (Jan., 1989), pp. 48-60; *Woven Cargoes: Indian Textiles in the East* (London: Thames and Hudson, 1998).

人還是女人,從頭到腳都穿戴著」印度織機的產品。著名的印度史專家Moreland駁斥此一說法,認為它是個粗糙的誇張,把它當成是一種文學的藻飾。然而Moreland並不打算徹底否定Pyrard的說法,他的用意只是在強調:這些地區因為貧窮落後、或者習慣使然,其實有些人根本不常穿衣服。Moreland還是承認,在這個廣大的區域裡,所有被穿戴在身上的棉織品,都是印度製造的。[6]

對中國經濟史的學者而言,Pyrard的說法固然過於誇張,Moreland的說法也不見得完全正確,因為到了十七世紀時,中國的棉紡織業已經十分發達,產量也很大。中國人身上所穿著的衣物,不太可能是印度產品。不但如此,以下的研究將發現,亞洲區域間貿易的棉布,其實有一部分還是由中國出口的。換言之,印度棉布並未百分之百地佔有亞洲的棉布市場。

以下的小文不擬對中國棉布在十七世紀亞洲行銷的問題作一個全面性的考察。我們打算探討的主要問題是:(一)十七世紀初以來,臺灣在國際貿易上扮演了一個轉口港的角色,往來臺灣的商品是否包括棉布在內呢?(二)若包括,那麼這些棉布究竟原產於何地呢?(三)臺灣本地居民,尤其是當時的臺灣原住民,是否也有機會得到這些棉布呢?

把答案說在前頭,我們發現當時進出臺灣的商品,確實有不少是棉布。這些棉布當中,雖然有部分為印度產品,但是中國產品可能更多。印度棉布品類繁多,名目也極紛雜。其中一種叫作"sarasa",最為日本人所喜好,並也依相同的日文讀音,稱之為「更紗」。「更紗」基本上為蠟染設色的棉布。另一種通常稱為"cangan"的棉布,則為單色或素色的粗布。"Cangan"最初就是指印度所產的粗製棉布,但在本研究中,我們發現它經常也被用來指由中國出口的粗布。換言之,十七世紀初期行銷東

6　S. P. Sen, op. cit., p. 93.

亞的棉布，有一些正是中國產品。印度棉布並未完全獨佔國際市場。

　　進出臺灣的棉布，除了供作轉口之外，也在臺灣使用：荷蘭駐軍及臺灣原住民都得到有限的供應。值得注意的是從那個時候開始，臺灣原住民才有棉布可用。

　　為了集中焦點，本文擬集中討論有關"cangan"的問題，同時重點也擺在臺灣。不過，為了找出出入臺灣的"cangan"的產地，我們也會帶進相關的問題。至於印度蠟染棉布「更紗」，且俟將來再討論了。

一、早期臺灣的原住民與棉布

　　談到臺灣現存原住民的文化表現，我們通常很快地就聯想到他們色彩與花紋斑斕的衣著。衣著由布料剪裁而成。現代原住民的布料想來應該是天然產品與化學合成產品都有吧。目前的情況，或許讓我們難以想像十七世紀時的情形。或者說，如果讀者以現下的情形去思考十七世紀臺灣原住民的衣著材料，恐怕會有極大的落差。

　　至少，我們可以肯定地說，在漢人、荷蘭人等外來者到達臺灣之前，本地的原住民是沒有棉布可用的。外來者將棉布進口到臺灣，拿來與原住民交易，或者充當禮物與獎品。那以後，臺灣原住民才和棉紡織品結下不解之緣。

　　十八世紀初（1717）周鍾瑄聘請陳夢林主修的《諸羅縣志》就提到：

> 諸羅始，皆土番，卉服鮮食而已。番故種芋，間以麻；番女雜樹皮，以為達戈紋者也。布帛之入，自荷蘭通市始也。豐草彌望多鹿場，故無治田。器不足用，耕者蓋鮮。耕作之興，自鄭成功竊踞始也。[7]

7　《諸羅縣志》(臺北：臺灣銀行經濟研究室，「臺灣文獻叢刊」第141種，1962)，p. 137。

講到住在諸羅以北地方的原住民，在荷蘭通市之後才有布（棉織品）、帛（絲織品）可用。

同一個文獻提到在十八世紀初年時，臺灣原住民買布使用，因為原住民婦女「能織者少，且不暇及，故貿易重布。」

番婦耕穫、樵汲，功多於男，唯捕鹿不與焉。能織者少，且不暇及，故貿易重布。錢穀出入，悉以婦為主。8

當時，原住民以他們主要的交易物資（鹿的相關產品）與漢人交易，主要就是換布。所以《諸羅縣志》又說：

璞社亦起自荷蘭，就官承餉曰「社商」，亦曰「頭家」。八、九月起，集夥督番捕鹿，曰「出草」，計腿以易布。前、後〔腿〕尺數有差。9

後腿肉多，想來能換得比較多的棉布吧。臺灣的土地與氣候不適合棉花生長，因此棉貨全靠進口。此在連橫的《臺灣通史》中有所論述。其實，荷蘭人曾經嘗試過植棉，沒有成功。到清朝平定臺灣時（1683），施琅卻在〈陳臺灣棄留利害疏〉中這樣向康熙皇帝報告：

……臣奉旨征討，親歷其地，備見野沃土膏，物產利溥；耕桑並耦，漁鹽滋生。滿山皆屬茂樹，遍地俱植修竹；硫磺、水藤、糖蔗、鹿皮以及一切日用之需，無所不有。向之所少者，布、帛耳！茲則木棉盛出，經織不乏。且舟帆四達，私縷踵至。斥禁雖嚴，終難杜絕。實肥饒之區、險阻之域。10

8　同上註，p. 164。

9　同上註，p. 168。

10　余文儀，《續修臺灣府志》，(臺北：臺灣銀行經濟研究室，「臺灣文獻叢刊」第121種，1962)，pp. 711-712。

提到接收臺灣時，臺灣本地「木棉盛出」。然而，所有的其他歷史文獻卻都看不到臺灣出產木棉的記載，顯然施琅弄錯了。我們方才以周鍾瑄的觀察，說明即使到了十八世紀初，諸羅以北的原住民最想和漢人交易的商品仍是棉布，而非其他產品。

到十九世紀前半時，臺灣原住民也早已使用棉花織布，但棉花還是得從中國大陸進口，而非本地自產。《福建通志臺灣府》記錄當時臺灣所見的織品為：

> 達戈紋，番婦所織，番飾以五色綵線織成；縐布，以內地棉花織成；卓戈文，番所織氈也；番毯、毛被，俱番婦剝樹皮雜獸毛織成；棉布、苧布、麻布。[11]

則在十九世紀中葉前後，臺灣原住民，紡織縐布，也得使用由大陸內地進口的棉花。

再回到十七世紀，我們看以下兩項記錄。一是甘為霖牧師（Rev. William Campbell）整理荷蘭文獻，發現在荷蘭時期臺灣的進出口商品是這樣的：

> 以下為我們在福爾摩沙所進行的貿易物件之清單。出口：麻布衣類、生絲、淹漬生薑、白色及紅色gilam布、白糖及紅糖、米、鹿皮、以及山羌皮、乳牛皮和水牛皮；進口：琥珀、胡椒、珊瑚、荷蘭銀幣、以及種類繁多的衣服（clothes）。[12]

進口貨中有衣服類（clothes）一項。「衣服類」也許應作「布疋類」

---

11 《福建通志臺灣府》(臺北：臺灣銀行經濟研究室，「臺灣文獻叢刊」第84種，1961)(錄自道光九年、十五年重纂，同治十年刊，《福建通志》卷六十〈物產〉)，p. 230。

12 William Campbell, *Formosa under the Dutch* (1903 Reprint; Taipei: SMC Publishing Inc., 1992), pp. 74-75.

（cloths）才對。無論如何，就進口品而言，除了琥珀外，也只有衣著材料可能在當地消費，其他的名目顯然是轉口商品。

第二件材料可以讓我們知道臺灣原住民除了實用的目的之外，也把進口棉布當成是寶貝來收藏。林偉盛在其博士論文中轉引《增補華夷通考》描述臺灣原住民說：

> 人物甚卑，常裸體狩獵，特別擅長持矛射鹿，生食其肉，其皮換酒食之，或交換木棉，多貯藏木棉以示其富有。[13]

日文辭彙「木棉（もめん）」一詞相當於英文的"cottons"，泛指各種棉貨。在此應指棉布（織品）。從這裡也可以推想，正因臺灣不產棉貨，故而原住民寶愛之。

因為臺灣原住民喜愛棉布，因此棉布成為與原住民交易的最佳商品。十七世紀前來東亞的歐洲人是有這樣的認識的。

1632年，一位曾經在印度為荷蘭人服務之蘇格蘭人威廉‧甘伯爾（William Cambell）向英國東印度公司建議將發展臺灣為一貿易地點，在他所提出的理由中提到：

> 臺灣糧食充足，而又可以與島上番族作極有利之交易。茲舉一例：以極少量之白洋布（calicoes）[14] 即可換得鹿皮，而鹿皮購進價格為每匹四辨士左右，運到日本售出可得三先令。[15]

他的計劃沒有被接受。

13　林偉盛，〈荷據時期東印度公司在臺灣的貿易(1622-1662)〉，國立臺灣大學歷史學研究所博士論文(1998年6月)，p. 107。

14　森恩說這種白洋布「強勒而粗糙」(stout and coarse)。見Sen, op. cit., p. 100.

15　賴永祥，〈臺灣鄭氏與英國的通商關係史〉，《臺灣文獻》，16:2 (1965年6月)，pp. 14-15引 William Campbell, *Formosa under the Dutch*, pp. 498-500.

1675年，英國東印度公司的職員約翰‧達卡（John Dacres）的報告，也提到當年棉布在臺灣交易的狀況如下：

我等屢次向對方勸説：床毯與印花棉布（chintz）乃適於港口之貨物，可以銷售，然而無效；幸而本年缺乏中國貨，我方乃得脱售存餘之廣幅及狹幅之印花棉布。[16]

二、荷蘭時代臺灣的棉貨：Cangan （勘干布）

1. 何為cangan （勘干布）？

在十七世紀初年，自從荷蘭人在臺灣活動開始，就將粗棉布拿來臺灣，與原住民交易，或者作爲贈品。在荷蘭文獻中常有記載。

最早的記錄是荷蘭人拿來與臺灣原住民交換土地。《巴達維亞城日記》云：

依據1625年1月15日之決議，決定將砂地之商館遷移於福爾摩沙本地之海岸，在該處建街，以安置中國人、日本人及其他殖民。自澎湖遷移福爾摩沙之後，中國人來者驟增。在上列福爾摩沙之地，得土番承諾，選定新港領域內，以cangan布十五疋向新港番買得土地。[17]

---

16 賴永祥，〈臺灣鄭氏與英國的通商關係史〉，p. 27引《十七世紀臺灣英國貿易史料》（臺北：臺灣銀行經濟研究室，「臺灣研究叢刊」第57種，1959），pp. 61-62, 202-203.

17 村上直次郎原譯，郭輝中譯，王詩琅、王世慶校訂，《巴達維亞城日記》第一冊(南投：臺灣省文獻委員會，1970、1989），p. 48。參考村上直次郎譯注、中村孝志校注，《バタヴィア城日誌1》（東京：平凡社，「東洋文庫170」，1974），p. 73。附記：本文引用《巴達維亞城日記》皆以中譯本爲準，參閱日譯本作必要之更動。出處除另外提到之外，皆指中譯本。

引文中「砂地之商館」，指原設於北線尾沙汕的商館（factory）；「福爾摩沙」指臺灣本島。1625年荷蘭人以15疋cangan布購買新港人的土地，這是"cangan"布首次出現在臺灣文獻的記錄。此種粗棉布，荷文本《巴達維亞城日記》寫作"cangan"，中文無定譯，現代學者通常寫作「勘乾」、「勘干」、「勘敢」、「坎甘」及「坎乾」……等等。（本文暫稱「勘干布」）中村孝志根據他人的說法，認為可能是越南文中的「綀巾」一詞。他說：

> 這是原來出產於印度科羅曼德爾海岸一帶的粗糙棉布。Cadière神父說，這是一種用越南語來說為Khan cang，現在仍用於越南中、北部的絹布，可將之比定為「綀巾」（Khoang can）。[18]

《臺灣叢談》一書大概採取了這個說法而寫成「綀布」，[19] 但這個說法恐怕難以成立。一則是「綀巾」如果是「絹布」（絲綢織品），就不會是棉布；再則是越南在十七世紀並不是棉布的主要出口地，而且銷到臺灣的棉布顯然不是來自越南。（後文將會發現，當時的越南其實進口棉布。）

除了中村孝志以外，也有他人對"cangan"一詞下過註解。其中一位是研究十六、七世紀葡萄牙人貿易的George Bryan Souza。他提及1635年澳門葡萄牙人輸入日本的商品，除水銀及鋅外，都為纖維產品，其中多為絲類，此外有相當數量的紅絨布及*cangans*。Souza自註說*cangans*是"cotton shawls from the Coromandel coast"[20]。易言之，是來自科羅曼

---

18 《バタヴィア城日誌1》，p. 77，註8。關於Cadière的見解，請看M. L. Cadière, "Lemur de Dong-Hoi: Etude sur l'etablissement des Nguyên en Cochinchine," BEFEO, VI (1906), p. 151。

19 臺灣史蹟研究會編，《臺灣叢談》（臺北：幼獅，1977），p. 251作「綀布」，p. 202作「絖布」。「絖布」這個翻譯名詞毫無根據，想來即是「綀布」之訛；而「綀布」又可能是「綀巾」的誤寫。

德爾海岸的棉質大方巾（"shawl"指圍巾或披肩）。可以肯定的是，他認為這是指科羅曼德爾的棉織品。[21]

翻譯「東印度事務報告」的程紹剛先生簡單地說明「cangan是一種彩色布巾，多譯為絖布。」[22] 翻譯《熱蘭遮城日誌》的江樹生先生則說得比較仔細。他說：「cangan布，原指印度東北岸Coromandel附近盛產的一種粗製棉布，後來荷蘭人對其他地區生產的類似那種的棉布，也就稱之為cangan布。」[23] 雖然說科羅曼德爾海岸的位置應該是在印度東南岸而非東北岸，不過江樹生的其他敘述則相當正確，尤其是指出荷蘭人也將別的地區所產的類似棉布也稱作"cangan"，正與我們的發現相符。要提醒讀者的是勘干布未必染色，經常以「原色」行銷。如果染色，也以單色為主。

以往關於"cangan"的研究顯示："cangan"指的的確是（粗製）棉織品，在十七世紀時行銷於整個東南亞地方，主要的產地是印度的科羅曼德爾海岸。[24] 因此，如果這個名詞來自出口地，那它絕對不會是越南文字。然而，在搜羅完備的印度及其以東的交涉用語（lingua franca）字典Hobson-Jobson[25] 中，我們也查不到這個字，因此不像是源自科羅曼德爾的語彙。若從其主要行銷地的東南亞來看，其來源有可能為海洋東

---

20 George Bryan Souza, *The Survival of Empire: Portuguese Trade and Society in China and the South China Sea*, 1630-1754 (Cambridge: Cambridge University Press, 1986), p. 61.

21 其實《熱蘭遮城日誌》荷文本編者所作的詮釋也與Souza一樣。J. L. Blussé, W. E. Milde and Ts'ao Yung-ho eds., *De Dagregisters van het Kasteel Zeelandia, Taiwan*, 1629-1662, vol. 1('s-Gravenhage: Martinus Nijhoff, 1986), p. 508: "Cangan: veelkeurige katoenen shawl, meestal afkomstig van Coromandel."

22 程紹剛譯註，《荷蘭人在福爾摩莎，1624-1662》(臺北：聯經出版社，2000)，p. 29，註11。

23 江樹生譯註，《熱蘭遮城日誌》第一冊(臺南：臺南市政府，2000)，p. 11，註56。

24 在森恩的文章中，可以找到印度出口、行銷到東南亞的棉布確實有"cangan"一項。

25 Henry Yule and A. C. Burnell, *Hobson-Jobson: The Anglo-Indian Dictionary* (London: Wordsworth Editions Ltd., 1996).

南亞的主要語言馬來文。我們因此推測"cangan"其實就是"kain-kain"。在馬來文中，"kain"是「布」（cloth）的意思。馬來文將實物名詞重複一次，即表多數或集合名詞。"Kain-kain"正是同樣的用法。寫作"cangan"，前音節用"c"，後音節用"g"，都接近"k"的本音。因此"cangan"當指一切的布或棉布。[26] 一般而言，印度出口的精細棉布或蠟染棉布，單位價值高，通常會依產地或品質給予專有的稱呼；但是對粗製棉布就不必一一命名，泛稱爲「布類」即可，因此實際上"kain-kain"或"cangan"就用來指一切的粗製棉布了。

2. 在臺灣交易的勘干布

荷蘭文獻中，經常可以看到在臺灣買賣或轉口的勘干布。這些勘干布是否也是印度所產的呢？恐怕不是。在臺灣交易的大部分的勘干布其實是中國的產品！

（1）臺灣當地使用的勘干布

1624年以後在臺灣活動的荷蘭人經常拿勘干布作爲贈予原住民的禮物，也用於交易。此外，其駐在人員或許也用得到。

就實際用作禮物一點，我們在《巴達維亞城日記》找到以下兩條紀錄。

1.（1636年）十二月十四日，琅嶠領主——領有臺灣南部距臺灣（安平）約計五哩[27] 十七鄉村者——由於其熱望與傳教士尤紐士之鼓勵，搭乘公司戎克船，率引其兄弟、岳父及隨員三十人，前來臺灣（安平），對長官

---

26 換言之，除非要與細緻的棉布作分別，否則不一定非指粗棉布不可。當看實際的具體描述來確認特定交易下的"cangan"品質。不過，在交易上，那樣的分別十分必要，而且經常出現，所以"cangan"在絕大多數的場合真的就是指粗棉布。

27 約37公里。其換算參考曹永和，《臺灣早期歷史研究》（臺北：聯經，1979），p. 339，註26。

表示敬意，請予絕對確保布德曼士（Putmans）長官時代所締結之和平，並請由我方對目下與彼等交戰中之卑南覓土番提議和平，如對方不承諾，則可由彼等協力與之交戰，令其服從云。……

上述一行之頭人受贈衣服一套，其他人受贈*cangan*布一疋之後，各十分滿意，約定繼續服從，於十二月二十三日歸返琅嶠，在該地受四百多人之部屬盛大歡迎。

十二月二十日，Takarayan東方鄰接各村，Taraguangh、Hounavaheij、Hovongorogoroij、Dedadikiangh、Hosahasakaij、Houageigeiangh及Hopouwureh之老人七人攜帶椰子幼樹七株前來，以表示將彼等之土地讓渡與我方確保和平，如同以前麻豆人與布德曼士君，所訂條件，訂立契約，即日各返其鄉村。對彼等各贈予天鵝絨上衣一套，*cangan*布一疋及公爵旗一面。[28]

禮物的內容包括比較特別的衣服、天鵝絨（velvet）上衣和公爵旗，更包括了勘干布。

2.（1641年4月）探勘者衛西林（Maarten Wesseling）再度出差到富有黃金的各村落……。

他贈予長老等人更紗二疋、*chaul*[29] 一疋、*cangan*布四疋、珊瑚若干及針，眾皆感謝。[30]

這段引文提到更紗這種印度產的精緻蠟染棉布以及屬於印度絲織品範疇的*chaul*，價值較高。這是因為想要得到黃金，衛西林才如此大方吧。不過，禮物中也不缺乏實用的勘干布。

---

28 《巴達維亞城日記》第一冊，pp. 191-192。公爵旗即親王旗，也就是荷蘭國旗。

29 日譯本作「茶宇」。Chaul原為印度西岸的一個港口的名字，被用來稱呼該地出口的一種薄而輕的絲綢織品。參考*Hoson-Jobson*, pp. 210-211、荒川總兵衛，《日本外來語大辭典》（臺北：大一書局，1979），p. 751。

30 《巴達維亞城日記》第二冊，pp. 314-315。引文據日譯本稍加修改。

　　事實上荷蘭人早在1625年時已確認臺灣原住民的胃口不大。他們說：

　　我國人與上列各村落[31]有交情，其附近有數村落，人口各有男子一百五十人至二百人，亦希望與我國人來往。彼等皆係勇敢之國民，倘能理解其感情者，則易與交際。僅以一餐之糧米、一尋[32]之 *cangan* 布、一口之煙草，即可令其滿足。[33]

　　用於交易的紀錄，除了前舉1625年購買新港社土地的那條之外，還有以下三條：

　　1.（前述之衛西林被殺，大員長官派兵由放索前往卑南覓，1642年）二月七日長官杜拉第紐斯（Traudenius）以勘敢布疋及雜貨，分發彼等，換購食品。眼見非越高山，則不能達到淡水、達其利[34]及里腦（Lilan）（傳聞有黃金之地）等地。[35]

　　2.（關於1644年12月以後之報告提到）淡水有多量之米及硫磺，又有樹木甚多，噶瑪蘭（Cabbalan）地方亦有剩餘之米及若干鹿皮。基馬武里及三貂角土番為求彼等所需米糧而赴該地，而將中國人攜來交換之鐵鍋、勘敢（cangan）布及其他粗布與彼等換米。噶瑪蘭與淡水相隔山嶺，一在東

31　麻豆、蕭壠(佳里)、目加溜灣(善化)及新港(新市)。

32　大約為中國尺5尺。

33　《巴達維亞城日記》第一冊，pp. 48-49。

34　可能為東部原住民村落名。村上直次郎原譯，郭輝中譯，王詩琅、王世慶校訂，《巴達維亞城日記》第二冊(臺北：臺灣省文獻委員會，1970、1989)，p. 374提到在「赤崁」、「大木連」一帶見到當地原住民，知「其手鐲、耳環及其他裝飾品，係與附近各村同樣得自達其利村土番，彼等一年一度攜此前來交換皮張云。」康培德，《殖民接觸與帝國邊陲——花蓮地區原住民十七至十九世紀的歷史變遷》(臺北：稻鄉出版社，1999)，p. 27說「得其黎」為今立霧溪口一帶，但在95、96各頁等地圖都將之標識在秀姑巒溪之南。

35　《巴達維亞城日記》第二冊，pp. 371-372。

方，一在西方。……淡水有二十村落，噶瑪蘭有四十村落。

……

三貂角及噶瑪蘭土番雖同為尋求黃金，然如基馬武里土番獲得鐵鍋、勘敢（cangan）布及其他中國雜貨之機會則甚少。[36]

3.（1645年報告內容，提到）中國之戰爭與貿易情況之不佳仍然繼續。……蘭巾因其產地被軍隊占領，固無法定購。所鹵獲[37]之褐青色勘敢布二萬八千疋之中，長官將其一百疋試送日本，但在該地無厚利可賺，銷路亦不多。以久多夫煙及路伊沙號搭載一萬疋到巴達維亞。因屬劣等貨而留下之一千疋應銷售臺灣人，剩餘部分則再待命。[38]

勘干布一般說來已是粗布了，在28,000疋中挑出的最差的1,000疋認為應在臺灣出售，顯示臺灣的在地市場很小，而且不能計較品質。此28,000疋由安海運往馬尼拉。安海不是一個國際轉口港，因此本條所提到的勘干布應該就是中國的產品。

除了原住民所得到的棉布外，紀錄中也指出有些勘干布是供給在臺的荷蘭駐軍消費的。例如：

（1648年）4月29日　今晨自本地向大員開出首航船夫洛伊特船Patientie及Os。載貨有現金六十六萬九千一百九十三荷盾（gulden）六斯帝費兒（stuiver）四片尼（penning）。其中十四萬二千三百九十三荷盾（gulden）係由途經暹羅之De Witte Duijve所搭載。載貨包括：錫九萬一千五百二十四磅、胡椒五千四百六十六擔（picol），Kalitour（Red Sandalwood）木〔紫檀之類紅木〕九百五十支、守備隊服裝用中國cangan布一萬八十九匹等，總額達八十八萬四千九百三十三荷盾（gulden）十八斯帝費兒（stuiver）二片

36 《巴達維亞城日記》第二冊，pp. 414-415。

37 前述兩艘由安海前往馬尼拉之中國帆船商品。

38 《巴達維亞城日記》，pp. 471-472。

尼（penning）。但願全能之神，能保祐上述諸船……安全抵達目的地。

　　同時……送兵士八十人於該地，藉以補充守備隊。[39]

　　這兩艘船雖然是由巴達維亞前往臺灣，搭載的商品中很多項都是東南亞的產品，可是卻明確地指出「中國*cangan*布」，也就是說中國所產的勘干布。引文說這些棉布的用途是「守備隊服裝用」，但其數量多達一萬（零）八十九匹。數量相當大，應該不僅供臺灣駐軍使用吧。

（2）中國為勘干布之產地

　　前面徵引的文字已經可以顯示出行銷到臺灣的勘干布極可能都是中國所產。以下的文獻亦將證明自中國出口，經過或不經過臺灣轉運到巴達維亞、馬尼拉及日本，乃至於運銷荷蘭的勘干布，大致上都為中國產品。換言之，荷蘭人的確把中國出口的粗製棉布也稱作"cangan"。

（一）行銷至巴達維亞之勘干布

　　《巴達維亞城日記》（1634年）4月4日條提到當年3月1日由臺灣抵達巴達維亞的快船（*jacht*）載有勘干布五箱。同條也提到有六艘中式帆船自中國沿海抵達臺灣，其商品除絲綢之外，還有布疋、砂糖及其他必需品。[40]

　　在1634年12月4日條，提到由臺灣抵達巴達維亞的笛形船（*fluit*）運來「運到銷向祖國之各種中國布疋」[41]。這應該也指中國棉布，目標是載轉運回荷蘭。

　　1637年3月3日，有一艘笛形船由臺灣經廣南到達巴達維亞，船貨有黃金、米、銅、樟腦、白蠟、錫，也有勘干布。[42]

39　村上直次郎日文譯注，中村孝志日文校注、程大學中文翻譯，《巴達維亞城日記》第三冊(臺中：臺灣省文獻委員會，1990)，p. 112。

40　《巴達維亞城日記》第一冊，pp. 110-111。

41　同上註，p. 143。

42　同上註，p. 197。

1640年12月6日自臺灣來到巴達維亞的快船「阿格爾史羅多號」（*Ackerslooth*），除其他商品之外，也有勘干布2,075疋。[43]

1641年4月11日又有一艘笛形船自日本及臺灣經由柬埔寨，抵達巴達維亞，其船貨有若干數量的勘干布。[44]

1642年1月25日，又有一艘笛形船「羅和號」（*De Roch*）自日本經由臺灣、柬埔寨河（湄公河）一帶，抵達巴達維亞。臺灣長官杜拉第紐斯原來說要送來勘干布，實際上卻沒運到。巴達維亞當局推斷是在臺灣忘了裝運的緣故。[45]這艘笛形船雖然也經過日本和湄公河口，但因為明說是在臺灣忘了裝船，可見得臺灣是轉運勘干布的地方。

1643年12月14日，帆船「斯王號」（*De Swaen*）自日本經臺灣抵達巴達維亞。船貨中雖然有不少日本商品，但也有染過色的勘干布1,550疋。[46]

1644年4月4日由臺灣遣往巴達維亞城的一艘笛形船也載運有勘干布六十七籠。[47]以「籠」為單位，無法得知究竟有多少疋。

以上的記載說明了在1644年以前，確實有相當數量的勘干布由臺灣運往巴達維亞。在部分場合，也直接說明這些布疋係中國所產。

（二）試銷越南、柬埔寨的勘干布

東京指的是今越南的北圻，主要港口為今河內一帶；廣南為今越南中圻，主要港口為會安；會安之南有一港口潘里（Phan-Ri），也是貿易之地。在十七世紀初期，華商運銷松江棉布（nankeens）[48]到廣南的事

---

43 《巴達維亞城日記》第二冊，p. 237。

44 同上註，pp. 296-297。

45 同上註，p. 368。

46 同上註，p. 386。

47 同上註，p. 387。

48 十六、七世紀時，歐洲人將江南省(江蘇)稱作「南京」，而用"nankeen"指當地所產的棉布。因此"nankeen"應該就是指松江棉布吧。

實，已經有人指出。[49]

此外，葡萄牙人在十七世紀初也到潘里貿易。1607年10月17日曾至該地之荷蘭艦隊司令Cornelis Matelief de Jonge云：

> 此地每歲有許多華人來商，亦有一、兩艘葡船來航，以裝載沉香、琦楠、蠟、象牙及黑檀。同時舶來棉布、金、銀及胡椒。[50]

此棉布未必一定是中國產品或勘干布，但是葡萄牙人的發船地爲澳門，因此極有可能爲中國產品；至於華商所運來之棉布就更可能爲中國貨囉。

東京是荷蘭人想要取得生絲的地點之一。荷蘭東印度公司也試圖從臺灣載運勘干布到當地銷售。《巴達維亞城日記》就記載1637年時，快船「古羅號」（*Grol*）[51] 就由臺灣派出，經由廣南前往東京。在試銷的商品中，雖然有較高價的印度織品，但也有一般認定爲粗貨的勘干布800疋。[52]

1641年1月11日，笛形船「東教堂號」（*Oostcappel*）從臺灣出發前往柬埔寨（當爲湄公河口一帶），載去了「6,995匹各種顏色的勘干布」。[53]

---

49 陳荊和，〈十七、八世紀之會安唐人街及其商業〉，《新亞學報》，3:1 (1957年8月)，p. 294。

50 引在陳荊和，前引文，p. 321。

51 關於這次航行，村上直次郎譯注、中村孝志校注，《バタヴィア城日誌1》，p. 330，註25提到可參考Dixon, "Voyage of the Dutch Ship *Grol* from Hirado to Tongking," *Transactions of the Japanese Asiatic Society*, vol. 11 (1883), pp. 180-215.。

52 《巴達維亞城日記》第一冊，pp. 209-210（「由長官約翰凡地布夫信件、報告及附件文書所獲知事項」）。

53 《熱蘭遮城日誌》第一冊，p. 479；*De Dagregisters van het Kasteel Zeelandia, Taiwan*, vol. 1, p. 506.

（三）行銷至日本的勘干布

荷蘭東印度公司在巴達維亞與日本之間維持著相當分量的船運與貿易，其中有部分船運也經過臺灣。不拘是否經過臺灣，都可能裝載更紗或其他印度棉織品，甚至荷蘭布疋（可能爲毛織品）；經過臺灣的船，有時候還裝運勘干布。

《巴達維亞城日記》記錄：1640年年底，大員長官杜拉第紐斯報告，由於船舶不足，不能運往日本的商品中，包括了原色勘干布（生勘敢）及加工勘干布（晒勘敢），數量多達24,780疋。[54]

可是同一年8、9月的《熱蘭遮城日誌》卻記錄了由臺灣前往日本的荷蘭船「海獺號」（*Den Otter*）載去了6,900疋原色勘干布（*rouwe can-gangs*）、「運河號」（*De Gracht*）載去了5,400疋原色勘干布、「冰霜號」（*De Rijp*）載去了23,460疋勘干布（*cangangs*）、「孔雀號」（*De Pauw*）載去了2,220疋原色勘干布。[55] 單就這四艘船所運往日本的勘干布而言，就已多達37,980疋了！而在上述四船出發後，還有24,780疋未能運往日本。也就是說當年送至臺灣的勘干布至少有62,760疋！

這些勘干布是從那兒來的呢？是印度產品呢？還是中國產品呢？我認爲是後者的可能性很大。因爲在同年4月27日的《熱蘭遮城日誌》中，就記錄一艘當日入港的中式帆船自安海載來臺灣24,414疋勘干布。5月29日廈門的來船也載了841疋勘干布。[56] 由於《熱蘭遮城日誌》並沒有記載每一艘進口中式帆船船貨的細目，因此還是有可能有其他帆船從中國載運勘干布來臺灣等待轉口。載運勘干布的中式帆船既然由安海、

---

54 《巴達維亞城日記》第二冊，pp. 240-241。所謂「生勘干」，英文當爲"raw cangan"；「晒勘干」當爲"dry cangan"，分別指未加工和已加工的粗棉布。

55 《熱蘭遮城日誌》第一冊，pp. 471-472；*De Dagregisters van het Kasteel Zeelandia, Taiwan*, vol. 1, pp. 498-499.

56 《熱蘭遮城日誌》第一冊，p. 469；*De Dagregisters van het Kasteel Zeelandia, Taiwan*, vol. 1, pp. 495-496.

廈門出航，這些勘干布爲中國產品的可能性應該極大。而這些勘干布也大量銷往日本。

1642年1月26日，由臺灣抵達巴達維亞的中國商人白羅（Pero）[57] 報導：

> 日本數年前，中國貨進口過多，而中國則銷向日本之布疋堆積數十萬疋。是以多數商人得陷於慘境。[58]

這也證明了日本的確進口相當大量的布疋。引文中的「布疋」，日譯本其實作「織物」，皆未明言是絲織品還是棉織品。不過，存貨多達數十萬疋，想來是棉布的可能性應該很大。

事實上，以安海爲基地的鄭芝龍在1641-1646年間，也派船運輸相當數量的勘干布，而且也還有一些「更紗」。[59]「更紗」指蠟染設色的精緻棉布，比較可能爲印度所產。鄭芝龍的貿易船也作東南亞生意，或許從當地取得更紗，轉運到日本販售吧。

（四）行銷至馬尼拉的勘干布

行銷至馬尼拉的勘干布經由臺灣轉運的記載不多，但不是沒有，如《熱蘭遮城日誌》就記錄了1651年5月間何斌（Pincqua）從臺灣運2,000疋勘干布（2000 *stucx cangans*）到馬尼拉。[60] 不過，從臺灣前往馬尼拉的商船不多，從福建沿海出發的則不少。荷蘭人對類似問題加以記載，主要是作爲一種商業情報，或者是正好攔劫到從中國前往馬尼拉的商船，從而獲得相關的資訊。荷蘭人爲了打擊西班牙人在東方的事業，打

57　可能應作Peco。參考林偉盛博士論文，p. 163。

58　《巴達維亞城日記》第二冊，pp. 345-346。

59　林偉盛博士論文，p. 144。

60　J. L. Blussé, W. E. Milde and Ts'ao Yung-ho eds., *De Dagregisters van het Kasteel Zeelandia, Taiwan*, 1629-1662, vol. 3 (Den Haag: Instituut voor Nederlandse Geschiedenis, 1996), p. 209.

劫前往馬尼拉的商船是他們一貫的策略。中譯本的《巴達維亞城日記》提到如下的記錄：

1625年6月19日，根據一名住在巴達維亞的華商Tan Cong[61]所提供的資訊，當年有五十餘艘小型的中式帆船（300至1,200石）由中國開往馬尼拉，載去生絲、絲織品，還有「尤其在該地暢銷之粗製cangan布」。[62]

1644年時，荷蘭東印度公司拿捕了兩艘由廈門開往馬尼拉之中國大帆船二艘。「其主要船貨為小麥，裝載中國食品之壺數個、鐵鍋、粗瓷器、勘敢（cangan）布、麻布各種雜貨」，總價近於30,000荷盾（gulden），尚不足一萬兩銀子。[63]可見得都是粗貨，而勘干布亦為其中的一項商品。既然是粗貨，單價不高，又由廈門出港，應該是中國貨吧。

次年，荷蘭巡邏船又在五、六月間拿捕兩艘從安海開往馬尼拉的中式帆船，拖至臺灣。據其船貨清單計算，雖然總貨價高達277,000荷盾（約八萬兩銀子）以上，顯示出船上裝載大量生絲，所以貨價甚高；然而其清單上，還是出現了一些勘干布。[64]生絲當然是中國所產，而這兩艘船由安海開出，所載的勘干布也應該是中國產品才是。

事實上，菲律賓地區早已消費中國棉布。在西班牙人佔領菲律賓不久，西班牙人總督達斯摩利那（Gomez Perez Dasmarinas）即在1591年3月13日公佈命令，禁止所有的菲律賓居民穿著中國絲織品物和棉布。在1591年6月20日達斯摩利那上呈西班牙國王菲力普二世的函稿中，就明白地說：

61　應為Jan Cong。

62　《巴達維亞城日記》第一冊，p. 51。

63　《巴達維亞城日記》第二冊，pp. 420-421。

64　同上註，pp. 469-470。

　　如蒙陛下允許，臣願聲明臣對華商之貿易甚感遺憾，蓋因此種貿易實有害於菲島之發展故也。鑑於華商從本群島所攜出銀貨數額之鉅，臣痛感該項貿易應予以禁壓。按近年來華貨之大宗為棉布：華商預先在本島採購棉花，載回中國織成棉布之後復將此運至菲島傾銷；但如果菲人願意，彼等亦可以其自己所產棉花織成棉布，甚至其布質可比華貨更佳且可將之輸出墨西哥而做四十萬比索價值之交易。因其間無需華人作中介人，故此舉將可鼓勵棉花之栽培及其生產。……65

　　達斯摩利那總督的政策建議顯然沒有落實，因為在十七世紀初荷蘭人佔領臺灣之前，荷蘭人所拿捕的由中國前往馬尼拉的中國帆船，船貨中就還有布疋一項。66 而中國出口的布疋在當地的衣著材料上確實扮演重要的角色。有一項西班牙的資料就說明1624年荷蘭人佔領南臺灣之後，他們繼續在臺灣海峽攔截前往馬尼拉貿易的船隻，造成該地民生供給不足。在馬尼拉大主教塞拉諾（Miguel Garcia Serrano）寫給西班牙國王的信件中，就提起：

　　雖然因上帝的仁慈，今年敵人沒有在（菲律賓）群島出現，但可以確定是他們（荷蘭人）在臺灣島上靠近大中國的港口，擁有非常強大的力量，並且該港是在那裡（中國）航往（菲律賓）群島的必經之地，敵人強力地阻止那些（中國）商人來此城市（馬尼拉），因此今年沒有船前來，只有一艘非常小的貿易船抵達離此城市（馬尼拉）七十里格多一點的一老戈（Ilocos）省港口，這樣的事實已經造成，這一年期間附近原住民村落沒有衣服可穿。67

65　引在陳荊和，《十六世紀之菲律賓華僑》（香港：新亞研究所，1963），pp. 94-95。

66　林偉盛博士論文，p. 36。

67　此一資料由李毓中提供，原出處為Archivo General de Indias, Patronado 20.

可見得菲律賓的居民仰賴中國進口貨以爲衣著材料，而由中國出口布疋到呂宋島的情形相當普遍。[68]

（五）自大陸運載勘干布到臺灣的記錄

以上分別提到銷往巴達維亞、日本、越南、柬埔寨及馬尼拉的勘干布，至少有一部分是經由臺灣轉運的。如前所述，臺灣不產棉布，本地應用及轉運所需，全靠進口。記錄中提到的粗製棉布勘干，大致上也都由中國運載而來。《熱蘭遮城日誌》在1630年[69]年初有如下記載：

一月三日，李魁奇那邊完全沒有人來交易，偶爾從一些私人買到微量的cangan布、紐扣、帶子，他們都是偷偷地來的。……因為害怕李魁奇，所以不敢帶來。[70]

一月四日，風力大為減弱，有一個中國人帶600匹cangan布來船上，我們全部收購，第一次買到這麼多。[71]

一月五、六、七日，有幾個商人帶一些cangan布和低劣的布料來船上，我們從中選購了一些最好的。從李魁奇那邊都沒運商品來，他在用花

---

68 菲律賓居民慣用中國棉布的歷史持續得非常地久。到了十九世紀初年，一本西方人編輯的重要商業指南還提到：今屬菲律賓的蘇祿群島(the Sulu Islands)在當時尚無鑄幣；通貨使用*sanampoory*、*cangan*與*cowsoong*。*Sanampoory*只是一個虛擬的名稱，四單位的*sanampoories*換取一疋六尋(fathoms)長的*cangan*；*Cowsoong*又名*nankeen*，也就是松江棉布，每四單位的*sanampoories*可換一疋四尋長的*cowsoong*。該指南且說：*cangan*「是一種粗糙的中國棉布，用於支付商品對價，認定爲相當於西班牙銀元一圓。」相對之下，松江棉布應該是指品質較爲細緻的中國棉布了。這項記載顯示在蘇祿群島一帶，中國棉布是當地人的交易媒介，但也當成實物使用。*cangan*這種東西，在部分菲律賓群島一用就達四、五百年！見William Milburn, *Oriental Commerce* (London: Black, Parry & Co., 1813), p. 424.

69 1629年年底及1630年年初，荷蘭人交易與交涉的主要對手爲李魁奇。參考林偉盛，〈十七世紀初臺灣與中國的貿易關係(1624-1634)〉，收在鄭水萍編，《安平文化學術討論會論文集》(臺南：臺南市政府文化局，1995)，p. 46。

70 《熱蘭遮城日誌》第一冊，p. 11。

71 同上註，p. 11。

言巧語牽制我們。[72]

（一月七日）今天有兩艘李魁奇的戎克船從廈門航往大員，載一些鹽、橘子、蠟燭、麥酒等。

傍晚李魁奇送500匹大的*cangan*布來船上，用以支付那300擔胡椒。這是我們來此泊船以後，從他取得的全部的貨物。[73]

以上僅從《熱蘭遮城日誌》卷頭抄出部分資料，已能證明由大陸運勘干布來臺灣的事實了。從林偉盛所整理的「1650-1655年中國與臺灣來往貨物表」中，我們還可以發現：1650年大陸輸入臺灣勘干布300疋（*stucx*）、37捆、64簍；1651年104捆、132疋、8簍；1654年780疋、400擔、135捆；1655年1,653疋、327捆、1擔。[74] 由於計量單位不一致，也就難以說出一個明確的數字。不過，這毫無疑問地證明，只要臺灣與大陸之間的貿易存在，就有可能有勘干布自中國進口過來。

3. 西班牙據臺時期北臺灣的「花布」

上一小單元已經順便提到過荷蘭人拿棉布到北臺灣交易的情形。在1626-1642年間，西班牙也曾佔有當地。西班牙人並未善加利用那裡的土地與人民，不過他們倒留意到當地的特產硫磺。成功大學的碩士吳奇娜小姐在研究北臺灣的硫磺貿易時，從鮑曉歐（Jose Eugenio Borao）教授手上得到1632年，淡水西班牙道明會神父哈新德·耶斯基維（Jacinto Esquivel）之報告，徵引了幾個小段，湊巧也提到棉布是用來與原住民交換硫磺的好媒介。我們轉引一、兩段於後，並且加以分析。吳奇娜提到，根據記載：

---

72 同上註，p. 11。

73 同上註，p. 12。

74 林偉盛博士論文，pp. 180、181、185、188。

中國人會以*chininas*、[75] 花布以及精緻的小裝飾物和原住民交換硫磺：兩塊布料大約值5擔硫磺，在雞籠約值3 reals（＝rials，里耳）。[76]

這段文字說中國人拿來與原住民交易硫磺的物品中有「花布」一項，耶斯基維估計每兩塊布料值三個西班牙小銀幣。要注意的是，這種小銀幣指的是里耳（rials），每八個里耳構成一個西班牙銀元（peso，即rials of eight）。因此，一個里耳只不過相當於白銀0.09兩而已。換言之，一塊「花布」約值0.135兩銀子。

吳奇娜的另一段引文又提到：

在這裡（雞籠、淡水）一披索可以購買五塊布料，也可以換得將近1,000斤的硫磺。[77]

前面講兩匹布可以換取約500斤硫磺，此處說五匹布可以換取約1,000斤硫磺，相差不遠，大致可以接受。但是前面說兩匹布的價格約為3里耳，即每匹1.5里耳。此處說一披索（peso＝8里耳）可買得五匹布，即每匹1.6里耳，或0.144兩銀子，也很相近。

在西班牙時期，中國人用「花布」來交換硫磺。在稍後的明鄭時期（1661-1683）似乎也還如此。林光謙的《臺灣紀略（附澎湖）》（約完成於1685年）中，就提到了：

75　"Chininas"會是什麼東西呢？據*Hobson-Jobson* (p. 863)，"chini"可指中國白糖，"chininas"說不定就是指糖（"nas"表多數）。郁永河來臺採硫，付給原住民的東西中有「糖丸」。馬來文有"cindai"這個字（"c"讀若："ch"），意思是「花絹」，"chininas"會不會是指這種東西呢？

76　吳奇娜，〈17-19世紀北臺灣硫磺貿易之政策轉變研究〉（臺南，成功大學，2000），pp. 30-31。

77　同上註，p. 34。

礦產於淡水。土人取之，以易鹽、米、芬布。78

「芬布」不見於其他文獻，想來是「花布」之訛吧。與原住民交易硫磺，「花布」應是重要交換品。可是「花布」又是怎樣的布呢？我們並無進一步的資料。以其價值不高來推斷，粗製棉布的可能性不小；不過說它們是「花布」，想來也應該不是素色或單色的那種。

在十七世紀末年，有眾所周知的郁永河來臺採硫的事件。在他所撰的《裨海紀遊》中，也提到用布來交換硫磺。他記錄說：有一天，他召集了淡水附近各社的土官，

飲以薄酒，食以糖丸，又各給布丈餘，皆忻然去。復給布眾番易土，凡布七尺，易土一筐，衡之可得二百七十八觔。79

郁永河以「布七尺易土一筐，衡之可得二百七八十斤觔」。七尺或只當半匹；則一匹易土五、六擔。出礦率若爲50%，不計工作，則二匹布易硫五、六擔，竟與1632年左右相仿。可見得原住民只要小小的代價就肯提供礦土，也證明他們對布足的愛好。雖然我們也不確知這裡所謂的「布」究竟屬於怎樣的材質，不過是棉布的可能性應該很大。

結論：十七世紀亞洲貿易架構下的棉布與臺灣

這篇小文簡單地指出：近世初期，當歐洲人爲了香辛料而前來東方時，發現爲了籌措資金與尋找適當的交易媒介，不得不發展他們的亞洲

---

78 收錄在諸家，《澎湖臺灣紀略》(臺北：臺灣銀行經濟研究室，「臺灣文獻叢刊」第104種，1961)，p. 64。

79 郁永河，《裨海紀遊》(臺北：臺灣銀行經濟研究室，「臺灣文獻叢刊」第44種，1959)，p. 24。

境內貿易,並且把棉布當成是一項關鍵性的商品。以往的研究都認為,亞洲境內區間貿易的棉布大抵皆為印度所產。本文則證明,至少在泛稱為勘干(cangan)的這類粗製棉布項下,應該有相當的數量為中國貨。這些中國勘干布行銷的地方包括了日本、臺灣、越南、柬埔寨、巴達維亞與菲律賓。

本文並不否定印度棉布在十七世紀亞洲內部貿易當中的重要性。特別是印度的精細棉布,以及蠟染設色的棉布,[80] 不但廣受歡迎,甚至當成值得珍藏的傳家之寶。[81] 然而亞洲境內貿易的粗製棉布,因為實際用於穿著,很少有機會保存下來,而且也很少被仔細觀察和描述,其在國際貿易上的重要性也要等到較晚以後才被認知。中國棉布恰巧屬於這樣的總類。

中國棉布,特別是歐洲人稱作"nankeen"的松江棉布,在十八世紀時經常被英國東印度公司買去製作軍服,這是很多人知道的事實。此外,在清代(1644-1911)中期時,也有大量的中國棉布銷往俄國。[82] 然而,由本文可知,至遲在十七世紀時,中國棉布已經出口到海外了。日本棉布業的發達,正好也從十七世紀才開始。[83] 在其發展初期,除了進口印度織品之外,也進口中國棉布。臺灣的原住民,原來並無棉布可用,但從十七世紀開始輸入以後,深受他們的喜愛。至於東南亞地區,

---

80　中國主要棉布產地也製作蠟染棉布,如明・韓浚等修《嘉定縣志》,卷六〈物產〉云:「藥斑以藥塗布染青,乾即拂去。青白成紋,作樓臺花鳥、山水人物之象。可為茵、為衾、為幕。」然而此種「藥斑布」只是藍色蠟染。現今東南亞地區,尤其是印尼、馬來西亞所產的設色蠟染技術,則是襲自印度。設色蠟染棉布,稱作"batik"。

81　John Guy, "Sarasa and Patola", p. 56.

82　參考吉田金一,〈ロシアと清の貿易について〉,《東洋學報》,45:4 (1963年3月),pp. 39-86。

83　William B. Hauser, "The Diffusion of Cotton Processing and Trade in Kinai Region in Tokugawa Japan," *Journal of Asian Studies*, 33:4 (August, 1974), pp. 633-649.

以往的研究都認爲完全仰賴印度供給棉布，本文則發現呂宋島的土著根本穿著中國棉布，越南、柬埔寨也接受一些中國棉布。此外，荷蘭人的據點巴達維亞也採購相當數量的中國棉布，因此有可能轉銷到其他東南亞地方。有時候，荷蘭母國甚至也訂購這種東西。中國棉布或許不如印度棉布細緻美觀，出口數量或許不算龐大，然而在十七世紀時已經在東亞貿易中佔有一定的角色，是個不爭的事實。

　　當然，本文的論述其實很粗疏。受時間所限，作者未能徵引更多的文獻來討論，也未能整理出更詳細的統計數字。尤其是後面這個問題很難對付。一方面因爲粗製棉布單價不高，經常以捆、以簍、以籠來計量，加總起來很困難；另一方面，十七世紀東亞的海上貿易相當不穩定，交易的商品波動得很厲害，即使找到更多的數字，也不容易妥善地加以分析。無論如何，本文說明了十七世紀亞洲境內貿易的商品中，中國棉布的角色也值得留意。希望有志者進一步研究。

——本文原爲慶祝曹永和先生八十大壽而作，於「近代早期東亞海洋史與臺灣島史」國際學術研討會（2000年10月26-27日，中央研究院學術活動中心）宣讀。四、五年來，荷蘭文資料中譯出版很多，本應據以修改。迫以時日，不遑實現。因本文未曾正式發表，尋覓不便，時有朋友詢及，謹略作修正、補充，在此刊出，敬請讀者諒察。

臺灣史與海洋史 02

臺灣的山海經驗

作　　　者	／陳國棟
策　　　劃	／財團法人曹永和文教基金會
執 行 編 輯	／葉益青
校　　　對	／陳國棟、葉益青
編　　　輯	／翁淑靜
主　　　編	／周惠玲
封 面 設 計	／翁翁
內 文 排 版	／綠貝殼資訊有限公司

合 作 出 版　／財團法人曹永和文教基金會
　　　　　　　　臺北市106羅斯福路三段283巷19弄6號1樓（02）2363-9720
　　　　　　　　遠流出版事業股份有限公司
　　　　　　　　臺北市100南昌路二段81號6樓

發 行 人　／王榮文
發 行 單 位　／遠流出版事業股份有限公司
　　　　　　　　地址：臺北市100南昌路二段81號6樓
　　　　　　　　電話：（02）2392-6899　傳真：（02）2392-6658
　　　　　　　　劃撥帳號：0189456-1
著作權顧問　／蕭雄淋律師
法 律 顧 問　／董安丹律師
印　　　刷　／鴻柏印刷事業股份有限公司
總 經 銷　／遠流出版事業股份有限公司
一 版 一 刷　／2005年11月15日
一 版 三 刷　／2012年2月20日
行政院新聞局局版臺業字第1295號

訂價 新台幣450元

ISBN 957-32-5679-7（精裝）

YLib遠流博識網　http：//www.ylib.com　E-mail：ylib@ylib.com

國家圖書館出版品預行編目資料

臺灣的山海經驗／陳國棟著. ─── 一版. ─── 臺
 北市：遠流發行, 2005 [民 94]
　　　面：　　　公分：── （臺灣史與海洋史：
 V4903）
　　ISBN 957-32-5679-7 （精裝）

　　1. 臺灣 － 歷史

673.22　　　　　　　　　　　　　　94019811